图书在版编目(CIP)数据

俄罗斯档案事业改革与发展研究/肖秋会著.—武汉：武汉大学出版社,2019.11
大数据环境下的信息管理方法技术与服务创新丛书
湖北省学术著作出版专项资金资助项目
ISBN 978-7-307-21116-2

Ⅰ.俄…　Ⅱ.肖…　Ⅲ.档案事业—研究—俄罗斯　Ⅳ.G279.512

中国版本图书馆 CIP 数据核字(2019)第 181330 号

责任编辑:徐胡乡　　　责任校对:李孟潇　　　版式设计:马　佳

出版发行:**武汉大学出版社**　　(430072　武昌　珞珈山)
（电子邮箱：cbs22@ whu.edu.cn　网址：www.wdp.com.cn）
印刷:武汉中远印务有限公司
开本:720×1000　1/16　印张:26.25　字数:378 千字　插页:2
版次:2019 年 11 月第 1 版　　2019 年 11 月第 1 次印刷
ISBN 978-7-307-21116-2　　定价:80.00 元

前　言

　　苏联解体以后，俄罗斯的档案事业在社会转型
过程中几经沉浮，既经历了转型之初的举步维艰，
又服务于俄罗斯政治、经济及行政体制改革的需
要，在艰难中改革前行。近 20 年来，俄罗斯对国
家档案事业体制、国家档案馆格局和档案管理制度
进行了持续深入的改革，包括：研究苏共中央档案
馆与国家档案馆一体化方案，通过对苏共中央档案
馆的数次重组、合并，最终将其纳入国家档案馆体
系，构建了新的国家档案馆格局；对国家档案全宗
理论及概念扬弃和发展，用俄罗斯联邦档案全宗取
代了原苏联的国家档案全宗，构建了新的国家档案
资源体系；在俄罗斯转型的不同阶段制定和颁布了
两部档案法，确认了一系列与国际接轨的档案法律
制度，明确了档案法律关系中各方主体的权利和义
务。此外，在档案事业管理体制、档案学高等教育
等领域也进行了一系列重要的改革。总体上，20
世纪 90 年代以来，俄罗斯的档案事业在指导思想
上破除了在思想文化领域的专制，满足了俄罗斯社
会转型初期及中后期重建国家政治体制、经济体制
和文化多元化发展的需要，使俄罗斯的档案立法、
档案解密与开放、档案所有权的划分和认定等重要

CONTENTS 目 录

第一章 俄罗斯档案事业发展历史 与制度变迁

　　十月革命是俄罗斯档案工作和档案事业发展的第一道分水岭，十月革命前，俄罗斯档案工作经历了古罗斯时期的萌芽阶段以及封建君主制时期、俄罗斯帝国时期的形成与发展阶段；十月革命之后，根据列宁档案法令以及国家档案全宗理论建立起来的苏联档案事业在世界档案事业发展史上独树一帜，既为集中统一保管国家档案资源提供了坚固的制度保障和政策保障，又因为苏共在政治、经济和文化等各个领域的高度集权和专制束缚了档案工作者的积极性，妨碍了档案学术思想的自由发展，而十月革命前形成的一些优良的档案学术传统在严酷的政治高压下基本难以为继。档案文献的编纂出版及利用服务工作主要为政治斗争服务，档案开放和公共获取难以实现。

　　1991 年苏联解体是俄罗斯档案事业发展的第二道分水岭，苏联解体之后，俄罗斯继承了苏联的绝大部分档案遗产，并通过档案立法改革建立了一套新的与国际接轨的档案制度。20 世纪 90 年代，俄罗斯的档案事业经历了急剧的社会转型，虽然因为经济低迷、经费不足而举步维艰，但是，档案学术思想在相对自由的社会环境中得到了良性发展，档案立法、档案教育、档案馆基础业务工作和利用服务工作都逐渐与新的社会制度相契合，档案事业发展的基本目的是满足俄罗斯信息社会发展的需要，保护国家利益，维护公民的合法权益。

1.1　古罗斯时期档案馆的产生及档案工作萌芽

俄罗斯的档案和档案工作最早可以追溯到公元 6—7 世纪的古罗斯时期。在古罗斯时期，统治者将维护公国政权重要的文件和珍宝、钱币等一起存放在国库、教堂和修道院中。6 世纪时，东斯拉夫人和欧亚大陆北部的其他民族一样，处于原始公社阶段，各个部落之间征战不止。862 年，来自北欧的瓦良格（诺曼人的一支）酋长留里克征服了诺夫哥罗德，建立国家，自称大公。882 年，留里克的部属奥列格大公征服了基辅公国和其他一些部落，逐渐以基辅为中心建立起一个国家，史称基辅罗斯，俄罗斯国家开始形成。

10—11 世纪，东正教在基辅罗斯的传播对于俄罗斯早期的档案工作产生了很大的影响。公元 988 年东正教传入基辅罗斯之后，教会和修道院开始建设自己的库房（圣器室），用于存放经书、教义以及文件和图书。随着教会势力的发展，修道院的自营资产和土地拥有规模日益扩大，所形成和积累的手稿及文件的数量也显著增长，修道院开始将手稿和文件有别于其他圣器而单独存放，文件保存在东正教都主教和主教的库房中，由专门人员负责保管，并由修道院院长负责监督。诺夫哥罗德和普斯科夫相继成为基辅罗斯的行政和宗教中心，修建于 1045—1050 年的诺夫哥罗德索菲亚大教堂专门设置了图书档案库，用于保管图书手稿和各种文件，是俄罗斯最早的国家级档案文件保管库房。基辅罗斯的另一个宗教中心普斯科夫的圣三一教堂也收藏了大量宗教事务文件和手稿，这些珍贵的文件和手稿都存放在特制的木箱中，并由专人看管。与此同时，古罗斯时期的大公和贵族热衷于收集珍贵的手稿和文献，形成了富有特色的私人档案馆。大约 11 世纪首次出现了第一部编年史文集《基辅古代史汇编》，12—13 世纪在罗斯的多瓦-苏兹达里、诺夫哥罗德等地区开始兴起编年史的编纂，著名的有 1177 年的《弗拉基米尔编年史汇编》。但是，9—12 世纪古罗斯王国形成的珍贵文献保存至今的很少，仅有 130 多件。①

13 世纪初基辅罗斯王国开始衰落，分解为若干封建制公国，这些公国和共和国继承了古罗斯王国的文件材料，它们之间在政治、经济和文化上互相往来合作，而且与德国的北部城市建立了商业同盟，在此基础上，形成了更多种类的文件：法院诉讼文件、地契、合约、商业协议、外交盟书等。文件在各个封建公国的政治、经济、行政管理和外交事务中发挥了越来越重要的作用。因此，在封建公国割据时期，文件统计和文件著录工作开始产生。保存至今的第一部文件目录是形成于 1288 年的伊帕齐耶夫斯基编年史目录。12—14 世纪，东正教在俄罗斯盛行，修道院拥有庞大的地产，不仅可以自给自足，而且还兴办实业，开办学校，从事商业活动，在宗教和世俗活动中，修道院形成了大量的宗教事务类文件和其他各类文件。此外，修道院还是图书收藏和文化中心，收藏了大量珍贵的图书和手稿，修道士编纂编年史、抄写图书和宗教书籍。修道院开始指定专人负责文件管理工作，在修道院院长和高级僧侣的监督领导下，从下级僧侣中挑选专门人员管理各类文件，这类人员被称为书记员。从 14 世纪开始，书记员成为俄罗斯中世纪文件管理的专职人员。

1.2 俄罗斯封建君主制时期的档案活动

12—13 世纪莫斯科公国开始崛起，14 世纪基辅罗斯的政治文化和宗教中心迁移至莫斯科。1547 年，莫斯科大公伊凡四世加冕沙皇，建造克里姆林宫，莫斯科大公国改称沙皇俄国，逐渐发展成为东北罗斯的政治、经济、文化和宗教中心，并领导其他公国脱离了蒙古鞑靼的统治，使俄罗斯成为一个独立统一的封建制国家。莫斯科大公最早形成的档案文献与图书和珍宝一起存放于大公的库房

---

① Алексеева Е. В., Афанасьева Л. П., Бурова Е. М.; Под ред. В. П. Козлова. Архивоведение. М.: Издательский центр «Академия», 2005: 10.

中,此后在克里姆林宫修建了莫斯科大公档案馆,在此基础上,发展成为后来的沙皇档案馆,沙皇档案馆集中收藏了莫斯科大公最重要的档案文件。随着统一的俄罗斯国家的形成和扩张,15世纪末16世纪初,沙皇档案馆不仅收藏莫斯科大公的档案文件,还收藏各分封领地诸侯的档案文件,16世纪下半叶开始收藏贵族杜马文件、沙皇个人办公厅文件以及外交事务厅文件,逐渐具有了国家档案馆的性质。负责管理沙皇档案馆的书记员从1552—1570年对馆藏文献进行了整理编目,共计整理232箱珍贵的手稿。

如上所述,15世纪下半叶至16世纪初,以莫斯科为中心逐渐形成了统一的俄罗斯国家,它继承了东北罗斯的君主专制政体。随着俄罗斯中央集权的强化,从15世纪90年代末期开始,各类文件逐渐从国库转移到专门的国家档案馆中。为了加强中央集权,司法权和行政权合为一体,至16世纪中期俄罗斯形成了两类管理部门:白宫和国家办公厅。白宫负责管理大公的私人土地,国家办公厅负责管理国家财政、沙皇档案馆和国家印刷业。随着俄罗斯领土的统一和扩张,国家管理功能日益强化和复杂,需要建立常设的中央执行管理机构以提高国家管理效率,因此,在原有的国家办公厅的基础上分离出若干政府职能管理机构——行政处(衙门),负责专门处理军事、外交、司法、财政和其他事务等6类职能部门,政府官厅(衙门)档案馆由此而诞生,主要有军事档案馆、封建领地档案馆、外交事务厅档案馆等,它们负责处理、收集、统计国家权力机关的法律文件及其他文书类文件。

16世纪的俄罗斯在宗教领域也发生了改革,1589年俄罗斯选出了东正教牧首(大主教),建立了牧首公署,确立了其在东正教的最高管辖权,标志着莫斯科建立了东正教的独立教会。修道院和教会档案馆的档案文件分为两大类:宗教事务类和经济类。此外,教会档案馆还保存了一些封建地主的文件,记录了封建地主对土地、农奴和财产的拥有情况。俄罗斯的教会档案馆在17世纪初俄罗斯与波兰-立陶宛王国和瑞典的战争中损失严重,因此只能从保存下来的目录和图书副本中推测当时教会档案文件的内容和成分。

16—17世纪,俄罗斯政府机关形成了专门的文书处理系统。

由专门的书记员和副书记员负责所有文书的起草和处理工作。文书处理出现了富有特色的卷轴式。所谓卷轴，是指在宽度为 15～17 厘米、长度不限的纸带上书写的文件。文件的一头书写正文，而另一头则书写各种标注。此外，事务完成之后由当事人署名，而书记员或副书记员则在最后签字，即在文件封口处注明自己的姓名和文件标题。这种文书处理系统能够避免伪造文书和丢失，对于明确文件处理的责任人及证明文件的真实性具有重要作用。政府部门还采用其他种类的文件，如登记簿和特许状等。另外，在文书处理中，将文件原件和副本分别存放。俄罗斯沙皇及政府部门的档案最初存放于封闭的木箱中，但是 1626 年莫斯科大火烧毁了大部分存放档案文件的木箱，此后，克里姆林宫修建了专门的石室，存放最珍贵的档案文件。

封建君主专制时期的俄罗斯虽然建立了沙皇(国家)档案馆和政府官厅(衙门)档案馆，但尚未建立独立的档案保管机构体系，而是将失去现实效用的文件与现行文件一起存放在办公厅或者国库中。在俄罗斯中央集权国家的档案事业发展历史中，15—16 世纪建立的沙皇(国家)档案馆是中世纪最重要的档案文件保管中心。档案馆的日常事务由贵族议会书记官负责，文献一般存放在木箱中，每个箱子中都有特许状、图书、登记簿和文件。从沙皇档案馆所收藏的文件内容和成分来分析，主要分为两大类：一类是册封大公和贵族的权力证书(宗教证书)，另一类是俄罗斯中央集权国家机关在其对内和对外活动中形成的管理性文件。16 世纪末沙皇档案馆的大部分卷宗转移到了外交事务厅档案馆，而在 17 世纪初的混乱时期，沙皇档案馆的文件在战争中遭受了严重的破坏。

1.3　俄罗斯帝国时期的档案工作

1.3.1　彼得一世时期的档案工作

17 世纪之后沙皇俄国的国家机构系统趋于陈旧且效率低下，到 17 世纪末，衙门的流弊已经非常严重。18 世纪初期，彼得一世首先在经济和军事领域推行一系列改革措施，1711年彼得一世下令建立参政院，取代原来的贵族杜马。参政院拥有从中央到地方的管理权力，财政预算、贡赋征收、陆海军的编制等，都属于参政院管辖范围。在此基础上，原有的国家管理机构官厅(衙门)被废除，取而代之的是建立一种新的中央管理机构——委员会，由委员会掌管国家管理活动的各个方面，国家事务由委员会讨论决定。委员会的数量远远少于原来的官厅(衙门)数量，这使管理效率显著提高。委员会在其活动中形成了有关俄罗斯陆军和海军的各类文件，如：陆海军的建设、装备、战役、个人学习、军队服役条件、军事行动等，它们反映了俄罗斯18世纪的军事、财政、司法、行政、土地、农奴以及农民起义状况，具有重要的史料价值。

1708年彼得一世开始改革地方管理机构，将全国分为8个省，后来又增加3个省，各省设总督1人，拥有行政和军事大权，1719年又将全国划分为50个州，每个州都有一套完整的行政机构，类似的改革也在城市中进行。各级地方政府的文件管理机构相应地发生了新的变化：省级机构的文件管理活动由省办公厅管辖，市级机构的文件管理活动由市办公厅管辖，县级机构的文件管理活动则由地方委员会管辖。此外，彼得一世大胆进行了宗教改革，建立了宗教委员会，后改称宗教事务管理总局，宗教事务管理总局的局长及其他高级官员都由沙皇政府任命。俄罗斯的最高权力机关参政院、宗教委员会、部门办公室、最高秘密委员会及其他机关产生了大量珍贵的档案文件，它们记录了17世纪末至18世纪初彼得一世的改革举措，揭示了1698年宫廷政变的秘密，反映了18世纪俄罗斯的内政外交政策，还有关于皇帝和皇后的个人文件。

改革对俄罗斯档案事业产生了影响。新成立的国家机关、中央和地方机关开始建立档案库房，收集和保管现行机关的档案文件，接收已撤销机关的档案文件。这一时期，欧洲印刷术的改进和传播对文件用纸、文件体例和文件的保管方式产生了积极的影响，原有的卷轴式的文件体例逐渐退出了历史舞台，改用了现代人们熟知的体例。彼得一世的改革对档案事业最大的影响是，国家档案机关从行政办公系统中脱离出去，形成了独立的机关档案馆，丧失现实效用的机关档案文件都必须移交到机关档案馆保管，这在 1720 年颁布的《官署总章程》中以法定形式确立。[①] 国家机构改革一直持续到 18 世纪中期叶卡捷琳娜二世时期，在此过程中大量的地方机关及其档案馆产生。

1.3.2 叶卡捷琳娜二世时期的档案工作

1762 年，沙皇彼得三世的妻子叶卡捷琳娜二世通过宫廷政变登上帝位。叶卡捷琳娜二世在位期间，加强中央集权和专制政体，扩大贵族特权，维护和发展农奴制。1775 年，颁布《全俄帝国各省管理体制敕令》，将全国重新划分为 50 个省，取代了原有的 23 个省，加强了贵族在地方的特权，由此而形成的地方机构管理体系一直延续到 19 世纪 60 年代，改革后形成的国家行政区划直到 1917 年之前则几乎没有变化。撤销的旧省级机关文件收藏于圣彼得堡国家档案馆历史事务部，而莫斯科国家档案馆历史事务部则集中收藏其他撤销机关的档案文件，从保管条件和保管状况来看，后者优于前者，圣彼得堡国家档案馆历史事务部的档案文件在 1777 年的水灾中遭到严重损毁。

18 世纪，俄罗斯的档案工作不仅受到了国家机构改革的影响，而且受到了其他重要历史事件的影响。18 世纪 60 年代起，叶卡捷琳娜二世推行土地丈量总则，为此，在各省级地方设置了土地丈量办公室，土地丈量档案馆（地界档案馆）由此而产生。1768 年在莫斯科土地丈量办公室的积极推动下建立了莫斯科市土地丈量档案馆，该馆收藏了大量的规划图纸、书籍、司法判决、草图等珍贵档案文件。1786 年，根据叶卡捷琳娜二世的命令建立了世袭领地档案馆，主要收藏 16—18 世纪中央世袭领地档案文件，如参政院命令、农奴买卖文件、世袭领地分封文件以及大量的土地丈量文件等。

---

① Алексеева Е. В. , Афанасьева Л. П. , Бурова Е. М. ; Под ред. В. П. Козлова. Архивоведение. М. ：Издательский центр «Академия» , 2005：16.

1.3.3 19世纪的档案工作

随着生产力的发展，18世纪末19世纪初，俄罗斯社会开始出现资本主义萌芽，封建专制制度遭遇危机。19世纪初，俄国沙皇亚历山大一世推行一系列改革措施，其中一项是改革中央国家机关，取消委员会而代之以部委制度，各部部长由皇帝直接任命并受皇帝统一领导。改革参政院，使其成为帝国的最高司法机关，行使法律监督和行政监督权力。1810年成立国家立法委员会，负责出台新法并解决俄罗斯内政外交的最重要事务。1811年通过了有关一般部门机关的法令，规定了部门的职能，部门档案馆由此而产生。需要指出的是，大量档案文件在1812年的卫国战争中遭到损毁或被法国人抢劫，其中包括国家外交事务委员会档案馆、参政院档案馆、世袭领地档案馆和土地丈量档案馆的珍贵文件。19世纪初期军事部成立了两个历史档案馆：军事科学档案馆和总参谋部档案馆，另外，1834年取消国家外交事务委员会档案馆而代之以国家外交部档案馆，1852年成立了莫斯科法律部档案馆。

1861年，沙皇亚历山大二世继续推行改革，其中之一是废除农奴制，而农奴制废除以后地方管理机构的改革问题变得十分严峻。1864年，亚历山大二世下令在各省成立地方自治委员会，在本省范围内处理经济和文化问题，但一般没有行政权力。1870年，按照地方自治机关的模式推行城市自治，由城市杜马选举产生的自治机构负责城市的公共设施建设、卫生和教育问题。1874年，实施司法改革，司法与行政分离，由此产生了专门的司法机关。改革对档案工作产生了一定影响：1872年设立莫斯科宫廷档案馆，专门收藏军械局的档案，1882年圣彼得堡也建立了类似的宫廷档案馆，1888年这两个档案馆合并为宫廷部门档案馆。这样，从19世纪末期开始，国家的重要部门都建立了档案馆，集中保管本部门形成的档案。地方档案管理机构的设置较为复杂。彼得一世曾在1789年和1800年发布了两个命令，要求每个省建立三个档案馆，即省管理委员会档案馆、法院档案馆和省税务局档案馆，收集和保管地方权力机关形成的重要档案文件。但是，至19世纪初期，由于地方财政状况恶化，地方档案馆建设无以为继，很多地方档案因此而散失。

19世纪初，中央部门机关的文件数量激增，导致各部门档案馆收藏的文件质量得不到保证，档案馆被各种价值不一的文件所充斥。为了缓解库房紧张的局面，政府部门不得不将同一个档案全宗的部分文件从一个库房转移到另一处库房，这种做法使同一个全宗的文件分散，而且在转移过程中文件丢失和顺序错乱现象时有发生，对档案全宗的完整性和安全性造成了严重威胁。此外，无论在大城市和首都的档案馆，还是在省和地方的档案馆，档案库房大多不具备档案保管的基本条件。最糟糕的是，库房超载十分严重而且无法控制，这导致对文件的大量销毁。尤其是1861年废除农奴制改革之后，改革之前的旧档案被大量销毁。

为了改善各级各类档案馆工作各自为政、杂乱无章的状况，在1872年召开的第二届考古学代表大会上，以H. B. Калачов为代表的学者向政府建议，成立档案委员会，制定统一的档案工作规范。1873年，政府28个部门机构和教育机构组成了筹备委员会，起草"总档案委员会"条例：由总档案委员会统一领导各个部门和各级档案馆的业务活动，制定档案保管、整理和利用规则。在地方设置特别委员会，负责地方档案文件的组织管理工作，接受总档案委员会的监督。但是，建立"总档案委员会"的建议最终没有通过，只是在1884年4月成立了省档案委员会。省档案委员会由内政部领导，负责地方国家机关的档案管理工作，建立地方历史档案馆。俄罗斯的41个省都建立了省档案委员会并一直存续到1918年。① 当前，俄罗斯的每个区档案馆都保存了省档案委员会全宗，它们对于研究1918年革命前的历史具有十分重要的价值。

---

① Алексеева Е. В. , Афанасьева Л. П. , Бурова Е. М. ; Под ред. В. П. Козлова. Архивоведение. М. : Издательский центр «Академия», 2005: 21.

1.3.4 20世纪初期的档案工作

第一次世界大战期间俄罗斯的许多档案馆遭受严重破坏。1917年3月,君主专制政体覆灭,旧政权文件尤其是政府机关和司法机关的文件被大量销毁。十月革命前俄罗斯虽然形成了颇具规模的档案馆系统,但在中央并没有建立一个统一的档案行政管理机构,各级各类和各部门档案馆隶属于不同的部门和利益团体。

1.4 苏联时期的档案事业

20世纪的俄罗斯发生了一系列重大社会事件,从根本上影响了国家的政治、经济、社会和文化生活,战争,革命,政权更替,统一国家的分裂、复兴及重新分裂——几乎贯穿了20世纪俄罗斯社会发展的始末,俄罗斯的档案事业在社会改革和动荡中经受了挫折和打击,但也取得了一定成就。

20世纪初,沙皇的专制统治岌岌可危,20世纪的头20年,俄罗斯就发生了三次革命:1905—1907年革命、二月革命和1917年十月革命,革命的结果是改变了国家机构组织甚至政体。如果说1905—1907年革命尚未根本动摇旧的国家政权,1917年的二月革命即资产阶级民主主义革命则推翻了沙皇的君主专制政体,十月革命的结果是诞生了世界上第一个社会主义国家政权——俄罗斯苏维埃联邦社会主义共和国,1922年12月30日,俄罗斯、乌克兰、白俄罗斯和外高加索联邦共同组成了苏联。

苏联共产党是苏联社会的政治基础,在国家的政治体系中占有领导地位。苏维埃政权建立之后,共产党的地位和影响力不断增强,实际上,党的意志和活动影响了国家和社会生活的方方面面,所有的国家机关都必须执行党的决定。苏联时期党和国家机构系统的发展变化对档案事业产生了直接或间接的影响。20世纪以来,苏联的国家机构系统经历了四个发展阶段,每一阶段都确定了最高国家权力机关、中央和地方的权力机关。第一个阶段(1917—1922

年）：十月革命后，俄罗斯社会主义联邦苏维埃共和国实行苏维埃代表大会制度。这一时期的国家机构系统为：全俄苏维埃代表大会——最高国家权力机关；全俄中央执行委员会——全俄苏维埃代表大会的执行机关；人民代表苏维埃——政府执行管理机构；人民委员会——专门领域的中央管理机构；地方苏维埃——地方国家权力机构和管理机构。第二阶段（1922—1936 年）：1922 年 12 月，统一的国家联盟——苏维埃社会主义共和国联盟（简称苏联）成立。随之形成全苏国家机构系统：全俄苏维埃代表大会及中央执行委员会改称为苏联苏维埃代表大会及中央执行委员会。加盟共和国和自治共和国的最高权力机关是共和国苏维埃代表大会及其执行委员会。这种国家机构体系一直延续到 1936 年苏联宪法颁布。第三阶段（1936 年至 20 世纪 80 年代末）：1936 年的苏联宪法在很大程度上改变了全苏及各共和国的权力机构体系。从 1936 年起，苏联最高苏维埃取代苏维埃代表大会成为最高国家权力机关，其常设机构是苏联最高苏维埃主席团。苏联最高苏维埃由两个平行机构联盟苏维埃（联盟院）和民族苏维埃（民族院）组成。1946 年，苏联人民代表苏维埃改名为苏联苏维埃部。一种特别的现象是，20 世纪 20—40 年代以及 80 年代末至 90 年代初，苏联设置了紧急情况机构，负责执行特殊任务，而这在苏联宪法规定之外。第四阶段（20 世纪 80 年代末至 90 年代初）：这一时期苏联的国家管理发生了重大变化。1988 年 12 月 1 日通过了《关于苏联宪法（基本法）修改和补充的法律》和《苏联人民代表大会选举法》，1990 年 3 月 14 日通过了《设立总统职位和苏联宪法（基本法）修改补充法》，根据上述法律的规定，成立了新的最高国家权力机关：苏联总统、苏联人民代表大会、苏联最高苏维埃、联邦委员会、宪法监督委员会。这样，苏联从 20 世纪 30 年代确立的政治体制在经历了 60 年后发生了重要变革。1991 年 12 月 8 日，俄罗斯、乌克兰和白俄罗斯三国首脑秘密会谈并发表声明，宣告苏联解体。苏联的国家机构相应地停止了活动。苏联解体之后，俄罗斯联邦共和国开始了动荡起伏的发展历程。

1.4.1　俄罗斯联邦的档案事业

国家、政治和经济领域的变革对俄罗斯联邦的档案事业产生了重要影响。1917年十月革命之后，中央和地方新成立的苏维埃权力机构对被撤销的沙皇和临时政府的机关档案进行接收和保管。1918年4月2日，成立档案管理中央委员会，负责临时管理全国档案事业，制定有关档案改革的法令。苏维埃政权首先针对俄罗斯帝国和临时政府时期形成的档案文件采取了一系列国有化和集中化改革措施。1918年6月1日，俄罗斯联邦人民代表苏维埃通过了由列宁签署的《关于改组和集中管理俄罗斯苏维埃社会主义联邦共和国档案事业法令》（以下简称《列宁档案法令》），根据该法令，撤销所有的政府部门档案馆，其馆藏档案文件统一纳入国家档案全宗，国家档案全宗由档案事业管理总局（档案管理总局）负责管辖。国家档案事业的集中管理体制由此确立。档案管理总局成立初期面临复杂的任务，包括：国家档案全宗档案文件的统计及完整性保障、档案文件的利用、机关档案文件保管状况监督、档案科技工作的组织等，为此，档案管理总局成立了专家工作组，各省的档案事业组织则由人民教育局负责。《列宁档案法令》还确定了国家档案全宗的构成：收归国有的部门历史档案、被撤销的沙皇和临时政府机关档案；苏维埃机关形成的已经处理完毕、丧失现实效用的档案文件。1919年3月31日，俄罗斯联邦人民代表苏维埃发布了《关于省档案全宗条例》，成立了各省档案馆，从法律上规定了省档案全宗的构成。1917—1918年，国家档案全宗的成分和数量随着工商企业和私人银行、股份制银行的国有化而不断扩充。1917年《土地法令》和1918《政教分离法令》将教会和修道院的财产包括档案文件收归国有，这些历史悠久的手稿、书籍、古代编年史、宗教传说及宗教事务类文件具有独一无二的历史文化价值。1919年3月27日，俄罗斯联邦人民代表苏维埃通过了《关于改革旧军队档案和卷宗的法令》，根据该法令，第一次世界大战之前旧军队的档案立即由各地的军事委员会接管。同年7月29日，通过了《关于废除保存在图书馆和博物馆的已故俄国作家、作曲家、艺术家和学者的档案私有权的法令》，根据该项法令，这些档案文件成为国家档案全宗的组成部分。①

俄罗斯联邦政府一方面十分重视对旧政权时期形成的档案文件的改组和集中统一管理；另一方面，对于苏维埃政权建立之后形成的新时期档案文件也非常关注。1919 年 4 月 22 日，俄罗斯联邦人民代表苏维埃通过了《档案卷宗保管和销毁法令》，规定各个机关形成的档案文件在本机关暂时保存期限不超过 5 年，之后应向相应的国家档案馆移交。其中，不具备科学价值和其他价值的档案文件经过鉴定之后可以销毁。但档案文件的实际状况比法律规定和设想的更为复杂，有些甚至是法律规定之外的情况，因此，档案的价值鉴定和销毁有待在实际工作中进一步加强。

档案管理总局的一项重要活动是收集和保管有关十月革命历史的档案文献。1920 年建立了十月革命档案馆，收藏苏维埃代表大会、全苏中央执行委员会、人民代表苏维埃和其他苏维埃政权初建时期形成的档案文件、十月革命及苏俄国内战争（1918—1920）历史文件。

1922 年 1 月 30 日，全俄中央执行委员会发布了《俄罗斯联邦社会主义共和国中央档案馆条例》，该条例规定，所有档案机关组成俄罗斯联邦中央档案馆，归全苏中央执行委员会领导；俄罗斯联邦中央档案馆设置领导小组，分别处理档案管理和俄罗斯联邦政府机关现行文件管理问题。该条例专设一章规定了统一的国家档案全宗的构成，将馆藏档案文件分为政治、经济、法律、历史文化和军事 5 个部分。1926 年，全苏中央执行委员会发布《关于整理和移交统一国家档案全宗文件（1917—1921 年）的法令》，稍后，俄罗斯联邦人民代表苏维埃于 1926 年 3 月 13 日发布《关于向俄罗斯联邦社会主义共和国中央档案馆移交档案文件的法令》。该法令按照国家档案全宗原则，实行对国家全部档案的集中统一管理，规定了向中央档案馆移交档案文件的范围：除了革命前和苏维埃政权时期形成

---

① 张恩庆. 苏联档案工作的历史和现状［J］. 档案学通讯，1980（2）：58-64.

的所有国家机关档案文件和社会组织文件之外，还需要向中央档案馆移交下列档案文件：工业、信贷、商业机构和企业在国有化和市有化之前形成的所有档案文件；俄罗斯帝国境内的附属国形成的档案文件；收归国有的教会、修道院、宫廷、沙皇家族及国有化庄园的档案文件；无主档案文件。掌握上述档案文件的所有机构和个人，必须将其移交到档案机关。《关于向俄罗斯联邦社会主义共和国中央档案馆移交档案文件的法令》对于苏联档案事业发展和国家档案全宗建设的重要意义在于，它将各种不同类型机关、社会组织、企业和个人形成的档案文件材料都纳入了统一的国家档案全宗的范围。

1.4.2 "二战"之前苏联的档案事业

1929年4月10日，苏联中央执行委员会和人民代表苏维埃发布了建立苏联中央档案管理局规程，对全苏加盟共和国中央档案管理机关的活动实施统一领导，建立全苏档案全宗，其内容包括：苏联中央权力机关苏联苏维埃代表大会、中央执行委员会、人民代表苏维埃、人民委员会及其下属机构形成的档案文件；1917年二月革命中苏维埃政权在苏联境内形成的档案文件；工农红军和苏俄国内战争(1918—1920)历史文件；1917年前的中央政府机关和社会组织的档案文件。

20世纪30年代起，在苏联中央档案管理局的领导下，开始建立从中央到地方的国家档案馆网络，中央国家录音档案馆、国家照片影片档案馆、军事历史档案馆等专业性的国家档案馆在这一时期建立，1932年开始建立中央国家档案馆。1936年2月5日，苏联中央执行委员会和人民代表苏维埃发布了《人民委员会和苏联中央国家机关档案卷宗整理规则》，规定了必须归档保存的档案文件清单。20世纪30年代，苏联开始创建档案高等教育，1930年9月3日根据苏联中央执行委员会和苏联人民代表苏维埃的决定，成立莫斯科档案学院，1933年改名为莫斯科历史档案学院，1991年并入俄罗斯国立人文大学。历史档案学院不仅为苏联档案事业发展培养了大批优秀的档案专业人才，而且在学术研究领域尤其是在历史

学、档案学、古文献学及其他相关学科领域都取得了突出的科研
成果。

如上所述，档案集中管理原则和档案全宗不可分散的原则成为
苏联档案事业发展的组织基础，俄罗斯的档案事业继承并发展了这
两项重要的原则。

根据 1936 年宪法，苏联国家机关发生了一定变化，撤销了苏
联中央执行委员会以及联邦共和国和自治共和国的中央执行委员
会。根据 1938 年苏联最高苏维埃主席团的决定，苏联中央档案管
理局接受苏联内务人民委员会领导，苏联中央档案管理局改为苏联
内务人民委员会档案管理总局。1939 年起，苏联各加盟共和国和
自治共和国的档案行政管理机关归属也发生了类似的变化，这使全
苏档案集中管理体系更为强化。1941 年 3 月，《苏联国家档案全宗
和国家档案馆网条例》颁布，规定所有具有科学、政治和现实意义
的档案文件，无论其形成时间、内容、形式和技术组织方式如何都
是国家档案全宗的组成部分，将革命之前和苏联时期形成的最高国
家机关和中央国家机关的档案文件统一由苏联中央档案馆保管。根
据该条例的规定，地方国家档案馆组织也发生了变化，在以前独立
的边区(区)历史档案馆和十月革命档案馆的基础上建立了统一的
边区(区)档案馆。外交部等重要国家部门有权单独设置档案馆，
永久保存本部门的档案，苏联科学院保留 1728 年建立的档案馆。
无论是部门档案馆，还是科学院系统的档案馆，它们的馆藏都不必
向国家档案馆移交，但都属于国家档案全宗的组成部分。这样，从
20 世纪 30 年代开始，档案事业由苏联内务人民委员会管辖之后，
档案集中管理体制进一步强化，开始建设从中央到地方的国家档案
馆网络系统以及专业领域和重要部门的档案馆。此外，20 世纪
20—30 年代，苏共中央开始在党内独立建设档案馆。

1941 年的《苏联国家档案全宗和国家档案馆网条例》既发挥了
积极的作用，也存在负面的影响。该条例促进了档案库房的建设和
修缮，有利于档案文件的补充和集中保管。而负面影响则在于：使
档案工作丧失了其应有的独立性；使档案部门失去了直接向政府发
表建议和意见的权力；任命了大量对档案专业知识知之甚少的非档

案专业人员，他们很多人占据了档案领导岗位；限制研究人员利用档案文献，导致科学研究的范围和主题减少萎缩。

1.4.3 "二战"之后苏联的档案事业

20世纪40年代，苏联档案事业在1941—1945年的卫国战争中遭受了严重影响，因此，战后的首要任务是抢救国家的档案遗产，统计、清点、修复档案文件，调查、追还、加工处理被侵略者夺取的珍贵档案文件。1940—1950年档案文件被广泛用于国民经济建设，如：用于重建被战争破坏的企业、矿井、交通线、电厂、文化遗址，另外，还用于寻找矿藏。

1956年召开的苏联共产党第二十次代表大会是苏联历史发展中的一个重要转折点，赫鲁晓夫在这次会上批判了对斯大林的个人崇拜，指出了斯大林主义的错误，提出"三和"理论，在国内外产生重大影响。此后，苏联国内的政治局势发生了很大变化，这种变化在档案事业管理领域也得到了体现，主要标志是1958年苏联部长会议发布《关于建立苏联国家档案全宗和苏联中央国家档案馆网络的条例》。[1] 该条例的主要特点是：将德国法西斯的机关和企业形成的档案文件以及其他"二战"时期德军在苏联占领区形成的档案文件纳入苏联国家档案全宗，规定苏维埃政权建立之前在苏联领土上（如波罗的海沿岸、西乌克兰、西白俄罗斯等地）的权力机关、管理机关、非国有组织形成的所有档案文件都属于苏联国家档案全宗。[2] 条例确认了机关档案室的基本法律地位，机关档案室与档案事业行政管理机关的关系，明确了机关领导在档案文件的保管、整理和提供利用方面的责任，确定了档案机关文件保管期限。

1960年，档案管理总局脱离了苏联内务人民委员会的行政管制，成为苏联部长会议的直属局，更名为"苏联部长会议档案管理

---

[1] 肖秋会. 俄罗斯档案立法：档案解密、开放和利用进展[J]. 中国档案，2016（3）：77-79.

[2] 肖秋会. 前苏联国家档案全宗的历史发展及演变[J]. 中国档案，2016（9）：76-78.

总局"。1960—1962 年，各加盟该共和国和自治共和国的档案管理机构行政隶属也发生了类似的变动，从归属于共和国内务部转移到共和国部长会议。1961 年 7 月 28 日，苏联部长会议通过了《关于成立苏联部长会议档案管理总局和苏联中央国家档案馆网的条例》。该条例规定了苏联部长会议档案管理总局的基本任务：保管苏联国家档案全宗；在科学技术和组织方法上领导国家档案馆和机关档案室的业务工作；监督部门档案馆和机关档案室档案文件的保管情况。根据该条例，建立了十月革命中央档案馆、苏联最高国家权力机关和国家管理机关档案馆、苏联国民经济中央国家档案馆等中央级国家档案馆网络。1967 年成立了苏联中央国家录音档案馆。1966 年成立了隶属于苏联部长会议档案管理总局的全苏文书学与档案事业研究所，从事文件和档案管理的科学技术研究工作，为档案机关提供科学技术方法指导。

1976 年，苏联通过了《文化历史古迹保护与利用法》，该法认为档案文献属于历史古迹，档案管理总局负责保护这一类历史古迹，为了执行《文化历史古迹保护与利用法》，苏联部长会议制定了一系列规章和实施办法。1978 年，发布了《改善苏联中央国家档案馆事业组织的指令》，对中央档案馆采取有效措施收集部门及机关形成的档案材料十分重视。

1980 年 4 月 4 日，苏联部长会议通过了《苏联国家档案全宗和苏联部长会议档案管理总局条例》（简称《苏联国家档案全宗条例》），该条例作为俄罗斯联邦的基本档案法律一直沿用到苏联解体。该条例对档案文献做出了新的解释：档案文献是全民财富，因此，不仅国家和社会组织，而且每一个公民个人都要严格遵循对其的保护和利用原则。建立国家档案全宗的目的就是对档案文件进行集中统计、保管和提供利用。该条例一共有两个附则，附则 1 确认了直接由苏联部长会议档案管理总局领导的 11 个中央级国家档案馆，附则 2 确认了包括地质、水文气象、大地测量等 7 种不同专业领域和外交部等国家职能部门形成的国家档案全宗目录。《苏联国家档案全宗条例》还赋予了国家档案机构新的业务职能：①根据机关的申请，档案馆与机关之间以签订合同的方式为其提供一系列档案业务服务，包括文件保管、整理、利用、建立备用副本；②为机关档案室工作以及机关、组织和企业的文书处理工作提供组织方法指导。

至此，苏联的国家档案机关系统主要由三个部分构成：档案事业管理机关、国家档案馆、档案科研机关。①档案事业管理机关。苏联部长会议档案管理总局是苏联档案事业最高领导机关。档案管理总局直接或通过各个加盟共和国的档案机关领导全国的档案事业活动。档案管理总局通过加盟共和国的部长会议实现对加盟共和国档案工作的领导；类似地，通过自治共和国的部长会议实现对自治共和国档案工作的领导；边区、州和直辖市（莫斯科、列宁格勒）的档案工作则由地方人民代表大会档案处领导。因此，苏联的档案事业管理机关分为四个层次：第一层次：苏联最高档案事业管理机关——苏联部长会议档案管理总局；第二层次：加盟共和国部长会议档案管理总局；第三层次：自治共和国部长会议档案管理局；第四层次：边区、州和直辖市人民代表大会档案处。②国家档案馆。主要分为两大类：永久保管档案文件的国家档案馆和临时保管文件的国家档案馆（过渡性档案机构）。其中，永久保管档案文件的档案馆又分为以下几种类型：苏联中央国家档案馆，加盟共和国中央国家档案馆及分馆，自治共和国中央国家档案馆，边区、州和直辖市的国家档案馆。临时保管文件的国家档案馆主要是在拥有发达工业的城市区、共和国、边区、州和城市建立，机关或组织形成的文件先保存在临时保管文件的国家档案馆，然后再向永久保管文件的国家档案馆移交。国家档案馆收藏的永久保存的档案文件（纸质文件）总共约 1.73 亿个卷宗，6500 万份影片照片文件。此外，苏联共产党档案全宗集中了共产党和共青团的档案文件。③档案科研机关。主要有全苏文书学与档案事业科研所和全苏档案系统现代技术中心，这两个科研机构负责文件与档案管理的科学技术方法研究工作，其中，全苏文书学与档案事业科研所承担了苏联档案学理论与方法的主要研究任务，苏联档案工作规章制度或档案工作科技方法基本都由档案管理总局委托该研究所负责研究起草。另外，莫斯科和列宁格勒的档案缩微、保护与文件修复中心实验室在档案科技领域也发挥了重要的作用。

1.4.4 苏联解体之后俄罗斯联邦的档案活动与制度变迁

苏联解体、独联体成立之后，1992 年 7 月 6 日，独联体国家首脑签署了《前苏联国家档案馆法律继承协议》，根据该协议，俄罗斯联邦档案管理局获得了对苏联中央国家档案馆的法定继承权，这是一笔巨大的档案遗产，包含了俄罗斯在其历史发展中形成和积累的覆盖了政治、经济、外交、军事和文化等各个领域的珍贵档案文献以及部分反映其他国家历史的档案文献，构成了俄罗斯联邦档案全宗的主体，它们是俄罗斯社会发展的基本记忆，人们从中可以发现过去的秘密、更好地理解现实和展望未来，具有重要的政治、经济、科学和文化意义。俄罗斯继承的位于俄罗斯联邦共和国境内的苏联中央国家档案馆及苏共中央和共青团中央档案馆共有 18 个，见表 1-1。

20 世纪 90 年代，为了适应私有化及市场经济改革和全面的社会转型，俄罗斯档案事业与其他行业领域一样，经历了改革的阵痛和由于经济衰退、金融危机而面临种种挑战，在联邦层次上先后颁布和实施了一系列新时期档案法律法规，包括：《俄罗斯联邦档案全宗和档案馆法》（1993）、《俄罗斯联邦档案全宗条例》（1994）、《俄罗斯国家档案局条例》（1994）、《俄联邦档案机构规则》（1994）、《俄罗斯联邦档案机关条例》（1998）等。上述法律法规一方面继承了苏联档案立法的精髓，延续了《列宁档案法令》所确认的档案事业集中管理体制以及全宗不可分散的原则，确认了联邦档案机关在国家机关体系中的地位和作用，明确规定俄罗斯联邦档案局是俄罗斯联邦的权力执行机关，负责档案事业领域的国家调节，并监督俄罗斯联邦档案全宗文件的保管、收集和利用；另一方面，从市场经济的需求出发，引入了私人档案、私人档案馆、档案所有权的转移等新的档案法律术语，不再使用"国家档案全宗"，而代之以"俄罗斯联邦档案全宗"，并将其划分为国有和非国有部分，这是在新的社会条件下对"国家档案全宗"的扬弃，适应了俄罗斯社会转型的需要。

19

表 1-1　　　俄罗斯联邦共和国继承的苏联国家档案馆、

苏共(共青团)中央档案馆一览表①

序号	《苏联国家档案全宗条例》(1980 年 4 月 4 日)确认的中央国家档案馆	《俄联邦档案事业委员会、联邦国家档案馆及文件保管中心条例》(1992 年 6 月 24 日)确认的俄联邦档案馆	俄罗斯政府《联邦国家档案馆章程》(1999 年 3 月 15 日)确认的俄联邦档案馆
1	十月革命中央国家档案馆,苏联最高国家权力机关和国家管理机关档案馆(莫斯科市)	俄罗斯联邦国家档案馆(莫斯科市)	俄罗斯联邦国家档案馆(莫斯科市)
2	苏联古代文献中央国家档案馆(莫斯科市)	俄罗斯古代文献国家档案馆(莫斯科市)	俄罗斯古代文献国家档案馆(莫斯科市)
3	苏联中央国家历史档案馆(列宁格勒市)	俄罗斯国家历史档案馆(圣彼得堡市)	俄罗斯国家历史档案馆(莫斯科市)
4	苏联中央国家军事历史档案馆(莫斯科市)	俄罗斯国家军事历史档案馆(莫斯科市)	俄罗斯国家军事历史档案馆(莫斯科市)
5	苏联中央国家军事海军档案馆(列宁格勒市)	俄罗斯国家军事海军档案馆(圣彼得堡市)	俄罗斯国家军事海军档案馆(圣彼得堡市)
6	苏联中央国民经济国家档案馆(莫斯科市)	俄罗斯国家经济档案馆(莫斯科市)	俄罗斯国家经济档案馆(莫斯科市)
7	苏联中央文学艺术国家档案馆(莫斯科市)	俄罗斯国家文学艺术档案馆(莫斯科市)	俄罗斯国家文学艺术档案馆(莫斯科市)
8	苏联陆军中央国家档案馆(莫斯科市)	俄罗斯国家军事档案馆(莫斯科市)	俄罗斯国家军事档案馆(莫斯科市)

---

① Алексеева Е. В. , Афанасьева Л. П. , Бурова Е. М. ; Под ред. В. П. Козлова. Архивоведение. М. : Издательский центр «Академия», 2005: 36-39.

序号	《苏联国家档案全宗条例》(1980 年 4 月 4 日)确认的中央国家档案馆	《俄联邦档案事业委员会、联邦国家档案馆及文件保管中心条例》(1992 年 6 月 24 日)确认的俄联邦档案馆	俄罗斯政府《联邦国家档案馆章程》(1999 年 3 月 15 日)确认的俄联邦档案馆
9	俄罗斯联邦远东中央国家档案馆*(符拉迪沃斯托克市)	俄罗斯国家远东历史档案馆(符拉迪沃斯托克市)	俄罗斯国家远东历史档案馆(符拉迪沃斯托克市)
10	苏联中央科技文件国家档案馆(古比雪夫市,莫斯科市有分馆)	俄罗斯国家科技文件档案馆(萨马拉市,莫斯科市有分馆)	俄罗斯国家科技文件档案馆(莫斯科市,萨马拉市有分馆)
11	苏联中央国家录音档案馆(莫斯科市)	俄罗斯国家录音档案馆(莫斯科市)	俄罗斯国家录音档案馆(莫斯科市)
12	苏联中央国家档案馆*(莫斯科市)	历史文献保管中心(莫斯科市)	并入俄罗斯国家军事档案馆(莫斯科市)
13	苏联国家档案全宗保险全宗中央国家档案馆*	保险全宗文件保管中心	保险全宗文件保管中心
14	苏联航天文件科学研究中心*(莫斯科市)	俄罗斯航天文件科学研究中心(莫斯科市)	并入俄罗斯国家科技文件档案馆(莫斯科市,萨马拉市有分馆)
15	苏联中央影片照片国家档案馆(莫斯科州,克拉斯诺戈尔斯克市),俄罗斯联邦中央国家影片照片档案馆*(弗拉基米尔市)	俄罗斯国家影片照片档案馆(莫斯科市,莫斯科州,克拉斯诺戈尔斯克市有分馆)	俄罗斯国家影片照片档案馆(莫斯科州,克拉斯诺戈尔斯克市)
16	社会主义历史和理论研究院党中央档案馆(苏共中央档案馆)*①(莫斯科市)	俄罗斯现代史文件保管与研究中心(莫斯科市)	俄罗斯国家社会政治历史档案馆(莫斯科市)

① 该馆保管 1952 年之前苏共中央的档案。

序号	《苏联国家档案全宗条例》(1980年4月4日)确认的中央国家档案馆	《俄联邦档案事业委员会、联邦国家档案馆及文件保管中心条例》(1992年6月24日)确认的俄联邦档案馆	俄罗斯政府《联邦国家档案馆章程》(1999年3月15日)确认的俄联邦档案馆
17	苏联列宁共产主义青年团中央档案馆*(莫斯科市)	青年组织文件保管中心(莫斯科市)	并入俄罗斯国家社会政治历史档案馆(莫斯科市)
18	苏共中央委员会秘书处档案馆*①(莫斯科市)	当代文件保管中心(莫斯科市)	俄罗斯国家现代史档案馆

　　注：以上带有 * 标记的档案馆不在1980年《苏联国家档案全宗条例》所规定的国家档案全宗范围之内。

　　2000年以来，俄罗斯开始实施从上至下的国家行政体系改革。2003—2004年，普京推行的行政改革使俄罗斯联邦档案局丧失了其独立的地位，更名为联邦档案署，成为俄罗斯文化部的一个下属机构，不再行使对全国档案事业及机关文件管理的行政管理权限，2004年颁布的新档案法——《俄罗斯联邦档案事业法》对此在法律上进行了确认，这一改革举措动摇了俄罗斯联邦档案机构的完整体系，削弱了联邦档案行政管理机构的权限，引起了档案界的普遍反对和质疑。直到2016年6月22日，俄罗斯总统普京签发了第293号总统令，规定俄罗斯联邦档案署直接归总统领导，才恢复了俄罗斯联邦档案署作为国家最高档案行政管理机关的法律地位，从此，俄罗斯联邦档案署结束了长达13年作为俄罗斯文化部一个下属机构的尴尬处境，这对于振兴俄罗斯档案事业、发挥档案和档案工作在国家治理中的作用无疑具有十分重要的意义。俄罗斯联邦档案署在地位提升和行政权限恢复加强之后，于2016年底和2017年初相继制定了两个重要的面向未来3~5年的发展计划：《2018年前俄

————————

　　①　该馆保管1952年之后苏共中央的档案。

罗斯联邦档案署贯彻和实施开放机制计划》以及《2017—2022 年俄罗斯联邦档案署工作规划》，旨在贯彻俄罗斯政府的开放数据战略，建立和实施俄罗斯联邦档案署的开放机制，促进俄罗斯联邦档案署的工作方式和决策方式迈向自由、公平和透明。此外，加强档案立法，推进档案事业信息化建设以及国家档案资源建设，加强档案安全保障，提高档案管理标准化水平，促进电子文件规范管理，从而全面提高俄罗斯联邦档案事业的总体发展水平，满足现代信息社会的需求。可以期待的是，俄罗斯联邦档案署的独立地位恢复之后，将加强对俄罗斯联邦档案事业的统筹规划，俄罗斯档案事业发展将拥有更好的制度保障、组织保障和经济保障，很多长期以来遗留下来的顽疾有可能逐步得到克服或者缓解。

第二章　俄罗斯档案事业管理体制改革及发展研究

　　十月革命胜利之后，为了加强对沙皇政府及资产阶级临时政府档案文件的集中管理，列宁于 1918 年签署了《关于改组和集中管理俄罗斯苏维埃社会主义联邦共和国档案事业法令》(简称《列宁档案法令》)，撤销了沙皇时期的部门(机关)档案馆，建立了统一的国家档案全宗，从而确立了国家档案事业的集中管理体制，奠定了苏联档案事业的立法基础。1919 年苏维埃政权颁布的三个重要法令《关于省档案全宗条例》《关于改革旧军队档案和卷宗的法令》和《关于废除保存在图书馆和博物馆的已故俄国作家、作曲家、艺术家和学者的档案私有权的法令》都以 1918 年《列宁档案法令》为指导和依据，加强了对地方、军队和个人所有档案的集中管理。20 世纪20—30 年代，苏联根据档案事业发展需要，不断巩固档案事业集中管理体制，档案管理总局对全联盟、各个联邦共和国、自治共和国和边区、自治州的档案事业实行集中统一领导。20 世纪 30—80年代，苏联档案管理总局建立了从中央到地方的国家档案馆网络，档案事业集中管理体制发挥了重要的作用。苏联解体之后，统一的国家档案全宗丧失了存在的社会基础，苏联的档案事业体系也随之瓦解。俄罗斯联邦的档案事业管理虽然在很长一段时期内延续了苏联的集中式管理体制，但是随着俄罗斯政府行政体制改革的深入，联邦和地方的档案事业管理走向分权，联邦档案署丧失了对各个联邦主体及自治地方的档案行政管辖权。20 世纪 90 年代至今，俄罗斯的档案事业管理体制随着国家制度的变迁发生了重要的变化，可分为如下两个时间阶段：第一时间段：20世纪 90 年代苏联解体之初的档案事业管理体制改革；第二时间段：2004 年俄罗斯国家行政体制改革背景下的档案事业管理体制改革。

2.1　20 世纪 90 年代俄罗斯联邦独立之初的档案事业管理体制改革

2.1.1　俄罗斯对苏联国家档案馆系统的继承、重组和更名

1991 年 8·19 事件发生之后，俄罗斯开始迅速接管苏联及苏共的档案和档案馆，并对部分档案馆进行重组或更名，苏联按照集中统一管理原则建设起来的全苏社会主义档案事业体系就此瓦解，苏联国家档案全宗也成为过往的历史。1991 年 8 月 24 日，俄罗斯总统叶利钦发布了第 82 号和第 83 号总统令，根据这两个命令，苏共中央档案系统所有档案文献全部收归国有，同时，苏联国家安全委员会(克格勃)的全部档案也被俄罗斯联邦政府档案事务委员会接管。第 82 号总统令命令俄罗斯联邦政府档案机关查封并接管苏联国家安全委员会档案馆及安全委员会设在莫斯科、列宁格勒和俄罗斯各边疆区、州分支机构的档案馆以及它们的建筑、设备和工作人员。第 83 号总统令命令俄罗斯联邦政府档案事务委员会负责查封和接管苏共中央党务档案馆和设在马克思列宁主义研究院(1991 年改称社会主义理论与历史研究院)的苏共中央档案馆、苏共设在俄罗斯的各边疆区委和州委档案馆，莫斯科市委和列宁格勒市委档案馆，以及这些档案馆的建筑设备和工作人员。

俄罗斯联邦政府于 1991 年 10 月 12 日颁布了第 531 号决定和第 532 号决定，第 531 号决定责成俄罗斯联邦政府档案事务委员会接管原苏联档案管理总局的全部财产以及它直属的 11 个苏联中央国家档案馆、档案科研机关和其他档案企事业机关。原苏联国家档案全宗所拥有的档案中的绝大部分，除了其他 14 个原加盟共和国档案馆收藏的档案外，都变成了俄罗斯联邦的国家财产。与此同

时，俄罗斯档案事务委员会还接管了原苏联档案管理总局的机关刊物《苏联档案》，更名为《祖国档案》，作为俄罗斯档案事务委员会的机关刊物继续出版。第 532 号决定宣布将苏共中央档案馆更名为俄罗斯现代史文件保管与研究中心，仍负责保管原苏共中央 1952 年以前的党务档案、马克思恩格斯的档案和手稿、共产国际的档案以及列宁的档案和文稿。另外，将苏共中央现行机关档案馆改称当代文件保管中心，仍设在原苏共中央大楼内，负责保管原苏共中央 10 个大机关和 150 多个中小机关 1952—1991 年的党务档案 400 多万卷，1917—1991 年的人事档案和人事登记卡片 2600 万卷、张。这两个文件保管中心于 1992 年 3 月正式向国内外开放。① 保管苏共中央政治局档案的苏共中央总务部第六处档案馆（克里姆林宫档案馆）改组为总统档案馆，原苏联国家安全部档案馆也改由俄罗斯档案事务管理委员会管辖。至 1991 年底，从中央到地方各级苏共党组织全部转入国家档案系统，仅 140 多个档案馆就保管了 3000 万件档案。②

1992 年 7 月 6 日，独联体国家首脑签署了《前苏联国家档案馆法律继承协议》，根据该协议，俄罗斯国家（联邦）档案管理局获得了对前苏联中央国家档案馆的法律继承权。俄罗斯对继承的前苏联国家档案馆和苏共（共青团）中央档案馆进行了改组和更名，具体包括：①十月革命中央国家档案馆、苏联最高国家权力机关和国家管理机关档案馆合并为俄罗斯联邦国家档案馆；②苏联古代文献中央国家档案馆改名为俄罗斯古代文献国家档案馆；③苏联中央国家历史档案馆改名为俄罗斯国家历史档案馆；④苏联中央国家军事历史档案馆改名为俄罗斯国家军事历史档案馆；⑤苏联中央国家军事-海军档案馆改名为俄罗斯国家军事-海军档案馆；⑥苏联国民经济中央国家档案馆改名为俄罗斯国家经济档案馆；⑦苏联文化艺术中央国家档案馆改名为俄罗斯国家文化艺术档案馆；⑧苏联陆军中央国家档案

---

① 韩玉梅. 档案依在，归属和体制已变——俄罗斯之行侧记之一[J]. 档案学通讯，1993（2）：55-58.

② 沈志华. 俄罗斯档案管理体制的变迁[J]. 云南档案，2004（1）：29-30.

馆改名为俄罗斯国家军事档案馆；⑨俄罗斯联邦远东中央国家档案馆改名为俄罗斯远东国家历史档案馆；⑩苏联科技文件中央国家档案馆改名为俄罗斯国家科技文件档案馆；⑪苏联中央国家录音档案馆改名为俄罗斯国家录音档案馆；⑫苏联中央国家档案馆改名为历史文献保管中心，后来又并入俄罗斯国家军事档案馆；⑬苏联国家档案全宗保险全宗中央国家档案馆改名为保险全宗文件保管中心；⑭苏联航天文件科学研究中心改名为俄罗斯航天文件科学研究中心，后来又并入俄罗斯国家科技档案馆；⑮苏联影片照片中央国家档案馆和俄罗斯联邦中央国家影片照片档案馆合并为俄罗斯国家影片照片档案馆；⑯社会主义历史和理论研究院党中央档案馆(苏共中央档案馆)改名为俄罗斯现代史文件保管与研究中心，后来又改名为俄罗斯国家社会政治历史档案馆；⑰苏联列宁共产主义青年团中央档案馆改名为青年组织文件保管中心，后来并入俄罗斯国家社会政治历史档案馆；⑱苏共中央委员会秘书处档案馆先后改名为当代文件保管中心、俄罗斯现代史国家档案馆。

　　如上所述，苏联解体之后，集中统一的全苏档案事业系统已不复存在，取而代之的是纷纷独立的原加盟共和国各自独立的档案事业管理系统。以俄罗斯联邦共和国为代表，基本沿用了苏联的集中式档案管理体制，仍然设置档案事业行政管理机关(档案管理机关)，对各级档案工作进行指导和监督，但是档案管理机关的名称、行政隶属和管辖权限发生了明显变化。最重要的变化是原苏共中央和共青团中央的档案系统不再具有独立性，党的档案收归国有，全部由俄罗斯政府档案事务委员会接管，档案管理机关的管辖权限扩大。而且，作为高度机密一直不曾向社会开放的苏联共产党档案开始对外开放，甚至对外国人开放，这是苏联解体之后档案事业管理体制的一个重大转折。根据统计，苏共留存的档案文件大约总共为 7400 万个卷宗和 22 万份影片照片文件①，对于研究苏共

---

　　① Алексеева Е. В. ，Афанасьева Л. П. ，Бурова Е. М. ；Под ред. В. П. Козлова. Архивоведение. М. ：Издательский центр «Академия»，2005：35.

史、苏联二战史、苏共国内政策和外交策略具有极大的参考价值。

2.1.2　档案管理机关名称及行政隶属和管辖权限的变更

19世纪至20世纪初，沙俄政府虽然建立了部门档案馆系统，但一直没有在中央成立专门的档案事业管理机关，指导和监督各个部门和各级档案馆的业务活动，仅在1884年4月成立了由内政部领导的省档案学术委员会，十月革命前沙皇政府在各省共建立了41个省档案学术委员会，各自负责地方国家机关的档案管理工作，但全国的档案和档案工作处于分散和各自为政的状态。

从1918年至1991年，俄罗斯政府档案管理机关的设置、命名、行政归属及管辖权限等随着国家机关系统的调整和改组经历了多次变更。1917年十月革命胜利之后，苏维埃政权成立之初的任务之一就是改组和集中统一管理沙皇及临时政府的档案及档案工作，中央和地方新成立的苏维埃权力机构对沙皇和临时政府的档案开始进行大规模的接收，1918年4月2日成立了档案管理中央委员会，负责临时管理全国档案事业，制定有关档案改革的法令。1918年《列宁档案法令》规定，由档案事业管理总局(档案管理总局)负责掌管统一国家档案全宗，负责确定机关档案保管期限，制定档案查找制度及档案销毁事宜。档案管理总局隶属于教育人民委员部，是部属独立部门，局长有权直接向政府提出报告，各省的档案事业组织则由省人民教育局负责。档案管理总局成立之初，面临复杂的任务，包括：国家档案全宗档案文件的统计及完整性保障、档案文件的利用、机关档案文件保管状况监督、档案科技工作的组织等，为此，档案管理总局成立了专家工作组，针对档案事业组织管理和技术方法问题进行研究。1922年12月30日，俄罗斯、乌克兰和白俄罗斯三国宣告组成苏维埃社会主义共和国联盟，苏联由此诞生。1929年4月10日，苏联中央执行委员会和人民代表苏维埃发布了成立苏联中央档案管理局章程，由苏联中央档案管理局对全苏加盟共和国中央档案管理机关的活动实施统一领导，建立全苏档案全宗，俄罗斯联邦档案管理局成为苏联中央档案管理局的一个下属机关。20世纪30年代起，在苏联中央档案管理局的领导下，开始建立从中央到地方的国家档案馆网络。1936年的苏联宪法对国家机关系统进行了调整，撤销了苏联、联邦和自治共和国的中央执行委员会，对苏联中央档案管理局的行政归属也作了相应的调整。根据1938年苏联最高苏维埃主席团的决定，苏联中央档案管理局接受苏联内务人民委员会领导，苏联中央档案管理局改为"苏联内务人民委员会档案管理总局"。1939年起，苏联各加盟共和国和自治共和国的档案管理机关的行政隶属也做了调整，归共和国的内务部门领导。1948年苏联内务人民委员会更名为苏联内务部，"苏联内务人民委员会档案管理总局"也相应更名为"苏联内务部档案管理总局"。1936—1956年，档案管理总局归属于内务人民委员会和内务部管辖时期，苏联集中统一的档案事业管理体系进一步强化，中央和地方国家档案馆网、专门领域和部门档案馆网都初步建立，而苏联共产党党务系统则单独建立了档案馆，自成一体，不受档案管理总局管辖。但这一时期高度集中的档案管理体制和政治上的高压使档案领域丧失了其应有的独立性，档案馆的主动性和积极性受到压制，档案部门失去了直接向政府发表建议和意见的权力，导致很多非档案专业人员占据了重要的档案事业领导岗位，给档案事业发展带来了负面影响，档案学思想和科研僵化，档案利用被严格限制。

1956年召开的苏联共产党第二十次代表大会改变了这种状况，赫鲁晓夫对斯大林的个人崇拜及斯大林的错误进行了批判，对国家政策及国家机关系统进行了改革。1960年，档案管理总局的行政隶属和法律地位都得到了改善，从苏联内务人民委员会下属局升为苏联部长会议的直属局，更名为"苏联部长会议档案管理总局"。1960—1962年，各加盟该共和国和自治共和国的档案管理机构行政隶属也发生了类似的变动，从共和国内务部的下属局变为共和国部长会议的直属局。1961年7月28日，苏联部长会议通过了《关于成立苏联部长会议档案管理总局和苏联中央国家档案馆网的条例》。该条例规定了苏联部长会议档案管理总局的基本任务：保管苏联国家档案全宗；在科学技术和组织方法上领导国家档案馆和机关档案室的业务工作；监督部门档案馆和机关档案室档案文件的保管情况。

1980年4月4日，苏联部长会议通过了《关于苏联国家档案全宗和苏联部长会议档案管理总局的条例》(简称《苏联国家档案全宗条例》)，该条例作为俄罗斯联邦的基本档案法一直沿用到苏联解体。如前所述，该条例一共有两个附则，确认了由档案管理总局领导的11个中央级国家档案馆以及在7个专业系统领域和国家职能部门的国家档案全宗。苏联部长会议档案管理总局是苏联档案事业最高领导机关，档案管理总局直接或通过各个加盟共和国的档案机关领导全国的档案事业活动。档案管理总局通过加盟共和国的部长会议实现对加盟共和国档案工作的领导；类似地，档案管理总局通过自治共和国的部长会议实现对自治共和国档案工作的领导；边区、州和直辖市(莫斯科、列宁格勒)的档案工作则由地方人民代表大会档案处领导。因此，苏联的档案事业管理机关分为四个层次：第一层次：苏联最高档案事业管理机关——苏联部长会议档案管理总局；第二层次：加盟共和国部长会议档案管理总局；第三层次：自治共和国部长会议档案管理局；第四层次：边区、州和直辖市人民代表大会档案处。

1990年11月5日，俄罗斯苏维埃联邦社会主义共和国部长会议做出了俄罗斯档案首脑机关易名的决定，决定成立俄罗斯联邦政府档案事务委员会，取代原俄罗斯部长会议档案管理总局，并任命历史学博士鲁道尔夫·格尔曼诺维奇·皮郝亚教授为档案事务委员会主任。该项决定还责成档案事务委员会与俄罗斯财政部、司法部、出版与大众媒介部以及其他相关机关就委员会的机构和活动问题进行磋商。这表明，在苏联解体之前，俄罗斯联邦共和国的档案首脑机关实际上已不再是苏联档案管理总局的下属机关，而是具有更大的自主权。1991年12月，最早联合组成苏联的俄罗斯、乌克兰、白俄罗斯三国总统签署命令，宣告废除1922年的联盟条约，12月26日苏联最高苏维埃最后一次会议宣告苏联作为一个国家不复存在。苏联解体之后，俄罗斯联邦共和国的档案事务委员会成为独立国家的档案首脑机关，对外可代表俄罗斯联邦出席国际档案会议，对内负责掌管俄罗斯联邦的所有档案，并负责接管原苏联共产党中央的档案和档案馆，以及在俄罗斯境内的原苏联共产党组织的档案、共青团、工会等的档案。①

　　档案事务委员会1992年12月更名为"国家档案局"，1996年更名为"联邦档案局"，1998年12月28日俄罗斯发布了第1562号政府令《关于俄罗斯联邦档案局的地位》，确认了联邦档案局的法律地位和基本职能。第1562号政府令规定了俄罗斯联邦档案局行政所辖的范围：联邦国家档案馆、直接隶属于联邦档案局的科研机构和其他组织、俄罗斯联邦主体的档案事业管理机关及其下属机构。该法令还明确规定了联邦档案局的基本任务：组织和保障俄罗斯联邦档案全宗的形成、保管和利用；分析档案事业的现状、研究其发展趋势和规律性，在考虑区域发展特点的基础上制定联邦档案事业发展规划和策略；制定统一的俄罗斯联邦档案全宗文件保管、收集、统计和利用原则；协调所辖的联邦国家档案馆、科研机构和其他组织的活动，保障其功能实现；行使俄罗斯联邦在档案事业领域的法律监督职能；对于俄罗斯联邦档案全宗文件实施国家集中统计，并提供国家权力机关、法人和自然人档案全宗成分和内容的有关信息；在档案事业和文书处理领域实现国际交流。② 可见，1998年12月28日发布的《关于俄罗斯联邦档案局的地位》确立了联邦档案局的独立地位和较大的职权范围，主要体现在两个方面：第一，管辖范围除了国家档案馆和隶属于联邦档案局的科研机关之外，还包括联邦主体的档案事业管理机关及下属机构，俄罗斯联邦档案局不仅在联邦层次，而且在联邦主体(地方)也拥有较大的行政管辖权，联邦档案局负责制定俄罗斯档案事业发展规划和策略。第二，明确规定联邦档案局可以行使俄罗斯联邦在档案事业领域的法律监督职能。这意味着联邦档案局不仅能够行使行政管理权，而

---

　　① 韩玉梅. 俄罗斯档案首脑机关易名扩权——俄罗斯之行侧记之二[J]. 档案学通讯，1993(4)：55-58.

　　② Постановление Правительства РФ от 28.12.1998 N 1562（ред. от 22.07.2003）"Об утверждении Положения о Федеральной архивной службе России"［EB/OL］.［2016-06-08］. http：//www.consultant.ru/document/cons_doc_LAW_21467/2c3cc9e0ce3a09a718b4ac360f3a9792acd91546/#dst100008.

且还拥有行政执法监督权力。1996—2004 年"俄罗斯联邦档案局"这一名称及行政归属和权限一直未变。但在 2003—2004 年普京大力推行的国家行政机关改革活动中，"俄罗斯联邦档案局"易名缩权，从 2004 年 3 月起更名为"联邦档案署"（Федеральное архивное агентство），归属于俄罗斯政府文化部，其法律地位、行政归属以及职能和权限都发生了较大的变化。

表 2-1　　　1918—2016 年苏联(俄罗斯)档案行政管理
机关的名称及归属①

时间	名称	行政归属
1918. 4. 2—1918. 6	档案管理中央委员会 Центральный комитет по управлению архивами	俄罗斯苏维埃联邦社会主义共和国②中央委员会
1918. 6—1922	档案事业管理总局(档案管理总局) Главное управление архивным делом при Наркомате просвещения РСФСР (ГУАД/Главархивпри Наркомпросе РСФСР)	俄罗斯联邦共和国教育人民委员部
1922—1929	俄罗斯联邦共和国中央档案管理局 Управление Центральным архивом при ВЦИК РСФСР (Центрархив)	俄罗斯联邦共和国中央执行委员会
1929—1938	俄罗斯联邦共和国中央档案管理局 Центральное архивное управление РСФСР (ЦАУ РСФСР)	俄罗斯联邦共和国中央执行委员会
1929—1938	苏联中央档案管理局 Центральное архивное управление Союза ССР (ЦАУ СССР)	苏联中央执行委员会

---

① История Росархива [EB/OL]. [2016-08-10]. http：//archives. ru/rosarhiv/history. shtml.

② 以下简称"俄罗斯联邦共和国"。

续表

时间	名称	行政归属
1938—1948	苏联内务人民委员会档案管理总局 Главное архивное управление НКВД СССР （ГАУ НКВД СССР）	苏联内务人民委员会
1948—1960	苏联内务部档案管理总局 Главное архивное управление МВД СССР （ГАУ МВД СССР）	苏联内务部
1960—1991	苏联部长会议档案管理总局 Главное архивное управление при Совете Министров СССР （ГАУ при СМ СССР / Главархив СССР）	苏联部长会议
1955—1990 年	俄罗斯联邦共和国部长会议档案管理总局 Главное архивное управление при Совете Министров РСФСР（ГАУ при СМ РСФСР）	俄罗斯联邦共和国 部长会议
1990.11—1991.11	俄罗斯联邦部长会议档案事务委员会 Комитет по делам архивов при Совете Министров РСФСР（Роскомархив）	俄罗斯联邦共和国 部长会议
1991.11—1992.12	俄罗斯联邦政府档案事务委员会 Комитет по делам архивов при Правительстве Российской Федерации （Роскомархив）	俄罗斯联邦政府
1992.12—1996.8	俄罗斯国家档案局 Государственная архивная служба России （Росархив）	俄罗斯联邦政府
1996.8—2004.3	俄罗斯联邦档案局 Федеральная архивная служба России （Росархив）	俄罗斯联邦政府
2004.3—2016.6	俄罗斯联邦档案署 Федеральное архивное агентство （Росархив）	俄罗斯联邦 政府文化部
2016.6—至今	俄罗斯联邦档案署 Федеральное архивное агентство（Росархив）	俄罗斯联邦总统

2.2　2004 年俄罗斯行政体制改革背景下的档案事业管理体制改革

2000 年普京再次就任俄罗斯总统后，十分重视行政改革。2000 年 5 月至 2003 年 4 月，普京首次倡导的行政改革加强了中央对地方的垂直领导。2003 年 5 月，普京再次倡导行政改革，核心内容是压缩国家职能，精简执行权力机关（即国家行政管理机关），提高执行权力机关的工作效率，并进一步完善行政诉讼程序和司法机关体系。2003 年 5 月 15 日，普京在俄罗斯联邦议会两院联席会议上发表了 2003 年度总统咨文，强调了行政改革的必要性，并阐述了改革的内容。[①] 2003 年 7 月，普京签署了关于采取行政改革措施的第 824 号总统令，部署了 2003—2004 年期间应当首先采取的行政改革措施以及改革的优先领域。第一，在经济领域，限制国家机关对企业自主经营活动的干预，发展和培养经济领域的自动调节系统。第二，在行政领域，划分了联邦执行权力机关和联邦主体执行权力机关之间的权限，明确了中央和地方各自的行政管辖权。第三，取消了各种联邦执行权力机关的重叠职能和权限。[②] 2004 年 3 月 9 日，普京签署了关于联邦执行权力机关体系和结构的第 314 号总统令，规定联邦执行权力机关体系由联邦部、联邦局（署）和联邦监督局组成。政府组成人员为政府总理 1 人、政府副总理 1 人、政府机关领导人 1 人和部长 14 人。共设 14 个部，部下设部属局（署）。此外，俄新政府还下设有 9 个独立的联邦局。在这 14 个部和 9 个联邦局中，国防、外交、安全、内务、法律等关系国家安全和利益的 12 个部和联邦局归总统普京直接领导，其他关系国民经

---

①　刘向文. 谈普京总统倡导的行政改革[J]. 俄罗斯中亚东欧研究，2004(4)：16-19.

②　Указ Президента Российской Федерации от 23 июля 2003 г. N824 "О мерахпопроведению административной реформы в 2003—2004 годах" [EB/OL]. [2016-08-16]. http：//www. rg. ru/oficial/doc/ykazi/824-03. shtm.

济和社会发展的 11 个部和联邦局归俄罗斯政府领导。①

俄罗斯的档案事业管理机关在此次精兵简政的改革中失去了其原有的独立性。2004 年 6 月 17 日，俄罗斯颁布了第 290 号政府令《关于俄罗斯联邦档案署的地位》，共分为三个部分：第一部分为"总则"，第二部分为"职权"，第三部分为"组织活动"，其内容和结构与 1998 年俄罗斯政府发布的 1562 号政府令《关于俄罗斯联邦档案局的地位》明显不同，体现了俄罗斯政府压缩档案管理机关行政管理职能，提高行政效率及确保政府信息公开的改革需求。② 在 2004 年的第 290 号政府令中，"联邦档案署"虽然仍然是独立的法人，但它的权限更多地局限于联邦层次，不具有以往"国家档案局"或"联邦档案局"从上至下、从联邦中央到联邦主体或地方的辐射力和影响力，与 1998 年的 1562 号政府令不同，2004 年第 290 号政府令没有规定联邦档案署对联邦主体（地方）的档案事业实施集中式领导的行政权力，更多的是对档案业务和方法上的指导与监督，强调对俄罗斯联邦档案全宗文件尤其是孤本文件或特别针对文件的保管和统计，为适应政府信息公开的需要，对联邦档案署提出了新的职能要求，强调档案领域的国家服务职能。另外，第 290 号政府令明确规定，联邦档案署在档案领域无权行使执法权和执法监督权。可见，联邦档案署的权力范围被明显削弱，它不再是政府直属机构，而是隶属于俄罗斯政府文化部的一个部属机构，联邦档案署的发展规划和政策需经文化部批准，直接受国家文化事业领域发展规划的影响，联邦档案署署长向文化部部长汇报工作。联邦档案署的直接隶属机构有三类：①15 个联邦国家档案馆；②全俄文件学与档案事业科研所；③1 个档案服务机构。

2004 年的第 290 号政府令《关于俄罗斯联邦档案署的地位》在

---

① 　Указ Президента Российской Федерации от 9 марта 2004 г. N 314 "О системе и структуре федеральных органов исполнительной власти" [EB/OL]. [2016-08-20]. http：//www. rg. ru/2004/03/11/federel-dok. html.

② 　Постановление Правительства РФ от 17 июня 2004 г. N 290 "О Федеральном архивном агентстве" [EB/OL]. [2016-08-20]. http：//archives. ru/documents/order_gov290. shtml.

总则中明确规定，俄罗斯联邦档案署是联邦执行权力机关，隶属于俄罗斯政府文化部，基本职能是实现档案领域的国家服务，管理联邦档案财富。联邦档案署直接或通过其下属机构与其他联邦执行权力机关、联邦主体和地方当局的执行权力机关、社会组织和其他各类组织开展活动，以实现自己的基本职能。联邦档案署对于联邦层次的档案事业具有组织和领导权，第一，联邦档案署在档案事业组织方面的主要权限是：①通过创建和运行档案文件信息检索系统和查找工具，为国家权力机关、地方机关、社会组织和团体提供以俄罗斯联邦档案全宗文件和其他档案文件为基础的信息保障；②回复俄罗斯和外国公民以及无国籍人士对于档案信息查询的合法请求；③组织俄罗斯联邦档案全宗文件的公布、展览和检索工作；④对申请出境的档案文件进行鉴定，按照规定为相关法人和自然人提供允许档案文件出境的鉴定；⑤对申请临时出境的俄罗斯联邦档案全宗文件进行鉴定，按照规定为相关法人和自然人提供允许档案文件临时出境的鉴定；⑥对于临时出境然后返回境内的俄罗斯联邦档案全宗文件进行鉴定；⑦集中保管俄联邦档案全宗文件中孤本文件和特别珍贵文件的保险全宗（安全全宗）；⑧协调联邦层次档案机关的科学方法协会的活动。第二，联邦档案署在档案事业领导方面的权限是：①俄联邦档案全宗文件的国家统计；②俄联邦档案全宗文件中的孤本文件的国家注册。第三，联邦档案署应实现的基本职能包括如下 10 项：①联邦预算资金的管理和分配；②对联邦专项科技项目和创新项目进行国家订购；③对联邦国家档案馆的来源机关目录进行审批；④对联邦国家权力机关及下属机构在其活动中所形成的档案文件保管期限进行审批；⑤对中央鉴定委员会和中央档案馆发布的规范及联邦国家权力机关及其下属机构和组织在档案事业领域制定的其他规范进行审批；⑥采取措施，保障俄罗斯联邦对私人所有的档案文件在拍卖或委托出售时的优先购买权；⑦对档案事业和文件管理领域的国家标准项目进行鉴定；⑧确保档案机构遵守档案文件的保管、收集、统计和利用规则；⑨对临时出境档案文件的回国期限进行监控；⑩与外国权力机关及国际组织在档案领域开展交流。第四，联邦档案署的一个重要职能是，对于公民书面或口头申请的处理决定应在法律规定的期限内及时予以回复。

联邦档案署为了履行上述职能和权限，拥有如下权力：①颁布与联邦档案署业务活动有关的法规；②按照规定有权要求获取必要的相关信息，对与联邦档案署活动有关的问题做出处理决定；③吸引科研机关、其他机构、学者和专家参与研究解决与联邦档案署活动有关的问题；④在自己的职权范围内，向法人或自然人解释与联邦档案署活动有关的问题；⑤在规定的活动范围内，设置咨询和专家机构(理事会、委员会、专家组、联合会)；⑥为联邦主体的档案事业管理机关、国家档案馆和市立档案馆在国家档案全宗文件的收集、统计、保管和利用方面提供方法上的帮助；⑦开展档案学、文件学、考古学领域的工作竞赛活动。但是，联邦档案署无权行使档案执法权和执法监督权，联邦总统令或政府令另有规定的除外。

档案事业管理体制在 2004 年行政改革中受到了很大的影响，联邦国家档案事业行政管理机关的地位及工作原则发生了根本性变化，其实质是在档案事业管理领域出现了三类政府机关的职能分工：第一类：部，由俄罗斯文化部负责制定档案事业领域的政策并在法律上保障其实施；第二类，局，由俄罗斯文化部下属的文化遗产保护法律监督局负责监督上述档案事业领域法律法规的实施，并确保遵守相关法律法规；第三类，署，由俄罗斯联邦档案管理署负责管理联邦档案财富，并在此基础上提供国家档案服务。这意味着联邦的档案管理权力在这三种不同级别的联邦执行权力机关之间进行了分配，原有的档案事业管理机关"联邦档案局"的功能分散了，或者说分割了，这种分散式、分割式的联邦档案管理机构体系忽视了俄罗斯的国情和它在档案事业管理方面一贯的历史传统。改革之后的联邦档案署权力削弱了，不再具有集中管理俄罗斯联邦档案事业的权力，对联邦主体的档案事业管理机关不再具有直接的行政领导权，不再具有档案事业领域的执法权和执法监督权，它必须贯彻俄罗斯文化部的基本政策，接受文化遗产法律监督局的法律监督。

紧随国家行政改革的是国家财政预算改革，从 2006 年起俄罗斯全面实行绩效预算政策，绩效预算是一种以成本–效益分析为基础确定支出标准的预算形式，即政府首先制定有关计划，再依据政府职能和施政方案制订计划实施方案,并在成本-效益分析的基础上确定实施方案所需费用来编制预算。绩效预算将市场经济理念融入政府公共管理,试图降低政府管理的成本,提高财政支出的效率,对于监督和控制预算支出、提高效益、防止浪费具有积极的作用。但是,档案管理部门的支出难以用数字表明其预期的经济效益,因此,在绩效预算框架下,档案部门的成本效益评估面临很大的挑战,联邦档案署对此非常重视,召集成立了专家组研究制定档案机关绩效评估的原则及统一方案。

另外,国家行政机关的精简直接带来了撤销机关档案文件的管理问题。被撤销或者发生重组、私有化改革的联邦部门机关及其下属机构、组织或者企业的档案文件总计有200万个卷宗,它们涉及联邦的原24个部门机关。联邦档案管理部门面临的难题是,如何组织和处理这些撤销机关或发生重组机关的档案文件。联邦档案馆没有能力全部容纳这些档案文件,在行政改革初期,是由联邦档案馆部分接收还是在莫斯科州设置专门档案库房保管这些文件是悬而未决的争议性问题。

联邦层次的档案管理机关改革是改革的第一波,改革的第二波则是在联邦主体(地方)层次,改革从总体上削弱了联邦档案署与联邦主体档案管理机关之间直接的行政联系,联邦档案署对各个联邦主体的档案事业管理可提供业务方法上的帮助,而无行政领导权。这样,联邦主体的档案管理机关拥有更大的自主权,而各个联邦主体档案管理机关的行政归属和地位具有明显的差异性,各地档案事业发展水平不平衡以及地方档案事业财政预算问题突出。改革初期,大部分联邦主体的档案管理机关的地位未发生变化,但是,部分联邦主体的档案管理机关地位下降,权限削弱了,由原来的政府档案事业委员会或档案管理局降级为联邦主体政府文化部或其他部门的下属机构,如"卡拉恰伊-切尔克斯共和国档案事业委员会"在改革之后变为"卡拉恰伊-切尔克斯共和国文化部档案事业管理署","鄂木斯克州档案管理局"在改革之后变为"鄂木斯克州国家法律发展部档案管理署","斯摩棱斯克州档案处"在改革之后变为"斯摩棱斯克州文化部档案处"。但同时,另外一些地方的档案管理机关在此次行政改革中地位得到了提升，如科斯特罗马州和下诺夫哥罗德州的"档案管理处"调整升级为"档案管理委员会"，梁赞州和乌里扬诺夫斯克州的"档案管理处"调整升级为"档案管理局"，而车里雅冰斯克州的"档案管理局"调整升级为"档案事业国家委员会"。因此，俄罗斯各个联邦主体的档案管理机关地位有升有降，也有保持不变的，情况比较复杂。①

　　但是，广大基层的市政档案机关受到了较为严重的冲击。市政组织的档案事业由地方自治机关管理。根据 2004 年《俄罗斯联邦档案事业法》的规定，市政机关在档案事业领域的管辖权限是：保管、补充、统计和利用地方自治机关、市政档案馆、博物馆、图书馆及其他市政组织的档案全宗和档案文件；处理好将市政机关的档案全宗文件向联邦、联邦主体或其他市政组织进行所有权转移的问题。截至 2013 年 1 月 1 日，俄罗斯总共有 2039 个地方市政机构，其中，只有 1774 个设立了专门的档案事业管理机构，其余的则由地方政府其他机关监管档案事务。市政机构是否设立专门的档案行政管理机关，一般取决于地方政府对档案工作的重视程度、地方政府的财政情况及档案工作传统等。行政改革推行之后，很多地方政府为了节省行政成本取消了多年设置的档案行政管理机关，或由档案馆兼管档案行政事务，普遍减少档案干部人员编制，使不少地方的档案行政管理人员不得不另谋职业。这对原本完整的从中央到地方的档案行政管理体系造成了严重的冲击。

　　此外，如何处理"部"和"署"即文化部和联邦档案署在档案事业管理领域的关系，是此次改革之后需要面临的一个难题。一个重要的问题是，应该由谁，采取什么样的方式，准确地掌握和分析全国档案事业宏观信息，针对档案事业最紧迫的现实问题提出政策建议或者以项目形式进行研究以获得解决方案？很显然，根据俄罗斯 2004 年发布的第 290 号政府令，联邦档案署已经没有了该项宏观

---

① Козлов В. П. Российские архивы в условиях административной реформы. Учредительное заседание Совета по архивному делу. Отечественные архивы. 2005(1)：22-33.

管理的权力，而文化部下属机构较多，难以直接通过联邦档案署管辖档案领域事务，因此，文化部和联邦档案署之间的权限划分问题，尤其是联邦档案署的权限问题有待进一步明确。另外，在此次改革中，地方档案事业管理则似乎被"抛弃"了，地方政府部门一般不会插手档案管理，联邦政府部门更不会插手地方档案管理事业，因此，地方档案事业管理陷入各自为政的状态。

2004 年的行政改革使俄罗斯联邦层次的档案事业行政管理权限分散于三个联邦机关之间，由俄罗斯政府文化部总领导，下属的文化遗产保护法律监督局和联邦档案署分别负责，而联邦档案署的职能重点在于保护国家档案财富和提供档案领域的国家服务，可以提供档案业务方法指导，但无对全国档案事业的行政领导权、决策权和执法监督权。这使联邦档案管理机关的独立性丧失，行政地位下降，权限削弱，而其责任和义务却没有减少。而且，联邦档案署与地方档案管理机关之间在行政关系上趋于松散，联邦档案署无权直接制定面向全国档案事业领域的档案政策，不再行使对地方档案事业的行政领导权，地方档案事业发展更多地取决于地方政府的重视程度和地方财政状况。基于上述诸多问题，此次行政改革对俄罗斯档案事业发展影响甚大。

2004 年俄罗斯行政改革之后，联邦档案行政管理机关的地位下降，权限削弱，丧失了制定和发布文件管理及档案管理领域档案法规的权力以及对机关文件管理工作进行监督的权力，同时，也丧失了对俄罗斯联邦主体及其市政机构档案工作的监督管辖权。联邦档案署成为俄罗斯的档案工作组织和方法中心，而不再是以前的档案行政管理中心，不具有行政管理和监督权。

俄罗斯联邦主体的档案事业管理体系也发生了显著的变化。俄罗斯行政改革明确区分了联邦中央、联邦主体及市政机构各自的权限，联邦主体及地方市政机构拥有了更大的自主权，但是，行政改革引发了财政改革，联邦主体及地方市政机构在财政上也不再完全依靠联邦财政拨款，这对联邦主体和地方市政机构产生了重要影响。2004 年《俄罗斯联邦档案事业法》明确划分了联邦中央、联邦主体及地方市政机关在档案事业领域的权限，联邦档案署不再对联邦主体和市政机构具有行政上的管辖权。联邦主体有权决定是否设置或者保留其辖区内的档案行政管理机关以及如何建立档案事业行政管理体系，而联邦主体及自治地方的财政状况和档案管理传统往往会影响档案行政管理机关的设置及其地位。

如上所述，2003—2004 年的行政改革对于联邦主体档案事业管理体系的影响是双重的：一方面，扩展了俄罗斯联邦主体在档案事业领域的行政管辖权，联邦主体的档案事业行政管理机关不再受联邦档案署的统一领导，联邦主体有权在其辖区内推行档案事业国家政策；确保档案馆、博物馆、图书馆、联邦主体权力机关及其他政府机关对档案全宗的安全保管；处理好联邦主体的档案全宗文件向联邦、其他联邦主体或市政机关进行所有权转移的问题。另一方面，在联邦主体内部，档案事业行政管理机关的地位下降，行政权力受限。至 2017 年 1 月 1 日，几乎 1/4 的地方政府（市政机关）没有独立设置档案事业行政管理机关或者其职能由联邦主体其他政府机关代管。在 2003 年行政改革之初，俄罗斯的联邦主体总共有 89个，在行政改革过程中通过合并重组 2008 年缩减为 83 个，2017年为 84 个，而联邦主体档案事业行政管理机关的数量分别为 88个、82 个、83 个，比同年联邦主体数量少 1 个，原因是俄罗斯卡累利阿共和国（Республика Карелия）没有单独设置档案事业行政管理机关，而由该共和国的国家档案馆兼管档案事业行政事务。

综上，俄罗斯从 2003 年开始的行政改革在很大程度上改变了原有的从联邦中央到地方垂直式的档案事业行政管理体系，联邦主体拥有了更多的档案事业发展自主权力。但是，无论是在联邦层次还是在联邦主体内部，档案行政管理机关的地位都下降了，权力受到了限制，部分职能甚至丧失。第一，在联邦层次，联邦档案署与原有的联邦档案局相比，地位下降了，其行政管辖权限仅限于联邦国家档案馆及下属科研机构，丧失了对联邦权力机关和联邦政府机关文件与档案管理的监督权和管辖权，也丧失了对联邦主体档案事业的行政管辖权，无权独立发布档案事业领域的法规性文件。第二，在联邦主体层次，联邦主体的档案自主权扩大了，各个联邦主体的档案事业发展不再直接受联邦档案署的行政管辖和监督，联邦档案署仅可向它们提供档案技术方法指导。第三，在联邦主体内部，市政组织的档案行政管理权限遭受了不同程度的剥夺，不少市政档案行政管理机关被地方政府撤销了。为此，俄罗斯档案界的有识之士认为，应该恢复俄罗斯原有的从上至下的档案行政管理体系，恢复联邦档案局的权限和职能，包括对全国档案事业的法律调节、对档案事业的组织和方法领导、对联邦权力机关及政府行政机关的文件管理和档案管理行使监督管辖权。2003—2004 年的行政改革动摇了俄罗斯联邦由上至下的档案行政管理体系，不仅削弱了俄罗斯联邦最高档案行政管理机关的权限，而且使大量基层市政组织的档案行政管理机关被撤销或合并，不利于档案事业统筹规划和组织协调，不利于基层档案事业的持续发展。

这一局势终于在 2016 年得到了扭转，2016 年 6 月 22 日，俄罗斯联邦总统普京签署了第 293 号总统令《关于俄罗斯联邦档案署的问题》，确认了俄罗斯联邦档案署的独立地位，恢复了联邦档案署作为俄罗斯联邦最高档案管理行政机关的应有权限。该法令确认了俄罗斯联邦档案署为独立的中央行政单位，拥有独立法人地位，由俄罗斯联邦总统直接领导，直接执行俄罗斯联邦总统令，不再是俄罗斯文化部下属的一个行政机构。[①] 俄罗斯联邦档案署有权制定和实施文件管理和档案管理领域的国家政策和行政法规，负责监督和提供档案领域的国家服务，管理国家档案财富。俄罗斯联邦档案署在宪法及其他法律规定的范围内，直接或通过下属机构与俄罗斯联邦国家权力机关、政府组织、联邦主体的国家权力机关及地方自治机关、社会组织和团体相互联系和沟通，实施自己的职能活动。俄罗斯联邦档案署具备如下主要行政职能：制定和实施俄罗斯联邦档案全宗文件及其他档案文件的补充、统计、保管和利用规则；组织实施下属档案机构涉密文件的解密工作；为下属档案机构提供文件管理和档案管理领域的技术方法指导；研制和应用专业领域的档案

①　Указ Президента РФ от 22 июня 2016 г. № 293 " Вопросы Федерального архивного агентства " ［EB/OL］. ［2017-05-05］. http：// archives. ru/documents/decree/ukaz293_2016. shtml.

信息系统或跨专业的档案信息系统，俄罗斯联邦档案全宗数据库及检索系统；组织协调联邦档案机构科学方法委员会的活动，提供文件及档案管理的科学方法指导；与外国政府机关及国际组织开展档案事业领域的相互交流与合作；根据俄罗斯政府的规定，与国家机关和组织签订档案寄存协议。

综上，2004—2016 年的 13 年内，联邦档案署沦为俄罗斯文化部下属的一个执行机构所产生的消极影响不仅引发了档案界的强烈不满，也引起了俄罗斯联邦中央的关注，俄罗斯总统普京签发的第293 号总统令扭转了这一局势。该法令不仅恢复了俄罗斯联邦档案署应有的独立地位和行政权限，而且规定联邦档案署直接归总统领导，这在俄罗斯历史上属首次，对于提振俄罗斯的档案事业，加强统筹规划和组织协调具有重要的意义。

2.3 苏联国家档案全宗的形成与演变

苏联国家档案全宗虽然已经成为历史，但它却在苏联档案事业发展过程中发挥了重要的作用，是苏联档案事业集中统一管理的重要标志。苏联国家档案全宗的成分、内容和范围随着时代的发展而变化，以时间为线索对此进行梳理，可呈现国家档案全宗的发展脉络。

苏维埃政权成立初期，为了集中统一地接收和保管旧政权档案以及苏维埃政权形成的档案文件，1918 年《列宁档案法令》首次确立了国家档案全宗原则，并明确规定了国家档案全宗的成分，主要由三类档案文件构成：收归国有的部门历史档案；被撤销的沙皇政府和资产阶级临时政府的机关档案；苏维埃机关形成的已经处理完毕、丧失现实效用的档案文件。可见，《列宁档案法令》对国家档案全宗范围及成分的界定是比较笼统、简要的。

1922 年 1 月 30 日，全苏中央执行委员会发布了《俄罗斯联邦社会主义共和国中央档案馆条例》，该条例专设一章规定了统一国家档案全宗的构成，将馆藏档案文件分为政治、经济、法律、历史文化和军事 5 个部分。1926 年，全苏中央执行委员会发布《整理和

移交统一国家档案全宗文件（1917—1921 年）法令》，稍后，俄罗斯
联邦人民代表苏维埃于 1926 年 3 月 13 日发布《向俄罗斯联邦社会
主义共和国中央档案馆移交档案文件的法令》。该法令按照国家档
案全宗原则，实行对国家全部档案的集中统一管理，规定了向中央
档案馆移交档案文件的范围：除了革命前和苏维埃政权时期形成的
所有国家机关档案文件和社会组织文件之外，还需要向中央档案馆
移交下列档案文件：工业、信贷、商业机构和企业在国有化和市有
化之前形成的所有档案文件；俄罗斯帝国的附属国形成的档案文
件；收归国有的教会、修道院、宫廷、沙皇家族及国有化庄园的档
案文件；无主档案文件。掌握上述档案文件的所有机构和个人，必
须将其移交到档案机关。《关于向俄罗斯联邦社会主义共和国中央
档案馆移交档案文件的法令》对于国家档案全宗建设的重要意义在
于，它将各种不同类型机关、社会组织、企业和个人形成的档案文
件材料都纳入了统一的国家档案全宗的范围，而且在《列宁档案法
令》的基础上扩大了国家档案全宗的范围，进一步细化了国家档案
全宗的成分，将收归国有的教会、修道院、宫廷、沙皇家族及国有
化庄园的档案文件和无主档案文件都纳入了国家档案全宗。此后，
苏联部长会议在 1941 年、1958 年、1960 年和 1980 年颁布了四部
关于苏联国家档案全宗和国家档案馆建设的法律，不断地充实和补
充国家档案全宗的成分和内容，以保证国家档案全宗的完整性和安
全性为基本出发点，建立了庞大的中央级国家档案馆网络，至
1980 年，总共确认了 11 个中央级国家档案馆、7 个专业系统领域
和国家职能部门领域的国家档案全宗。

　　苏联国家档案全宗按照如下 6 种不同的分类标准，具有不同的
分类。第一，按照档案文件形成的不同历史时期，可分为封建时
期、资本主义时期和社会主义时期。其中，封建时期(11 世纪—
1801 年)形成的档案全宗主要保存于苏联中央国家古代文献档案馆
(ЦГАДА)，即现在的俄罗斯国家古代文献档案馆(РГАДА)；资本
主义时期(1801—1917 年)的档案全宗主要保存于苏联中央国家历
史档案馆(ЦГИА СССР)，即现在的俄罗斯国家历史档案馆
(РГИА)；社会主义时期(1917—1991 年)的档案全宗主要保存于

苏联十月革命、最高国家权力机关和国家管理机关中央国家档案馆（ЦГАОР СССР），即现在的俄罗斯联邦国家档案馆（ГА РФ）。第二，按照所覆盖的范围和层次，可分为全苏、加盟共和国和地方档案全宗。第三，按照行政区域的级别，可分为州、边疆区、市和县档案全宗。第四，按照国家和社会实践活动的专门领域，可分为文化艺术、军事历史和国民经济等各个专门领域的档案全宗以及由社会团体或政党在其活动中形成的档案全宗。主要保存于苏联中央国家文学档案馆（ЦГЛА СССР），即现在的俄罗斯国家文学艺术档案馆（РГАЛИ）；苏联中央国家国民经济档案馆（ЦГАНХ СССР），即现在的俄罗斯国家经济档案馆（РГАЭ）；苏联中央国家军事历史档案馆（ЦГВИА СССР），即现在的俄罗斯国家军事历史档案馆（РГВИА）。第五，按照立档单位所形成的档案文件的成分，可分为两类：一类是依据历史联系构成的档案全宗；另一类是依据逻辑联系构成的档案全宗。第六，按照档案信息记录的方式和技术，可分为影片、照片、录音、录像档案全宗以及科技档案全宗，它们目前保存于俄罗斯国家录音档案馆（РГАФД）、俄罗斯国家影片照片档案馆（РГАКФД）、俄罗斯国家科技文件档案馆（РГАНТД）等专业性档案馆。[①]

　　1991年苏联解体之后，苏联国家档案全宗也随之分散。但是，联邦中央设置国家（联邦）档案局作为最高档案行政管理机关，领导和监督全国范围内的档案事业，地方设置档案管理局或档案处，管理地方档案事业，这种集中式、层次式的档案事业管理体制在15个独立的加盟共和国得到了继承和发展，"苏联国家档案全宗"分散并演变成了加盟共和国的"联邦档案全宗"，而且，"联邦档案全宗"的成分发生了很大变化，最为突出的变化是增加了非国有成分。俄罗斯于1993年颁布了苏联解体之后的第一步档案法《俄罗斯联邦档案全宗和档案馆法》，首次将俄联邦档案全宗分为国有部分

---

① Алексеева Е. В. , Афанасьева Л. П. , Бурова Е. М. ; Под ред. В. П. Козлова. Архивоведение. М. : Издательский центр «Академия», 2005: 58-61.

和非国有部分。此后，1994 年 3 月 17 日发布了第 552 号总统令，批准通过了《俄罗斯联邦档案全宗条例》，《俄罗斯联邦档案全宗条例》进一步规定了国有部分和非国有部分的俄联邦档案全宗的范围、保管主体及不同的管理原则。国家机构按照法律规定移交进馆，非国家机构与国家档案馆之间以协议方式移交、接收和保管非国有部分档案。[①] 属于国有部分的俄联邦档案全宗的范围包括：①俄罗斯历史上各个时期的国家机关、组织、国有企业及俄罗斯境内的所有国家机构形成的档案全宗和档案文件，以及政教分离之前的宗教机构形成的档案文件；②俄罗斯境内的国家权力机关、地方政府、检察机关、国家机关、组织、企业和军队形成的档案全宗和档案文件；③境外俄罗斯国家机关和军队形成的档案全宗和档案文件；④国家或联邦控股的企业、组织形成的档案全宗和档案文件；⑤前苏共和共青团的机关、机构、组织和企业形成的档案全宗和档案文件；⑥法人和自然人（含境外的）依法形成的属于国家所有的档案全宗和档案文件；⑦来自境外的属于国家所有的档案合法原件的复印件。国有部分的俄联邦档案全宗文件的保管机关及其分工：①联邦国家档案馆、联邦文件保管中心及其分支机构负责保管俄罗斯国家权力机关、俄罗斯总检察院、俄罗斯中央银行，以及其他国有银行、机关、组织和企业形成的档案全宗和档案文件；②共和国、边疆区、州、直辖市、自治州、自治区的中央国家档案馆、国家档案馆和文件保管中心负责保管共和国、边疆区、州、直辖市、自治州、自治区的国家权力机关、检察院以及其他属于俄罗斯联邦主体国家所有的机关、组织和企业形成的档案全宗和档案文件；③市、区档案馆负责保管地方政府机关、组织和企业形成的档案全宗和档案文件；④国家图书馆和博物馆负责保管法人、自然人形成的依法属于国家所有的档案全宗和档案文件；⑤属于国有部分的国家档案全宗文件进入国家档案馆永久保管之前，可由市、区档案馆依法临时保管。

---

① Положение об архивном фонде Российской Федерации［EB/OL］.［2016-10-14］. http：//www. rusarchives. ru/lows/archfond. shtml.

属于非国有部分的国家档案全宗的范围是：①依照《俄罗斯社会团体法》注册登记的社会团体和组织，包括工会、慈善基金会或其他基金会、政党形成的档案全宗和档案文件；②宗教团体和组织形成的档案全宗和档案文件；③非政府组织(公司、协会、股份制企业)和机构、非国有的工业企业、农业企业及其他经济领域的企业，以及科学、文化、社会和大众传媒领域的非国有组织、机构和企业所形成的档案全宗和档案文件；④自然人形成的档案文件包括个人档案、家庭档案、私人文档汇集等。由俄罗斯国家档案机关对上述非国有档案文件进行价值鉴定，并采取与档案文件所有权人签订协议的方式，将其纳入俄罗斯联邦档案全宗。俄罗斯国家档案机关应该在一个月之内书面告知档案文件所有权人是否将其纳入俄罗斯联邦档案全宗；纳入俄罗斯联邦档案全宗的非国有档案文件的所有权人或保管地点发生变更时，原档案文件所有权人应及时告知俄罗斯国家档案机关新的所有权人或新的保管地点；为了确保俄罗斯联邦档案全宗中的非国有档案文件永久保存，所有权人应在有关机构、组织、团体或企业建立档案馆(档案室)妥善保管上述档案文件，未经俄罗斯国家档案机关允许禁止销毁上述档案文件；属于俄罗斯联邦档案全宗的非国有档案文件的所有权人可以依法将所有权转让给国家，由俄罗斯国家档案机关、国家博物馆和图书馆保管这些档案文件，应以签订转让协议的方式确立所有权人的转让权，明确必要的保管条件和转让人利用档案文件的权力；在非国有机构、组织、团体撤销或者非国有档案文件所有权人死亡且无合法继任者和继承人的情形下，其档案文件转为国家所有，并由国家档案机关永久保管；属于俄罗斯联邦档案全宗的非国有档案文件可以协议方式交国家档案机关、国家博物馆和图书馆暂时保管(寄存)；国家拥有对属于俄罗斯联邦档案全宗的非国有档案文件的优先购买权。非国有档案文件的所有权人、拍卖组织者和贸易中介组织应在10天内告知俄罗斯国家档案机关具体的拍卖时间和地点；根据属于俄罗斯联邦档案全宗的非国有档案文件所有权人的申请，俄罗斯国家档案机关可以为其提供档案文件保管、收集和利用等方面的业务方法指导。另外，俄罗斯国家档案机关可根据协议为非国有档案馆提供其他援助，并提供财政上的支持。

1994 年颁布的《俄罗斯联邦档案全宗条例》是俄罗斯政府实施市场经济改革和大规模私有化政策在档案事业领域的反映。20 世纪 90 年代初期，俄罗斯实施激进的"休克疗法"，在经济领域推行大规模、激进的私有化措施，允许非国有的社会组织和团体依法登记成立并在法律规定的范围内开展活动，非国有的企业、组织和社会团体的大量出现，产生了大量非国有的档案文件，另外，还有以自然人和家庭为主体形成的个人、家庭档案文件。上述为数不少的非国有档案文件对于国家、社会和个人具有重要的价值，属于俄罗斯的国家档案资源，必须将其纳入俄罗斯联邦档案全宗，确保对其进行登记和安全保管。

2004 年，俄罗斯通过了《俄罗斯联邦档案事业法》，该法不仅界定了俄罗斯联邦档案全宗的概念，而且从所有权角度划分了俄罗斯联邦档案全宗的构成。① 该法第 3 条界定了俄罗斯联邦档案全宗的概念："反映社会物质和精神生活的，具有历史、科学、社会、经济、政治和文化意义，通过历史积累并不断补充的档案文件的总和，是俄罗斯联邦人民历史文化遗产不可分割的组成部分，属于信息资源并必须永久保存"。第 5 条具体规定了俄罗斯联邦档案全宗的组成："俄罗斯联邦档案全宗包括现存俄罗斯联邦境内的所有档案文件，不论其来源、产生时间和方式、载体形态、所有权形式和保管地点如何。包括法律文件，机关文件，含有科学研究成果的文件，工程设计和技术成果文件，电影、照片、录像、录音文件，电子和遥测文件，手稿、图画、图纸、日记、书信、回忆录、档案文件原件的副本，以及设立于国外的俄罗斯国家机关的档案文件。"② 这是迄今为止关于俄罗斯联邦档案全宗最为详细和具体的划分。这个法律上的定义采用了总括和列举相结合的方式，所覆盖的俄罗斯联邦档案全宗文件的范围极为广泛。

---

① Федеральный закон от 22. 10. 2004 № 125-ФЗ «Об архивном деле в Российской Федерации»[EB/OL]. [2017-06-03]. http：//www. rusarchives. ru/lows/list. shtml.

② 肖秋惠. 俄罗斯档案立法的最新进展[J]. 中国档案，2006(6)：55-57.

2004 年《俄罗斯联邦档案事业法》第 6 条规定了档案文件归入俄罗斯联邦档案全宗的方法程序。强调在文件价值鉴定的基础上将档案文件列入俄罗斯联邦档案全宗，由联邦政府中央鉴定检查委员会负责组织解决文件价值鉴定的科学方法问题，尤其是确认其中特别贵重的文件以及孤本文件的科学方法问题。由联邦政府专门授权的执行权力机关确定合乎鉴定标准的档案文件清单，并指明文件的保管期限。联邦国家档案馆的鉴定委员会和被授权的联邦主体的执行权力机关在其主管范围内负责将具体的文件归入联邦档案全宗。文件价值鉴定由联邦主体被授权的档案事业执行权力机关，国家及市立档案馆和档案文件的所有者及占有者共同实施。联邦所有的、联邦主体所有的、市政所有的任何载体形式的档案文件必须进行价值鉴定，未经过文件价值鉴定程序的文件禁止销毁。将私人档案归入联邦档案全宗必须在文件价值鉴定的基础上，由国家档案馆和市立(自治区、城市区)档案馆，博物馆、图书馆等与档案文件所有者和占有者签订协议。协议中应明确档案文件所有者和占有者在保管、统计和利用俄罗斯联邦档案全宗文件方面的义务。

2004 年《俄罗斯联邦档案事业法》第 7 条、第 8 条和第 9 条还分别从国家所有、市政所有和私人所有三个方面规定了俄罗斯联邦国家档案全宗的范围及构成，第一部分：国家所有的档案文件，是指属于联邦所有的档案文件和属于联邦主体所有的档案文件，具有联邦和联邦主体两个层次的所有权主体。第二部分：市政(自治城市)所有的档案文件，主要构成是：①地方政府机关和市政组织的档案文件；②保存在市立档案馆、博物馆和图书馆的档案文件(根据协议移交到这些档案馆、博物馆和图书馆但所有权未发生转移的档案文件除外)。在自治城市形成、联合、分解和地位变化之前形成的并保存在市立档案馆的档案文件的所有权划分问题，根据俄罗斯联邦主体的有关立法解决。第三部分：私人所有的档案文件，来源主要有两个：①俄罗斯联邦境内的非国有的社会组织形成的档案文件，包括根据俄罗斯联邦有关社会团体和政教分离以后宗教组织的立法规定而登记成立的社会组织(简称为非政府组织)形成的档案文件；②由公民产生或者依法获得的档案文件。

2004 年《俄罗斯联邦档案事业法》第 10 条强调，国家和自治城市所有的档案文件禁止私有化，而且私有化国企的档案文件所有权仍然归属于国家。第10条第3款规定，如果俄罗斯联邦加入的国际条约和联邦法律事先没有其他规定，国家所有或者自治城市所有的档案文件，禁止私有化，不能成为出卖、交换、赠送的对象；第10条第4款进一步规定，实施私有化的国有企业或者自治城市企业，在其活动中形成的档案文件包括人事文件，仍然归俄罗斯联邦、联邦主体和自治城市所有。第11条规定了私人所有的俄罗斯联邦档案全宗文件的所有权转移的4种情形。这两条法律规定体现了俄罗斯在私有化过程中对属于国家所有的档案文件所有权的维护，防止其因私有化而流失；也表明了国家私人所有的俄罗斯联邦档案全宗文件的法律监控。

根据2004年档案法的规定，可采用3个标准对俄罗斯联邦档案全宗进行细分：第一，按照所有权归属，可划分为国家所有、市政所有和私人所有三种。国家所有的部分又可分为十月革命前档案、苏维埃时期的档案和现代档案，市政所有和私人所有部分仅包括现代档案。第二，按照载体形式和信息记录方式，可划分为纸质档案、影片照片档案、录音录像档案、电子档案。第三，按照保管期限，可划分为国家档案馆永久保管、机关档案室临时（定期）保管、国家档案馆对非国有档案的临时（寄存）保管。具体如图2-1所示。

综上所述，从20世纪20年代至今，随着苏维埃社会主义国家政权的建立、发展和消亡，苏联国家档案全宗也经历了形成、发展和演变的历史过程（见表2-2），大体可分为如下几个阶段：①20世纪20—30年代，国家档案全宗概念的提出和初步建立阶段。苏维埃政权诞生之初，建立国家档案全宗的主要目的是接收和集中统一地管理各种历史档案，包括：沙皇政府、资产阶级临时政府等旧政权形成的历史档案；工商业企业、银行国有化之前形成的历史档案；收归国有的教会、修道院、宫廷、沙皇家族及国有化庄园的档案文件；无主档案文件；收归国有的私人档案文件，包括保存在图书馆和档案馆的已故俄国作家、作曲家、艺术家和学者的作品。苏维埃机关形成的已经处理完毕、丧失现实效用的档案文件也属于国家档案全宗。②20世纪40—70年代，国家档案全宗成分和内容的

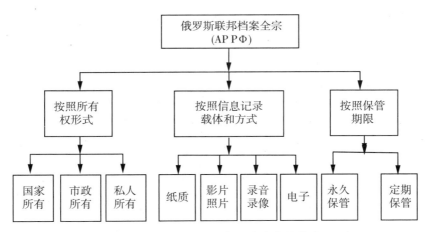

图 2-1 当前俄罗斯联邦档案全宗的分类

丰富和扩展阶段。规定所有具有科学、政治和现实意义的档案文件，无论其形成时间、内容、形式和技术组织方式如何都是国家档案全宗的组成部分；在处理"二战"档案文件时，明确将"二战"时期德国法西斯在苏联占领区的机关和企业形成的档案文件以及其他德军在苏联占领区形成的档案文件都纳入苏联国家档案全宗；规定苏维埃政权建立之前在苏联领土上的权力机关、管理机关、非国有组织形成的所有档案文件都属于苏联国家档案全宗。③20 世纪70—80 年代，确立了专门领域国家档案全宗的构成，进一步扩大和细化了国家档案全宗的范围。④20 世纪 40—80 年代，建立了国家档案馆网，建成了 11 个中央国家档案馆，加强了对国家档案全宗的集中保管和控制。国家档案全宗原则使苏联的档案和档案工作形成了一个高度集中的体系，尽管这个体系存在缺点，但保障了档案工作原则的高度统一，从档案价值鉴定原则与标准到组织利用方面都积累了宝贵的实践经验。需要说明的是，苏共档案馆从其建立之初就是秘密或半公开性质的，苏共档案管理系统独立于国家档案全宗系统之外，与苏联国家档案全宗系统是两个平行的系统，这种平行关系随着苏联的解体而解除。⑤20 世纪 90 年代至今，苏联国家档案全宗消亡，取而代之的是俄罗斯联邦档案全宗，1993 年《俄罗斯联邦档案全宗和档案馆法》和 1994 年《俄罗斯联邦档案全宗条例》将俄罗斯联邦档案全宗划分为国有和非国有部分，而且将前苏共和共青团的档案文件纳入国家档案全宗的国有部分，苏共中央档案馆被改组、更名，成为俄罗斯联邦国家档案馆系统的组成部分。2004 年《俄联邦档案事业法》进一步确认了俄罗斯联邦档案全宗的范围和所有权构成，该法所规定的俄罗斯联邦档案全宗的范围极为广泛，包括现存俄罗斯联邦境内的所有档案文件，不论其来源、产生时间和方式、载体形态、所有权形式和保管地点如何。相对于苏联国家档案全宗，俄联邦档案全宗的性质、成分和所有权归属都发生了变化，最主要的变化是，俄罗斯联邦档案全宗既包括国有成分，也含有非国有成分。从所有权归属来看，具体分为国有、市政所有和私人所有三种所有权形式。这三种不同所有制形式的联邦档案全宗文件具有不同的保管主体和保管模式。俄罗斯联邦档案全宗的性质、构成和所有权归属的变化集中反映了俄罗斯政治体制改革、经济私有化及市场经济转轨的时代烙印。但无论这种变化有多大，我们不难发现，苏联或俄罗斯作为主权国家对档案文献遗产的高度重视和控制，它们通过立法，采取和实施了与其政治制度和经济体制相适应的管理措施，确保境内档案文化遗产的安全保管和长久保存。①

表 2-2　　　　　苏联国家档案全宗的形成及历史演变

时间	法律依据	名称	概念、范围及构成	所有权归属
1918 年	《关于改组和集中管理俄罗斯苏维埃社会主义联邦共和国档案事业法令》	国家档案全宗	收归国有的部门历史档案；被撤销的沙皇政府和资产阶级临时政府的机关档案；苏维埃机关形成的已经处理完毕、丧失现实效用的档案文件	国家所有

① 肖秋会. 前苏联国家档案全宗的历史发展及演变[J]. 中国档案，2016（9）：76-78.

时间	法律依据	名称	概念、范围及构成	所有权归属
1922年	《俄罗斯联邦社会主义共和国中央档案馆条例》	统一国家档案全宗	分为政治、经济、法律、历史文化和军事5个组成部分	国家所有
1926年	《整理和移交统一国家档案全宗文件（1917—1921年)法令》《向俄罗斯联邦社会主义共和国中央档案馆移交档案文件的法令》	统一国家档案全宗	革命前和苏维埃政权时期形成的所有国家机关档案文件和社会组织文件；工业、信贷、商业机构和企业在国有化和市有化之前形成的所有档案文件；俄罗斯帝国的附属国形成的档案文件；收归国有的教会、修道院、宫廷、沙皇家族及国有化庄园的档案文件；无主档案文件	国家所有
1941年	《苏联国家档案全宗和国家档案馆网条例》	国家档案全宗	所有具有科学、政治和现实意义的档案文件，无论其形成时间、内容、形式和技术组织方式如何都是国家档案全宗的组成部分	国家所有
1958年	《建立苏联国家档案全宗和苏联中央国家档案馆网条例》	国家档案全宗	将"二战"时期德国法西斯在苏联占领区的机关和企业形成的档案文件以及其他"二战"时期德军在苏联占领区形成的档案文件纳入苏联国家档案全宗，规定苏维埃政权建立之前在苏联领土上(如波罗的海沿岸、西乌克兰、西白俄罗斯等地)的权力机关、管理机关、非国有组织形成的所有档案文件都属于苏联国家档案全宗	国家所有
1980年	《苏联国家档案全宗和苏联部长会议档案管理总局条例》(简称《苏联国家档案全宗条例》)	国家档案全宗	确认了直接由苏联部长会议档案管理总局领导的11个中央国家档案馆。规定了专门领域国家档案全宗目录及相关形成主体，包括①全苏地质全宗；②苏联国家水文气象与环境监测委员会形成的有关自然环境状况的档案文件；③苏联部长会议下属的大地测量与制图管理总局形成的中央大地测量与制图全宗；④苏联国家标准委员会形成的全苏标准与技术条件信息全宗；⑤苏联国家电影委员会形成的全苏国家电影全宗；⑥苏联文化部、科学院和联邦共和国的博物馆和图书馆形成的档案文件；⑦苏联外交部全宗	国家所有

续表

时间	法律依据	名称	概念、范围及构成	所有权归属
1993年 1994年	《俄罗斯联邦档案全宗和档案馆法》 《俄罗斯联邦档案全宗条例》	俄罗斯联邦档案全宗	俄联邦档案全宗分为国有部分和非国有部分。 国有部分：①俄罗斯历史上各个时期的国家机关、组织、国有企业及俄罗斯境内的所有国家机构形成的档案全宗和档案文件，以及政教分离之前的宗教机构形成的档案文件；②俄罗斯境内的国家权力机关、地方政府、检察机关、国家机关、组织、企业和军队形成的档案全宗和档案文件；③境外俄罗斯国家机关和军队形成的档案全宗和档案文件；④国家或联邦控股的企业、组织形成的档案全宗和档案文件；⑤前苏共和共青团的机关、机构、组织和企业形成的档案全宗和档案文件；⑥法人和自然人（含境外的）依法形成的属于国家所有的档案全宗和档案文件；⑦来自境外的属于国家所有的档案合法原件的复印件。 非国有部分：①依照《俄罗斯社会团体法》注册登记的社会团体和组织，包括工会、慈善基金会或其他基金会、政党形成的档案全宗和档案文件；②宗教团体和组织形成的档案全宗和档案文件；③非政府组织和机构、非国有的工业企业、农业企业及其他经济领域的企业，以及科学、文化、社会和大众传媒领域的非国有组织、机构和企业所形成的档案全宗和档案文件；④自然人形成的档案文件包括个人文档、家庭档案、私人文档汇集等	国家所有和非国家所有
2004年	《俄罗斯联邦档案事业法》	俄罗斯联邦档案全宗	现存俄罗斯联邦境内的所有档案文件，不论其来源、产生时间和方式、载体形态、所有权形式和保管地点如何。包括法律文件，机关文件，含有科学研究成果的文件，工程设计和技术成果文件，电影、照片、录像、录音文件，电子和遥测文件，手稿、图画、图纸、日记、书信、回忆录、档案文件原件的副本，以及设立于国外的俄罗斯国家机关的档案文件	国家所有、市政所有和私人所有

2.4　苏共档案馆与国家档案馆的一体化管理探索

如前所述，在苏联解体之前，苏共档案馆与国家档案馆之间是平行和并列的关系，苏共档案馆在组织上是独立的，直接受苏共中央领导，不对外开放。苏共档案不属于国家档案全宗，而且其内容和成分特殊，其中有大量的苏共党员登记卡片，苏共留存的档案文件总数约为 7400 万个卷宗和 22 万份影片照片文件。20 世纪 90 年代初，在苏联解体之际，俄罗斯联邦档案事务管理委员会接收了苏共及共青团中央的所有档案，将苏共中央的三个档案馆全部收归国有，至 1991 年底，从中央到地方各级苏共党组织的档案文件全部转入国家档案系统。而在将苏共档案馆收归国有的过程中，如何处理苏共档案馆与国家档案馆之间的关系，在组织上采取何种方案对其进行重组，有无必要或者在多大程度上改组苏共档案的管理体系，在档案业务管理上如何采取通用、规范的管理方法，这些问题需要从组织管理及档案学理论方法角度两个方面入手，是俄罗斯档案界未曾遭遇的棘手难题，无法在短期内妥善解决。将苏共档案馆归并到国家档案馆系统中，实现苏共档案馆与国家档案馆的一体化管理，是一项重大的体制改革，既涉及政治因素，也需要考虑历史因素、现实条件及公众需求。我们从苏共档案馆更名、重组的过程及时间周期来看，这一改革并不是一蹴而就的，而是在探索中逐步改革，最终演变成现有的格局。为什么要实行苏共档案馆与国家档案馆的一体化管理？苏共档案馆与国家档案馆一体化管理的现实条件和基本内容是什么？这个问题是俄罗斯档案事业发展历史上从未出现的，没有先例可循，在 20 世纪 90 年代初期引发了档案界的争议。前俄罗斯联邦档案局长、俄罗斯联邦科学院通讯院士 В. П. Козлов 对此进行了深度分析。

2.4.1　如何认识苏共档案馆与国家档案馆系统的一体化

В. П. Козлов 认为，所谓苏共档案馆与国家档案馆系统的一体化，是使苏共档案馆与国家档案馆的工作原则相一致，并能在后极权主义社会发挥其功能的全部措施。① 众所周知，苏共档案是现代史研究的重要史料之一，蕴藏了大量关于极权主义管理重大决策的信息，这种信息公开和普及得越快，了解 20 世纪历史真相的条件和机会也就越多。20 世纪 80—90 年代，在苏共档案馆收归国有的过程中，苏共档案馆与国家档案馆系统的一体化迅速发展，遗憾的是，此后并不是一帆风顺地保持这种进度，20 世纪 90 年代中期，遏制一体化发展并暂停 80—90 年代形成的一体化组织工作的主客观因素很快就出现了，现实表明，并不是所有的苏共档案馆都做好了满足社会新需求的准备。一体化问题对于俄罗斯档案当局和档案工作者具有十分重大的意义，这决定了 70 多个苏共档案馆最终的命运。另外，俄罗斯档案工作的国有部分以及苏联的档案工作都有一套高度集中的体系，这个高度集中的体系能够保障其运作原则的高度统一性，从档案价值鉴定到组织管理和提供利用都形成了统一的原则和方法，积累了丰富的实践经验。但前苏共档案馆并未纳入这个体系，它有自己的一套组织管理原则和方法，对前苏共档案馆的工作原理和实践的分析显示，前苏共档案馆与国家档案馆在解决档案管理领域的同一个问题时，既存在相同点、交叉点，也存在矛盾和平行重复之处。在这种情况下，如果将前苏共档案馆简单纳入到国有档案馆的体系中，那么会面临两种档案馆体系（即国有体系和前苏共体系）相互孤立存在的危险。可见，一体化并不是两类档案馆的简单相加，而是要考虑重组苏共档案馆，在一定程度上改革其原有的组织管理和业务管理原则，最终使其成为国家档案馆系统的组成部分，而不是孤立的存在。但是，这种体制上的改革受制于政治因素和历史因素的影响。

---

① Козлов В. П. Вопросы интеграции бывших архивов в систему КПСС в систему государственных архивов; Козлов В. П. Российское архивное дело. Архивно-источниковедческие исследования. М. : Российская политическая энциклопедия, 1999: 254-261.

2.4.2　影响苏共档案馆与国家档案馆系统一体化的政治因素和历史因素

苏共档案馆与国家档案馆体系一体化是俄罗斯档案界及档案学家所面临的一个复杂的难题，这远远不止是档案业务方法问题，政治因素和历史因素在加快、减缓或暂停一体化进程中产生了重要作用。

首先，政治因素在苏共档案馆与国家档案馆体系一体化的初期起到了重要的推动作用。俄罗斯联邦总统令宣布肃清苏联共产党，这涉及停办苏共档案馆并将其移交俄罗斯国家档案局管理，从而为一体化创造了现实的前提条件。这些条件随后在《俄罗斯联邦档案全宗和档案馆法》和《俄罗斯联邦档案全宗条例》中确定下来，上述法律将前苏共机构、组织和企业形成的档案文件归入俄罗斯联邦档案全宗的国有部分中。政治因素首先为前苏共档案馆在档案文件利用领域的一体化提供了一个强大的动机，在俄罗斯联邦宪法法院公开审理结束之前，前苏共档案馆的文献利用在深度和广度上不逊于国家档案馆。然而，20 世纪 90 年代中后期，政治因素则产生了使前苏共档案馆一体化暂停的作用：它既不会为低于规定水平的一体化放宽标准，也不会推进俄罗斯联邦主体层面的一体化进展。

其次，历史因素在过去、现在和未来的很长时间里都会减缓前苏共档案馆一体化的进程。前苏共档案馆从其组织之初就是秘密的或非公开的，《俄罗斯联邦档案全宗条例》将它们的特性确定为与苏联国家档案全宗平行存在的特殊文献集合。显然，前苏共档案馆具有自己特有的组织方式、原则、业务管理方法和传统。历史因素在本质上是影响苏共档案馆与国家档案馆体系一体化深度的关键所在。

2.4.3　苏共档案馆与国家档案馆体系一体化的主要内容

如前所述，俄罗斯档案法律对于苏共档案馆与国家档案馆是同等看待的，但实际上它们之间有着很大的区别：一种区别不需要花费财政、时间和劳力就可以消除；另一种区别需要多年细致、复杂、有计划的工作才能消除；还有一种区别无法消除，也没有必要消除。俄罗斯档案界在前苏共档案馆和国家档案馆一体化过程中面临上述三种区别：第一种区别需要尽快消除；第二种区别因为其一体化的要求必须逐渐消除；第三种区别无法消除或者需要付出相当大的代价(与成果不能成正比)才能消除，比如馆藏内容和结构上的区别，这是无法消除的。以下主要探讨的是第一种和第二种区别。

第一种区别首先与前苏共档案馆工作的组织原则相关，也就是组织问题。前苏共档案馆的国有化存在三种组织形式。第一种组织形式：前苏共档案馆作为独立法人或者与联邦主体的国家档案馆机构享有平等权利的档案馆，可以称之为系统组织形式，即在原来的苏共档案馆基础上就地成立了各种名目的文件保管和资料中心。必须在这类档案馆内部建立相应的行政和协商机构，从建立行政管理部门、保管部门以及统计、著录、利用和收集部门到成立科学委员会、业务方法委员会、鉴定委员会和其他委员会。这些内部组织机构是保障前苏共档案馆一体化有效进展的组织条件。时间证明，这种一体化组织形式没有出路，这些档案馆没能实现专业化运作。第二种组织形式：将前苏共档案馆转变为国家档案馆的分支机构，可以称之为形式联合。这些分支机构的工作组织与第一种类似，不过它们的独立性程度要低一些。但是这种形式效果也不佳，因为保留了过去档案馆的一套工作程序和方法。而且，上述两种形式的档案馆或者分支机构在未来的档案馆扩充方面会存在问题，根据法律的规定，这些档案馆不可能在新的档案全宗方面有更多建树。第三种组织形式：一体化组织形式，也可以称作结构组织形式，即前苏共档案馆转变为国家档案馆的专题档案保管部门，从而成为国家档案馆的一个组成部分，其工作人员转变为相应的国家档案馆的部门人员。随着俄罗斯国内外政治形势和经济形势的发展，苏共档案馆与国家档案馆的一体化进程和方式在不断演变发展。

从解决一体化问题来看，前苏共档案馆的第三种一体化组织方式被认为是最好、最有前景的，前俄罗斯联邦档案局长 В. П. Козлов 也倾向于这种一体化形式。首先，不论将来事态怎样发展，前苏共档案馆都是历史性的档案馆，因为这些档案馆文献的形成者都不存在了。寄希望于将社会组织和企业的档案文件来补充这些档案馆没有任何根据：一方面，社会组织、政党将自行建立并发展自己的档案馆，它们目前并没有将自己的档案文件移交给国家档案馆保存；另一方面，如果用国有机构的资源来补充前苏共档案馆，与档案馆的专业性原则相矛盾。前苏共档案馆的档案文件不可能有增长和扩充的希望。其次，就目前苏共档案馆编制内的人数而言，一般不可能就此建成国家档案馆所固有的组成部分。这意味着，前苏共档案馆不能变成完全合格的国家档案馆。最后，将前苏共档案馆作为组成部分归入到国家档案馆体系要克服历史因素所造成的障碍。一部分前苏共档案馆的馆藏量、编内人数和其他指标与联邦档案馆完全具有可比性，有时甚至超过了后者，前苏共在莫斯科和列宁格勒的档案馆就是如此，这样的档案馆有理由成为独立的档案馆。但是，这些联邦级别的前苏共档案馆按时间先后顺序排列的馆藏全宗被人为破坏，尽管前苏共中央档案馆(今俄罗斯国家社会政治历史档案馆)、前苏共中央委员会秘书处档案馆(今俄罗斯国家现代史档案馆)和前苏共中央委员会政治局档案馆(今俄罗斯联邦总统档案馆)明令禁止这种行为，它们在馆藏组织方面仍然存在一些混乱，目前俄罗斯没有联邦级别的有关前苏共领导的完整文献。这对苏共档案文件的组织管理和研究都是一个巨大的障碍。可以明确的是，这些相互独立的苏共档案文件迟早会统一，一切有碍于统一的主观因素都会被克服，其途径是建立新的机构，可以将其命名为俄罗斯国家社会政治近代史档案馆。

事实证明，前俄罗斯联邦档案局长 В. П. Козлов 从组织上对于前苏共档案馆与国家档案馆一体化的分析以及预言基本变成了现实。20 世纪 90 年代初，政治环境急剧动荡，三个苏共中央档案馆包括共青团中央档案馆被俄罗斯联邦收归国有，分别被改名为俄罗斯现代史文件保管与研究中心、当代文件保管中心和青年组织文件保管中心，向社会公众开放。但这种临时的更名并不能解决根本性问题，在组织和业务管理上它们仍然被孤立于国家档案馆系统之外，因此，前苏共(共青团)档案馆的进一步重组成为必要，此后，这三个保管中心被取消，俄罗斯现代史文件保管与研究中心（前苏共中央档案馆）和青年组织文件保管中心（前苏共团中央档案馆）合并成立俄罗斯国家社会政治历史档案馆，当代文件保管中心（前苏共中央委员会秘书处档案馆）改名为俄罗斯现代史国家档案馆。

第二种区别主要是档案文献统计规则和方法的区别。尽管前苏共档案馆和国家档案馆确定统计对象的途径是一致的，而且统计文献的组成及功能用途也部分一致，但是，前苏共档案馆的档案统计程序不能充分保证每一个统计单位的登记性原则。在前苏共档案馆中，没有对每一个档案全宗进行完整的统计，它们具有特殊的档案收集登记工作方式，没有专门组织对含有国家秘密的档案文献进行统计，在统计文献中只含有档案卷宗的基本信息，仅建立了馆藏基本全宗的目录、全宗卷和卡片。显然，前苏共档案馆的档案文献统计工作不符合国家档案馆的档案统计规则和要求，要求有针对性地加快前苏共档案馆统计工作与国家档案馆统计体系的一体化工作，应该采用国家档案馆统一的统计形式，检查案卷的现有状态，并在文献统计中列入必要的著录数据，俄罗斯联邦于 1995—1996 年有序开展了这项工作。按照俄罗斯联邦国家档案馆的建议，档案馆机关委员会、管理处、国家档案馆与文献保管中心方法委员会要研究档案文件统计一体化工作的进程和初步结果。可以说，1991 年之后成功按照国家档案馆的统计原则和方法对前苏共档案馆的档案文件进行重新统计，为前苏共档案馆和国家档案馆的一体化创造了基本条件。

组织问题和前苏共档案馆的档案统计问题的解决是一体化中刻不容缓的任务。一体化的长期任务还包括前苏共档案馆档案检索工具的健全和完善。前苏共档案馆的档案指南等检索工具的建立要比国家档案馆滞后很长时间，1980 年批准执行的《苏共档案馆工作章程》没有规定建立这种普通的档案检索工具。1994 年俄罗斯联邦对前苏共档案馆现有的档案指南等检索工具作了分析，在全俄文件学与档案事业科研所撰写的《完善前苏共档案馆档案文件检索工具》报告中指出，这些档案馆只有几种类型和形式的档案检索工具，它们之间也没有相互联系和互补性。大部分前苏共档案馆的分类体系中有系统的目录，但它们与国家档案馆的分类体系存在本质上的差异。需要对前苏共档案馆广泛使用的资产清单和移交目录进行修订和完善。前苏共档案馆中有大约 500 万个卷宗没有任何档案检索工具和档案统计记录，意味着它们没有经过加工整理。

前苏共档案馆的检索工具与国家档案馆检索工具体系的一体化需要一整套措施，这些措施包括：对未整理的档案进行统计、重新进行馆藏文献的分类、加工和完善目录清单、完善检索系统、编制馆藏指南等。这些业务工作不可能在短期内完成，因此，有必要选择优先完成的工作，以满足社会发展和公众需求，并合乎国家档案馆的基本标准。全俄文件学与档案工作科学研究所组织编撰的《前苏共档案馆文献综合指南》实现了这一重要目标。前苏共档案馆检索工具一体化中最迫切的任务是完善和加工档案目录，计算机技术的应用使前苏共档案馆文献统计与检索工具一体化进展富有成效。

与检索工具一体化问题密切相关的是档案利用领域的一体化问题。正如前苏共档案馆工作实践所表现的那样，该领域内的一体化是一个长期的过程。前苏共档案馆文献的一个特点是：它含有多方面的信息，所含的信息按民主社会的标准来看是属于公开范畴的，同时，还包含了国家秘密的信息和个人信息。前苏共档案馆含有个人信息的档案文献比国家档案馆多得多，其数量至少占前苏共档案馆馆藏总量的一半。这种状况从本质上影响了档案利用一体化的进程，不仅是因为文献解密存在的纯技术原因，还因为如何确定含有个人秘密信息的限制开放标准等问题难以在短期内解决。前苏共档案馆文献解密是一个敏感的问题，这个问题的妥善解决有助于推动俄罗斯联邦档案开放利用的进程。众所周知，前苏共档案中大部分都标有"机密"字样，不符合信息公开的标准。其中一部分机密文件可以自动解密，这些文献主要是描述政党组织和意识形态工作的文献，其他文献则需要经过系统的鉴定之后才能决定是否开放。20世纪 90 年代，前苏共档案馆的解密工作是最紧急和最繁重的任务之一，需要正式或非正式地解密成百万上千万的案卷和文献并相应地更改文献统计数据，保证秘密文献的特殊保管。1988—1991 年，前苏联国家档案馆在这方面进行了大规模的工作。根据俄罗斯法律规定，秘密文献必须由其作者或法定继承人做鉴定，但这些档案文献的作者或继承人一般不会对这项工作感兴趣，只有在联邦级别上才能解决这一问题，而联邦档案部门也无前例可循。1994 年 9 月，俄罗斯联邦总统下令为前苏共档案馆文献解密工作成立专门工作组，该工作组一年内解密了几万案卷，虽然这仅占待解密文献的极小部分，但其成果是值得积极评价的，正是凭借这项解密工作，联邦档案部门才成功地从 1993 年《俄罗斯联邦国家秘密法》颁布之后的解密工作僵局中解脱出来。

2.4.4　苏共档案馆与国家档案馆体系一体化的实现途径

可见，前苏共档案馆与国家档案馆的一体化的内容主要涉及两个方面：组织问题和理论方法问题。组织问题受制于政治因素和历史因素的影响，以及社会公众的现实需求。前苏共档案馆从一开始的简单更名到进一步重组，逐渐成为国家档案馆系统的一个组成部分。理论方法问题涉及改进和完善前苏共档案馆的档案统计规则、档案价值鉴定方法、档案检索体系、档案保管规则等。前苏共档案馆国有化以后，很难直接将前苏共档案馆长期形成的固有的一套档案技术方法马上转变为国家档案馆的技术方法。二者的任务和功能有共同之处：保证人民的生产生活，保证档案的完好无损。但差异也是显而易见的，弥补或者改变这种差异需要经过理论方法上的深思熟虑。例如，前苏共档案馆保存的大量共产党员登记卡片从纯粹档案学角度看是无法详细整理的，这些卡片已经失去了实际意义，而如何处理这些作为永久保存对象的卡片，需要仔细地从理论方法角度予以解决。上述问题仅仅是前苏共档案馆与国家档案馆体系一体化过程中最典型的几个问题，大部分是刻不容缓、必须尽快解决的，还有一些则需要长期、分阶段解决。既可以采取技术方法途径，也可以采用行政手段。一般而言，理论方法问题采用技术方法途径解决，而组织问题采用行政手段解决。例如，俄罗斯联邦档案局在全面分析前苏共档案馆工作的现实情况之后提出的档案价值鉴定方法建议就是一种技术方法形式。而前苏共档案文件的解密、利用和前苏共档案馆一体化的组织问题则必须借助于行政和法律手段解决。

В. П. Козлов 认为，前苏共档案馆和国家档案馆体系的一体化问题是俄罗斯现代档案学研究迫切需要解决的问题之一。一体化问题的存在要求俄罗斯档案管理当局深入思考档案事业管理的多样化原则，这是俄罗斯档案事业管理的基本原则之一。以多样化原则为基础，本着尊重公民拥有、掌握和使用档案权利的宗旨，档案管理当局才能制定实际的操作规则，以消除现在和将来可能产生的在保存、统计、收集和使用俄罗斯联邦档案馆国有和非国有档案全宗信息时的技术方法差别。多样化原则和档案技术标准统一的趋势在国外档案学研究和档案事业中已然出现，俄罗斯如果拒绝这一趋势将会是极大的错误。

2.5 俄罗斯档案事业发展及评价（1918 年至今）

如前所述，俄罗斯早在伊凡雷帝时期已经建立了帝国中央档案馆——伊凡雷帝沙皇档案馆，但严格意义上，俄罗斯国家层面的档案工作始于彼得一世时期。彼得一世对文件和档案管理系统改革之后，机关部门的档案工作成为一项独立的业务工作，国家档案机关从行政办公系统中独立出去，建立了大量的机关档案馆，国家和地方的档案工作开始得到发展。因此，独立的机关档案工作始于彼得大帝时期，在此之前，机关的文件管理与档案管理是没有明确区分开来的。

2.5.1 极权主义国家档案事业的发展规律和特点（1918— 1991 年）

1918 年 6 月 1 日，俄罗斯联邦人民代表苏维埃通过了由列宁签署的《关于改组和集中管理俄罗斯苏维埃社会主义联邦共和国档案事业法令》（简称《列宁档案法令》），《列宁档案法令》规定建立国家档案全宗、成立档案管理总局并实行档案事业集中统一管理原则。国家档案全宗和集中统一管理原则贯穿了苏联档案事业发展始末，是苏联档案事业发展的基石。姑且不考虑当时的政治背景和意识形态因素,事实证明,档案事业集中统一管理原则在当前仍然具有现实意义。而且,集中式档案事业管理体制不仅是苏俄时期所独有,欧洲许多国家也在一定程度上实行了集中式的档案事业管理体制。

В. П. Козлов 认为,在 1918 年十月革命胜利之后的近 70 年时间里,苏联的国家档案事业都是在极权主义下发挥其功能的。一方面,在实行政治高压的极权主义国家条件下促成了高度集中统一的档案事业管理体制;另一方面,这种高度集中统一的档案事业管理体制也在一定程度上协助了极权主义国家体制的稳定运行,在意识形态、政治和实践领域发挥了其应有的功能,这些功能是同社会、国家及个人的生活和事业紧密联系的。①

极权主义国家的政治和意识形态对俄罗斯的档案事业发展产生了重要影响,档案事业改革首先是出于政治目的和意识形态领域的要求。1918 年,《列宁档案法令》规定的建立国家档案全宗、由档案管理总局集中统一管理档案事业的基本原则奠定了苏联档案事业发展的基石,当然,该法令的颁布和实施首先是出于维护苏维埃政权的需要。紧随 1918 年《列宁档案法令》之后颁布的一系列官方文件都是对《列宁档案法令》的补充和具体实施,充分反映了苏维埃政府为了巩固国家政权,在档案领域实施国有化和集中统一管理的指导思想。例如,1919 年 7 月 29 日通过的《关于废除保存在图书馆和博物馆的已故俄国作家、作曲家、艺术家和学者的档案私有权的法令》,将已故俄国作家、作曲家、艺术家和学者的私人档案全部收归国有,国家垄断了这部分私人档案的出版和利用权。此外,新生的苏维埃政权的政治动向在档案领域还体现在:1923 年 8 月 2 日苏维埃国家人民委员会发布的《关于将苏维埃政权反对者的档案集中保存在中央国家档案馆的法令》,1923 年 9 月 12 日全苏中央

---

① Козлов В. П. Архивная служба России и Российская государственность: опыт 80 лет. Козлов В. П. Российское дело. Архивно-источниковедческие исследования. М. : Российская политическая энциклопедия, 1999. С. 323-333.

执行委员会颁布的《关于罗曼诺夫家族和其他人物档案的法令》，1929 年 4 月 10 日苏联中央执行委员会颁布的《关于苏联中央档案管理局的命令》。最后，还体现在统一国家档案全宗的建立。上述法令表明苏维埃政权在镇压、清除敌对势力和沙皇家族的同时，对其档案文件也采取了相应的处置措施。

一方面，《列宁档案法令》颁布实施的若干年内，苏联高层广泛利用了档案在政治和意识形态领域的作用，统治者对意识形态和政治信仰的严格控制使利用者不能获取俄罗斯档案所积累和蕴藏的丰富、多样化的信息。同时，在特定政治和意识形态条件下通过的《列宁档案法令》促使俄罗斯档案工作者形成并巩固了档案事业集中管理的思想，在这一点上，《列宁档案法令》确立了档案事业集中统一管理原则，但也不可避免地破坏了机关保存档案的传统，由于政府机关档案馆一律撤销，在短期内使地方政府的档案保管状况下滑，地方政府不仅普遍缺乏专业的档案保管库房，而且没有合适的保管地点。

另一方面，为了贯彻实施档案事业集中统一管理原则，根据《列宁档案法令》成立了档案管理总局，由档案管理总局负责对全国档案事业发展制定规划、进行指导和监督。档案管理总局的成立首先是适应了政治和意识形态领域的需要，它的地位随着苏联中央国家机关的调整而有所变化，但无论其地位如何变化，是作为全俄中央执行委员会下的一个独立机构，或是作为苏联政府教育部、内务人民委员部、内务部系统内的半独立机构，它都必须在国家的意识形态框架内发挥其功能。1922 年 1 月 30 日，全俄中央执行委员会发布了《俄罗斯联邦社会主义共和国中央档案馆条例》，规定所有档案机关组成俄罗斯联邦中央档案馆，归全俄中央执行委员会领导。俄罗斯联邦中央档案馆设置领导小组，分别处理档案管理和俄罗斯联邦政府机关现行文件管理问题。上述两个法令的颁布实施意味着苏俄档案事业在政治、心理、社会和组织方面开始发生极大的转变：档案和档案事业首次在国家层面上被确认为是国民经济发展和国家事务管理的独立对象。这一转变所产生的影响具有不可估量的意义：档案馆及档案事业拥有了独立地位，中央财政对档案事业长年集中的支持促进了专门档案库房缓慢但井然有序的建设、档案技术设备和装具的配置、保险全宗(安全全宗)的组织建设、档案专家的培养等。这些成就充分反映了档案事业集中统一管理原则的实施所带来的积极影响。但是，1991年俄罗斯却遭遇了档案事业发展的巨大危机，面临着世界上最恶劣的档案事业基础状况。这次危机提醒人们，国家对档案事业的重视和财政支持十分重要。

《列宁档案法令》奠定了国家档案全宗建设的法律基础。1918—1992年，苏联建成了与其政治结构、行政和区域结构、行业领域和社会生活相适应的国家档案系统。具体包括：国家档案馆、苏共档案全宗、专门领域档案全宗、部门档案馆(机关档案室)、苏联科学院档案全宗、图书馆、博物馆和其他科研机构的手稿部。国家档案系统在保护国家档案文献遗产、收集、提供利用档案、满足社会合法需求方面显示了其生命力和效率。国家档案系统为了极权主义国家利益并在其框架下运作，同时也在俄罗斯历史上第一次具有了国家属性。它同时也以其独特的形式，在图书馆、博物馆等科学机构的文献部的基础上，按照革命前个人档案的组织传统，有组织性地保存和扩充了以前和现在国家机构的档案。

当然，极权社会的国家档案系统也有一些缺陷。有些缺陷是和理想模式比较而相对存在的，另一些缺陷则具有系统性质。第一种缺陷不仅在俄罗斯国家档案系统内存在，即使在发达国家也不可避免。而第二种缺陷则归结于制度上的缺陷：国家档案与苏联共产党档案分别单独保管，党作为国家管理最重要的核心要素，完全没有接收非国有档案文件，其原因是长期未组织地方活动。俄罗斯国家最高权力机关、俄罗斯国家管理机关、俄罗斯帝国、苏联档案文件分别收集和保管，这使俄罗斯历史上最高国家机关的历史文件被分散保管在四个中央档案馆。

不可否认，尽管存在上述缺陷，苏联国家档案系统解决了世界范围内档案工作面临的一个主要问题——保存近百年累积的档案财富。在政治巨变和战争时期，很多档案文件被有意识地销毁了，但俄罗斯联邦档案全宗却免于遭受巨大损失，否则就失去了全面研究俄罗斯历史和用档案数据来说明俄罗斯历史进程的可能性。同时，莫斯科公国、俄罗斯、俄罗斯帝国和苏联时期形成的档案财富也避免了损失。不仅如此，苏联建立了世界水平的国家档案馆系统，确保了对苏联时期档案文件的保管和永久保存，为今天俄罗斯档案事业发展提供了坚实稳固的根基。除此之外，苏联国家档案系统保管了大量的、直接或间接反映俄罗斯公民及国外公民的有关个人社会保障的档案文件，正因如此，国家档案馆在保障公民宪法权利的国家机制中发挥了重要的作用。

服务于极权国家利益的档案事业和档案管理理念为机关的文书管理创造了条件。1941年，苏联内务人民委员会颁布的《关于苏联内务人民委员会档案管理总局的条例》已经认可了在其指导下建立文书部门的合理性。这个设想在1962年颁布的《机关、组织、企业文书处理及档案工作基本规则》中得到进一步发展和实施，公文处理制度和文书处理系统的完善使文件管理工作得到了持续发展。在国家管理系统中，统一的文书处理系统确保全国范围内文书拟制、分发、接收和处理工作得以顺利开展，同时，根据文件的现实价值及科学历史价值确定和调整文件的保管期限。

档案文件的利用没有成为俄罗斯档案事业最具政治化和意识形态化的部分，这反映在档案文件公布和检索工具建设中。一方面，苏联政府限制对完整的档案文件集合的获取，根据人为或官方的意愿选择性地对档案文件进行公布和出版，使人们对俄罗斯及世界历史发展的进程形成了单一概念，削弱了人们对俄罗斯国家历史发展的理解，使俄罗斯人民丧失了一直引以为傲及从中汲取精神力量的历史源泉。另一方面，苏联时期按照统一的方法建立了各种级别的面向国家档案馆的文件检索系统，满足了一定的社会需求。部门档案馆(机关档案室)也建立了非完全公共性的信息检索系统，实现了对档案文件的长期存取。苏联政权时期，出版过一些基础教学性的档案文献，例如《俄罗斯文献全集》《十二月党人起义》《封建土地所有制法令》《彼得大帝书信和手稿》等，这些文献的科学性都经历了时间的检验。俄罗斯档案馆在爱国主义教育中发挥了巨大的作用，在伟大的卫国战争时期，出版了一系列与俄罗斯统帅和海军司令相关的档案文献，档案馆直接参与制作了400多卷册的《纪念册》，这不仅是新俄罗斯时期也是苏俄时期档案专家的功劳。

综上所述，《列宁档案法令》所确立的档案事业集中统一管理原则符合了档案专业要求，经受了时间和政治考验，独联体国家和其他不少国家都在广泛使用这种制度。尽管档案专家在斯大林时期被定义为"档案室的小职员"，他们遭到了镇压，经受了清洗，但他们在艰难的条件下完成了自己的职业使命，并努力保持了这个职业的继承性。

2.5.2　改革初期的俄罗斯档案事业（1992—1998 年）

20 世纪 90 年代俄罗斯联邦独立之初，俄罗斯社会迫切地想为自己的历史正名。俄罗斯档案馆自告奋勇地响应了这个需求，为政治镇压受害者、被驱逐出境国民、1941—1945 年伟大的卫国战争参与者、老兵、法西斯集中营被害者平反的法律在其实施过程中获得了来自国家档案馆解密档案文件的关键性支持。数百万俄罗斯人由于国家档案馆、内务部、国防部档案专家的努力得以捍卫自己的尊严，稳固自己的社会地位。俄罗斯国家档案馆促进了国家和社会的道德净化和政治团结，在国际舞台上展现了俄罗斯的民主。尤其是卡廷惨案档案解密，日本、意大利、德国、芬兰和瑞典战俘信息公布及后续工作是俄罗斯外交行动的重要人文保障。

20 世纪 90 年代，改革初期的俄罗斯档案工作者遭遇了一系列此前从未有过的社会、法律及管理体制等问题，包括：档案文件所有权和知识产权问题；联邦档案馆、联邦主体档案馆、自治市档案馆之间档案工作对象的界限划分问题；私有化、破产企业和机关档案室的法律地位问题；档案文件解密与国家秘密、私人生活保护问题；俄罗斯联邦档案全宗非国有部分的管控、电子载体文件的保存和组织、计算机和网络技术在档案管理中的运用问题，等等。仅举一例，可说明当时的档案工作所面临的艰巨任务：随着苏联解体，其政府部门和机构纷纷撤销，这些撤销部门和机关积累的大量档案文件有待整理，据统计，大约有 2300 万个具有永久保存价值的案卷，其中一半未经整理，另有 200 万份个人案卷，其中 70% 未经整理，整理如此大规模的档案文件对于有限的机关档案工作者而言是一个无法完成的任务。① 这些还不足以完全概括俄罗斯档案工作面临的所有挑战。上述问题的解决凭借档案工作者的能力是远远不够的，需要从国家立法层面和制度层面进行改革。

第一，在档案事业政策法规领域，俄罗斯联邦颁布了《俄罗斯联邦档案全宗和档案馆立法基础》和《俄罗斯档案全宗和档案馆条例》等法规；发布了一系列俄罗斯联邦总统令和联邦政府决议，用于指导和调节企业私有化过程中的档案文件组织问题，解决档案文件开放解密问题；制定了新的国家馆和自治城市档案馆工作规则，以及新的机关档案馆工作规则；司法部颁布了《俄罗斯联邦档案全宗文件国家统计章程》和新的《俄罗斯联邦国家档案馆阅览室利用规则》。俄罗斯档案部门的参与在不同程度上影响了相关法律规则的制定，例如，在其影响下出台了《国家秘密法》《信息、信息化和信息保护法》《法定出版物样本规则》《参与国际信息交流法》《商业秘密法》《个人数据法》等。

第二，在机关档案文件管理领域，与10个长期保存俄罗斯联邦档案全宗国有部分档案文件的机关签订了协议，就保管条件和利用制度达成了一致，在法律框架内暂时地解决了历史档案保管的尖锐问题和俄罗斯国家档案局对其的管控问题。采取了必要的措施，对前苏共中央档案馆和苏联上议院档案馆进行了改组。

第三，俄罗斯联邦档案全宗文件的组织保管体系发生了实质性的变化：出现了非国有档案馆，包括国外政党档案馆、社会运动档案馆和非国有组织的档案馆。国家档案部门根据国家的实际经济状况制定了国家及市政档案馆建设的合理化方案，确立了联邦主体档案机关、联邦档案机关及市政档案机关的职权范围及界限。运用"档案全宗"和"全宗目录"等综合数据库，对俄罗斯联邦档案全宗文件进行国家登记，并对它们进行集中管理，保障了俄罗斯联邦档案全宗的统一性。俄罗斯档案机构遵行统一的档案文件保管、收集

① Мещерина Т. А. Сохранение и упорядочение архивных документов упраздненных в ходе административной реформы федеральных органов исполнительной власти. Отечественные архивы. 2005(3): 21-26.

和统计规则，在艰难的社会经济和政治环境中，无论从纵向还是横向上都确保了档案专业系统的完整性。在 20 世纪 90 年代的改革中，档案部门成功地避免了机关部门间的冲突、联邦主体之间的冲突、联邦主体档案馆与联邦国家档案馆之间的冲突，在现有的法律条款基础上达成了共识，这些共识排除了利用档案工作为个别政治组织谋取利益的可能性，促进了整个国家机构的统一性和完整性。

第四，改革成为档案开放利用的突破口。1992—1997 年，仅国家档案馆就公开了近 500 万个封闭的档案卷宗，利用者人数达到了 30 万人，出版了 285 本档案文献汇编，编制了 235 本档案检索工具，其中 85 本已经出版，这些还不包括中央和地方出版的各类档案期刊上公布的历史档案文献，毫不夸张地说，其他任何国家的档案信息公开规模都无法与之相比。这些公开出版的档案文献呈现了鲜为人知的俄罗斯历史，尤其是在 20 世纪俄罗斯国家体制遭遇了巨大的、结果不可预知的动荡的时代背景下，可以想象这些出版物对社会的影响和震撼，这使俄罗斯更为客观地看待自己的历史，思考俄罗斯国家历史的经验和教训，对于当前和未来俄罗斯的社会发展是非常重要的。

2.5.3　俄罗斯档案事业的恢复和发展（2003—2016）

如上所述，俄罗斯档案事业在 20 世纪 90 年代不仅为服务俄罗斯社会改革和转型做出了应有的贡献，同时，也与俄罗斯经济、文化和教育领域的其他行业一样，经历了社会转型带来的阵痛，承受了因为社会转型所带来的一系列负面影响：档案事业经费削减，因待遇低下档案机构人才持续流失，档案馆库房面积不足且年久失修，档案装具和设备陈旧，档案信息化水平低下无法满足社会需求，社会对档案工作和档案工作者的认可度不高等。

2000 年开始，随着俄罗斯经济的复苏，档案事业发展的法律保障以及物质和技术保障有了明显改观。以下从档案立法，档案行政管理机关的设置及地位演变，档案馆网络体系建设，档案干部队伍状况，档案全宗的补充、统计、保管、检索、利用，档案馆信息化建设，档案国际交流与合作等各个领域对 2003—2016 年的俄罗斯档案事业发展状况、成就与不足进行分析和概述。①

（1）档案立法

2004 年《俄罗斯联邦档案事业法》（№125-Φ3）从法律上界定了档案事业基本概念体系，划分了俄罗斯联邦、联邦主体和市政组织的档案事业行政管辖权，明确了俄罗斯联邦档案全宗的成分以及档案文件列入俄罗斯联邦档案全宗的规则，确认了不同所有权形式的档案文件的法律地位。该法奠定了俄罗斯档案事业管理的法律基础，并为俄罗斯档案工作的未来发展指明了方向。俄罗斯当前的85 个联邦主体基本都以 2004 年《俄罗斯联邦档案事业法》为依据，制定了各个联邦主体的档案法律，自治地方则在本行政辖区内制定了相应的档案法规。

为了确保 2004 年《俄罗斯联邦档案事业法》的顺利实施，2007年俄罗斯联邦档案署制定了《俄罗斯国家档案馆、市政档案馆、博物馆、图书馆及俄罗斯科学院组织机构保管、补充、统计和利用俄罗斯联邦档案全宗文件及其他档案文件基本规则》（以下简称 2007年《基本规则》），较为全面和系统地规定了各级各类档案机构对联邦档案全宗文件及其他档案文件的业务处理规则，是对 2004 年《俄罗斯联邦档案事业法》的有力补充和细化。2013 年，全俄文件学与档案事业科研所（ВНИИДАД）受俄罗斯联邦档案署的委托，在2007 年《基本规则》的基础上提出了新的修订草案《俄罗斯国家权力机关、地方自治机关和组织保管、补充、统计和利用俄罗斯联邦档案全宗文件及其他档案文件基本规则》，最终于 2015 年由俄罗斯文化部正式颁布实施。②

---

① ВНИИДАД. Аналитический обзор. «Состояние и развитие архивного дела в Российской Федерации в 2003-2013 годах»［EB/OL］.［2017-05-10］. http：//archives. ru/sites/default/files/2014-obzor-archiv-delo-2003-2013. pdf.

② Приказ Министерства культуры РФ от 31 марта 2015 г. N 526 "Об утверждении правил организации хранения, комплектования, учёта и использования документов Архивного фонда Российской Федерации и других архивных документов в органах государственной власти, органах местного самоуправления и организациях"［EB/OL］.［2017-05-11］. http：//archives. ru/sites/default/files/prikaz-mkrf-526-pravila. pdf.

此外，在文件管理领域，俄罗斯联邦政府颁布了《联邦政府公文处理条例》(№ 477，2009) 和《跨部门电子公文处理系统条例》(№ 754，2009)，规定了政府机关公文拟制、流转和收发的基本程序以及电子公文跨部门传递和处理的基本规则；俄罗斯文化部发布了《国家机关、地方自治机关和社会组织在其活动中形成的行政管理类档案文件保管期限表》(№ 558，2010)；俄罗斯通信部发布了《联邦机关电子公文处理系统提供限制传播信息的服务要求》；俄罗斯联邦档案署发布了《联邦政府机关在内部职能活动中仅以电子形式产生、保管和利用的文件清单》(№ 32，2011)，等等。上述联邦档案法律、联邦主体档案法律、联邦政府颁布的档案行政条例以及政府主管部门发布的档案行政规章和地方自治机构(市政机关)制定的档案法规从上至下构成了俄罗斯档案事业发展的立法基础。

2000 年以来，俄罗斯颁布的与档案、档案工作和档案事业发展相关的联邦法律还包括《电子数字签名法》(№ 1-ФЗ，2002)、《电子签名法》(№63-ФЗ，2011) (该法生效的同时，2002 年《电子数字签名法》失效)、《商业秘密法》(№98-ФЗ，2004)、《信息、信息技术和信息保护法》(№149-ФЗ，2006)、《个人数据法》(№152-ФЗ，2006)、《政府信息公开法》(№ 8-ФЗ，2009)，值得注意的是，2010 年颁布的联邦法《为了完善俄罗斯国家(市政)机关的法律地位而修订部分联邦法律》(№ 83-ФЗ，2010)将所有国家机关和市政机关按照其财政核算的独立性和自主性划分为三个等级：公家机关(Казенные учреждения)、预算机关(бюджетные учреждения) 和自治机关(автономные учреждения)。[①] 俄罗斯联邦档案机构和市政档案机构必须在上述三种不同类型的机关中做出选择，而不同类型的财政核算决定了档案馆的经费来源和财政自主权，不仅给档案馆工作带来了影响，还对现有的俄罗斯联邦档案机构的结构体系产

---

① 公家机关(Казенные учреждения)完全由国家财政拨款，它们任何一项活动的开支都要列入国家预算系统；预算机关(бюджетные учреждения)和自治机关(автономные учреждения)拥有更大的活动自主权，但是没有国家财政保障。其中，自治机关(автономные учреждения)不仅可以在联邦财政机关开立账户，而且可以在信贷组织开户，将资金存入信贷组织，进行证券交易。

生了冲击。

随着俄罗斯电子政务和电子商务的迅速发展，电子文件大量涌现，成为文件和档案管理人员的重要工作对象，电子文件立法越来越受关注。主要表现在：2004 年《俄罗斯联邦档案事业法》的文本经历了若干次修订，确立了电子文件在俄罗斯联邦档案全宗档案文件中的地位；2015 年由全俄文件学与档案事业科研所(ВНИИДАД)修订完成的《俄罗斯国家权力机关、地方自治机关和组织保管、补充、统计和利用俄罗斯联邦档案全宗文件及其他档案文件基本规则》(N526，2015)，重点针对电子文件管理做出了如下新的规定：确立了电子文件保管、补充、统计和利用的基本规则；规定 PDF-A 为文本类电子文件保管的标准格式；规定电子文件的单位是电子案卷，即由电子文件内容及相关元数据、电子签名文件、以归档格式保存的电子文件数字副本所构成的集合体；规定了电子文件目录形式；规定了电子文件的保管条件以及向档案馆移交的程序和规则，以及向利用者提供电子文件数字副本的基本规则。① 但是，由于客观原因，该规则未能从技术层面全面提出电子文件保管方案，这一重要任务将由全俄文件学与档案事业科研所(ВНИИДАД)进一步研究完成。ВНИИДАД 的档案专家长期研究电子文件管理技术和方法问题，已经取得了一系列科研成果，包括：《国家档案馆和市政档案馆电子文件收集、统计和保存推荐方案》(2009)和《机关档案室电子文件收集、统计和保管推荐方案》(2009)，为俄罗斯各级档案机构收集、统计和保管电子文件提供了技术方法上的指导。但总体上，俄罗斯电子文件立法还有待加强，需要进一步制定专门法规或单行条例对电子文件的保管和利用问题进行具体规范和指导。

(2)俄罗斯档案管理体制的演变发展

如前所述，苏联解体之后，俄罗斯经历了集中、相对分散和

---

① Итоговый доклад о результатах деятельности Федерального архивного агентства в 2015 году[EB/OL]. [2017-05-15]. http：//archives. ru/ sites/default/files/doklad-itog-2015. pdf.

相对集中的改革发展历程。事实证明，相对分散的档案管理体制不利于俄罗斯档案事业的全面发展，2003—2004 年，在普京大力提倡的国家行政体系改革过程中，为了精减政府机构和部门，原来的俄罗斯联邦档案局易名缩权，丧失了其独立地位。从 2004 年至 2016 年，俄罗斯联邦档案署作为文化部的一个下属机构，丧失了原有的独立地位和对全俄档案事业的行政管理权限，导致地方档案机构和人员编制萎缩，大量基层档案行政管理机构被地方政府削减。联邦档案工作也无法胜任国家权力机关、政府机关以及社会公众对档案的利用需求。为此，俄罗斯总统普京于 2016 年 6 月签发了第 293 号总统令，规定俄罗斯联邦档案署直接归总统领导，恢复了联邦档案署作为国家最高档案行政管理机关的法律地位。俄罗斯档案事业在集中式和分散式之间变化并最终向集中式的回归，实质上是联邦中央与地方之间的集权与分权之争，也体现了档案工作和档案事业对于政府治理的重要性，这点不容忽视。

(3) 俄罗斯档案机构网络体系

俄罗斯档案机构体系从上至下包括联邦、联邦主体和市政三个层次，即联邦档案机构、联邦主体档案机构、市政档案机构。

联邦档案机构主要是隶属于联邦档案署的 15 个联邦档案馆和 1 个保险全宗保管中心、1 个科研所——全俄文件学与档案事业科研所（ВНИИДАД）和 1 个档案经营技术服务公司（ОЭТО Росархива），15 个联邦档案馆和 1 个保险全宗保管中心都是公家机关，联邦档案署是它们的行政管理者。

随着行政及财政制度改革的深入，俄罗斯联邦主体的国家档案馆数量锐减，2012 年俄罗斯联邦主体的国家档案馆还有 208 个，仅一年之后，2013 年就迅速减少到 174 个，其中，国家档案馆和文件中心 131 个，国家科技文件档案馆 3 个，国家音像文件档案馆 8 个，国家人事文件档案馆 32 个。除此之外，还有 9 个其他类型的档案机构。按照财政核算方式和财政地位，上述 174 个联邦主体国家档案馆共有 133 个公家机关，41 个预算机关。

为了加强俄罗斯联邦主体之间的档案业务技术方法交流，俄罗斯在8个联邦区①都成立了联邦主体之间的档案科技委员会(HMC)。HMC每年召开例会,交流和讨论档案技术方法问题,俄罗斯联邦档案署和全俄文件学与档案事业科研所(ВНИИДАД)都会派人参加。

地方市政档案机构是俄罗斯最基层、数量最多的档案机构。截至2013年1月1日,俄罗斯共有2027个市政档案馆,其中1619个市政档案馆同时监管地方市政档案行政事务,77个档案馆为人事文件档案馆。从它们的财政核算方式和财政地位来看,共有三种:公家机关、预算机关和自治机关。地方市政机关的档案工作者一般以专题研讨会的方式交流和讨论档案业务和技术方法问题。

2003年以来,俄罗斯行政体系改革和财政制度改革对俄罗斯档案机构网络体系产生了极大的冲击,上述三个不同层次之间档案机构职能进行了重新分配,联邦主体的档案自主权虽然扩大了,但是,在联邦主体内部,地方政府(市政组织)的档案管理机构数量减少了,在此次改革过程中,地方政府不仅撤销了一些原有的地方档案行政管理机关,而且也撤销了一部分原有的地方档案馆。档案机构的财政状况也随之发生了变化,改革之前,档案机构的财政来源主要为俄罗斯联邦或者联邦主体财政拨款,而改革之后,档案机构分化成了公家机关、预算机关和自治机关这三种不同类型,联邦档案馆都变成了公家机关,有可靠稳定的联邦财政支持,但是在地方,不少依靠联邦主体和地方政府财政拨款的档案机构变成了自主经营的自治机关,这对地方档案事业的持续稳定发展有消极影响。

(4)档案干部队伍状况

第一,在联邦、联邦主体和市政地方三个层次,档案机构的人员饱和度分布不均,市政档案馆人员饱和度最佳,联邦档案馆人员饱和度则呈显著下降趋势,令人担忧。2003年,俄罗斯的国家档

---

① 2000年5月13日俄罗斯总统普京颁布第849号总统令,将全国划分为7个联邦区(федеральный округ),并派驻联邦区总统全权代表。截至2017年,俄罗斯共有8个联邦区,联邦区以下的行政单位为联邦主体,联邦主体现有84个。

案馆(含联邦国家档案馆和联邦主体的国家档案馆)和市政档案馆的在职档案工作者为 15000 人，2013 年增加到了 16000 人。根据 2012 年的统计数据，档案机构的平均人员饱和度为 88%~90%，其中，市政档案馆的人员饱和度最好，达到了 97%；其次，是联邦主体的档案馆，人员饱和度为 85%；联邦国家档案馆人员饱和度严重不足，仅有 72%，即使到了 2016 年人员饱和度也只有 74%，而早在 2000 年，联邦国家档案馆的人员饱和度曾为 92%，在 15 年的时间里减少了 18%，人才流失严重。

第二，联邦档案馆工作人员老龄化严重。将 2008—2013 年的统计数据与 2000 年的统计数据比较，可以发现：2008—2013 年，联邦档案馆 50 岁以上的工作人员占比为 53%~57%，而 2000 年这一数据仅为 28%；2008—2013 年，联邦档案馆的退休人员占比为 36%~40%，而 2000 年这一数据仅为 22%；2008—2013 年，联邦档案馆的中年档案工作者(30~49 岁)占比为 31%~27%，而 2000 年这一数据为 56%。主要原因在于，绝大多数联邦档案馆位于莫斯科市，而莫斯科市的人均工资水平远远高于联邦档案馆的工资水平。因此，联邦档案馆的人才流失在所难免，年轻的档案专家和工作人员为了生计及维持应有的生活质量，很难选择去联邦档案馆工作或者长期在此工作。从 2012 年起，联邦档案馆变成了公家机关，财政来源有了可靠的保障，对年轻人产生了一定的吸引力，也对稳定原有的档案干部队伍起到了一定的作用。但是，2014—2015 年，受国际形势影响，俄罗斯遭受了美国和欧盟的经济制裁，经济持续下行，国家财政吃紧，联邦档案馆的经费保障堪忧，这对联邦档案馆引进年轻的专业人才十分不利。

上述情形在联邦主体档案馆和市政档案馆要好很多。2008—2013 年，市政档案馆的中年档案工作者(30~49 岁)占比为 50%，29 岁以下的年轻人为 12%~15%，退休人员所占比例为 20%，50 岁以上的工作人员比例为 35%~38%。联邦主体档案馆的中年档案工作者(30~49 岁)所占比例为 40%~42%，50 岁以上的工作人员所占比例为 36%~37%，退休人员所占比例为 21%。一个主要原因在于，联邦主体档案馆和市政档案馆的工资水平基本与当地人均工资水平持平，有的地方档案馆工资水平甚至高于当地人均工资水平，这是吸引年轻人入职及保持干部队伍稳定性的一个重要因素。

第三，具有档案学(或文件学)专业背景的高学历者数量下滑。总体上，档案馆拥有高等教育背景的人员数量有所增加，但是，拥有档案学(或文件学)专业背景的高学历者数量却在下降，虽然这种下降的速度没有20世纪90年代末至21世纪初那样严重，但对于国家档案馆事业的持续发展是一个不容忽视的问题。2013年，联邦档案馆拥有高等教育学历的档案工作人员所占比例为72%，其中，具有档案学专业学位的仅为33%，而在2000年这一比例为49%；在档案事业管理机关，拥有高等教育学历的工作人员所占比例为91%~96%，其中，具有档案学专业学位的仅占17%~19%，而2000年这一比例为33%。在市政档案馆，从2008—2013年，5年内拥有高等教育学历的档案工作人员比例从66%增长到了75%，但是，拥有档案学专业学位的仅占其中的6%~8%。

这意味着俄罗斯100多所从事档案学与文件学专业教育的高等院校以及中等专科学校的毕业生中只有极少数人进入了联邦、联邦主体和市政机构等各个层次的档案馆工作，绝大多数毕业生并未进入对口的档案馆工作，而是另谋高就，或者在档案馆工作的时间年限较短，最终很可能由于待遇问题而跳槽从事其他职业。解决这个问题的办法是开展函授教育、继续教育或者采取短期培训等方式，提高在职档案工作者的专业水平和技能。莫斯科国立人文大学历史档案学院、全俄文件学与档案事业科研所(ВНИИДАД)等高等院校及科研机构在其中发挥了十分重要的作用，它们每年举办各种短期的专业培训，面向全国招收各种形式的函授生或继续教育学员，近年来，ВНИИДАД的继续教育中心还面向独联体国家招收国际进修生，在独联体国家中产生了较大的国际影响。

综上所述，受到俄罗斯社会转型及经济低迷的影响，俄罗斯国家档案馆的档案工作者数量在20世纪90年代末至21世纪初迅速减少，2003年起开始保持相对稳定，间或有轻微的波动，2003年为15000人，2011年为15000人，2017年为16000余人，档案馆工作人员的饱和度不够，尤其是联邦档案馆的工作人员严重不足。

2012 年开始，受国家财政制度改革的影响，联邦档案馆的财政状况有所好转，对年轻的档案工作者及拥有档案学专业学位的高学历者产生了一定的吸引力。但是，2014 年开始受到俄罗斯经济下行的负面影响，情况又有所恶化。可见，在俄罗斯经济形势未能完全好转和稳定之前，联邦档案馆对年轻人的吸引力是有限的，一方面，联邦档案馆缺乏年轻有为的专业工作者；另一方面，联邦档案馆的工作人员老龄化严重。拥有档案学专业学位的高学历者的比例处于长期下降趋势，这对联邦档案馆事业的持续发展十分不利。目前，只能通过短期的职业培训或者继续教育在一定程度上弥补这一缺陷。

（5）档案事业发展的物质技术保障

2003—2016 年，俄罗斯档案事业发展的物质技术条件得到了较大的改善。根据 2005 年俄罗斯联邦档案署的年度总结报告，当年俄罗斯联邦档案署及下属档案机构仅有 17% 的联邦档案全宗文件具有标准化的保管条件。但在此后的几年内，得益于俄罗斯联邦中央对联邦档案馆财政拨款的增加，俄罗斯联邦档案馆的馆舍和库房条件得到了明显改善。截至 2014 年，俄罗斯联邦档案馆 90%~92% 的档案库房装配了成套的电气系统和火灾自动报警系统，大约 50% 的联邦档案全宗文件拥有标准化的保管条件。除此之外，联邦档案馆的计算机、高速复印机、缩微设备、专业文件加工设备和文件修复设备等都得到了增加或更新换代。但是，俄罗斯联邦档案馆仍有约 50% 档案文件的保管条件未达标，为了完全改善陈旧的档案保管设施和库房条件，仍然需要持续加大投入，未来还需要注意对高科技设备的购置和投入。俄罗斯联邦主体档案馆和市政档案馆的物质技术条件取决于联邦主体及市政的财政状况。

（6）档案全宗的补充：优化来源机构，丰富进馆档案文件的类型

档案馆的一项重要任务是对来源机构进行优化。2003—2016 年，俄罗斯联邦档案馆的来源机构从 120 万减少到了 110 万个，而进馆档案文件的数量不断增长：2000 年，联邦档案馆每年约接收 10 万~15 万个永久保存的案卷进馆，由于馆舍和库房面积增加，

进馆档案文件数量呈增长趋势，2005 年，总共接收了 21 万个案卷进馆，至 2013 年，联邦档案馆总共接收了来源组织全宗的 27.1 万个案卷进馆以及 11.8 万个人事案卷进馆。俄罗斯联邦主体的国家档案馆和市政档案馆平均每年接收 150 万个案卷进馆。根据俄罗斯联邦档案署的统计，2003 年俄罗斯联邦档案全宗总共有 4.85 亿个保管单位，2013 年俄罗斯联邦档案全宗的数量增长到了 5 亿个保管单位。2004 年，联邦档案馆、联邦主体档案馆、市政档案馆分别保管了俄罗斯联邦档案全宗文件的 19%、61% 和 20%，2013 年这一分配比例发生了一定的变化，联邦档案馆和联邦主体档案馆馆藏联邦档案全宗所占的比例分别下降了 3 个百分点和 4 个百分点，而市政档案馆馆藏联邦档案全宗的比例上升了 7 个百分点，三者保管的俄罗斯联邦档案全宗文件所占比例分别为 16%、57% 和 27%。值得关注的是，2012 年俄罗斯联邦国家档案馆首次接收了近千张载有 2002 年俄罗斯联邦人口普查数据的光盘进馆永久保存，这是联邦国家档案馆首次大规模接收电子文件进馆。

2013 年，国家档案馆和市政档案馆所保管的俄联邦档案全宗文件的种类及所占比例如下：纸质文件数量占绝对优势，为 97.4%，影片文件所占比例为 2.3%，照片文件所占比例为 0.12%，缩微文件所占比例为 0.03%，而音像和电子文件所占比例不足 1%。2003—2016 年期间，纸质文件中的管理性文件所占比例下降了 7 个百分点，从 77% 下降到 70%，人事文件所占比例上升了 6 个百分点，从 20% 上升到 26%，而科技文件和个人全宗文件的比例基本维持在 2.3% 和 1.3%。

2003—2016 年，俄罗斯联邦档案署继续追溯境外的俄罗斯联邦档案全宗文件，例如，从美国回收了与卡廷惨案有关的"斯摩棱斯克"文件，以及移民组织"祖国"形成的档案文件；同时，向社会征集了前苏联领导人赫鲁晓夫、勃列日涅夫和戈尔巴乔夫的个人档案文件，以及俄罗斯著名文学家、音乐家如陀思妥耶夫斯基、普希金、普罗科菲耶夫、格林卡、肖斯塔科维奇等人的文学艺术作品。

2003—2016 年，俄罗斯制定和发布了一系列有关档案补充（收集）的法规性文件。俄罗斯联邦档案署下属的中央鉴定检查委员会以及俄罗斯各个联邦主体的中央鉴定检查委员会在其中发挥了十分重要的作用，它们为俄罗斯联邦档案全宗文件的收集和补充提供了方法上的指导和监督，制定和发布了两个重要的档案文件保管期限表——《科技档案保管期限表》(2007)和《文书档案保管期限表》(2010)等。另外，为了提高档案鉴定和收集的效率和质量，俄罗斯联邦档案署还委托 ВНИИДАД 制定了一系列档案补充和鉴定的方法指南，包括《永久保存的音像文件鉴定方法指南》(2007)、《国家档案馆和市政档案馆的馆藏来源机关确定方法指南》(2012)、《国家档案馆和市政档案馆科技文件收集方法指南》(2013)。此外，根据俄罗斯文化部 2007 年发布的第 183 号令《关于国有电影的法律地位》，国家出资拍摄制作的影片或者杂志必须移交俄罗斯国家影片照片档案馆永久保管。

综上所述，2003—2016 年，俄罗斯的国家档案馆和市政档案馆对于馆藏档案文件的补充(收集)采取了积极而富有成效的措施：调整和精减了馆藏来源机关的成分和数量；完善了档案文件补充和收集的政策法规；丰富了档案收集的类型，不仅收集传统纸质载体的档案文件，而且接收其他载体类型的档案文件，包括电子文件。在此期间，档案文件鉴定和收集的基本原则没有发生变化。有待解决的问题主要有两个：第一，对于分布在俄罗斯联邦主体辖区内的俄罗斯联邦机构所形成的档案文件的补充(收集)问题；第二，如何进一步扩充和优化馆藏补充来源机关的类型。

(7)档案文件的保管统计和安全保护

《俄罗斯联邦档案事业法》(2004)、《俄罗斯联邦档案全宗文件及其他档案文件的保管、补充、统计和利用规则》(2007)、《俄罗斯联邦国家档案馆特别珍贵的档案文件工作方法指南》(2006)等法律法规的制定及实施对于促进俄罗斯联邦档案全宗文件的统计、保管和安全保护具有重要的意义。根据 2004 年《俄罗斯联邦档案事业法》的规定，俄罗斯联邦档案全宗文件无论其处于何处都应该纳入国家统计系统，由俄罗斯联邦档案署及联邦主体的档案行政管理机关实施对俄罗斯联邦档案全宗文件的国家统计。

2003—2016 年，俄罗斯联邦档案全宗文件的统计系统未发生变化。档案文件的统计方法主要依据 2007 年的《俄罗斯联邦档案全宗文件及其他档案文件的保管、补充、统计和利用规则》，在此之前适用 2002 年制定的《俄罗斯联邦国家档案馆工作基本规则》。值得关注的是，2015 年，俄罗斯联邦档案署修订了 2007 年的《俄罗斯联邦档案全宗文件及其他档案文件的保管、补充、统计和利用规则》，增加了有关电子文件收集和保管的相关内容。

为了顺利实施 2007 年的《俄罗斯联邦档案全宗文件及其他档案文件的保管、补充、统计和利用规则》，俄罗斯联邦档案署组织研制了档案统计数据库，为档案文件的统计提供信息支持；开发了自动化的统计系统，集中实施对俄罗斯联邦档案全宗文件的国家统计，即时提供馆藏全宗文件信息。为了更好地统计孤本文件和特别贵重的档案文件，俄罗斯文化部于 2007 年 10 月 23 日颁布了第 1296 号令，专门对俄罗斯联邦档案全宗孤本文件实施国家统计。另外，分别规定了人事文件、保险全宗和利用全宗及电子文件的统计规则。

俄罗斯基本的档案统计单位是档案全宗和档案保管单位，根据俄罗斯联邦档案全宗的国家统计规则，每 3 年对俄罗斯联邦档案全宗文件统计 1 次。档案文件的统计既通过手工方式，也利用自动化的统计系统。20 世纪 90 年代中后期，俄罗斯开始研发自动化的档案文件统计系统，总共开发了 3 个适用于不同级别档案机构的自动化统计系统：①"档案全宗"（Архивный фонд）适用于国家档案馆和市政档案馆；②"全宗目录"（Фондовый каталог）适用于联邦主体的档案事业行政管理机关；③"中央全宗目录"（Центральный фондовый каталог）适用于俄罗斯联邦档案署。当前，除了俄罗斯国家影片照片档案馆和保险全宗保管中心之外，所有的联邦档案馆、联邦主体档案馆和市政档案馆都接入了"档案全宗"系统，2012 年"中央全宗目录"在俄罗斯门户网站"俄罗斯档案"上线，集中提供约 15 万个全宗的信息，另外，"俄罗斯联邦档案全宗孤本文件国家统计系统"也在门户网站"俄罗斯档案"上线，集中提供了保存在 6 个联邦档案馆的 268 份珍贵的孤本文件。

2003—2016 年，档案文件安全保护主要体现在档案修复、组织技术保障等方面：

第一，改善档案保管的环境条件，修复了一批珍贵的孤本文件，包括尼古拉二世的日记、彼得一世的书信、《日瓦戈医生》原著手稿、19 世纪的合约等，每年修复的档案文件达到数万页。

第二，制定和实施了一系列与档案文件安全保护相关的政策和规章制度，其中，俄罗斯联邦专项规划《"俄罗斯文化"（2006—2011）》规定了档案文件保管的防火要求及资金支持，俄罗斯文化部 2006 年发布了第 384 号令《关于加强俄罗斯联邦博物馆全宗和俄罗斯联邦档案全宗安全保管措施的规定》，俄罗斯文化部 2006 年 8 月 22 日发布了《关于改善俄罗斯联邦博物馆、图书馆、档案馆全宗和影片全宗统计、保管及安保条件的规定》，部门专项规划《加强联邦档案馆的消防安全（2007—2009）》《俄罗斯联邦国家档案馆和市政档案馆的消防安全专门规则》。

第三，制作保险全宗，确保俄罗斯联邦档案全宗的安全保管，并研制出台了针对各种类型档案文件的保险全宗制作国家标准。保险全宗文件的数量从 2004 年的 5.949 亿幅增长到 2014 年的 6.235 亿幅。馆藏档案文件数字化只用于制作利用全宗，而不用于制作保险全宗。制定出台了如下 5 项针对各类型档案文件保险全宗制作的国家标准：（1）《具有国家科技、文化和历史遗产价值的文件保险全宗制作标准》（ГОСТ Р 33.505-2003 ЕРСФД）；（2）《档案文件复制、缩微照相的一般技术条件》（ГОСТ Р 13.1.107-2005）；（3）《具有国家科技、文化和历史遗产价值的文件保险副本制作一般技术条件》（ГОСТ Р 33.3.02-2008 ЕРСФД）；（4）《影片文件和照片文件保险副本制作一般技术条件》（ГОСТ Р 33.1.02-2008 ЕРСФД）；（5）《具有国家科技、文化和历史遗产价值的文件保险副本保管的一般技术条件要求》（ГОСТ Р 33.3.02-2008 ЕРСФД）。

第四，制定和实施了十多项有关档案文件保管及保险全宗制作的相关方法指南。具体包括：《纸质档案文件安全保管方法指南》（2003），《俄罗斯联邦国家档案馆特别贵重的档案文件保管指南》（2006），《受损档案文件和图像修复方法指南》（2006），《俄罗斯联邦国家档案馆影片档案文件保管条件及稳定性监测方法指南》

(2007),《俄罗斯联邦国家档案馆和市政档案馆的档案文件统一调拨指南》(2007),《照片文件利用全宗的数字化副本制作方法指南》(2008),《俄罗斯联邦档案全宗文件安全保管实验室工时标准》(2009),《俄罗斯国家档案馆保管、利用和加工档案文件质量和状况的评价方法指南》(2009),《模拟技术手段和数字化技术手段在档案文件修复中的比较分析报告》(2012)。另外,专门制定了有关电子文件安全保管的组织与技术方法指南。包括:《光盘信息安全存储指南》(2011)、《电子文件保管组织工作与技术方法指南》(2012)、《国家档案馆和市政档案馆收集、统计、保管电子文件方法指南》(2013)。上述一半左右的技术方法指南都是俄罗斯联邦档案署委托 ВНИИДАД 研究制定的,其余则主要由俄罗斯国家科技文件档案馆或档案专家团队、个人研制。

可见,2003—2016 年俄罗斯联邦档案机构非常重视档案文件的统计、保管和安全保护工作,在该领域开展了大量的业务活动和科学研究活动,取得了不少成绩。既采取传统的方法进行档案的统计,又研发和使用了专门的自动化档案文件统计系统,并不断升级,在俄罗斯的档案门户网站上提供应用;制定了相关的档案安全保管国家标准,并对馆藏档案数量及状况进行了有计划地统计和检查;改善了档案文件的保管条件,为满足档案文件的修复和保险全宗的制作增加了新的成套设备;提高了俄罗斯联邦档案全宗文件的保管要求和标准,扩展了档案文件安全保管的方法和手段。

(8)档案检索工具体系的建设

2003—2016 年国家档案馆和市政档案馆已著录的档案文件占总档案文件数的97%。各类档案目录达到了 170 万种,其中,符合标准的档案目录约占 67%。2007 年出台的《俄罗斯联邦档案全宗文件信息统一分类法》(ЕКДИ АФ РФ)[1]和 2008 年出台的《俄罗斯联

---

[1]   Росархив, ВНИИДАД. Единый классификатор документной информации Архивного фонда Российской Федерации. М., 2007.

邦档案全宗文件信息统一分类法使用指南》①是俄罗斯国家档案馆和市政档案馆进行档案文件分类标引、检索及统计的重要依据。

　　除了传统的档案目录、索引、指南等检索工具，国家档案馆和市政档案馆还开发了各种档案数据库。2013 年，俄罗斯联邦档案馆开发的数据库为 120 个，联邦主体国家档案馆开发的数据库为 951 个，市政档案馆的数据库为 1059 个，总共有 2100 个数据库。俄罗斯联邦档案馆开发了各自的档案信息检索系统，较为重要的有：俄罗斯联邦国家档案馆的档案信息检索系统、圣彼得堡国家档案馆的信息资源检索系统、别尔姆斯克边疆区全宗目录检索系统等。当前，俄罗斯几乎各个档案馆都开发了自己的自动化档案检索系统，对其的整合利用是未来的一项重要任务。俄罗斯档案门户网站"俄罗斯档案"在线提供"俄罗斯档案指南数据库"信息，总共包括 135 个检索指南或索引，其中，联邦档案馆有 34 个检索指南或索引，联邦主体档案馆则有 101 个检索指南或索引，这些指南索引或检索大约覆盖了 23 万个全宗目录，提供的信息量很大。馆藏数字化是俄罗斯各级各类档案馆都正在实施的一项重要工作，2013 年俄罗斯联邦档案馆总共有 180 万个案卷已经数字化，大约有 27% 的馆藏实现了数字化。

　　可见，俄罗斯档案检索工具和检索体系的发展主要表现在 4 个方面：第一，进一步编制传统的档案检索工具(以纸质或电子形式)；第二，馆藏纸质档案目录的数字化；第三，研发档案数据库和档案信息检索系统；第四，开发基于互联网的档案信息检索工具。其中 ВНИИДАД 功不可没，它负责制定并推广应用一系列档案检索标准，并与联邦档案馆的档案专家共同研制了包括电子形式检索工具在内的各类档案检索工具。

　　(9)档案全宗文件的获取和利用

---

　　① Росархив, ВНИИДАД. Методические рекомендации по внедрению Единого классификатора документной информации Архивного фонда Российской Федерации в государственных и муниципальных архивах России. М., 2008.

　　档案文件的利用是指提供档案信息和信息服务。2015 年修订的《俄罗斯国家权力机关、地方自治机关和组织保管、补充、统计和利用俄罗斯联邦档案全宗文件及其他档案文件基本规则》规定了档案文件利用的主要形式,其中,最主要的利用形式是满足公民和组织的档案查询需求。2003—2013 年,随着俄罗斯公民和组织的档案查询需求不断增长,档案机构提供的档案信息服务也不断攀升:2003 年档案机构提供了 180 万次有关社会法律保障方面的档案查询服务,2012 年档案机构提供的该项服务超过了 500 万次,其中,25%～65%的档案查询服务都与养老金问题有关。专题档案信息服务则从 2007 年的 1.2 万次增加到 2012 年的 1.6 万次,2013 年的 2 万次。

　　为了满足不断增长的档案信息需求,2012 年俄罗斯联邦档案馆建立了统一的档案信息查询中心,开发了人事档案文件数据库,为公民实时提供有关社会保障方面的档案文件信息。根据 2010 年俄罗斯颁布的《组织提供国家服务和市政服务法》(№210-ФЗ),俄罗斯在档案利用和服务领域发布了与之配套的两个重要规定:《为俄罗斯公民、国家权力机关、地方自治机关、社会组织提供俄罗斯联邦档案全宗文件及其他档案文件信息服务的规定》《满足俄罗斯公民、外国公民或者非公民档案查询请求的规定》。

　　俄罗斯联邦档案馆阅览室年平均利用者人数为 1 万多人,俄罗斯所有档案馆的阅览室年平均利用者人数为 10 万多人。2013 年俄罗斯文化部发布了《国家档案馆和市政档案馆档案文件利用规则》(№635),规定了阅览室档案文件利用者的权利和义务。

　　俄罗斯联邦档案馆大约有 4%的保密档案文件,其他国家档案馆大约有 4%的保密档案文件。为了保障公民和组织对档案信息的查询和利用,从 20 世纪 90 年代起,俄罗斯政府持续、大力地推进档案文件解密工作,仅 2013 年就有大约 1.45 万个联邦档案案卷解密。俄罗斯还开发了专门的档案解密网站 http://unsecret.rusarchives.ru/,及时公布档案解密信息。

　　俄罗斯联邦档案馆定期举办档案展览。例如,2011—2012 年,为了庆祝 1812 年卫国战争胜利 200 周年,俄罗斯联邦档案馆出版了《博罗季诺战役中俄罗斯军官和士兵的功勋》和《1812年战争中顿河流域的哥萨克及1813—1834年境外俄罗斯军队的活动》等系列档案文献汇编及"1812年战争200周年纪念：博罗季诺、莫斯科和斯摩棱斯克照片展览"等大型历史档案文献展览和宣传活动。2014—2015年，为了纪念1941—1945年伟大的卫国战争胜利70周年，俄罗斯各个联邦档案馆、联邦主体的国家档案馆及市政档案馆等根据馆藏"二战"时期的档案文献编制了专题汇集，提供专题展览，开展各种宣传活动，生动地再现了苏联军队和苏联人民反抗德国法西斯侵略者的顽强斗志。2010年，俄罗斯首次在互联网上公布了苏共中央政治局批准执行的卡廷大屠杀(Катынский расстрел)的档案文件数字副本，引起了世人轰动，一天之内的访问量达到了200万人次。

俄罗斯联邦档案馆很重视对沙皇家族历史文献的整理、出版和宣传展览，例如俄罗斯国家古代文献档案馆2013年策划和制作了大型互联网专题展览《诺曼洛夫家族400周年纪念》，集中展示了来自俄罗斯国家古代文献档案馆、俄罗斯联邦国家档案馆、俄罗斯科斯特罗马州档案馆及莫斯科国家历史博物馆的587件档案原件的1377份电子版本文件。2016年，俄罗斯联邦国家档案馆策划组织了末代沙皇亚历山大二世及家庭之死的专题网络展览，吸引了不少国内外历史学家和民众的关注。

2003—2016年，俄罗斯有关档案文件利用和服务的方法指南包括：《确保利用者对俄罗斯国家档案馆和市政档案馆档案文件的获取及利用：方法指南》(2009)、《满足利用者社会法律保障需求：方法指南》(2011)、《档案文件互联网展览的方法指南》(2012)、《涉密个人数据档案文件的限制性利用指南》(2013)等。

可见，2003—2016年，俄罗斯各种档案文件利用服务形式都得到了发展，在保障公民权益、加强爱国主义宣传教育、传承文化等方面发挥了积极的作用。其中，最基本的利用服务类型是满足公民及组织的档案查询服务，尤以社保类档案查询为主。此外，为利用者提供档案文件阅览服务、举办档案展览、通过大众信息传播媒介利用档案文件、采用信息化技术手段提供档案信息服务、公布和出版档案文件也是常见的利用服务形式，而互联网在档案信息利用服务中发挥了越来越重要的作用。

（10）国家档案馆和市政档案馆的信息化

信息技术在俄罗斯国民经济和社会生活各个领域得到了广泛应用，社会信息化水平不断提高。俄罗斯大力发展电子政务，推动政府开放数据平台的建设，联邦政府机关采用了电子公文流转系统以及跨部门的信息交换系统，档案部门向社会公众开始越来越多地提供电子形式的国家服务。在新的技术环境和社会环境下，档案机构只有具备与之相适应的信息化基础设施和技术条件，才能有效地满足社会信息化发展的需求。而 2010 年俄罗斯联邦档案署的年度总结报告显示，联邦档案署及其下属联邦档案馆的信息化基础设施较为薄弱，有几项数据和事实可以说明这一问题：第一，在俄罗斯联邦档案署及下属联邦档案馆，约有 82.4% 的电脑设备过时，急需大规模地更新换代；联邦档案馆的数字化设备不足；工作人员的年龄结构和知识结构老化，严重缺乏既拥有文件与档案管理专业知识背景，又掌握现代信息技术的专业人员。第二，在联邦主体国家档案馆和市政档案馆，总计有 1 万多台电脑设备，其中，有 6000 多台电脑接入了局域网，3500 多台电脑接入了互联网。各地档案馆的电脑配置水平差异化明显：有 82 个档案馆的电脑数量少于 10 台，84 个档案馆的电脑数量为 10~20 台，74 个档案馆的电脑数量为 21~40 台，62 个档案馆的电脑数量为 41~100 台，16 个档案馆的电脑数量多于 100 台。与联邦档案馆的情形相似，地方档案馆的大多数电脑陈旧过时，不能满足现代信息服务需求。为此，俄罗斯联邦档案署于 2011 年 12 月 2 日发布了《2011—2020 年联邦档案署及下属机构信息化纲要》①，拟在 10 年内全面改善和提升联邦档案署及下属联邦档案馆的信息化基础设施水平，以三个面向不同级别

① Программа информатизации Федерального архивного агентства и подведомственных ему учреждений на 2011—2020 гг. Утверждена приказом Федерального архивного агентства от 2 декабря 2011 г. № 104 ［EB/OL］. ［2016-08-10］. http：//archives. ru/programs/informatization. shtml.

档案机构的基本数据库"档案全宗""全宗目录""中央全宗目录"以及一个"俄罗斯联邦孤本文件登记系统"为基础，致力于推进统一的档案自动化信息系统"俄罗斯联邦全宗"的建设，加强档案资源整合，促进对俄罗斯联邦档案全宗文件的统计和在线利用，建立覆盖全俄的档案信息资源系统和在线服务系统。

（11）国际交流及合作

2003—2016 年，俄罗斯积极开展档案国际交流与合作：俄罗斯代表参与了独联体国家档案领导人咨询委员会会议、欧洲档案大会、国际档案理事会欧亚地区分会以及国际档案大会工作机关会议和第 17 届国际档案大会，2016 年参加了第 18 届国际档案大会。在档案事业双边合作方面，俄罗斯已经与世界上的 50 多个国家签订了档案交流与合作协议，其中，俄罗斯与白俄罗斯、乌克兰等独联体成员国之间的档案交流与合作较为密切，2008 年起三国的档案领导人定期会晤，商讨档案合作问题。俄罗斯与中国、蒙古国、匈牙利等国每年举行档案合作委员会会议，与中、法等国签订了档案事业合作计划。此外，俄罗斯还与德国、波兰、捷克、斯洛伐克、芬兰等欧洲各国保持了密切的档案交流与合作关系。2003 年，全俄文件学与档案事业科研所（ВНИИДАД）获得了面向独联体国家开展档案学、文件学及机关文书管理继续教育和培训的资格，此后每年 ВНИИДАД 都举办国际档案学和文件学论坛，成为独联体国家及亚欧其他国家档案学术和实践经验交流的重要平台。

俄罗斯从 20 世纪 90 年代起开始关注对境外俄罗斯档案的收集和追溯问题。1992 年 12 月 16 日，俄罗斯联邦档案局发布了《关于查明和追溯流失境外的俄罗斯档案指令》（No 233），1994 年，俄罗斯联邦档案署组织召开了"俄罗斯流失海外的档案文件问题"的专家会议，1997 年俄罗斯联邦档案署发布了"俄罗斯联邦档案署、联邦档案馆、联邦主体档案机构追回流失境外的俄罗斯档案的总结报告"，分析了对流失境外的俄罗斯档案文件的追溯状况及主要障碍。2003—2016 年，俄罗斯联邦档案署制定了"流失境外的档案追溯计划"，根据该计划，从美国追回了"斯摩棱斯克档案"以及从俄罗斯移民到境外的科学家、文学家、政治活动家和经济学家形成的个人全宗档案文件,与奥地利、希腊、卢森堡、荷兰、波兰等国合作,继续处理"二战"之后档案的流失问题。

综上所述,20 世纪 90 年代,俄罗斯档案事业在档案立法、档案管理体制及档案馆网络体系等领域发生了激烈的改革,同时,也因为经费不足和人才流失经历了长期的发展低谷。2003 年以来,随着俄罗斯社会转型的深入和经济的复苏,俄罗斯档案事业获得了新的发展,在档案立法、档案事业行政管理体制改革、档案馆事业、档案工作人员和干部队伍建设、档案事业发展的物质技术基础、联邦档案全宗文件的保管和利用、档案信息化建设、国际档案交流与合作等领域取得了一定的成就。

第三章　俄罗斯档案立法改革与发展研究

　　本章以俄罗斯政治和社会历史发展为背景，以时间为纲，分析和阐述了十月革命前俄国的档案立法活动、十月革命胜利之后苏维埃政权建立之初的档案立法活动、苏联时期的档案立法活动以及20世纪90年代以来俄罗斯档案立法的改革与发展，较为全面地揭示了俄罗斯档案立法的历史发展与改革状况。十月革命之前，1720年彼得一世颁布的《官署总章程》改革了机关的文件与档案管理体制，使档案管理工作从机关文件管理系统中独立出来，为俄罗斯档案事业的独立发展奠定了基础。1918年的《列宁档案法令》则成为新旧档案管理体制的分水岭，首次在俄罗斯历史上实现了对国家档案资源的集中保管，标志着在苏共领导下高度集中的档案事业管理体制的开端，此后的半个多世纪，以国家档案全宗建设为中心，苏联先后在20世纪40年代、50年代、60年代和80年代颁布了四部国家档案全宗及档案馆网建设条例，建立起庞大的国家档案馆网络。苏联解体之后，俄罗斯继承了原苏联的国家档案遗产，为了适应社会的急剧转型以及政治经济改革需要，先后制定了两部档案法即1997年档案法和2004年档案法，转变了档案立法理念和宗旨，不再以意识形态为最高标准，改变了原有的极权体制下的档案事业格局，使地方档案部门拥有了更多的自主权，不再沿用国家档案全宗概念而代之以俄罗斯联邦档案全宗概念，致力于建设新的俄罗斯联邦档案全宗体系，而且在档案解密与开放、私人档案管理等方面迅速与国际接轨，与俄罗斯的政治、经济和文化转型相呼应。2006—2016 年，俄罗斯对 2004 年档案法的部分条款修改了 9 次，以适应社会信息化发展的需要，满足国家机关、社会组织和公民的档案利用需求。

3.1　十月革命前的俄国档案立法活动

16—17 世纪，封建君主专制时期的俄罗斯政府机关形成了专门的文书处理系统，由专门的书记员和副书记员负责所有文书的起草和处理工作，同时，建立了国家档案馆和政府行政处(官厅)档案馆，但尚未建立独立的档案保管机构，而是将失去现实效用的文件与现行文件存放在办公厅或者国库中。1720 年彼得一世签署颁布了《官署总章程》，确立了政府文件从产生、登记至归档移交全过程的具体规则，首次在法律上规定了文件的登记制度，首次界定了档案馆的概念，并规定了机关非现行文件向档案馆的移交制度，根据该法令，已经办理完毕、丧失现行效用的文件在机关保存一定时期后要移交至委员会档案馆保管。该法令专门设一章规定了归档保存制度，要求建立一整套完整的归档保存和移交系统，规定现行文件在机关办公室保存 3 年，期满之后，除了公司章程、法规和参考书可留存机关，其他文件都要向委员会档案馆移交。《官署总章程》是俄罗斯历史上第一部针对中央国家机关文件与档案管理的法令，它使国家档案机关从政府行政办公系统中脱离出来，档案工作从此拥有了独立性，标志着俄罗斯档案事业发展史的开端。同时，该法令所确立的文书工作制度奠定了未来两个世纪俄罗斯政府文书工作的基石。为了确保档案库房保管条件，1736 年参政院发布了关于档案库房建筑的命令，明确规定档案馆库房必须为石结构，而且窗户上的通风口必须配置铁质的窗格，禁止使用木质材料以避免火灾。

叶卡捷琳娜二世的地方行政改革没有对彼得一世时期确立的文书档案工作制度产生实质性的影响，1775 年发布的《郡制法令》不仅在法律上强化了机关的等级制度，而且也强化了机关文件的管理。18 世纪末 19 世纪初在俄罗斯历史上首次出现了地方机关档案馆，各省、市和县逐渐形成了行政机关档案馆系统和法院档案馆系统。

19 世纪初期俄罗斯文书档案工作发生了变化。1811 年亚历山大一世颁布了《部门机关法》，该法律规定了政府部门的职能、结构和管辖范围，作为部门机关的内部组成部分，建立了统一的文书和办公系统，规定所有的部门机关文件都集中保存在该系统中。从此，俄罗斯的文书档案工作以《部门机关法》为依据，普遍设立了部门(机关)档案馆，直到十月革命前夕。

3.2　《列宁档案法令》的产生、内容和意义

《列宁档案法令》产生于十月革命胜利之初，它是俄罗斯新旧档案体制的分界线，也是苏联社会主义档案事业建设与发展的一面旗帜，在苏联档案事业发展史上具有里程碑式的意义。20 世纪 80 年代末起，苏联(俄罗斯)档案学界通过对 19 世纪俄罗斯档案思想史的研究追溯《列宁档案法令》产生的思想基础，并以解密的档案史料为依据，还原其产生的历史过程，客观评价其历史意义和当代价值。

1988 年《列宁档案法令》诞生 70 周年之际，恰逢苏联解体前夕的敏感时期，苏联档案学界首次针对《列宁档案法令》进行了开放式学术研讨，人们不再限于对个别法律术语的含义如"国家档案全宗""集中制""国有化"的阐释，而是分析《列宁档案法令》产生的历史背景和思想基础，并对其文本内容和版本问题进行研究，旨在阐明历史事实，并在此过程中解放了被禁锢的思想。许多著名的历史档案学家包括 С. И. Кузьмин, М. С. Селезнев, А. П. Пшеничный 和 Е. В. Старостин 等人都参与了此次讨论。此外，1988 年 5 月 31 日，莫斯科历史档案学院学术委员会召开专门会议，同年 6 月，苏联档案界召开全苏档案事业科学实践大会，纪念《列宁档案法令》诞生 70 周年。这两次学术会议研讨了《列宁档案法令》产生的历史背景，挖掘和重新发现了俄罗斯 19

世纪以来的档案学思想精华，俄罗斯学术界将《列宁档案法令》与俄罗斯档案思想史、十月革命史以及苏联档案事业发展史研究密切结合。①

3.2.1 沙俄时期的"档案无序"及严重后果为《列宁档案法令》的产生提供了社会基础

沙俄时期的政府部门档案馆和机关档案馆各自为政，档案文件的保管和统计分散无序。因为缺乏统一的鉴定和销毁制度，大量文件被随意销毁，已失去现行效用的机关文件往往在政府部门"搁置"数十年而不向档案部门移交，这对国家档案资源的积累和保管十分不利。

著名历史档案学家和档案改革家、莫斯科法律部档案馆馆长Д. Я. Самоквасов对于"档案无序"这一社会痼疾进行了深刻的揭示。他对俄国700多个档案馆的工作状况进行了深入调查，对政府部门档案工作各行其是、同一全宗档案分散在不同档案馆、历史档案文献检索工具匮乏、库房档案无序堆放、未经鉴定和统计的档案文献被随意销毁等各种"档案无序"现象进行了大胆揭露和激烈的批评。1902年Д. Я. Самоквасов出版了两卷本著作《俄罗斯档案事业》，论述了"档案无序"的危害性、产生原因及改革方案，他所首创的"档案无序"一词在十月革命前普遍使用。为了改变"档案无序"现状，Самоквасов自担任莫斯科法律部档案馆馆长之日起直至去世(1892—1911年)，一直努力推行档案集中管理改革。②

3.2.2 19世纪以来俄国的档案改革思想为《列宁档案法令》的产生提供了思想源泉

19世纪以来，"档案无序"及其带来的严重后果促使不少历史

---

① Хорхордина Т. И. Революция 1917 г. и российские архивы：как это было. Вестник архивиста，2017(2)：38-56.

② Хорхордина. Т. И. История архивоведческой мысли. М.：РГГУ，2012：153.

档案学家产生了档案改革思想，他们借鉴了以法国为代表的西欧各国的档案改革经验，提出了建立国家档案行政管理机关、集中保管档案的改革方案。早在 1820 年，Г. А. Розенкампфом 男爵就设计了《最佳档案馆建设规划》，在俄国历史上首次提出了建立档案管理最高行政机关及国家档案馆的构想，由于政府当局没有意识到档案对于国家和社会的重要性，他的规划没有被采纳。19 世纪中期，俄罗斯近代档案学的奠基者、著名档案学家 Н. В. Калачов 明确提出了建立档案总委员会的改革方案，建议实行集中式的档案管理体系，由档案总委员会集中管理档案事务，制定统一的档案鉴定、分类和保管规则。Н. В. Калачов 的改革思想为俄国档案事业指明了正确的发展方向。Д. Я. Самоквасов 继承并发扬了 Н. В. Калачов 的档案改革思想。他认为，档案是国家的重要财富，因此，档案和档案工作必须首先服从于国家利益，各个部门和机关不能因部门利益而各自拥有和把持所形成的档案。1899 年 8 月 10 日，Д. Я. Самоквасов 在基辅召开的第 11 届文献编纂学代表大会上发表了《西欧国家档案集中式管理与俄罗斯档案改革》的报告，他总结了拿破仑一世推行的法国档案集中管理改革的特点以及英国维多利亚女王对国家档案实施的集中管理模式，分析比较了瑞士、意大利、比利时和普鲁士实施的档案集中管理体制相对于档案分散管理体制的优势，提交了《俄罗斯档案事业改革基本方案》，建议设立中央档案行政管理机关，对全国档案事业进行统一管理，建立中央国家档案馆和地方性的公共历史档案馆，所有的公共历史档案馆都向研究人员开放。[①] 遗憾的是，在沙皇的旧制度之下，无论是 Н. В. Калачов，Д. Я. Самоквасов 还是其后继者，都未能将其档案改革思想全面付诸实施。

此外，19 世纪中后期成立的俄国省档案学术委员会和 20 世纪初成立的俄罗斯档案工作者联盟这两个档案学术性组织构筑了近代俄罗斯档案学思想的堡垒，它们在推动档案学术交流和档案改革中

---

① Хорхордина. Т. И. История архивоведческой мысли. М.：РГГУ，2012：159-162.

发挥了重要作用。1914 年省档案学术委员会整理出版了与俄国档案工作有关的法律法规专辑,为《列宁档案法令》的制定提供了参考。继省档案学术委员会之后,与十月革命同时代诞生的俄罗斯档案工作者联盟汇集了俄国最优秀的历史档案学者,他们继承了 19 世纪档案改革先驱 Н. В. Калачов 和 Д. Я. Самоквасов 的思想,积极倡导档案集中管理方案,在十月革命之初的档案改革以及《列宁档案法令》的制定中发挥了不可抹杀的贡献。可见,"建立档案行政管理机关对档案事业进行统一管理、建设国家档案馆、集中保管档案"的改革思想在十月革命前已经基本成型,为《列宁档案法令》提供了思想源泉。《列宁档案法令》的颁布和实施则彻底消除了"档案无序"及其严重后果,实现了 19 世纪以来几代档案学者的改革夙愿。

3.2.3 《列宁档案法令》诞生的客观原因和政治动因

首先,《列宁档案法令》的诞生迫于保护和抢救档案的客观需要。十月革命胜利之后,苏维埃政权面临复杂的档案工作状况,抢救和保护档案的任务十分艰巨:第一,转移和抢救档案的任务繁重且刻不容缓。1917 年秋至 1918 年春,苏维埃政权的中心由圣彼得堡迁至莫斯科,原来位于圣彼得堡政府机关的档案急需转移和抢救;另外,经历了战争和革命的俄罗斯社会陷入了破产和饥饿的困境,艰苦的物质条件使大量珍贵的历史档案遭受劫难,需要对其进行保护和抢救。第二,革命胜利以后急需对旧政权的警察机关、秘密警察机构、沙皇检察机关等旧的国家机器形成的司法档案进行鉴定和接收,为此成立了档案司法委员会,专门对旧政权的司法档案进行清理。第三,各种保皇分子、资产阶级和小资产阶级政党转入地下,准备伺机夺取他们自己所形成的档案文件。第四,革命胜利之初,布尔什维克没有完全掌握全俄的档案工作。1917 年底至 1918 年初,从中央到地方都建立了苏维埃政权,但是,很多地方的苏维埃政府工作人员按照自己对革命的理解开展档案工作,有些地方的档案工作甚至由孟什维克、社会民主党和无政府主义者把控。因此,从全俄各地来看,建立档案集中管理体制非常迫切。第五，政权更替产生了大量无主的档案，急需对其接收和保管。莫斯科法律部档案馆、莫斯科外交部总档案馆、俄罗斯帝国档案馆、参议院档案馆等重要部门档案馆珍藏了数个世纪积累的档案遗产，它们濒临散失和损毁，迫切需要对其实施抢救并集中保管。综上，十月革命胜利之初的政治形势非常复杂，档案状况堪忧。各种敌对势力伺机破坏革命成果，动荡的社会环境和艰苦的物质条件使大量珍贵档案面临损毁，为了保护和抢救档案遗产，迫切需要建立专门的档案管理机关，对档案文件实施集中保管，这是列宁领导的苏维埃政权面临的紧急任务，也是其肩负的历史使命。

其次，《列宁档案法令》的诞生有其政治动因。列宁领导的布尔什维克党及工农联盟通过暴力革命夺取了胜利，为了巩固新生的苏维埃政权，布尔什维克实施无产阶级专政和集权管理，《列宁档案法令》关于成立档案管理总局对全俄档案工作实施统一领导以及建立国家档案全宗的改革方案完全符合集权管理的政治需要。

3.2.4　俄罗斯档案工作者联盟在十月革命前后档案改革中的历史性贡献

俄罗斯档案工作者联盟(Союз РАДА)①成立于 1917 年 3 月 18 日，这是一个非政府的档案学术组织，它在俄国十月革命前后的档案改革及档案遗产的抢救保护中发挥了十分重要的作用。档案工作

---

①　1918 年俄罗斯档案工作者联盟(Союз РАДА)包括来自俄国各地和各级各类机关单位的 208 名个人成员和包括海军部档案馆在内的 34 个机构成员，影响广泛，成为联系俄罗斯档案学理论研究和业务工作的重要纽带，承担档案学研究和档案业务技术指导两个方面的任务。随着苏维埃政府的档案首脑机关"档案管理中央委员会""档案管理总局"的成立以及高度集中的档案管理体制的建立，档案工作者联盟作为自发形成的非政府的档案学术组织失去了存在的社会基础。

者联盟的首任主席、著名历史学家 А. С. Лаппо-Данилевский① 作为思想领袖和学术权威，召集了当时俄罗斯最优秀的历史档案学者，使他们成为档案工作者联盟的核心成员。А. С. Лаппо-Данилевский 领导的档案工作者联盟最初对革命持中立态度，不少成员甚至对共产主义和布尔什维克持不同立场和政见，但是为了抢救大量因战争和革命而濒临损毁的珍贵历史档案，档案工作者联盟最终向苏维埃政权妥协并与其合作，投入到档案改革及档案立法活动中。在 А. С. Лаппо-Данилевский 思想的引领下，20 世纪初俄国的绝大部分档案民主化改革方案和合理化建议都是由档案工作者联盟的领导层和核心成员设计的，《列宁档案法令》及其后续档案改革法规的出台也受益于档案工作者联盟与苏维埃政权的合作。

苏维埃政权建立之初，档案管理中央委员会(ЦКУА)的第一任主席、档案管理总局(ГУАД)的第一任局长 Д. Б. Рязанов② 直接领导了《列宁档案法令》的酝酿和起草工作，他联合档案工作者联盟

---

① А. С. Лаппо-Данилевский(1863—1919)是 19 世纪末 20 世纪初俄罗斯杰出的历史工作者、史学理论家和方法论专家，俄罗斯科学院院士，俄罗斯档案工作者联盟的第一任主席。他的学术思想为俄罗斯经典档案学的形成奠定了重要的人文基础。他的代表作有《历史方法论》《人类史通史课方案材料》《奥古斯特·孔德的社会学基本原则》《俄罗斯私人外交文件概述》等。А. С. Лаппо-Данилевский 从史学研究的角度分析档案学和档案工作的基本性质，提升了档案学的地位，并将其纳入学科之林。尤为值得纪念的是，他在十月革命爆发后极力抢救了大批珍贵的历史档案，使其免遭损毁，而他本人则在饥寒交迫的困境中不幸去世。

② Д. Б. Рязанов(1870—1938)是杰出的马克思主义学者、马克思主义哲学史研究的奠基人、革命家、十月革命胜利之初国家档案事业的组织者，苏维埃档案事业的第一位领导者。1918—1920 年他担任档案管理中央委员会(ЦКУА)的第一任主席和档案管理总局(ГУАД)的第一任局长，第二届全俄苏维埃代表大会主席团成员。Д. Б. Рязанов 对档案事业的最大贡献是领导和组织了苏维埃政权建立之初的档案改革。《列宁档案法令》及建国之初几乎所有的档案法律都是在他的领导和组织下完成的，包括《档案管理总局条例》等。1920 年他因坚持档案民主化改革、强调超越党性的档案改革意见而犯了许多所谓的"政治错误"，被免去档案管理总局局长的职务，受命于俄共中央委员会的安排，组建了世界上第一个马克思主义博物馆，后相继改名为马克思恩格斯学院、马克思恩格斯列宁学院。

的核心成员，在组织领导十月革命胜利之初的档案改革及抢救历史档案的工作中发挥了关键性作用。Д. Б. Рязанов 支持 А. С. Лаппо-Данилевский 的档案改革思想，倾向于民主化改革，积极与档案工作者联盟的核心成员合作，汲取了他们对于档案改革的合理化建议并将其纳入《列宁档案法令》。据档案记载，Д. Б. Рязанов 于 5 月 31 日向第一届苏维埃政府人民委员会（CHK）提交了档案改革法令的初稿，经过 CHK 临时委员会讨论以后最终定稿，列宁签字以后于 6 月 1 日正式对外颁布，即《关于改革和集中统一管理俄罗斯苏维埃社会主义联邦共和国档案工作的法令》。Д. Б. Рязанов 还为保护历史档案做出了重要贡献。十月革命前后，他与 А. С. Лаппо-Данилевский，С. Ф. Платонов 和 С. К. Богоявленский 等人联合抢救和保护了因政局动荡和迁都莫斯科而陷入危机的大批珍贵档案。此外，档案工作者联盟的核心成员 К. Я. Здравомыслов 十分关心已经撤销的临时政府机关档案的命运，认为应该将其纳入国家档案全宗的体系之中，他提出了档案改革草案《关于撤销机关和部门档案的命运》，这一立法思想被《列宁档案法令》所吸纳。1917 年 9 月 27 日，档案工作者联盟成员、外交部档案馆馆长 Н. В. Голицын 受命以 К. Я. Здравомыслов 的改革草案为基础，参与起草新的档案法案，Н. В. Голицын 对撤销机关的档案也十分重视，他认为任何案卷或文件都不能以任何理由随意处置和销毁。档案工作者联盟的另一名成员、海军军官 Ф. А. Ниневе 在十月革命前曾向当时的国家杜马和资产阶级临时政府写信建言，借鉴英法档案工作的经验，提出了军队档案的集中管理方案，而国家杜马和临时政府未采纳他的意见。最终，上述档案学家和有识之士的档案改革思想在《列宁档案法令》中得到了集中体现，即打破部门和机关对档案的独占，建立最高档案行政管理机关——档案管理总局，建设国家档案全宗，实行集中式档案管理体制，彻底铲除分散无序的旧秩序，将旧政权形成的档案文件纳入国家档案全宗体系而不是盲目销毁。

可见，《列宁档案法令》不仅是新生的苏维埃政权实施集中统一管理原则和国有化措施在档案工作领域的体现，也是 19 世纪以来俄国档案改革思想的集中体现。它不仅是布尔什维克主义统治下的必然产物，更是一个世纪以来俄国档案学家、历史学家和档案工作者集体智慧和努力的结晶，它所确立的集中统一管理原则不仅适应了集权政治的需要，而且符合俄国档案事业发展的现实需求，它能有力地摧毁旧的档案管理制度下滋生并长期积累的"档案无序"顽疾，建立档案管理新秩序。因此，仅从意识形态的角度去分析和评价《列宁档案法令》是片面的，从 19 世纪俄国档案学思想发展史及十月革命前后俄国档案改革的主要参与者角度去分析它所产生的思想渊源及产生的历史过程更具有科学性。放眼俄罗斯之外的欧洲国家，建立集中式档案管理体制非常普遍，19 世纪以法国为代表的欧洲很多国家都设立了最高档案行政管理机关，不同程度上实行了档案事业集中式管理。因此，集中式的档案管理体制并不是十月革命胜利之后苏维埃政权的独创。正如 E. B. Старостин 所认为的，《列宁档案法令》的产生不能全如苏联官方媒体所报道的那样，仅仅将其归结于是列宁关于档案集中管理思想的具体实现，从其产生的社会背景和思想根源来看，《列宁档案法令》是近代俄罗斯档案改革思想的结晶，是时代发展的必然。①

3.2.5 《列宁档案法令》产生的过程：关于建立档案管理总局及档案限制利用问题的争议

　　《列宁档案法令》的酝酿和起草过程较为复杂，在其调整对象和范围、档案管理总局的隶属、档案利用限制等方面曾经存在较大的争议。

　　在调整对象和范围方面，立法者最初试图将档案和图书集中统一管理，但由于书店和公共图书馆的联合抵制而未能成行。1918年 4 月，俄罗斯档案工作者联盟和 Д. Б. Рязанов 合作起草了有关保护档案和图书的报告，4 月 26 日召开的苏维埃人民委员会讨论了建立档案和图书中央管理局以及建立俄罗斯革命历史运动档案馆

---

① СтаростиЕ. В. ，ХорхординаТ. И. Декрет об архивном деле 1918. Вопросы истории. 1991. № 7-8. С. 41-56.

和图书馆的方案，并建议对圣彼得堡和梁赞地区的档案馆进行撤销和重组。此后，Д. Б. Рязанов 被任命为档案管理中央委员会主席，由人民委员会召集专家组研制档案集中管理改革方案，并准备采用"瑞典-美国"式的管理体系对所有的图书馆进行重组改革。1918 年 5 月 Д. Б. Рязанов 在制定"档案及图书联合管理机构草案"的过程中遭遇书店和公共图书馆的共同抵制，迫于图书馆界的巨大压力以及相关代表关于图书和档案区别管理的意见，Д. Б. Рязанов 修改了最初提出的建立档案及图书联合管理机构的草案，在 1918 年 5 月 27—28 日召开的人民委员会上仅提出了建立档案管理总局的议案，不再将图书与档案纳入同一个管理体系。

《列宁档案法令》的档案改革因触动了许多中央部门的根本利益而困难重重。据 1918 年 5 月 27—28 日的会议记录，参会的 17 名人民委员会委员的立法意见各不相同，例如，关于档案管理总局的隶属问题，部分代表建议其隶属于全俄中央执行委员会，部分代表建议隶属于苏维埃人民委员会，而另一些则建议隶属于苏维埃教育人民委员会；关于档案利用限制问题，Рязанов 的民主化倾向提出，建议档案无限制提供利用，而 Покровский、Савин、Сторожев 等代表主张必须限制档案的利用，由于参会代表存在较大的分歧，未能在此次会议上达成统一意见。在 5 月 30 日继续召开的专门档案委员会上达成了限制档案利用的最终决定，Рязанов 提议的档案无限制利用条款被删除，另外，此次会议明确规定档案管理总局隶属于苏维埃教育人民委员会。5 月 31 日 Рязанов 提交了档案改革草案（9 条）以及"档案管理总局条例"草案（19 条），6 月 1 日上午由人民委员会组织的临时委员会（即此后的"小型人民委员会"①）详细审议并通过了上述草案，将草案正式命名为《关于改革和集中管理俄罗斯苏维埃联邦社会主义共和国档案工作的法令》，6 月 1 日晚列宁在该讨论通过的草案上签字，即我们所通称的《列宁档案

---

① 小型人民委员会是人民委员会的下设机构，负责审查所有属于人民委员会处理的一切问题，并监督各部门人民委员会对于人民委员会所有决议的执行情况。

法令》。

3.2.6 《列宁档案法令》的文本内容变化："统一国家档案全宗"与"国家档案全宗"

最初，刊登在《消息报》和《苏维埃政权法令》上的《列宁档案法令》第1条规定："所有的政府机关档案馆全部撤销，它们所保管的案卷和文件从今以后组成统一国家档案全宗"，统一国家档案全宗在第1条首次出现，"统一"这个词的首字母采用了小写形式(即限定词)，接下来该法第2、3、4、5、6条的文本中出现的是"国家档案全宗"，没有使用"统一"这个限定词。而1918年底经过档案管理总局核定后出版的《法令汇编》中，第1条中的"统一国家档案全宗"中的"统一"首字母采用的是大写形式，这种变化不仅在词形上从小写变成了大写，更体现了词义上的改变，意味着"统一国家档案全宗"正式成为一个专有名词，而这个文本应该是《列宁档案法令》的正式文本。但是，"统一国家档案全宗"这个专有名词在1959年及之后颁布的法律文本中不再使用，主要表现为：从1959年起，《苏维埃政权法律》收录的《列宁档案法令》第1条中的统一国家档案全宗的"统一"没有大写，而是小写形式，这意味着"统一"由专有名词(大写)变成了一般的形容词(小写)，它的属性和地位也变了，在一定程度上反映了高度集中、统一管理国家档案全宗所有文件的难度和复杂性，因此，"统一"逐渐退出了历史舞台。从20世纪50年代开始，在苏联的档案学专业教科书和法规性文件中，一般都使用国家档案全宗，统一国家档案全宗的使用越来越少，它主要在20世纪20—40年代采用，具有特定的时代烙印。

《列宁档案法令》的内容非常简洁，仅12条，但却奠定了苏联档案事业建设的法制基础。该法第1条规定："所有的政府机关档案馆全部撤销，它们所保管的案卷和文件从今以后组成统一的国家档案全宗"；第2条规定："国家档案全宗由档案管理总局领导"。第3条规定："1917年10月25日前承办完毕的所有案卷和来往文书都纳入国家档案全宗"；"在档案管理总局与各部门协商确定的时间期限内，对于机关日常工作仍然有参考价值的案卷，可留存在各个部门，不用交由档案管理总局管辖和处置"。第 4 条规定："上述所有政府机关的案卷和来往文件根据指定的保管期限在部门暂时留存，到期的案卷和文件都收归国家档案全宗"。第 5 条规定："未经档案管理总局的书面许可，政府机关无权销毁任何案卷、来往文书和单独的文件，违者承担法律责任"。第 6 条规定："档案管理总局必须立即制定获取国家档案全宗文件的证明制度，其中，将优先获取权赋予案卷的形成部门"。第 7 条规定："为了更好地科学利用需要以及便于保管和节省开支，部分国家档案全宗可以依据档案事业集中管理原则联合保管"。第 8 条规定："档案管理总局隶属于教育人民委员会，是其特殊组成部分"。第 9 条规定："档案管理总局局长由中央政府教育人民委员会委任，是中央政府教育人民委员会委员，可直接向其递交报告"。第 10 条规定："关于档案管理总局的地位及管辖范围单独规定"。第 11 条规定："自本法令公布之日起，以前所颁布的关于俄国档案事业的一切法令和法规即行废止"。第 12 条规定："从 1918 年 7 月 1 日起，各部门档案归教育人民委员会下属的档案管理总局统一处置"。

3.2.7　《列宁档案法令》及其立法思想的当代价值

《列宁档案法令》不仅是十月革命之后苏维埃政权实行集中制在档案管理领域的直接反映，更是 19 世纪以来俄国档案改革思想的结晶。《列宁档案法令》所确立的建立档案管理总局、国家档案全宗、集中管理档案的改革举措在苏联数十年的档案事业建设中得到了贯彻和实施，终结了几个世纪以来旧俄的"档案无序"状态，基本消除了部门（机关）对档案文件的垄断，实现了国家对档案资源的集中统一管理，其历史意义毋庸置疑。

苏联解体之后，以《列宁档案法令》为基础构建的集中统一的档案管理体制在私有化、多党制、多元文化背景下发生了重要变革，主要体现在：苏共档案纳入国家档案全宗，党政档案实现了统一管理；国家档案管理模式由高度的中央集权制向中央-地方二级管理模式转变，与此同时，档案管理总局的地位、国家档案全宗的概念及构成、国家档案馆网络不断调整和重组。在此过程中，《列

宁档案法令》的立法精髓——"建立专门的国家档案管理机关，对
档案实施集中管理"曾一度被动摇，但最终得到了认可；"国家档
案全宗"随着苏联的解体而不复存在，但它被新的"俄罗斯联邦档
案全宗"所继承和改良，在新的制度条件下实现了对全俄档案资源
的国家管控。可见，《列宁档案法令》的立法基础虽然不复存在，
但其基本的立法思想仍然在激烈的社会转型中顽强地生存和延续下
来了，并且在新的社会制度下为俄罗斯档案事业发展提供了支撑，
其当代价值也是不言而喻的。俄罗斯在档案事业管理体制改革中所
走的弯路给我们提供了一个鲜活的实证，即从档案事业发展的统筹
协调和效果来看，档案集中管理体制优于分散管理体制。当然，集
中不是高度的中央集权，而是至少需要在中央（或者联邦）建立拥
有独立地位的最高档案行政管理机关，行使对全国或者联邦档案事
业的最高行政管辖权以及指导和监督的权利。此外，俄罗斯对"国
家档案全宗"的继承和改良也值得借鉴和思考。

3.3　苏联时期的档案立法与档案事业建设

3.3.1　1918—1922 年：苏联档案立法与档案事业集中管理体系的初步建立

　　从 1918 年至 1922 年，苏联以《列宁档案法令》为基础，制定了
一系列档案法律规范，不断强化档案集中管理体制，为苏维埃档案
事业的发展提供了基本的法律保障。主要包括《保管和销毁档案的
法令》《省档案全宗决议》《俄罗斯苏维埃社会主义联邦共和国中央
档案馆条例》《省档案局暂行条例》。

　　(1)《保管和销毁档案的法令》(1919 年 3 月 31 日通过)

　　该法令规定了苏维埃机关和部门保管和销毁档案文件的基本规
则，以及政府机关与档案部门的关系。其重要意义在于，规定档案
文件的保管及销毁必须经由档案管理总局允许，尤其是赋予了档案
管理总局在鉴定和销毁档案文件方面的最高权力，规定由档案管理
总局挑选、组织专家成立鉴定检查委员会，对档案文件的科学和实

践价值进行鉴定，决定是否保管或销毁，并制作销毁文件清单。该法令对于机关文件销毁的全过程做出了明确规定，授予了档案管理总局对于机关档案文件销毁的决定权，而机关作为全宗的形成者在此过程中仅处于从属地位，他们可以派出代表参加档案文件的鉴定和销毁活动，但销毁文件的最终决定权由档案管理总局掌握。另外，该法令还规定了文件销毁的基本标准：从内容到形式，没有任何历史研究价值、政治价值、社会价值、经济价值的文件。若文件或案卷的内容和形式的任何一方面尚有价值，都必须保存。

（2）《省档案全宗决议》（1919 年 3 月 31 日）

该决议进一步强化了俄罗斯苏维埃中央政府对地方档案事务的管辖权，建立起地方档案管理系统。该法令将苏维埃所有的机构，包括专业部门和合作机构所形成的档案文件都纳入到统一国家档案全宗体系中。并且规定，机关保存 5 年之后的所谓"终结案卷"（оконченных дел），必须作为历史材料移交到档案部门。根据《省档案全宗决议》，苏联建立了地方档案机关网络，每一个省都建立了统一的省档案全宗，规定省级及下属机关形成的所有档案均属于国家档案全宗的组成部分，由档案管理总局任命省档案馆的馆长及其下属代表会议。

苏联政府采取改革措施，在政府机关普遍建立"现行档案馆"，这是一种介于文件形成机关与档案部门之间的过渡性保管机构。根据 1919 年档案管理总局发布的《现行档案馆组建规则》，所谓现行档案馆是指机关所设立的，对尚未与文书工作脱离、与现行文件保持密切联系的文件或案卷的保管机构，它既保管机关的收文，也保管发文。文件暂时保存在机关现行档案馆，最终移交至档案部门，经过鉴定成为国家档案全宗的组成部分。该规则对现行档案馆的文件保管和整理规则做出了具体规定。1920 年档案管理总局做出了专门的规定，明确了文件从"现行档案馆"移交、纳入国家档案全宗的期限和规则。具体期限由机关与档案管理总局商定，具体由文件形成机关提出建议，所移交的文件中哪些文件应永久保管、哪些应定期保管及其保管期限。在此基础上，档案的利用问题开始提上议事日程。1924 年通过了《统一国家档案全宗档案文件利用规则》，

1926 年进一步规定：1917 年形成的带有意识特征的档案文件禁止开放，另外，机关、企业和组织也可以根据自身情况禁止现行文件的开放利用。1926 年俄罗斯联邦人民代表苏维埃通过了将私人档案文件收归国有、纳入国家档案全宗的法令。

3.3.2　1929 年至 20 世纪 30 年代：苏联档案立法与档案事业集中管理体系的巩固

1929 年 1 月 28 日，俄罗斯联邦人民代表苏维埃和中央委员会颁布了《俄罗斯联邦档案管理条例》，该条例是对 20 世纪 20 年代俄罗斯档案事业管理成就的全面总结和进一步巩固，没有实质上改变已有的档案管理系统。根据该条例，成立了隶属于中央委员会的中央档案管理局，代替原有的档案管理总局，掌管全国档案事务。职责权限包括：组织领导档案法律草案的起草工作，颁布档案规则、章程、规范和指南，引导档案学研究和档案科技活动，建立档案化学研究实验室、中央档案图书馆等档案科研辅助机构。强调了发展档案教育和提高全民档案意识的重要性，提倡建立档案培训班、举办档案展览、组织档案知识讲座。

该条例还丰富补充了原有的国家档案全宗的成分，将俄罗斯境内的所有档案文件包括历史档案文件和现行档案文件都纳入了国家档案全宗的组成部分，所有的档案文件都划分为革命前档案文件和苏维埃档案文件，中央档案文件和地方档案文件。确认了机关、组织和企业档案馆与档案部门之间的关系，明确了国家档案馆系统和地方档案馆系统的结构，总结了档案鉴定的形式、方法以及对其的利用方式(实际利用和科学利用)。该条例规定，档案机关不仅承担保管、整理档案文件的基本职责，而且还应对档案文件材料进行研究，满足国家机关和企业的需求。

条例规定，由中央档案管理局确定档案文件的科学研究价值，由档案管理部门会同相关部门确认国家机关、组织和企业所产生的档案文件的实际应用价值，确定档案文件的保管期限。禁止非法出售历史档案文件。该条例还首次提及了对流失境外的俄罗斯档案文件的追溯，必须经中央档案管理局允许才能执行。

条例也对原有的档案管理体制进行了一些改变，第一，关于中央档案管理局与地方档案管理系统之间的关系。根据该条例，如果边疆区、州、省和县档案局制定的地方档案法规与俄罗斯联邦中央档案管理局的法令相抵触时，中央档案管理局有权停止、修改和取消上述地方档案法规。而对于自治共和国，中央档案管理局的这项权利有所不同。当自治共和国政府批准通过的档案法律与俄罗斯联邦法律或者俄罗斯联邦中央档案管理局制定的法规冲突时，自治共和国的档案行政管理机关可以向俄罗斯联邦中央委员会或苏维埃人民委员会提出异议。可见，自治共和国的档案自主权有明显提高。第二，关于档案鉴定委员会的设置和档案鉴定权限问题。根据该条例，从中央到地方的机关和组织中，普遍建立隶属于中央档案管理局以及自治共和国、边疆区、州、省和县档案行政管理机关的档案鉴定委员会，负责本机关和组织的档案文件鉴定和销毁工作，但最终决定权由中央鉴定检查委员会掌握。机关和组织要经由档案鉴定委员会制定档案保管期限表，并由中央鉴定检查委员会审定，这样既可以保证档案鉴定的标准统一，确保挑选纳入到国家档案全宗的档案文件质量可靠，同时，也保证了中央档案管理局在档案鉴定方面拥有最高权力。1919 年，《档案保管和销毁条例》仅在档案管理总局下设置一个中央鉴定委员会，由其全权负责各个政府机关和组织的档案文件鉴定和销毁工作。相比而言，1929 年，档案管理条例使地方档案行政管理机关在档案鉴定中拥有了更多的自主权利，它们能自主鉴定国家档案全宗文件的科学研究价值和实际应用价值。

1930 年，苏联建立全苏档案管理总局，取代了原有的俄罗斯联邦档案管理总局。1932 年，俄罗斯联邦人民代表苏维埃和中央人民委员会颁布了《边疆区档案管理和档案馆条例》，确认了边疆区(地方)档案行政管理机关领导和监督地方国家机关和社会组织档案事务的权利。1933 年，苏联人民代表苏维埃和中央人民委员会通过了《关于苏联军事档案馆》决议，建立国家军事档案馆，由苏联中央档案管理局军事部直接领导。

可见，20 世纪 20—30 年代，苏联以《列宁档案法令》为基础，建立起高度集中的档案事业体系，苏联中央档案管理局对全苏档案事业具有最高的领导和监督权利。各个加盟共和国都设立了档案事业管理局，对自己所辖行政区域内的国家机关及组织的档案事务进行管理，并且都接受苏联中央档案管理局的领导和监督，执行中央档案管理局的命令。此外，在边疆区、州、县等各级地方政府也设置了档案行政管理机构，接受上级档案行政管理机关的领导和监督。因此，从中央到地方形成了层层隶属的三级档案管理体系：苏联中央档案管理局、苏联各加盟共和国档案管理局，以及边疆区和州档案管理机构。

3.3.3　20世纪30—40年代：苏联档案立法与档案事业集中管理体系的强化

（1）《关于精简苏联档案事业的规定》（1935年6月）

这是苏联中央执行委员会主席团颁布的关于整顿、精简档案事业的重要法规。该规定指出，苏联国家档案馆不能充分保障具有国家意义的档案，因此，首先要重新审查档案馆馆长等核心领导层的构成，向各级档案机关补充高质量的档案专业人才。其次，应重新检查档案机关鉴定、整理和著录等基础业务工作计划，为此，苏联中央人民委员会主席团甚至要求档案机关减少档案科研出版计划。1936年2月5日苏联中央人民委员会和人民代表苏维埃联合发布了《关于整顿苏联人民委员会和中央国家机关档案工作的决议》，明确规定了苏联人民委员会和中央国家机关的文件归档范围和标准。

1938年，为了进一步加强对档案事业管理的中央集权，原苏联中央管理局的隶属关系发生了调整，被纳入到内务人民委员会管辖范围之内，改名为苏联内务人民委员会档案管理总局，各个联邦共和国、边疆区、州的档案管理局也纳入各级内务人民委员会管辖之下。这一调整强化了苏联中央极权制，促使苏联国家档案全宗加速形成并不断发展扩大。

此后，档案管理总局为了加强国家档案馆和地方档案馆的业务工作，提高档案工作质量，发布了一系列有关档案著录、整理、保管和鉴定的业务规范，包括：《苏联国家档案馆档案文件著录规则》（1938 年）、《苏联国家档案馆整理规则》（1938 年）、《档案全宗界定规则》（1939 年）、《档案文件数量和状况分析规则》（1940 年）、《提高军事机关档案馆和地方档案馆工作质量指南》（1940 年）、《苏联档案管理总局中央鉴定检查委员会和地方鉴定委员会条例》（1940 年）。

1938—1958 年，档案管理总局一直隶属于苏联内务人民委员会（苏联内务部），这对苏联档案事业发展既有其优势，也存在消极影响。优势体现在两个方面：第一，有利于加强经费保障，确保档案库房建设和修缮。第二，在 1941 年至 1945 年期间，有效地组织了对苏联东部地区档案的疏散和撤退，免于遭受战争破坏。1941 年 6 月 23 日，档案管理总局发布了将特别珍贵的档案文件转移至安全地区的命令，其后，苏联人民代表苏维埃发布了《关于疏散档案的决议》，首先疏散苏共的档案，其次是苏维埃政府档案，最后是其他档案，对于来不及从战区疏散撤退的档案下令全部销毁。弊端也非常明显：第一，苏联内务部的极权管制使档案系统丧失了自身的独立性以及向政府直接提出建议和意见的权利。第二，任命了不懂档案业务和规律的人担任档案领导岗位。第三，对档案的开放利用实施严格限制。这不仅影响了档案工作质量，极大地打击了档案工作者的积极性，也剥夺了普通民众利用档案文件的权利，使档案的科学研究价值和实际应用价值不能正常发挥。第四，苏共在思想文化领域的专制和意识形态至上的原则钳制了俄罗斯档案学术思想的自由发展。

（2）《苏联国家档案全宗和国家档案馆网条例》（1941 年 3 月）

苏联人民代表苏维埃 1941 年 3 月颁布的《苏联国家档案全宗和国家档案馆网条例》巩固和加强了统一国家档案全宗，加强了新的国家档案馆网的建设。该条例规定，苏联机关、组织和企业形成的档案文件都属于苏联国家档案全宗，并由中央国家档案馆以及联邦共和国、自治区、州和县的国家档案馆保管。此外，保存在图书馆、博物馆、高等院校及其他机构的具有科学、政治和实际意义的档案和手稿都属于国家档案全宗。在机关、组织和企业普遍建立档案室，临时保存已经处理完毕的文件。根据档案保管期限表保管和销毁档案文件，没有档案机关的允许，禁止销毁档案文件，必须在苏联内务人民委员会的监督之下开展档案文件的利用工作。国家档案全宗文件由中央国家档案馆和地方国家档案馆分别保管。

3.3.4　20世纪50—60年代初期：苏联政治文化"解冻"期与档案立法的新变化

（1）《建立苏联国家档案全宗和苏联中央国家档案馆网条例》（1958年）

1953年斯大林去世，1956年苏共召开具有历史转折意义的第二十次代表大会，在此次会议上赫鲁晓夫批判了对斯大林的个人崇拜，开启了苏共历史上所谓的"解冻期"。政治文化上的"解冻"对档案立法产生了积极影响，1956年2月7日苏联政府颁布了《关于简化档案保管制度，更好的利用部门及机关档案文件的措施》，为推行档案开放利用政策奠定了立法基础，1956年6月1日档案管理总局发布了《机关、组织和企业档案工作规则》，1958年苏联部长会议颁布了《建立苏联国家档案全宗和苏联中央国家档案馆网条例》，将所有具有科学、政治和实际意义的档案文件，无论其产生的时间、方式和表现形式如何都纳入国家档案全宗，将"二战"时期德国法西斯的机关和企业形成的档案文件以及其他德军在苏联占领区形成的档案文件都纳入了苏联国家档案全宗，国家档案全宗文件不仅在国家档案馆保管，也可由机关、组织、企业、合作协会和社会团体的档案馆（室）保管。条例确认了机关档案室的法律地位以及与档案行政管理机关的关系，规定了机关领导在机关档案文件保管、整理和利用以及确认其临时保管期限等方面的责任。为了满足国民经济、科学和文化事业发展的需要，条例还规定了扩大档案文件开放范围的任务。

根据该条例，档案管理总局具有协调与国家其他文化机关合作开展档案科学研究和公布出版等方面的职责，并在其中发挥主导作用。条例非常重视机关档案室工作，规定了部门和机关领导对于档案工作的直接责任。条例强化了1918年《列宁档案法令》关于档案事业集中统一管理的原则，将国家和机关及各种组织团体的档案文件都纳入了国家档案全宗。

（2）《苏联部长会议档案管理总局条例》（1961年）

1960年，档案管理总局苏联部长会议的直属局，更名为"苏联部长会议档案管理总局"，1961年苏联部长会议颁布《苏联部长会议档案管理总局条例》，确认了档案管理总局的法律地位和职责，即：作为全苏档案事业科学研究及组织方法领导机关，档案管理总局的任务是对全苏档案工作进行全面领导和监督，包括：制定苏联国家档案全宗文件收集、保管、科学加工、著录、统计和利用规则和指南，所有的机关、组织和企业都必须遵守上述规则和指南。档案管理总局有权对保存在国家档案馆、部门和机关档案室、图书馆和博物馆的手稿部门的国家档案全宗文件进行中央统计。有权听取部门和机关档案室关于档案和现行文件工作中的问题，确定向国家档案馆移交档案文件的机关、组织和企业的类型，确定国家档案馆及部门、机关档案室接收、保管的档案文件成分，或者不接收保管的档案文件成分。政府应关注苏维埃国家机关的文书工作及归档保存状况。

（3）《苏联国家档案馆工作基本规则》（1962年）

苏联档案管理总局以上述两个档案法规为基础，于1962年发布了《苏联国家档案馆工作基本规则》，同时，取消了1938年至1958年期间发布的35项规范性文件。这意味着苏联档案工作由此翻开了新的一页，对于提高档案工作质量，促进档案事业健康发展具有十分重要的意义。该规则涉及档案工作的各个方面，包括：档案文件的分类编号、著录、整理，其中很多都是技术方法问题，如档案检索工具的编制和档案展览设计、规划与布局等。同年，档案管理总局还发布了《国家档案馆文件材料的补充和价值鉴定方法指南》。

这一时期，苏联档案管理总局特别关注档案工作科学方法问题，引导和鼓励档案机关应用现代技术。1959年苏联部长会议委命苏联科学院等科研机构研究开发适用于机关和企业的统一文书处理系统，1963年7月25日苏联部长会议通过了决议《关于改善苏联档案工作的举措》，以法规形式确认了这一任务。该决议要求苏联档案管理总局必须加强对档案系统的领导力，关注影片、照片和科技文件材料的管理方法研究，研制开发统一的档案文件检索系统。为了开展档案科学方法研究，档案管理总局成立了下属的档案科研机构——全苏文件学和档案事业科研所（ВНИИДАД），组织档案专家对文件和档案工作中的科学方法问题进行研究，显著提高了机关档案室和国家档案馆的业务水平和工作质量，对推动档案学理论及方法研究具有重要意义。

3.3.5 20世纪70年代：历史文化古迹保护立法与档案立法

1976年苏联颁布了《历史文化古迹保护法》，规定档案文件属于历史文物，档案管理总局有义务确保这一类历史文物的保管、统计和利用。该法从历史文物的角度加强了档案管理，对于苏联档案事业发展产生了积极的影响。为此，苏联部长会议颁布了一系列决议，其中一项较为重要的决议是1978年9月20日颁布的《改善中央国家档案馆的档案工作》，该决议特别强调了档案的生命活动问题，要求全苏部门和机关档案室采取恰当的移交措施，将临时保管期限已满的档案文件向档案部门移交。另外，在生产和科研机构设置联合档案室。

3.3.6 20世纪80年代：苏联国家档案全宗建设与档案立法活动

1980年4月4日，苏联部长会议通过了《苏联国家档案全宗及苏联部长会议档案管理总局条例》，该条例强调，苏联国家档案全宗的档案文件是属于全民的历史文化遗产，因此，严格遵守档案文件的保管和利用规定不仅是国家和社会组织的任务，也是每个公民的义务。国家档案全宗建设的根本目的是加强对档案文件的集中统计、保管和利用。该条例规定，不仅在国家档案馆，而且在机关档案室都要为特别贵重的档案文件建立保险全宗。对于挪用公款、隐藏档案、管理不善、非法销毁档案、非法出售档案等档案工作中的违法行为，应追究责任人的法律责任。

　　该条例确认了层级式的国家档案管理体系：第一层级，所有档案管理机构的垂直管理——档案管理总局及其各级地方档案管理局；第二层级，从中央到地方的国家档案馆系统，与之并列的苏共档案馆系统；第三层级，档案科研机构，包括：全苏文件学和档案事业科研所（ВНИИДАД）、技术文件科学研究中心（НИЦТД）、莫斯科和列宁格勒的缩微胶片修复中央实验室。根据该条例，建立了直接归苏联档案管理总局领导的中央国家档案馆网络、专门类型的国家档案全宗系统，以及保存苏联国家档案全宗文件的地方机关和组织的档案馆（室）系统。条例赋予了档案管理总局新的职能：①档案部门有权依照申请与机关签订有关档案保管、整理、利用及建立保险全宗的合同。②档案管理总局除了对全苏的档案工作活动进行组织方法上的指导，还对文书处理工作进行组织方法上的指导，在机关、组织和企业建立统一国家文书流转系统（ЕГСД）和统一文书组织处理系统（УСОРД）。为了加强档案管理总局对机关文书档案工作的领导，苏联部长会议还颁布了与该条例配套的《关于加强档案管理总局对机关档案工作和文书处理工作的领导及帮助提高机关文书档案工作人员专业水平》的决议。③档案管理总局有权对所有的档案文物保管和利用状况进行监督，无论其保存在何处以及所属如何。④国家档案管理机关应对所有的档案文件进行国家统计，无论其保存在何处以及所属如何。档案管理总局实施中央档案文件的统计。

　　1980年颁布的《苏联国家档案全宗及苏联部长会议档案管理总局条例》一直适用至苏联解体。1988年底苏联部长会议开始酝酿出台新的国家档案全宗法律，并于1989年夏天提出了《苏联档案全宗法》草案，其中涉及档案文件的多种所有权关系，但该草案未能通过。

　　可见，从1918年至1991年，苏联档案立法以《列宁档案法令》所确立的档案集中统一管理原则为基本依据，建立、扩充并不断完善了国家档案全宗的成分和类型，从中央到地方建立了巨大的、覆盖所有边疆区、州、县的国家档案馆系统，为国家档案财富的集中保管提供了坚实的保障。此外，在国家机关、企业和社会组织中也保存了大量的档案文件，但由于政治和意识形态方面的因素以及技术和经济因素，导致这些宝贵而丰富的档案财富限制向社会公众开放。确切地说，苏联在 20 世纪 30 年代建立起来的高度集中的档案事业管理模式一直延续到 20 世纪 80 年代末 90 年代初，它限制了地方档案事业发展的主动性和灵活性，同时，也使地方的档案立法活动受限。另外，20 世纪 20—30 年代苏共开始建立独立的档案管理系统，苏共档案管理系统自成一体，不接受档案管理总局的领导和监督，不属于国家档案全宗的范围，其档案管理制度和标准也有别于国家档案馆系统的制度和标准，在苏联解体之前，苏共档案文件一直处于保密状态。这实质上造成了苏联国家档案全宗的分裂，也反映了苏共在国家各项职能管理活动中的绝对领导地位。

3.4　20 世纪 90 年代俄罗斯档案立法改革

苏联解体之后，俄罗斯联邦开始发展自己独立的档案事业，接收了原苏联中央国家档案馆的所有档案文件，消除了苏共档案、共青团档案及苏联政府档案分散保存的状况，实行党政档案统一管理，并开始了档案事业民主化改革。随着苏联解体和独联体的成立，1992 年 7 月 6 日独联体首脑签署了《原苏联国家档案继承协议》，规定俄罗斯接收原苏联中央国家档案馆的所有档案文献，由俄罗斯联邦国家档案局领导。该协议的主要内容包括：第一，坚持全宗的完整性和不可分离原则。第二，将原苏联中央国家档案馆的档案文件作为一个整体进行保管。第三，所有的独联体国家档案之间不存在关联性。依据全宗完整性和不可分离原则，独联体国家的最高国家机关对其在其活动中形成的、保存在境外国家档案馆的档案文件不享有占有权。独联体国家根据本国法律相互承认国家档案馆和其他档案馆的司法管辖权，包括对留存在境内的原苏联专门类型国家档案全宗的管辖权。根据该协议，俄罗斯国家档案局拥有对原苏联中央国家档案馆的司法管辖权，这意味着原苏联的绝大部分档案财富由俄罗斯继承。

1991 年俄罗斯联邦通过颁布一系列法规性文件，对苏共档案实施国有化改革举措，同时也改变了苏联国家档案全宗的构成，由于各种复杂因素，这项针对苏共中央档案馆的改革一直持续到 20 世纪 90 年代末：1991 年 8 月俄罗斯联邦发布《苏共档案国有化》和《关于将原苏联共青团档案文件移交国家档案馆》的总统令，1991 年 8 月 24 日发布《关于国家安全委员会档案》以及《关于苏共档案》的总统令，向社会公众开放上述档案文件，取消了原"苏共档案全宗"，将其并入俄罗斯联邦国家档案全宗。1991 年 10 月 12 日，俄罗斯联邦部长会议通过了《关于俄罗斯现代史文件保管与研究中心和当代文件保管中心》的决议，对两个苏共中央档案馆进行改组易名：在原有的苏共中央档案馆基础上建立"俄罗斯现代史文件保管与研究中心"，1999 年，该中心与"青年组织文件保管中心"一起并入"俄罗斯国家社会政治历史档案馆"。此外，将苏共中央委员会秘书处档案馆改组易名为"当代文件保管中心"，1999 年又改名为"俄罗斯现代史国家档案馆"。

1991 年 10 月 12 日，俄罗斯联邦部长会议发布《俄罗斯联邦档案事业发展决议》，1992 年 6 月 24 日，俄罗斯联邦政府发布《俄联邦档案事业委员会、联邦国家档案馆及文件保管中心条例》，将保管从德国及其他国家获得的"二战"战利品档案文件及苏联内务部军事外交档案文件的中央秘密档案馆改组易名为"历史文献保管中心"，并对外开放。1992 年 6 月 19 日，俄罗斯联邦最高苏维埃通过了《档案文件获取和利用暂行规则》（第 3088-1 号决议），这是俄罗斯国家最高立法机关在历史上首次颁布有关档案获取和利用的专项法规。规定档案文件向所有的公民、机关、组织和企业，包括外国人和外国组织开放，俄罗斯的公民、组织享有平等利用档案文件的权利；规定 30 年的封闭期制度以及个人文件 75 年的保密期制度，对于个人档案文件，利用者在取得当事人或其继承人允许的前提下可少于 75 年提前利用，从而使俄罗斯的档案开放利用制度首次与国际惯例接轨，开启了档案文件"大开放"的新时代。此后俄罗斯的档案立法都遵循了该决议的基本规定，档案向普通公众开放成为社会基本共识。苏联时期对档案文件的长期禁锢被打破，档案不再是当权者维护其统治的专属，而成为普通公众维护自身权益的凭证，成为社会历史学家从事科学研究的重要来源。

1992年10月9日俄罗斯颁布了《俄罗斯联邦文化基本法》（第3612-1号联邦法，1999年6月23日修订），确立了档案工作的基本原则：档案事业是文化事业的组成部分，档案文件是俄罗斯联邦文化遗产的组成部分；每个人都有权享有文化遗产，获取利用档案全宗文件；国家应保证档案全宗的完整性，承担对其进行鉴定、统计、研究、修复和保管的义务。

1993年7月7日，俄罗斯总统叶利钦签署了《俄罗斯联邦档案全宗和档案馆法》（以下简称"1993年档案法"）。该法是苏联解体之后俄罗斯联邦颁布的第一部档案法，具有划时代的历史意义：第一，该法赋予了档案和档案工作的独立地位。首次指出，档案工作是个人、社会和国家的一项独立的活动领域，而档案是独立的管理对象。第二，首次从所有权角度将俄罗斯联邦档案全宗划分为两个部分：国有部分和非国有部分。第三，首次清晰地界定了俄罗斯联邦中央和联邦主体各自在档案事业管理领域的权限，推动了地方档案立法活动的发展。该法与1980年《苏联国家档案全宗及苏联部长会议档案管理总局条例》相比，在立法主旨和立法内容等方面显著增强了开放和民主精神，表现在：确认了档案所有权制度，尤其是规定了私人档案所有权制度，使俄罗斯联邦档案全宗的获取和利用更为宽松；除了秘密信息和涉及个人生活的信息，该法首次确认了俄罗斯联邦档案全宗的公开性原则和面向所有公众的普遍利用原则，确保每个公民都能在任何一个国家档案馆自由地查找、获取档案信息，禁止建立损害公民权利和合法利益的秘密档案馆。

俄罗斯前联邦档案局长 В. П. Козлов 充分肯定了1993年档案法所坚持的非意识形态化、非政治化等立法原则，他认为，该法在某种程度上汲取了原苏联时期积累的档案工作经验，并在很大程度上总结了20世纪90年代俄罗斯档案工作中出现的新现象，是一部切合实际的档案法律。最引人注目的是，在该法中见不到以往所熟悉的意识形态体系，它采用了公认的管理标准、职业规范和原则作为其立法的基础，而不是以意识形态至上。该法的非政治化表现在：没有给政党、社会活动、组织、公民和各机关在组织、保存和使用档案上任何例外的权利、便利和特权。同时，它规定了国家档案体系的管理规则，特别突出了国家档案体系作为俄罗斯国家体制也是国家政策的组成部分的作用。立法者从形式上剥夺了俄罗斯具有代表权和执行权的中央机关及其下属机构、组织、企业永久性保存俄罗斯档案全宗中的国家部分的权力，这个权力只有国家博物馆和图书馆才拥有。这意味着该法消除了所谓的部门档案全宗。非意识形态化和非政治化是 1993 年档案法的两个基本原则，使得俄罗斯在全新的理念指导下进行档案改革。

此外，1993 年档案法的指导范围扩大到俄罗斯境内的所有档案文件和保管这些档案文件的档案馆。而且该法宣告了重要文献不能与俄罗斯民族历史文化遗产相分离的原则，这些文献因其对社会或对所有者的重要性应当被永久保存，并同时将其视为世界历史文化财产的组成部分。

将俄罗斯档案全宗区分为国有的和非国有的两个部分，也是该法遵循的一项重要原则。前者包括所有被保存在国家档案馆和文件中心的档案，其中有由国家和各分教会创建的宗教组织的文献，已收归国有的苏联共产党的文件，以及联邦、联邦主体和各市政府所属的各机关、组织、企业已经创建和将要创建的文件。按照所有制形式对俄罗斯联邦档案全宗进行区分的原则符合当代俄罗斯社会发展进程。一方面，它要求为国家所有的档案文件的保存、补充和利用创造条件，将这一问题的解决委托给国家档案机构和组织。另一方面，从法律上认可个人、社会团体(包括不同政党)和教会对档案的所有权，保障了各类私人档案所有者们自行创建和管理档案馆的权力。

对于非国有部分档案全宗文件的管理和对私人档案馆的监督问题备受关注。如果非国有档案全宗文件自生自灭，或者因保管制度不健全、保管条件不善导致档案文件的损坏，将使未来的历史学家失去有关当代历史的珍贵文献。В. П. Козлов 认为，在俄罗斯社会转型和私有化过程中，大量无主的国有股份制企业档案馆的命运堪忧，如果管理不当将导致国家档案财富的流失，而 1993 年档案法对此给出了解决方案，该法规定，允许创建私人档案馆，并确认了私人档案馆由其法定业主和法定拥有者自由支配的原则，但国家档案行政管理部门有权对私人档案馆进行监督。这样就成功地解决了私人对俄罗斯档案全宗非国有部分档案的自由支配与国家对其进行监管之间的矛盾。В. П. Козлов 认为，国家对联邦档案全宗非国有部分进行监管的思想也可以适用于联邦档案全宗的国有部分。俄罗斯档案工作的历史证明，对国有档案文件的安全保管在特殊的政治环境下十分脆弱，特别是在受到特定政治因素影响的时候，例如，苏联时期克格勃对萨哈罗夫和索尔仁尼琴的档案资料无意义的破坏行为。因此，该法确立了档案所有者对其档案文件负责安全保管的原则，对于联邦档案全宗的国有部分，这意味着禁止无理由的销毁，禁止对档案文件原件进行买卖或其他形式的交易；而对于非国有部分，则禁止将特别贵重的档案文件和孤本文件永久性运送出境。

20世纪90年代初，在各方利益博弈和公众对档案文件利用愈加关注的社会背景下，该法关于档案文件开放利用的规定特别引人注目。首先，该法确立了俄罗斯联邦档案全宗国有部分的公开原则，保障所有公民可以自由进出任何国家档案馆，禁止建立触犯公民合法权益的秘密档案馆（苏联时期称为"特别档案馆"）。其次，该法宣布档案馆已公开信息对利用者的普遍开放原则，其开放对象是任何性别、年龄、学历、民族、宗教信仰、政治观点、职业和国籍的利用者。此外，该法对机密信息及涉及个人隐私的信息的公开进行了限制。含有国家秘密的档案文件通常自文件形成之日起满30年才能对外公开，涉及个人隐私的档案文件要自文件形成之日起满75年才能被公开。再次，该法确立了使用者可以自由使用在国家档案馆所发现或所获得信息内容的原则，涉及商业秘密的信息除外。最后，该法宣布免费提供联邦档案全宗国有部分的档案信息的原则，但不包括有特殊需要的使用和个别服务（如复印档案馆文献），也不包括将档案信息用于商业目的。

该法也规定了利用者对档案信息的利用要有职业的、道德的和公民责任心的原则。这首先是指利用者必须严格执行档案馆规定的各项义务，如：援引档案文献的保存地，不能将副本移交第三方所有等，在刊登或引用时准确地再现档案文献的文本。该法并没有明确规定档案工作者的职业活动及其道德规范，档案工作者被视为旧文件的保管者，同时也是国家和个人的代理人，他们的责任是遵守相关法律规范，一方面应保护国家秘密和个人秘密，另一方面不能以保护国家秘密和个人秘密为由而限制档案信息的开放。因此，该法将俄罗斯档案工作者从过去的教条中解放出来，与此同时，赋予他们在职业活动中执行公平原则的责任，即要求他们不干涉档案利用者的计划和利益，不管他们之间在政治、道德、意识形态和科学上的观点是否存在矛盾。除法律规定外，任何形式的检查和限制都可能引起科学、政治和道德上的损失，档案工作者只能是职业的、对利用者一视同仁的助手。①

1993 年 3 月 2 日，俄罗斯发布了《机关文件保管与文书处理规则》主席令，该法令旨在调整国家档案管理部门与机关、组织和企业的文书处理工作之间的关系，提高文书处理质量和效率。此后，俄罗斯发布了一系列用于调整档案工作的总统法令、部长会议决议和政府法规，包括《俄罗斯档案事业国家政策》决议、《俄罗斯专类文化遗产》主席令等。

1994 年，俄罗斯颁布了《关于批准俄联邦档案全宗和国家档案管理局条例》的联邦主席令，同年，俄罗斯政府发布了一项重要规则——《国家档案馆和机关档案室开放已终结的刑事案件和政治审查案卷材料规则》，这项规则旨在贯彻实施联邦基本法《关于对政治镇压受害者平反》及《国家秘密法》的有关规定，要求档案馆整理和开放有关 20 世纪 30 年代被政治镇压的个人档案文件信息，以及"二战"期间被捕入狱、被劫持到德国或其他西方国家的个人档案文件信息。

1995 年，俄罗斯政府发布了《关于对档案全宗状况进行调查，

---

① Козлов В. П. Принципы «Основ законодательства Российской Федерации об Архивном фонде Российской Федерации и архивах» / В. П. Козлов//Российское архивное дело. Архивно-источниковедческие исследования. М.，1999：217-221.

鉴定、著录、保管和修复档案文件的行政许可条例》的决议，档案机关的业务活动授予行政许可，即授权档案机关进行鉴定、保管和著录等业务活动。为了进一步开展对苏联政府和苏共中央档案文件的解密工作，1995年、2001年俄罗斯政府先后制定了《苏联政府档案文件解密及延长保密期限条例》和《苏共中央档案解密条例》。

根据1993年12月6日第1847号总统令、1995年1月24日第64号总统令、1997年4月2日第275号总统令《关于将专门领域对象纳入俄罗斯联邦珍贵文化遗产》的规定，俄罗斯的一部分国家档案馆纳入了俄罗斯珍贵文化遗产，包括：俄罗斯国家历史档案馆（圣彼得堡市）、俄罗斯古代文献国家档案馆（莫斯科市）、俄罗斯联邦国家档案馆（莫斯科市）、俄罗斯国家电影、照片档案馆（莫斯科州）、俄罗斯国家文化艺术档案馆（莫斯科市）。

1998年12月28日，俄罗斯政府发布了《俄罗斯联邦档案局条例》，该条例根据现代立法原则，确立了俄罗斯联邦档案局的法律地位、权利、职能、任务、工作范围及其内部结构。联邦档案局既领导全国的档案工作和档案事业，也对机关和组织的文书工作具有领导职责。同年，颁布了俄罗斯国家标准《文书处理和档案工作·术语及概念》（ГОСТ Р-51141-98），发布了《俄罗斯国家档案馆阅览室读者利用规则》和《俄联邦部门和机关中央鉴定委员会条例》，这些标准和规则所界定的档案基本术语、概念和规范沿用至今。1999年，俄罗斯政府颁布了《联邦国家档案馆条例》，确立了俄罗斯国家档案馆网络的现代体系。上述法律法规奠定了俄罗斯档案事业管理的法律基础，确立了俄罗斯联邦档案全宗的法律地位。

可见，20世纪90年代，俄罗斯联邦政府和总统十分重视档案立法以及转型期的档案事业改革，为了适应政治体制改革、市场经济改革及社会民主发展的需求，1993年颁布了与国际档案立法思想和原则接轨的新档案法，首次脱离了苏联时期档案立法所受到的意识形态的束缚，并发布了一系列档案改革法令、条例、决议、法规和规则。此外，该时期档案事业发展的法律基础不仅限于档案领域，还涉及文化艺术、信息与信息化建设、国家秘密保护以及著作权等其他与文件和档案管理相关领域的立法活动。

3.5　2004年《俄罗斯联邦档案事业法》的主要特色

十年之后，1993 年档案法已不能完全适应俄罗斯社会政治、经济和文化发展的现实要求，俄罗斯档案立法面临进一步调整和改革的需要。此外，俄罗斯联邦宪法、民法及其他重要法律包括《俄罗斯联邦地方自治组织一般原则法》《关于修改和补充俄罗斯联邦主体立法机关和执行权力机关法》《国家秘密法》《呈缴本法》《信息、信息化和信息保护法》《参与国际信息交换法》《因二战而流失苏联位于俄罗斯联邦境内的文物价值法》等与档案、档案工作有关的联邦法律纷纷出台或者进行了修订，这使 1993 年档案法的有关内容与上述法律的有关内容之间不能完全协调一致。1993 年档案法中的很多规定如关于档案文件所有权的划分问题、市政档案馆的地位问题等与现行俄联邦宪法、民法及其他联邦法律相抵触或相矛盾。1993 年档案法规定，市政所有的档案全宗和档案文件属于国家档案全宗的国有部分，这与俄联邦宪法（1993 年通过）第 8 条规定相抵触，俄联邦宪法第 8 条规定，承认并平等保护私人所有、国家所有、市政所有及其他所有权形式。同时，1993 年档案法关于市政档案文件的所有权归属问题与《俄罗斯联邦地方自治组织一般原则法》的规定也是相互矛盾的。除了与上述俄联邦现行法律的有关内容矛盾或抵触，1993 年档案法与档案工作实践的发展也存在明显的差距，尤其是在档案收集方面，立法上存在空白。因此，制定新的档案法成为俄罗斯所面临的刻不容缓的任务。

新的档案法草案密切关注与其他法律的衔接和协调问题，尤其是与《俄罗斯联邦地方自治组织一般原则法》的协调一致问题。2004 年 10 月 22 日，《俄罗斯联邦档案事业法》（第 125 号联邦法，以下简称"2004 年档案法"）获得通过，由总统普京签字并颁布实施。同时，1993 年档案法宣布失效。2004 年档案法全面详细地规定了档案文件的保管、收集、统计和利用问题，无论其产生于何种类型的组织，保管在何种档案机构；清晰地界定了联邦中央与联邦主体之间以及联邦主体与地方自治组织之间的职权权限，不仅有利于解决联邦层次的档案事业管理问题，而且也有助于解决联邦主体在地方档案事业发展过程中面临的各种现实问题，为俄罗斯档案事业适应21世纪初的政治、经济和文化发展提供了法律依据。与1993年档案法相比，2004年档案法调整的范围和对象更为广泛，1993年档案法的调整对象是俄罗斯联邦档案全宗文件，为联邦档案全宗文件的保管、收集、统计和利用提供了法律依据，而2004年档案法不仅调整俄罗斯联邦档案全宗文件，而且对非联邦档案全宗文件如人事档案文件的保管、收集、统计和利用等也进行了调整。此后，该法从2006年至2016年不定期地对局部内容修订了9次。具体见附录一。

2004年档案法是继1993年档案法之后的一部新的档案大法。与1993年档案法相比，2004年档案法在结构体例、内容设置等方面都有不少新的突破，综合反映了新时期俄罗斯档案事业和档案工作的最新进展和立法特色。其主要特色可归纳如下。

（1）总体特色——结构完备，内容充实具体。

2004年档案法共有九章三十二条，翻译成中文约万余字。而1993年档案法共有七章二十五条。比照这两部法律的具体章节条款，可以发现，2004年档案法不是对1993年档案法个别条款的简单修订，而是从结构和内容上的全面修改。主要体现在：第一，在结构上，最大的变动是将1993年档案法的第五章"档案文件的保管、收集、统计和利用"扩展细分为三章，即"档案的保管和统计"（第四章），"档案馆对档案文件的补充"（第五章），"档案文件的借阅和利用"（第六章）。第二，将1993年档案法的第三章"俄罗斯联邦的档案馆"取消，并把其中相关内容吸收进2004年档案法的第二章"俄罗斯联邦档案全宗"和第三章"俄罗斯联邦档案事业管理"。此外，增加第九章"附则"，规定该法的生效日期及有关条款的例外生效期限和程序。第三，在内容上，更具体，针对性强。一方面，该法针对俄罗斯档案工作和档案事业在市场经济和私有化中出现的问题做出了具体规定，尤其是对私人档案所有权的转移、国有和非国有组织机构调整过程中的档案流向、人事文件的保管、档案利用过程中公民隐私权保护等敏感问题作出了相关规定。另一方面，该法对于现代技术在档案和档案工作中的应用也有所体现。如将电子和遥测文件等新型文件列入俄罗斯联邦档案全宗。

（2）特色之一——明确规定了法律所调整的对象，界定了基本的档案法律概念。

2004 年档案法第一章"基本概念"的第一条明确规定了该法所调整的对象是"在组织对俄罗斯联邦档案全宗文件和其他任何所有制形式的档案文件的保管、补充、统计、利用中所产生的关系，以及在为了俄罗斯联邦公民、社会、国家利益的档案事业管理中所产生的关系"。表明该法既对档案业务工作中所产生的关系进行调整，也对档案事业管理中所产生的关系进行调整，既包括在组织管理俄罗斯联邦档案全宗的文件中所产生的关系，也包括在组织管理其他任何所有制形式的档案文件中所产生的关系。

该法第三条界定了 19 个档案基本概念。如：该法在 1993 年档案法基础上，从本质属性、价值及载体表现形式对"档案文件"作出了新的定义："具有原始证明要素，对于公民、社会和国家具有重要意义而必须保存的固化有信息的物理实体"；"档案全宗"保持原有定义："相互之间具有历史联系或逻辑联系的档案文件的总和"。此外，规定"人事文件"是"反映雇佣双方之间劳动关系的档案文件"，"特别贵重的档案文件"是"具有永久的文化历史价值和科学价值，对社会和国家特别重要，并对其统计、保管和利用确立了特殊制度的俄罗斯联邦档案文件"，"孤本文件"是"在内容和外在特征方面具有唯一性，从其意义和（或）真迹来看，一旦丧失则无可弥补的特别贵重的文件"。"孤本文件"是"特别贵重的档案文件"的一个组成部分。

（3）特色之二——通过对俄罗斯联邦档案全宗概念、成分及所有权形式的认定，确保该法所保护的国家档案财富的完整性、全面性和安全性。

首先，在概念上，该法规定，俄罗斯联邦档案全宗是"反映社会物质和精神生活的，具有历史、科学、社会、经济、政治和文化意义，通过历史积累并不断补充的档案文件总和，是俄罗斯联邦人民历史文化遗产不可分割的组成部分，属于信息资源并必须永久保存"，不仅从文化遗产角度确认了俄罗斯联邦档案全宗的历史文化价值，而且首次在法律上确认了俄罗斯联邦档案全宗的信息资源属性，这有利于档案文件的开发和利用。

其次，在成分上，该法以先总述后列举的形式规定，俄罗斯联邦档案全宗"包括存在于俄罗斯联邦版图上的所有档案文件，不论其来源、产生时间和方式、载体形态、所有权形式和保管地点如何。包括法律文件，机关文件，含有科学研究成果的文件，工程设计和技术成果文件，电影、照片、录像、录音文件，电子和遥测文件，手稿、图画、图纸、日记、书信、回忆录、档案文件正确正本的副本，以及设立于国外的俄罗斯国家机关的档案文件"，比 1993 年档案法关于俄罗斯联邦档案全宗的成分规定更加具体，为该法适用于各类文件的管理提供了明确的依据，扩大了该法的适用范围。尤其是在所有制形式上，将自治组织和私人所有的档案文件纳入俄罗斯联邦档案全宗，在档案文件的种类上，将电子和遥测文件等新型文件纳入俄罗斯联邦档案全宗，确保了该法所保护的国家档案财富的完整性和全面性。

再次，该法从所有权角度，详细规定了俄罗斯联邦档案全宗中国家所有、自治城市所有，以及私人所有的档案文件的构成。该法第二章"俄罗斯联邦档案全宗"（第五条至第十二条）共八条，是该法内容最多，分量最重，也是最令人关注的部分。这一章以较大篇幅对于国家所有的档案文件、联邦主体所有的档案文件、市政所有的档案文件、私人所有的档案文件的具体构成给予了全面规定，将"由于第二次世界大战而迁移至苏联，并处于俄罗斯联邦版图上的历史上的敌对国家的档案文件"划归国有。特别列举了私人所有的构成俄罗斯联邦档案全宗的档案文件所有权转移的各种情形。

此外，明确规定要在文件价值鉴定的基础上将档案文件编入俄罗斯联邦档案全宗，指明了负责文件价值鉴定的机关。尤为重要的是，该法对"特别贵重的档案文件"和"孤本文件"的鉴定、保管、统计和利用作出了特殊规定，有利于确保联邦档案全宗的质量和保护珍贵档案的安全，防止其流失。根据该法第六条第二部分、第十一条第三部分、第十七条第三部分和第四部分、第十九条第一部分的规定，对于特别贵重的档案文件包括孤本文件的鉴定由联邦政府专门授权的中央鉴定检查委员会负责；私人对其所有的特别贵重的档案文件没有很好履行保管、统计和利用义务的，可由法院依法判决没收；由专门授权的联邦政府执行权力机关为特别贵重的档案文件，包括孤本文件确立特殊的统计、保管和利用制度，并建立安全副本，编制专门的俄罗斯联邦档案全宗孤本文件清册。

(4)特色之三——坚持集中式的档案事业管理体制，但地方的自主权增大。

根据俄罗斯 1993 年新宪法的规定，俄罗斯联邦是共和制的民主联邦制国家，俄罗斯联邦现有 89 个联邦主体，其中包括 21 个共和国、6 个边疆区、49 个州、2 个联邦直辖市(莫斯科市和圣彼得堡市)、1 个自治州，以及 10 个民族自治区。此外，俄罗斯的城市有 1000 多个，城市型市镇近 2200 个。联邦、联邦主体和自治城市依法享有在政治、经济和文化领域相对独立的权力，在档案事业领域也同样如此。该法第一章第四条详细列举了俄罗斯联邦、联邦主体和市政组织在档案事业领域各自的权力。其中，俄罗斯联邦有权依法制定和执行档案事业领域统一的国家政策，而各个联邦主体和市政组织有权在各自的行政区域内执行国家档案事业政策，城市和自治区对"属于国家所有并位于市政组织区域内的档案文件的保管、补充、统计和利用享有独立的国家权力"。由此可见，俄罗斯联邦的档案事业管理仍然以集中式管理体制为主体，但城市和自治区拥有了较大的自主权。

(5)特色之四——加大了对私人档案的保护和监控力度。

该法针对私人所有的档案文件的构成、入馆鉴定、所有权转移、保管、借阅和出境等问题作出了相关规定。

该法所调整的私人档案文件的范围相当广泛。第九条明确规定，属于私人所有的档案文件有两种构成方式，一种是俄罗斯联邦境内的非国家和非自治地方的社会组织的档案文件，另一种是由公民产生或者依法获得的档案文件。该法第六条第七部分规定，将私人档案编入联邦档案全宗必须要经过文件价值鉴定。这有利于防止价值不大的私人档案大量进馆。

该法第十一条特别规定了俄罗斯联邦档案全宗文件中的私人所有文件的所有权转移的几种情形："①私人所有的俄罗斯联邦档案全宗的文件可以收归国有，也可以通过合法继承等多种方式进行所有权的转移；②私人所有的俄罗斯联邦档案全宗的档案文件的所有权转让时，应该依本法第六条第七部分的规定，在转让协议中指明义务的转让；③如果特别贵重的档案文件的所有者和国家文件的保管者没有履行保管、统计和利用这些文件的义务，可能导致它们丧失重要意义的，根据俄罗斯联邦民法典第二百四十条的规定可由法院判决没收；④私人所有的档案文件进行拍卖时，拍卖组织者必须在距拍卖当天三十天以内以书面形式，向拍卖地的由联邦政府专门授权的档案事业领域的执行权力机关、联邦主体专门授权的档案事业领域的执行权力机关通报，并注明出售的条件、时间和地点。对于违反上述程序出售的，联邦政府专门授权的档案事业领域的执行权力机关、联邦主体专门授权的档案事业领域的执行权力机关可依据民法相关规定，据此要求通过司法程序而获得作为购买者的权利和义务。"

此外，根据该法第十八条、第二十四条、第二十九条的规定，私人所有的档案文件可由文件所有者或占有者自行保管，也可以通过协议由国家或市立档案馆、博物馆、图书馆，以及俄罗斯科学院组织保管；借阅私人所有的档案文件须征得文件所有者或占有者同意；私人所有的构成俄罗斯联邦档案全宗的档案文件，禁止运出境外。私人所有的不构成联邦档案全宗的档案文件可以运出境外，申请出境的档案文件必须通过文件价值鉴定。

（6）特色之五——明确规定了档案文件利用者的权利，以及档案馆、博物馆、图书馆等文化机构的职责。

该法第二十六条规定，档案文件利用者有权为了任何合法目的和采取任何合法方式，利用、转递、传播提供给他的档案文件和档案文件副本中所含有的信息；国家和市立档案馆、博物馆、图书馆和俄罗斯科学院组织要为档案文件利用者提供必要的查找和研究档案文件的条件；不具有法人资格的国家机关、地方自治机关、组织和公民从事企业活动的，必须按照规定的制度，以其拥有的相关档案文件为档案文件利用者无偿提供与公民的社会保障有关的，包含有养老保障以及依法获得其他优惠待遇和补偿的档案证明或者档案文件副本；地方和市立（地方自治机关的下属机构除外）档案馆、博物馆、图书馆和俄罗斯科学院组织，以及国家和市政组织，可依法在其拥有的档案文件和档案检索工具的基础上，为档案文件利用者提供有偿信息服务，可与他们签订利用档案文件和检索工具的协议；国家和市立档案馆的档案利用制度由联邦政府专门授权的联邦执行权力机关制定，国家机关、地方自治机关、国家和市政组织、国家和市立的博物馆、图书馆、俄罗斯科学院组织的档案利用制度，由它们根据联邦法律，以及联邦政府专门授权的联邦执行权力机关制定的规则来确定；对受到俄罗斯联邦知识产权法调整的档案文件的利用要考虑该法的要求；国家和市立档案馆、博物馆、图书馆和俄罗斯科学院组织，国家机关档案馆、地方自治机关档案馆、国家和市政组织档案馆，要为国家机关和地方自治机关实现其权力提供必要的档案信息和档案文件副本，公布和展览档案文件，编制关于馆藏文件内容成分的信息检索出版物；根据俄罗斯联邦法律作为物证没收的档案文件必须归还给档案文件的所有者或占有者。

此外，该法还明确规定了政府机关以及非政府组织在机构调整时的档案文件流向，详细规定了暂时保管在形成机关的各类俄罗斯联邦档案全宗文件在转入永久保管之前的暂时保管期限，并基本沿用了1993年档案法关于公民隐私权保护的规定。

总之，2004年档案法是俄罗斯实行私有化和市场经济十余年后，在俄罗斯的公民社会和民主国家逐步建立，社会信息化进一步深入发展的情形下，针对档案事业和档案工作中出现的现实问题和主要矛盾而制定和颁布的。该法的立法主旨是在新的政治经济环境和技术环境下最大限度地维护联邦档案全宗的完整和安全，在坚持档案事业集中式管理的基础上，进一步区分联邦、联邦主体以及自治地方在档案事业领域内的各自权限。该法关于联邦档案全宗概念和成分的重新认定、私人档案文件所有权的保护和转移、各类俄罗斯联邦档案全宗文件在转入永久保管之前的暂时保管期限的新规定、国有和非国有机构调整时的档案文件处置办法、档案利用中的公民隐私权保护、档案文件出境等内容的规定，基本适应了当前俄罗斯市场经济发展和社会民主发展的需要。其有关内容可为我国当前的档案立法提供借鉴。但是，该法也存在明显的不足，如关于违法责任的规定过于简单，难以操作；关于档案文件开放利用的期限没有明确规定，而1993年档案法规定是30年。①

综上所述，从20世纪90年代初至21世纪初，俄罗斯档案立法适应社会转型的需要，逐步建立了现代档案立法体系，为俄罗斯档案事业改革发展奠定了法律基础，主要表现在：第一，根据俄联邦宪法以及俄联邦档案局与联邦主体的档案行政管理机关之间达成的协议，建立了中央和地方的档案事业管理体系。通过档案立法，对联邦中央、联邦主体和地方自治机关各自的权限进行界定，在此基础上，使档案事业管理方式由原来的行政命令式原则（档案领域高度集权管理方式）向分散调节原则（采用协调方式）过渡。第二，通过档案立法，重建了俄罗斯联邦档案全宗，确保了与主权国家相匹配的联邦档案全宗文件数量和质量。追踪流失海外的档案文献遗产，为俄罗斯国家档案馆追踪返回了在苏维埃政权和苏联中央档案管理局建立之前形成的大量历史档案文献。由此可以得出如下结论：俄罗斯在该时期的档案立法脱离了"内部"控制框架，开始为广大公众提供服务，并且与国际档案立法接轨。第三，将原苏共中央档案文件和共青团档案文件纳入俄罗斯联邦档案全宗，从而改变了俄罗斯国家档案馆的体系结构和国家档案资源体系的成分和内容。第四，档案工作活动更为民主，向社会公众提供档案文件的开放利用。第五，俄罗斯档案事业活动开始融入国际档案界，加强了国际交流。

---

① 肖秋惠. 俄罗斯档案立法的最新进展[J]. 中国档案，2006(6)：55-57.

3.6 俄罗斯 2004 年档案法对我国档案立法的参考和借鉴

我国《档案法》自 1986 年颁布实施、1996 年修订以来，在促进档案事业管理法制化方面发挥了极为重要的作用。但随着我国市场经济的深入发展，社会民主和法制的进一步健全，以及现代信息技术对传统档案工作的深刻影响，现行《档案法》在应对许多新事物、新现象及新问题时出现了许多不适应，或规范缺失，或规范不当，或规范不明确。鉴于俄罗斯与我国都曾有过长期的计划经济时期，且当前电子政务、电子商务及政府信息公开等都是两国关注的热点，两国档案立法背景存在诸多共同点。因此，本节以俄罗斯 2004 年档案法为参照，从如下 6 个方面试对我国档案立法的一些问题进行剖析。

第一，关于档案的定义。

我国现行《档案法》第二条规定："本法所称的档案，是指过去和现在的国家机构、社会组织以及个人从事政治、军事、经济、科学、技术、文化、宗教等活动直接形成的对国家和社会有保存价值的各种文字、图表、声像等不同形式的历史记录。"该定义存在两个值得商榷的问题：其一，未将个人纳入档案价值主体，与当前的社会经济形势、宪法对私人财产保护的精神不相符合。改革开放二十多年以来，随着个体经济、私营经济主体的增多，所产生的档案数量和成分也随之增加和丰富，这类档案的所有权属于私人，地位不容忽视。其二，在载体表现形式方面，电子档案没有明确体现。由于现代信息技术的应用，电子档案大量涌现，而电子档案具有对系统的依赖性、信息与载体之间的可分离性等诸多与传统档案不同的特征，其管理方法和技术也明显有别于传统的档案管理，在档案法中必须有所体现。

俄罗斯 2004 年档案法从档案本质属性、价值及载体表现形式对"档案"作了如下定义："具有原始证明要素，对于公民、社会和国家具有重要意义而必须保存的固化有可识别信息的物理实体"，将公民与社会、国家一起列为价值主体。此外，该法第五条将电子和遥测文件等新型文件纳入俄罗斯联邦档案全宗成分，体现了该法对于新技术发展而出现的新型档案文件的接纳吸收。参照该法，我国档案立法可将档案定义修改为："过去和现在的国家机构、社会组织以及个人从事政治、军事、经济、科学、技术、文化、宗教等活动直接形成的对国家、社会和公民有保存价值的各种文字、图表、声像、电子数据等不同形式的历史记录。"

第二，关于非国家档案馆的设置、综合性档案馆的政务信息公布职能。

俄罗斯 2004 年档案法为私人企业、社会组织及公民建立私人档案馆提供了法律依据。其第十三条"档案馆的建立"的第二部分规定："组织和公民为了保管其在活动过程中形成的档案文件，包括为了保管和利用非国有或者非市政所有的档案文件，有权建立档案馆。"而我国自改革开放以来，非公有制经济主体所产生的档案数量和类型越来越多，档案意识的增强又催生了许多家庭档案和私人档案，但如何有效地保管和利用这些档案，我国现行《档案法》无明确规范，随意性非常大。对此，我们可参照俄《档案法》，通过档案立法在档案机构设置中增设非国家档案馆的条款，规定企业、社会组织和公民为了保管其在社会活动过程中形成的档案文件有权建立档案馆。

政府信息公开是当前我国政府职能转变、电子政务建设的热点，是公民知情权得以实现的基础。近年来，我国各级综合性档案馆在向社会提供政府现行文件，参与政府信息公开方面做了大量富有成效的工作，实际已经成为现行文件公开的场所，但缺乏应有的法律依据，迫切需要在档案立法中增加"综合性档案馆成为政府现行文件公开场所"的条款，以巩固各级综合性档案馆在开展这种社会公共服务活动领域已经取得的成果，发挥档案馆在政府信息公开方面的优势，拓展档案馆公共服务的功能。

第三，关于档案馆接收档案的时间期限及进馆档案范围。

俄罗斯 2004 年档案法第二十二条对各类档案文件移交档案馆之前在本单位的保管期限做了细致的规定，跨度非常大，如录像、录音文件的保管期限为 3 年；构成俄联邦档案全宗的地方自治机关和市政组织的文件的保管期限是 5 年；构成俄联邦档案全宗的俄联邦主体国家权力机关的文件，联邦主体其他国家机关和组织的文件的保管期限是 10 年；构成俄联邦档案全宗的国家权力机关的文件，其他联邦机关，包括俄联邦检察机关、俄联邦中央选举委员会、俄联邦计量局、俄联邦中央银行(俄罗斯银行)的文件，以及根据规定构成俄联邦档案全宗的国家预算外基金和联邦组织的文件的保管期限是 15 年；基本建设的设计文件、技术文件、发明专利、有益模型和工业样品专利的保管期限为 20 年；人事文件，公证活动的记录，经济账簿以及涉及住宅基金私有化方面的文件的保管期限为 75 年；关于公民(生、死、嫁、娶等)民事注册的记录的保管期限为 100 年。这些法律规定，有利于针对不同类型档案文件对于本机关的保管价值适时收集进馆永久保管。

我国国家档案馆接收档案的时间期限为 10~20 年，跨度较小，对于不同类型和载体档案的接收期限规定不够具体。由于我国档案室是机关内部机构，没有向社会开放档案的义务，这使大量非现行文件长期封闭在机关内部而不能向社会开放。为了在社会范围内充分发挥档案的作用，有必要通过档案立法缩短档案在本单位保管的时间。参照俄罗斯 2004 年档案法的规定，可将省级以上国家档案馆接收档案的时间期限改为 10~15 年，将省辖市和县级档案馆接收档案的时间期限缩短为 5~10 年，并对不同类型、不同载体的档案采取不同的接收期限。

第四，关于档案的分等级管理。

我国 1999 年修订后的《档案法实施办法》第三条规定："各级国家档案馆馆藏的永久档案分为一、二、三级管理，分级的具体标准和管理办法由国家档案局制定。"这有利于依据档案的珍稀程度合理分配国家投入的有限资源，对最珍贵的档案实施最佳的保管措施；有助于我国档案鉴定理论和实践的发展，使档案价值具有更具体的衡量标准，促进依法治档。但令人遗憾的是，国家档案局至今还未出台具体的分等级标准。

俄罗斯 2004 年档案法界定了"特别贵重的档案文件"和"孤本

文件"这两个重要的概念，体现了分等级管理档案的立法思想。该法规定"特别贵重的档案文件"是"具有永久的文化历史价值和科学价值，对社会和国家特别重要，对其统计、保管和利用建立了特殊制度的俄罗斯联邦档案文件"。"孤本文件"是"在内容和外在特征方面具有唯一性，从其意义和(或)真迹来看，一旦丧失则无可弥补的特别贵重的文件"。并进一步指出，"孤本文件"是"特别贵重的档案文件"的一个组成部分。该法规定："对于特别贵重的档案文件包括孤本文件的鉴定由联邦政府专门授权的中央鉴定检查委员会负责；私人对其所有的特别贵重的档案文件没有很好履行保管、统计和利用义务的，可由法院依法判决没收；由专门授权的联邦政府执行权力机关为特别贵重的档案文件，包括孤本文件确立特殊的统计、保管和利用制度，并建立安全副本，编制专门的俄罗斯联邦档案全宗孤本文件清册。"上述具体规定为联邦档案全宗珍贵档案的安全提供了有力的法律保障。我国档案分等级管理可借鉴俄档案法的相关规定，在档案价值鉴定的基础上通过立法确认三个等级的具体标准，并通过制定有别于普通保管级别档案的鉴定、保管、统计和利用制度，达到分等级管理档案的最终目的。

第五，关于私人档案立法。

如前所述，私人档案的大量存在已是不争的事实，但我国现行《档案法》关于私人档案立法明显滞后，仅在第十六条对集体所有和个人所有档案的保管、寄存、出卖进行了规定，且内容多有争议。《档案法》有必要明确私人档案的概念，并遵照我国宪法保护私人财产的原则，明确规定保护档案的所有权。关于私人档案的保管、转让、寄存、出卖、出境也应具体规定，并可出台配套的单行条令。

俄罗斯 2004 年档案法针对私人档案的立法非常具体和有针对性。如对于私人所有档案文件的构成，该法规定属于私人所有的档案文件有两种构成方式：一是俄罗斯联邦境内的非国家和非自治地方的社会组织的档案文件；二是由公民产生或者依法获得的档案文件。可见，该法所调整的私人档案文件的范围是相当广泛的。再如，对于所有权的转移，该法特别规定了俄罗斯联邦档案全宗文件中的私人所有文件的四种情形：①私人所有的俄罗斯联邦档案全宗的文件可以收归国有，也可以通过合法继承等多种方式进行所有权的转移；②私人所有的俄罗斯联邦档案全宗的档案文件的所有权转让时，应该依本法第六条第七部分的规定，在转让协议中指明义务的转让；③如果特别贵重的档案文件的所有者和国家文件的保管者没有履行保管、统计和利用这些文件的义务，可能导致它们丧失重要意义的，根据俄罗斯联邦民法典第二百四十条的规定可由法院判决没收；④私人所有的档案文件进行拍卖时，拍卖组织者必须在距拍卖当天三十天以内以书面形式，向拍卖地由联邦政府专门授权的档案事业领域的执行权力机关、联邦主体专门授权的档案事业领域的执行权力机关通报，并注明出售的条件、时间和地点。对于违反上述程序出售的，联邦政府专门授权的档案事业领域的执行权力机关、联邦主体专门授权的档案事业领域的执行权力机关可依据民法相关规定，据此要求通过司法程序而获得作为购买者的权利和义务。另外，对于私人档案文件的保管、借阅和出境管理，该法都有明确规定，可操作性强，此不赘述。①

与俄罗斯2004年档案法不同，法国和意大利关于私人档案立法的特色是对具有重要历史价值和社会价值的私人档案实行登记制度。法国采取档案所有者自愿登记和国家强制登记相结合的方式，意大利采取更为强制性的登记制度。经过登记的私人档案所有者必须对档案妥善保管，不得任意补充、修改或随意处置，并向档案行政管理部门或监督部门及时通报档案所有权转让、档案遗失或遭破坏等状况。

参照俄罗斯、法国、意大利私人档案的立法实践，我国可从以下几个方面着手开展私人档案立法活动：①明确提出并界定私人档案的概念，可采用广义的定义，即私人档案是非国家机构、组织、企事业单位和公民个人在自身活动中产生或依法获得的档案。②保护档案的所有权。不管档案的所有权形式如何都受到法律保护，禁

---

① 肖秋惠．当前我国档案立法焦点问题剖析——以2004年《俄罗斯联邦档案事业法》为参照[J]．档案学通讯，2006(5)：39-42.

止在法律没有规定的情况下没收档案文件。③规定私人档案的登记
制度。通过档案价值鉴定，确立档案登记的标准和程序，采取自愿
登记和强制性登记相结合的方式。对于已经登记的私人档案，必须
向国家行政管理部门报告其保管状况，档案的所有权可通过继承等
多种合法方式转移，但必须向国家档案行政管理部门通报。拍卖私
人档案时，无论该档案是否登记，拍卖者必须在一定限期内向当地
档案行政管理部门通报，国家享有优先购买权。④规定私人档案可
由文件所有者或占有者自行保管，也可以通过协议向国家档案馆寄
存。具有重要历史价值的私人档案，因保管条件不善有可能导致其
丧失重要的历史和文化意义，档案所有者或占有者不愿向档案馆寄
存而又不愿或无力改善保管条件的，可根据国家档案局的决定由国
家档案馆代为保管。⑤规定私人档案的借阅须征得档案所有者或占
有者同意。⑥规定具有重要社会历史价值的私人档案禁止出境。

第六，关于档案利用中的权利义务关系。

俄罗斯 2004 年档案法明确规定了档案利用者的权利以及档案
机构和其他文化机构的义务。该法第二十六条第一部分规定："档
案文件利用者有权为了任何合法目的和采取任何合法方式，利用、
转递、传播提供给他的档案文件和档案文件副本中所含有的信
息。"据此，档案文件利用者不仅享有合法利用档案文件的权利，
而且有转递和传播其档案文件信息的权利。同时，在该条第二部分
规定："国家和市立档案馆、博物馆、图书馆和俄罗斯科学院组织
必须为档案文件利用者提供必要的查找和研究档案文件的条件。"
据此，不仅档案馆，其他科学文化机构包括图书馆、博物馆及科学
院组织都必须为档案利用者提供必要的查找和研究档案的条件。该
条第七部分规定："国家和市立档案馆、博物馆、图书馆和俄罗斯
科学院组织、国家机关档案馆、地方自治机关档案馆、国家和市政
组织档案馆，必须为国家机关和地方自治机关实现其权力提供必要
的档案信息和档案文件副本，公布和展览档案文件，编制关于馆藏
文件内容成分的信息检索出版物。"这为国家机关和地方自治机关
充分利用档案信息提供了法律保障。

我国《档案法》第四章"档案的利用和公布"规定，我国组织和

公民"可以"利用已开放档案，档案馆"应当"开放档案并提供利用，在措辞上对于利用者权利的表述不够明确。参照俄《档案法》，建议将第十九条第三款、第二十条、第二十一条中的"可以""可"改为"有权"。如："中华人民共和国公民和组织持有合法证明，有权利用已经开放的档案"，并进一步规定在上述权利无法实现时，利用者有申请复议，直至提起行政诉讼的权利。另外，档案展览作为档案馆提供利用档案的一种重要形式，有必要与公布开放档案目录、档案编研出版一起列入档案馆公布和提供利用档案的形式。

第七，关于档案开放及公民隐私权和知识产权保护。

我国《档案法》第十九条，《档案法实施办法》第二十条第二款、第三款规定，档案应当自形成之日起满 30 年向社会开放，经济、科学、技术、文化等类档案向社会开放的期限，可以少于 30 年，随时向社会开放。但同时又规定，涉及国家安全或重大利益，以及其他虽然已满 30 年期限但档案馆认为到期仍不宜开放的档案，经上一级档案行政管理部门批准，可以延期向社会开放。值得商榷的是，涉及国家安全或重大利益的档案固然应该延长开放时间，但其他到期不宜开放的档案具体所指不明，而且规定由档案馆自身认定不宜开放，给档案馆任意延长开放期限提供了合法依据，造成现实中大量已经到期的档案不能正常向社会开放，极大地阻碍了信息（包括大量政府信息）的正常公开。《档案法》和《档案法实施办法》的这项规定，与我国当前政府职能转变过程中积极倡导的政府信息公开背道而驰，急需修改。

档案开放利用中的公民隐私权保护问题是社会关注的热点。俄罗斯、法国、意大利等许多国家的档案法都明确规定，凡档案开放有损于个人和家族名誉、涉及个人隐私的，都应当延长开放期限，如果需要提前开放，必须征得本人或继承人同意。如俄罗斯 2004 年档案法第二十五条规定："含有公民个人秘密和家庭秘密信息，公民私生活信息，以及对其安全构成威胁的信息的档案文件，自上述文件产生之日起的 75 年内限制借阅。获得公民本人的书面允许，或者在公民死亡以后获得其继承人的书面允许，对含有公民个人秘密和家庭秘密信息，公民私生活信息，以及对其安全构成威胁的信息的档案文件的借阅限制可取消,可早于这个期限而提前利用。"
我国现行《档案法》没有明确规定档案开放和利用中的公民隐私权
保护,只是在该法的第二十一条、第二十二条隐含有类似规定:
"向档案馆移交、捐赠、寄存档案的单位和个人,对其档案享有优
先利用权,并可对其档案中不宜向社会开放的部分提出限制利用的
意见,档案馆应当维护他们的合法权益","集体所有的和个人所
有的档案,档案的所有者有权公布,但必须遵守国家有关规定,不
得损害国家安全和利益,不得侵犯他人的合法权益"。上述规定过
于模糊,应增设关于保护公民个人秘密和家庭秘密信息,公民私生
活信息的具体条款以及限制利用的期限。

我国自实行档案开放原则以来,知识产权问题和纠纷也随之产
生并逐年增多。因此,开放馆藏中具有知识产权属性的档案必须慎
重。俄罗斯 2004 年档案法第二十六条第六部分规定:"对受到俄罗
斯联邦知识产权法调整的档案文件的利用要考虑到该法的要求。"
我国现行《档案法》对此未做规范,但在 1996 年修订的《档案法实
施办法》中有规定:"利用、公布档案不得违反国家有关知识产权
保护的法律规定。"由于《档案法实施办法》的级别和效力范围有限,
有必要将这项规定添加到现行《档案法》中,而在《档案法实施办
法》中再规定相应的细则。

总之,当前我国档案立法一方面必须遵循法的连续性和权威性
原则,尽量在原有的立法基础上进行局部的修订;另一方面,我国
档案立法必须及时跟上社会和时代发展的步伐,密切关注在档案、
档案管理和档案事业发展中出现的原有法律无法调整的但又必须解
决的新问题,不断调整,以适应社会发展的需要。①

3.7 俄罗斯档案解密与开放利用立法进展

1918 年至今,随着国家政治体制和社会制度的演变,俄罗斯

---

① 肖秋惠. 当前我国档案立法焦点问题剖析——以 2004 年《俄罗斯联
邦档案事业法》为参照[J]. 档案学通讯,2006(5):39-42.

档案解密、开放与利用经历了不同的阶段，总体上是从封闭走向开放。随着俄罗斯社会民主的发展，在信息自由和信息公开的背景下，档案的开放和利用逐渐与国际接轨。

从1918年十月革命胜利至20世纪40年代，俄罗斯的档案立法体系中甚少涉及档案开放和公布问题。1918年6月1日颁布实施的《列宁档案法令》奠定了苏联档案事业未来数十年的立法基础和档案事业组织管理的基本原则，即建立国家档案全宗，实行档案集中统一管理原则。1941年3月，苏联颁布了《苏联国家档案全宗和国家档案馆网条例》，该条例遵循了《列宁档案法令》的基本原则和立法思路，但未具体涉及档案的开放问题。可见，为了巩固苏维埃政权，档案立法的重点是确立档案集中统一管理制度，建立苏共档案管理系统和国家档案馆系统，而档案文献的开放、公布和利用并未受到重视。这一时期的档案开放和公布取决于政治的需要和领导人的意志，例如，为了揭露沙皇政府和临时政府的罪行，巩固布尔什维克的革命政权，根据列宁的指示，苏维埃各大报纸在革命成功后的第一年便陆续公布了一系列外交文件，并出版了七卷本的《前外交部档案馆秘密文件汇编》。[①]

20世纪50年代，斯大林去世之后，苏联国内的政治局势发生了很大变化，这种变化在档案事业管理领域也得到了体现，主要标志是1958年苏联部长会议发布了《建立苏联国家档案全宗和苏联中央国家档案馆网条例》。该条例规定，苏联国家档案全宗的文件材料，为苏联各机关、团体、企业和公民提供利用，用于发展国民经济、科学及文化事业。苏联档案机关表示愿意"扩大准予利用的文件史料范围"，"扩大文件公布工作的范围，改进文件公布工作的质量"。1960年，档案管理总局从苏联内务人民委员会的下属局升为苏联部长会议的直属局，更名为"苏联部长会议档案管理总局"，有利于公众对档案文件的获取和利用。据不完全统计，从1956年2月至1961年10月，国家档案系统公布了大约500部文件汇编，

---

① 沈志华. 俄国档案文献：保管、解密和利用[J]. 历史研究，1998（5）：136-149.

其中约 400 部是有关苏维埃时期的社会史文献。①

20 世纪 60 年代至 80 年代，勃列日涅夫执政时期档案文献的开放和公布又陷入了滞缓期。1980 年 4 月 4 日，苏联部长会议通过了《苏联国家档案全宗和苏联部长会议档案管理总局条例》(简称《苏联国家档案全宗条例》)，该条例实质上作为档案基本法律一直沿用到苏联解体，其重点在于进一步确认苏联国家档案全宗和国家档案馆网的结构，以及国家档案全宗文件的收集、保管、统计和利用，但是，档案开放和公平利用被忽略了。

1991 年苏联解体之后，档案文献的解密、公布和利用进入了一个前所未有的历史高峰期，档案开放立法有了极大的进展。1992 年 6 月 19 日，为了加强对国家所有的档案文件的开放利用，俄罗斯联邦最高苏维埃通过了《档案文件获取和利用暂行规则》(第 3088-1 号决议)，这是俄罗斯国家最高立法机关在历史上首次颁布有关档案获取和利用的专项法规。《档案文件获取和利用暂行规则》第 1 条明确规定，"档案文件及其参考工具对所有的公民、企业、机关和组织提供利用，对国外公民和组织也平等提供利用"。这条规定确立了档案文件对普通社会公众(包括外国公民和组织)平等提供利用的基本原则，奠定了俄罗斯档案开放利用的立法基础。第 2 条规定，"限制获取的文件仅限于含有国家秘密信息，或未满 30 年含有其他秘密信息的档案文件。对于个别文件，若需要延长或缩短 30 年的封闭期限，则应由俄罗斯政府档案事业委员会报请俄罗斯联邦最高苏维埃主席团批准"。第 3 条规定，"对于形成已满 75 周年的含有公民个人信息的档案文件可以提供利用，早于该期限利用则需经公民本人同意，公民死亡之后则需经其继承人同意"。② 上述条款反映了俄罗斯档案立法在档案开放问题上与国际接轨，标志着俄罗斯档案文件开放时代的到来。第 3088-1 号决

---

① 李凤楼，等. 世界档案史简编[M]. 北京：档案出版社，1983：152.

② Постановление о временном порядке доступа к архивным документами и их использования [EB/OL]. [2015-10-03]. https://www.lawmix.ru/pprf/95963.

议的立法原则在 1993 年的俄罗斯档案法中得到了进一步体现。

　　1993 年 7 月 7 日俄罗斯总统叶利钦签署发布的《俄罗斯联邦档案全宗和档案馆法》是苏联解体之后俄罗斯联邦颁布的第一部档案法，与之前的四部苏联国家档案全宗条例相比，立法的政治基础和社会基础发生了根本性变化。该法按所有制形式将国家档案全宗的成分划分为国有部分和非国有部分，确认了私人档案及非国有档案馆的法律地位，基本符合 20 世纪 90 年代初俄罗斯社会转型初期私有化和市场经济改革的迫切需求。同时，该法坚持了《列宁档案法令》所确立的档案事业集中管理体制，但是加大了联邦主体对地方档案事务管理的自主权。在档案利用问题上，该法吸收了第 3088-1 号决议关于档案平等提供利用的立法原则，采用了国际上通用的 30 年封闭期。如该法第 20 条规定："俄罗斯联邦档案全宗中含有国家机密或受法律保护的秘密的国有文件，自形成之日起满 30 年，如果法律没有新的规定，可以提供利用；对个别档案文件，如果需要延长上述期限，则应由俄罗斯国家档案部门报请俄罗斯联邦最高苏维埃主席团作出决定。""利用俄罗斯联邦档案全宗中自形成之日起未满 30 年的含有机密信息的国有文件，应由俄罗斯国家档案系统中相应的档案机关与俄罗斯联邦中央执行权力机关以及国家机关组织和企业视机密丧失程度共同决定。""对于含有公民个人生活信息(关于健康、家庭和亲属关系、财产状况)的档案文件以及会对公民生命和住所安全造成威胁的档案文件，规定自文件形成之日起满 75 年，如果法律没有新的规定，才可提供利用。早于这个期限开放这类文件，须由公民本人作出决定，而他死后由其继承人作出决定。"①

　　为了顺利开展对苏联政府和苏共中央档案文件的解密工作，1995 年、2001 年俄罗斯先后制定了《苏联政府档案文件解密及延长保密期限条例》和《苏共中央档案解密条例》。《苏联政府档案文件解密及延长保密期限条例》规定，由国家总统直属的国家技术委

---

　　①　韩玉梅(译). 俄罗斯联邦档案全宗和档案馆法——俄罗斯联邦总统叶利钦 1993 年 7 月 7 日签署发布[J]. 档案学通讯，1994(3)：57-60.

员会和国家档案局负责组织苏联政府文件的解密和延长保密期的工作，成立部门联合鉴定小组负责具体的鉴定和解密工作。① 此后，俄罗斯国家秘密保护部门联合委员会在 2001 年通过了《苏共中央档案解密条例》，制定了国家档案馆、部门档案馆和机关档案室的苏共中央及共产国际档案的解密规则。该条例规定，"由于客观形势的变化，对于不含有国家秘密信息的苏共中央档案文件继续保密是不适当的，可依法解密"。关于解密的对象，该条例规定：①将待解密的档案文件(案卷)视为一个整体。②档案文件解密可以是全文，也可以是其中的一部分。③全文解密的档案文件(案卷)在整体上是非保密件。④部分解密的档案文件(案卷)仅是部分可以解密，整体上仍属于保密件。⑤组织管理性文件(决议、决定、命令等)必须同时与其相应的准备性材料(项目、证明、结论等)进行解密。国家秘密保护部门联合委员会负责组织和实施苏共中央档案文件的解密工作，最终形成档案文件解密决定，报联邦档案署和联邦总统事务管理局。联邦档案署的档案信息公报定期公布苏共中央档案文件解密的相关信息。②

2004 年档案法在档案开放利用问题上，专门设置第 6 章"档案文件的获取和利用"，确认了档案利用者可依法获取档案文件以及在此基础上利用档案文件的基本权利，同时，规定了档案机关和图书馆、博物馆等其他文化机构及社会组织在档案提供利用方面应尽的义务，规范更为严谨。③ 第一，关于利用者获取档案文件的权利，2004 年《档案法》第 6 章第 24 条第 1 款做出了原则性规定，

---

① Положение о порядке рассекречивания и продления сроков засекречивания архивных документов Правительства СССР［EB/OL］.［2016-01-07］. http：//portal. rusarchives. ru/lows/polrass. shtml.

② Положение о порядке рассекречивания документов, созданных КПСС［EB/OL］.［2016-01-07］. http：//archives. ru/documents/position/pologenie-rassekrechivanie-kpss. shtml.

③ Федеральный закон от 22. 10. 2004 № 125-ФЗ 《Об архивном деле в Российской Федерации》［EB/OL］.［2017-06-03］. http：//www. rusarchives. ru/lows/list. shtml.

"档案文件利用者为了研究档案的目的，可以自由地查找和获取档案文件"；关于利用档案文件的权利，第 26 条第 1 款规定，"档案文件利用者有权为了任何合法目的和采取任何合法方式，利用、转递、传播提供给他的档案文件和档案文件副本中所含有的信息"，这意味着利用者可依法对其利用的档案文件信息进一步转递和传播给他人。第二，关于档案机构及其他文化机构和组织向社会公众提供档案利用的义务，该法第 26 条的规定较为详细。该条第 2 款做出了原则性规定，"国家和市立档案馆、博物馆、图书馆和俄罗斯科学院组织必须为档案文件利用者提供必要的查找和研究档案文件的条件"。第 3 款规定，"从事企业活动的不具有法人资格的国家机关、地方自治机关、组织和公民，必须按照国家规定，以其拥有的档案文件为利用者无偿提供与其社会保障有关的，包含养老保险以及依法获得其他优惠待遇和补偿的档案证明或者档案文件副本"。第 4 款和第 5 款对档案馆有偿服务及各级档案机构的档案利用制度做出了相应的规定。第 7 款规定各级档案机构"要为国家机关和地方自治机关实现其权力提供必要的档案信息和档案文件副本，公布和展览档案文件，编制关于馆藏文件内容成分的信息检索出版物"。第三，关于档案文件获取的限制，该法第 25 条第 1 款规定，"档案文件的获取受到俄罗斯联邦参加的国际条约和联邦法律的限制，以及受到归私人所有的档案文件所有者和占有者的决定的限制"。该条第 2 款规定了 3 种限制获取的具体情形：①含有国家秘密信息及其他受联邦法律保护的秘密信息的档案文件限制获取，不管其所有权形式如何；②特别贵重的档案文件的正本包括孤本限制获取；③物理状况不佳、属于俄罗斯联邦档案全宗的档案文件限制获取。该条第 3 款沿用了 1997 年《档案法》对含有公民个人生活信息的档案文件 75 年的限制利用期限。

　　但是，与之前档案立法不同的是，2004 年《档案法》没有具体规定俄罗斯联邦档案全宗文件满 30 年可依法开放，该法对此问题的回避，实际上反映了俄罗斯在档案开放过程中面临的复杂问题，20 世纪 90 年代初苏共档案的大量解禁使俄罗斯在国际国内的声誉遭受负面影响，同时，也暴露出俄罗斯档案解密和公布存在组织管理和制度上的疏漏。为此，2004 年《档案法》不再规定"自形成之日起满 30 年可依法提供利用"，实质上提高了档案开放的标准，以纠正 20 世纪 90 年代档案过度开放的偏差。①

20 世纪 90 年代以来，俄罗斯宪法、信息基本法和政府信息公开法关于信息自由和信息公开的规定为俄罗斯档案由封闭走向开放提供了重要的法制环境。俄罗斯宪法明确规定了公民的信息自由权利，第 29 条第 4 款规定，"每个人都有以任何合法方式自由地查找、获取、传递、生产和传播信息的权利"，第 24 条第 2 款规定，"每个人都有权了解直接涉及其权利和自由的文件和资料"。此外，俄罗斯信息基本法《信息、信息技术和信息保护法》（2006 年）遵行了宪法的原则性规定，保障公众的信息获取权和个人隐私权，规定公民和组织"可以通过任何合法方式自由地查找、获取、传递、生产和传播信息"，"公民和组织有权以任何合法方式从任何来源查找和获得任何信息"，"只有联邦法律才能规定对信息的限制获取"；"国家机关和地方自治机关活动的信息应公开，并可自由获取，联邦法律有规定的除外"；"信息提供应准确、及时"；"公民私生活不可侵犯，未经本人同意，不能收集、保存、利用和传播与个人私生活有关的信息"。俄罗斯《政府信息公开法》（2009 年）进一步确认了政府信息的公开性和可获取性原则，公众能够"以任何合法方式自由地查找、获取、转递和传播政府信息"。上述三部法律为促进俄罗斯档案开放利用立法提供了重要支撑和依据，反映了俄罗斯在社会民主化进程中对于信息自由与信息公开的立法诉求。

当然，档案的开放从来都不是没有限制的，与世界上的大多数国家一样，根据俄罗斯相关法律法规，如下档案信息是限制获取的（见表 3-1），主要分为两大类限制获取的秘密信息：一类是国家秘密信息；另一类是其他的机密信息，包括个人数据、调查和诉讼秘密、公务秘密、与职业活动相关的保密信息（医疗秘密、银行秘密、税收秘密、公证秘密、律师秘密以及通信秘密等）。

---

① 肖秋会．俄罗斯档案立法：档案解密、开放和利用进展［J］．中国档案，2016(3)：77-79.

表 3-1　俄罗斯联邦法律规定的限制获取的文件和文件信息

限制获取的文件信息类型	相关法律法规
1. 受到法律保护的秘密信息	
1.1　国家秘密信息	(1)《国家秘密法》(1993 年出台，2007 年修订) (2)《刑事侦查活动法》(1995 年) (3)《俄罗斯联邦档案事业法》(2004 年)第 25 条第 3 款 (4)1995 年第 1203 号俄罗斯联邦总统令《属于国家秘密的信息清单》(2009 年修订) (5)1993 年俄罗斯联邦最高苏维埃决议《获取有关外部情报活动的档案文件的时限》
1.2　机密信息	(1)《信息、信息技术和信息保护法》(2006 年) (2)1997 年俄罗斯联邦第 188 号总统令《机密信息清单》
1.2.1　个人数据(个人或家庭秘密)	(1)《俄罗斯联邦宪法》第 23 条、第 24 条 (2)《俄罗斯联邦刑法典》第 137 条、第 155 条 (3)《俄罗斯联邦民法典》(1994 年)第 150 条 (4)《俄罗斯联邦行政违法法典》(2001 年) (5)《俄罗斯联邦婚姻法》(1997 年) (6)《信息、信息技术、信息保护法》(2006 年) (7)《个人数据法》(2006 年) (8)2005 年俄罗斯联邦第 609 号总统令《国家公务员个人数据及纳入其个人案卷》
1.2.2　调查和诉讼秘密	《俄罗斯联邦刑法典》第 310 条 《俄罗斯联邦刑事诉讼法典》(2001 年)第 161 条 《刑事侦查活动法》(1995 年)
1.2.3　公务秘密	《俄罗斯联邦民法典》(1994 年)第 139 条 《俄罗斯联邦国家公务员法》(2004 年出台，2010 年修订)
1.2.4　与职业活动相关的信息	《俄罗斯联邦宪法》
1.2.4.1　医疗秘密(个人健康诊断数据、检查和治疗数据等)	《俄罗斯联邦公民健康保护法》(1993 年)第 61 条

续表

限制获取的文件信息类型	相关法律法规
1.2.4.2　银行秘密（银行账户秘密、存款及账户操作秘密）	《俄罗斯联邦民法典》（1994 年）第 857 条 《俄罗斯联邦海关法典》（2003 年）第 165 条
1.2.4.3　税收秘密（税务、海关及其他金融机构获得的有关纳税人的任何信息）	《俄罗斯联邦税收法典》第一部分，1998 年第二部分，2001 年第 102 条
1.2.4.4　公证秘密（公证人在其职业活动中获取的任何信息）	《俄罗斯联邦公证法》（1993 年）第 19 条、第 29 条，2010 年修订
1.2.4.5　律师秘密（对自己的客户施以律师援助的任何信息）	《俄罗斯联邦律师活动及律师法》（2002 年）第 8 条
1.2.4.6　通信、电话谈判、邮件、电报或其他信息	《俄罗斯联邦刑法典》（1996 年）第 138 条 《俄罗斯联邦刑事诉讼法》（2001 年）第 13 条 《俄罗斯联邦通信法》（2003 年出台，2011 年修订）

3.8　俄罗斯联邦档案全宗文件及其他档案文件的收集、保管、统计和利用规则

2004 年档案法确立了新时期俄罗斯档案事业发展的立法基础，而 2007 年制定的《俄罗斯联邦国家档案馆、市政档案馆、博物馆、图书馆及俄罗斯科学院组织机构对联邦档案全宗文件及其他档案文件保管、补充、统计和利用规则》（以下简称《规则》）①则是对档案

---

① Правила организации хранения, комплектования, учета и использования документов Архивного фонда Российской Федерации и других архивных документов в государственных и муниципальных архивах, музеях и библиотеках, организациях Российской академиинаук [EB/OL]. [2016-08-11]. http：//portal. rusarchives. ru/lows/pohkuidaf. shtml.

法的细化和补充，它针对俄罗斯联邦全宗文件的保管、收集、统计和利用提出了统一的规范、要求和标准，对于确保俄罗斯联邦档案全宗的完整性、安全性具有重要的意义。

《规则》详尽而具体地规定了俄罗斯联邦档案全宗文件及其他文件的收集、保管、统计和利用方面的业务规范，对于包括国家档案馆在内的各类文化遗产机构的档案业务工作具有重要的指导作用，可操作性强。主要体现在：

(1)明确规定了全宗的组成方式和全宗的类型。根据历史联系或逻辑联系构成档案全宗，部分档案文件如音像、照片、电子文件等以非全宗的形式保管。同时，对各类档案全宗进行了划分：从构成主体上，包括国家机关档案全宗、地方自治机关档案全宗、组织档案全宗三类。从构成方式上，包括独立档案全宗、联合档案全宗、个人档案全宗以及档案汇集。联合档案全宗由两个以上的组织和公民形成的具有历史联系或逻辑联系的俄罗斯联邦档案全宗文件和其他档案文件构成；个人(家庭、家族)档案全宗由公民个人、家庭和家族在其日常生活和活动中形成的俄罗斯联邦档案全宗文件构成；根据专题、客体对象、责任者、时间等方面一个或多个共同特征所组成的，由不同的档案补充来源(不同的全宗构成者)在其活动中形成的俄罗斯联邦档案全宗文件和其他档案文件的集合体等同于一个全宗(即档案汇集)。

(2)从不同角度系统划分了俄罗斯联邦档案全宗的文件类型。第一，根据档案文件的价值大小将其划分为：贵重文件、特别贵重的文件和孤本文件三类。所有的俄罗斯联邦档案全宗文件，无论其来源、载体类型、密级、保管地点和所有权形式如何都属于贵重档案文件；特别贵重的文件是具有永久的文化历史价值和科学价值，对社会和国家特别重要，并对其统计、保管和利用建立了特殊制度的俄罗斯联邦档案全宗文件；孤本文件是在内容和外在特征方面独一无二，一旦丧失则无可弥补的特别贵重的文件。第二，根据档案文件获取的类型，将其分为三类：开放的档案文件、限制获取的档案文件和在特定条件下可以获取的档案文件。开放的档案文件是根据俄罗斯联邦参加的国际条约或俄罗斯联邦法律规定无获取限制的档案文件，或者根据私人所有的档案文件的拥有者和占有者的规定可以无限制获取的档案文件。限制获取的档案文件包括：含有国家秘密信息及其他受联邦法律保护的秘密信息的档案文件，含有公民个人秘密和家庭秘密信息、公民私生活信息，以及对其安全构成威胁的信息的档案文件，档案文件拥有者或占有者根据协议将其移交至档案馆并规定了利用条件的档案文件。特别贵重的档案文件原件和孤本文件限制获取，物理状况不令人满意的俄罗斯联邦档案全宗文件限制获取。

《规则》对俄罗斯联邦档案全宗和全宗档案文件的概念界定及类型划分为档案馆对其进行收集、整理、保管、鉴定和利用奠定了基础，不同类型的文件在保管、补充、统计和利用方面具有不同的特点，也具有不同的业务规范。例如，对于孤本文件，将其纳入专门的国家统计系统即"俄罗斯联邦档案全宗孤本文件国家登记系统"，孤本文件的国家统计由联邦档案事业行政管理机关和联邦主体孤本文件档案全宗国家登记管理机关专门负责，建立孤本文件统计单和孤本文件目录。对于特别贵重的文件，建立一个或多个案卷目录和文件目录，如果一个案卷目录或文件目录中的绝大多数文件都是特别贵重的文件，则不需要单独编制特别贵重的案卷目录或文件目录，只需要建立已有目录的副本并编号，在备注栏中加注"ОЦ"字样。此外，《规则》还专门规定了保密文件和案卷的解密、统计制度，以及人事档案文件、个人成分文件、主文件中含有贵金属和宝石的案卷，档案馆保存的私人所有的档案文件等各类档案文件的统计制度。

（3）明确规定了纳入俄罗斯联邦档案全宗的文件价值鉴定标准及鉴定机构或鉴定主体。综合应用文件来源标准（来源机关的职能、特定的作用及独特性、文件产生的时间和地点等）、文件内容标准（文件信息的重要性、稀有性、典型性或重复程度，文件类型及原真性）和文件外部特征标准（文件内容的记录与传递方式，文件印信和外观）对文件进行价值鉴定，确定是否将其纳入俄罗斯联邦档案全宗。可以按照文件类型或批量方式将文件纳入俄罗斯联邦档案全宗。

同时,《规则》规定了档案文件价值鉴定的机构或鉴定主体:俄罗斯联邦档案事业行政管理机关的中央鉴定检查委员会负责研究解决文件价值鉴定及将其列入联邦档案全宗,对其中特别贵重的文件和孤本文件鉴定的科学方法问题;联邦主体档案事业行政管理机关的鉴定检查委员会、档案馆与档案文件所有者或拥有者共同开展文件价值鉴定工作;档案馆以通用文件保管期限表为依据,鉴定文件价值并确定保管期限。联邦国家档案馆的鉴定检查委员会、联邦主体档案行政管理机关的鉴定检查委员会、国家和市政博物馆的鉴定委员会、国家和市政图书馆的鉴定委员会、俄罗斯科学院档案馆的鉴定检查委员会有权将具体的档案文件列入俄罗斯联邦档案全宗,确定永久保管的案卷目录和文件目录。上述各级各类鉴定检查委员会的权限及活动规范由俄罗斯联邦档案事业行政管理机关制定的法规性文件确定。私人所有的文件纳入俄罗斯联邦档案全宗需要经过文件价值鉴定,并由档案文件所有者或拥有者与档案馆签订协议。该协议应明确档案文件所有者或拥有者在保管、统计、利用俄罗斯联邦档案全宗文件方面的义务。

(4)对境外档案文件的补充(收集)做出了原则性规定。国家档案馆可以收集在俄罗斯所形成的但由于各种原因流失到俄罗斯联邦境外的档案文件或在国外形成的但对于俄罗斯具有意义的档案文件。档案馆可根据与文件所有者或拥有者签订的关于档案原件或复制件的出售、捐赠协议和档案复制件交换协议对境外档案文件进行补充。签订上述协议应考虑各方所在国家的法律规定,在协议中可补充声明对上述档案文件的特殊利用条件。

(5)文件解密实行联邦档案馆馆长负责制。档案馆馆长负责组织对含有保密标记的档案文件的保密期限进行监控,并及时向负责管理国家秘密信息的国家机关负责人、相关组织负责人告知档案馆保管期限超过30年的保密档案文件的状况、成分和数量。档案馆馆长在上述机构派出官方代表全权处理的情况下才能组织开展档案文件的解密工作。

档案馆成立档案文件解密委员会,人员构成如下:联邦国家档案馆实行馆长负责制,联邦主体国家档案馆实行俄罗斯联邦主体的档案事业行政管理机关的领导负责制。委员会按照例行制度、依利用者的请求而开展工作。档案文件解密委员会的决定经档案馆馆长批准后发挥效力。此外，档案馆根据法律所规定的期限处理利用者对档案文件解密的请求。如果档案馆无权对所请求的信息解密，利用者可以在提出请求的一个月以内向有权对该档案文件进行解密处理的国家机关、保护国家秘密部门联合委员会、俄罗斯联邦主体的部门联合鉴定委员会提出解密请求。为了便于档案文件解密的研究和组织，档案馆向负责管理国家秘密信息的国家机关和相关组织成立的鉴定委员会成员、保护国家秘密部间委员会成立的鉴定小组成员以及其他有权对撤销机关档案文件进行解密的委员会成员提供档案文件、档案复本或者必要的信息。

（6）划分了三类档案利用请求，并对每一类利用请求采取相应的回应和处置方式。分别为：第一，专题性的利用请求，要求提供关于某一问题、专题、事件、事实的信息。国家机关或地方自治机关因职能需要向档案馆提交的专题性的利用请求，档案馆应在法律规定的期限内或者双方协议的期限内第一时间对其进行审理，档案馆无偿处置该类利用请求。档案馆处置社会组织和公民的专题性利用请求采用无偿服务和有偿服务两种方式。第二，家谱（族谱）利用请求，利用者为了确认两人（或两人以上）之间的血缘、亲属关系以及家庭、家族历史，要求提供相关的信息。档案馆采用有偿服务形式处理家谱查询利用请求，可依相关申请人或根据规定依其他相关人的申请做出处理。第三，社会权利方面的利用请求，要求提供与公民社会保障相关的信息，如与养老金、福利待遇或各类补偿等公民相关权益的信息。档案馆应在申请提出的 30 天内对该类利用请求进行处理，经档案馆领导批准可延长期限，同时必须告知利用者，此外，档案馆应在 15 天内对于检索工具方面的利用请求进行处理。

可见，《规则》为俄罗斯联邦档案全宗文件的组织与管理提供了统一的规范和标准，为俄罗斯各级各类国家档案馆及各类文献遗产机构的档案文件保管、补充、统计、利用提供了业务指导和方法指南，是确保俄罗斯联邦档案全宗文件管理质量的重要保障。

第四章　俄罗斯档案学专业教育历史沿革及当代发展

俄罗斯档案学专业教育发端于 19 世纪中期。1878 年，俄罗斯近代档案事业的先行者、著名的历史档案学家和文献学家 Николай Васильевич Калачов（1819—1885）创办了俄罗斯近代第一所档案学院——彼得堡考古学院。1907 年，在俄国沙皇尼古拉二世的支持下成立了莫斯科考古学院。十月革命前开办的这两所考古学院为俄罗斯历史、考古和档案界培养了一批早期的高级专业人才。十月革命胜利之后，这两所学院相继停办，但是，它们所积累的优秀教学传统和人才培养理念对苏联的档案学专业教育产生了深刻的影响，并在莫斯科历史档案学院得到继承和发展。1931 年，经苏联人民代表苏维埃和中央人民委员会的批准，成立了莫斯科档案学院（1933 年起改名为莫斯科历史档案学院）。该学院从开办至今一直未曾中断，为苏联和当代俄罗斯的档案事业发展培养了大量优秀的档案专业人才。历史档案学院的创立、改革与发展是 20 世纪俄罗斯档案学专业教育改革与发展的一个缩影，本章以该学院为重点研究对象，分析和研究俄罗斯档案学专业教育的历史、现状与发展趋势。

4.1　19 世纪末俄罗斯近代档案学高等教育的发端——彼得堡考古学院

Н. В. Калачов 于 1873 年考察了西欧的档案事业及档案学教育，

尤其是对巴黎档案学院的办学方式产生了浓厚的兴趣，由此产生了在俄罗斯开办类似的档案学院的设想。回国之后，Н. В. Калачов 向俄国教育部提交了在彼得堡创办专门档案学院的方案，教育部批准了他的方案，但是设定了两个苛刻的条件：第一，学院仅以实验方式开办，这意味着它可能随时关闭；第二，学院在任何情形下都不会受到政府资助。1878 年，Н. В. Калачов 最终以自有资金并且在自己的住所开创了俄罗斯近代的第一所档案学院——彼得堡考古学院。时任司法部莫斯科档案馆馆长的 Н. В. Калачов 担任该学院的第一任校长，自编教学大纲和培养方案。学院采用 2 年和 3 年两种学制，具有大学教育背景的学员采用 2 年学制，直接招收的中学毕业生或其他没有大学教育背景的学员采用 3 年学制。

Н. В. Калачов 借鉴了西欧对档案专业人才的培养目标定位和教学理念。他认为，学院不应该培养"没有灵魂的官僚"，而应该培养具有高度文化素养和档案自觉意识的专业人才；档案专业人才不仅要具备专业知识，还需要掌握更为广泛的相关学科知识；档案专业人才应该具有职业认同和自豪感，他们不仅能胜任本职工作，忠于职守，而且应该坚信自己所从事的档案工作有益于社会和科学事业发展。

彼得堡考古学院的课程体系与其办学宗旨相呼应，主要包括如下课程：古文字学概论及俄罗斯古文字学特点、18 世纪之前的俄罗斯历史概论、俄罗斯法律史、编年史、家谱学、古钱币学、印章学、徽章学、18 世纪之前的古代地理学及俄罗斯古代地理学特点、档案学基础。其中，由 Н. В. Калачов 本人亲自讲授的"档案学基础"融合了史学知识和档案学理论知识与工作方法，具有鲜明的档案学专业特色。他从历史、理论和方法三个层面系统阐述了俄罗斯档案和档案工作的发展脉络，特别重视对俄罗斯历史上各种档案编目方法和档案综述撰写方法的分析和讲解，既能使学生掌握档案学理论基础知识，又有助于培养其在特定历史背景下分析和整理档案文献的专业能力。在创办 20 年之后，19 世纪末期的彼得堡考古学院不仅成为一流的文献学教育的典范，而且与其他一般研究型学院不同，它还向学生讲授档案著录、编目和保管的专业知识和实践技能，成为俄罗斯文献与档案管理综合性人才的重要培养基地。

Н. В. Калачов 的档案教育思想丰富和提高了档案工作者的专业知识和素养，尤为可贵的是，加强了档案工作者对本职工作的自信心和自我认同感，使档案工作成为专门的职业活动，得到了其应有的社会地位。这为俄罗斯近代档案高等教育事业的发展奠定了重要基础。

在人才培养方案中，关于档案学与历史学、考古学和文献学之间的关系、档案学专业教育在考古学院的地位等问题从一开始就存在争议。学院创办之初，第一任校长 Н. В. Калачов 和第二任校长 И. Е. Андреевский 在培养方案中保持了文献学、考古学和档案学这三个不同学科的平衡，但此后这种平衡被打破，呈现两种不同的办学思路，一种认为，学院应该仅以讲授档案学理论和方法为主；而另一种认为，在考古学院应该以讲授考古学一般知识和理论为主，不需要甚至不应该包括档案学专业的授课内容，这种观点在19 世纪末 20 世纪初十分盛行并逐渐占据上风，以至于最终影响了彼得堡考古学院的人才培养思路，考古爱好者成为其主要听众，档案学专业教学和人才培养被边缘化，这其实违背了 Н. В. Калачов 的办学初衷。十月革命胜利之后，彼得堡考古学院恢复了 Н. В. Калачов 和 И. Е. Андреевский 的办学思路，于 1918 年开办了隶属于彼得堡考古学院的档案班，专门设置档案部，致力于培养精通历史档案学知识的专门人才。档案部负责人、著名的历史档案学家 А. С. Николаев 在开幕典礼上发表了《当前我们为什么必须开设档案班，应该为档案事业培养什么样的人才》的重要演讲，在其极力主张下，彼得堡考古学院加大了档案学专业方向的课程比重。

由于经费紧张，彼得堡考古学院从 1922 年 1 月起入不敷出，教职员工只剩下 10 人，学院已经无力为其支付工资，学院最终在1922 年停办。但是，Н. В. Калачов 及由其私人创办的彼得堡考古学院在俄罗斯近代档案学高等教育历史发展中拥有无可替代的地位。19 世纪中后期以来，以 Н. В. Калачов，И. Е. Андреевский 等为首的档案教育事业先行者在彼得堡考古学院的教学实践中积累了丰富的教学经验，学院在人才培养思路上虽然经历波折，但在长达

55 年的自主办学过程中形成了优良的教学传统，对俄罗斯的档案学教育产生了深远的影响。

4.2 20 世纪初俄罗斯近代档案学高等教育的发展——莫斯科考古学院

莫斯科考古学院于 1907 年 1 月 31 日成立，该学院传承了 Н. В. Калачов 的档案学教育思想，以俄国沙皇历史典籍研究委员会主席 А. И. Успенский 为首的一批历史学家、文献学家和博物馆学家构成了该学院雄厚的师资。莫斯科考古学院从成立之初就受到了沙皇尼古拉二世及其皇室成员和宫廷贵族的支持，1912 年甚至被赋予尼古拉二世帝国学院的称号。

莫斯科考古学院在教育和学术等方面的社会影响深远，其社会评价在不同的历史阶段褒贬不一：1920 年之前备受学界推崇；20 世纪 30 年代则被认定是反动的、为贵族和资产阶级利益服务的；20 世纪 50 年代下半期，人们对莫斯科考古学院在辅助历史学、考古学和博物馆学方面的教育和学术成就产生了极大的研究兴趣。当前，随着人们对莫斯科考古学院的深入研究，它被公认为是独一无二的近代俄罗斯历史文化研究中心。

莫斯科考古学院拥有相对独立的财务管理权力，能够自主制定科研教学计划和行政经济管理计划，兼有高等教育机构和高级研究机构的共同特征。该学院起初优先录取大学毕业生，专业不限，后来则放宽了招生条件，不具有大学文凭但对该领域感兴趣的一般人员、中学毕业生都可成为该学院的旁听生。

莫斯科考古学院与彼得堡考古学院在人才培养目标定位和办学方式等方面有所不同。莫斯科考古学院不是为政府、社会和私人的档案馆、图书馆和博物馆培养专家(上述学员在听课人数中所占比例甚少)，而是致力于培养历史文化领域的研究型人才，他们大多成为各省档案学术委员会、历史学研究学会等各种学术研究性组织的成员。这从其最初招生对象要求必须为大学本科毕业生就可窥见一斑。此外，与彼得堡考古学院单一完整的组织结构不同，莫斯科考古学院在俄国很多地方如斯摩棱斯克、卡卢加、下诺夫哥罗德、雅拉斯拉夫尔等地都开设了分部，教师统一由莫斯科考古学院派出，地方分部的学员拥有与莫斯科本部学员同等的权利。

莫斯科考古学院的师资由来自高校的专业教师和档案馆、博物馆、图书馆等文化机构的工作人员共同构成，所开设的课程包括：俄罗斯国家历史与档案学、古文字学、古希腊文、历史地理学、博物馆学、图书馆学、计量学、年代学与历史考古、古文献整理及档案管理相关的课程。档案馆、图书馆等文化机构的实践工作者在该学院的教学中担任了非常重要的角色，例如，А. И. Успенский 讲授"俄罗斯档案学与国家历史"这门课程，他同时担任俄罗斯皇家宫廷档案馆莫斯科分部的馆长。实践教学受到高度重视，专门设置了对古文书、古文献阅读和整理方面的实践教学，实习基地为司法部莫斯科档案馆和皇家宫廷档案馆莫斯科分部，此后为莫斯科总司令部档案馆。1915 年起，实习实践教学就完全以该学院的教学档案馆所收藏的文献材料为对象，这些文献材料来自莫斯科城市管理局、莫斯科法院和莫斯科刑事法庭。莫斯科考古学院的学制为 3 年，最后采用口试和毕业论文方式进行考核，通过考核的学员授予其"专业档案工作者"和"专业考古工作者"称号。

莫斯科考古学院出版了大量有关历史档案学与考古研究方面的教材，其中，1917 年 10 月之前出版的 40 卷本的莫斯科考古学院文集集中收录了该学院师生出版的专著、教材、论文等各类文献材料。1922 年，莫斯科考古学院并入了莫斯科大学社会学系。

4.3 20 世纪 30—90 年代苏联时期的档案学高等教育——莫斯科历史档案学院

创建于 1930 年的莫斯科历史档案学院是十月革命之后苏联最重要的档案学人才培养基地，该学院从开办至今未曾中断停办，成为当代俄罗斯最重要的档案学教学及科研中心。20 世纪 20—30 年代，苏共在意识形态领域对不同政见者实施政治高压和制裁，档案系统也不例外，不少学识渊博、经验丰富的档案工作者被迫离开了档案工作岗位，据统计，至 1941 年卫国战争前，俄罗斯档案馆有15 年以上工龄的工作人员不到 2%，约有 41%的档案工作者仅为低学历教育背景。① 为了满足社会对专业历史档案工作者的需求，经苏联中央执行委员会和人民代表苏维埃的批准，于 1930 年成立了莫斯科档案学院，1932 年改名为莫斯科历史档案学院（Московский государственный историко-архивный институт，МГИАИ）。学院成立之初，1931—1932 学年采用 2 年学制，但很快于 1932—1933 学年将学制延长到 2.5 年，1933—1934 学年学制延长到 3 年，1934—1935 学年学制延迟到 4 年。1931 年 1 月 18日，Р. К. Лицит 被任命为学院第一任院长，但同年 8 月不再担任该职，其后，在 1991 年并入俄罗斯国立人文大学之前的历任院长为 С. М. Абалин（1931—1933）、Н. И. Соколов（1934—1937）、К. О. Гулевич（1937—1939，在任期间将学制延长至 5 年）、П. П. Смирнов（1941—1942）、П. Б. Жибарев（1943—1944）、Д. С. Бабурин（1944—1947）、Н. А. Елистратов（1948—1950）、А. С. Рослова（1950—1962）、Л. А. Никифоров（1962—1967）、С. И. Мурашов（1968—1976）、Н. П. Красавченко（1976—1986）、Ю. Н. Афанасьев（1986—1991）。②

1933 年，学院按照以下 5 个方向培养不同类型的档案人才：档案事业组织领导者；档案工作方法专家；档案编辑、出版和宣传工作者；高校的档案教学工作者；马克思恩格斯列宁研究院的科学工作者。最初的入学考试科目包括：政治经济学、物理和化学、俄语、数学、历史档案文献的一般知识。

1931—1941 年是莫斯科历史档案学院的初创阶段，学院成立了委员会，建立了研究生部、实验室、科学方法和历史档案研究

---

① Корнеев В. Е., Копылова О. Н. Архивист в тоталитарном обществе：борьба за "чистоту" архивных кадров（1920-1930-е гг.）. Отечественные архивы. 1993(5)：29-42.

② Бондарева Т. И. МГИАИ-РГГУ-80 лет. Отечественные архивы. 2010(6)：122-123.

室、图书馆。设置了最早的 3 个教研室：历史和经济学教研室、档案学教研室和外语教研室。1933 年，学院出版了 3 部最早的教材：《档案工作方法和技术》《档案馆和档案事业》《史料学和文献公布方法》。

　　20 世纪 30 年代，莫斯科历史档案学院在其初创阶段面临着与彼得堡考古学院同样的问题，即办学宗旨和人才培养目标的定位问题。1934 年，被任命的院长 Н. И. Соколов 制定了新的教学培养方案，重新定位办学宗旨，纠正了 М. Н. Покровский 等人过于强调意识形态和政治思想教育而忽视专业人才的培养思路，强调了历史档案专业素养的培养要求。Н. И. Соколов 还积极邀请和吸收最优秀的历史学家和档案学家来学院任教，显著提高了学院的专业人才培养质量、科研成就和社会声誉，尤其在辅助历史学科领域（史料研究、文献学等）负有盛名。此外，А. Н. Сперанский 和 М. С. Вишневский 则对历史档案学专业教育的实质存在争议，М. С. Вишневский 认为，历史档案学专业教育应该主要培养档案管理工作者，他反对当时学院流行的否定和轻视档案学专业的观点，反之，他要求减少通识科目和历史科目，认为“作为专门的档案学院，我们的任务并不是为苏联培养历史专家”，为此，他强调“历史学的发展不能没有档案事业的正确组织，不能没有国家档案馆的高水平档案专家，不能没有对档案材料的科学加工和处置”。历史档案学专业人才培养目标定位争议的结果是，1938 年，档案学教研室分为两个独立的教研室：档案工作和实践教研室、档案事业历史和组织教研室。1939 年，从档案事业历史和组织教研室分离出另一个独立的教研室——辅助历史学教研室，主要从事对国家机关史、古文字学、古文书学等领域的教学和科研。20 世纪 40—50 年代，Н. П. Ерошкин，С. О. Шмидт，Ф. А. Коган-Бернштейн，А. А. Зимин 等一批杰出的历史学家在学院任教，他们继承了十月革命前历史档案学教学与科研的优良传统，深受学生欢迎，为历史档案学院走向鼎盛和繁荣做出了重要贡献。

　　1944—1948 年，莫斯科历史档案学院培养的首位博士生 Д. С. Бабурин 完成了论文答辩，被授予历史学博士学位。从 1949—1950

学年开始，学制延长至 5 年，并沿用至今。经过"二战"后的恢复和建设，20 世纪 50 年代初莫斯科历史档案学院进入其发展的黄金时期（1950 年代至 1967 年）。主要表现在：

第一，专业教育进一步扩展和细化。以历史档案学专业教育为基础，增设了文献编纂学教研室、文件管理教研室和科技档案教研室。

第二，教学科目明显增加。随着档案学理论和实践的发展，新开了 4 门重要的教学科目：历史地理学、外国档案史、技术和声像档案管理、缩微档案管理。

第三，一系列核心专业教材相继出版。《苏联档案事业历史与实践》（1958 年）、《档案文献编纂方法》（1958 年）、《苏联文件处理历史与组织》（1959 年）、《技术档案》（1956 年）、《声像档案》（1960 年）、《十月革命前俄罗斯国家机关历史概况》（1960 年）和《十月革命前俄国的历史编纂学史》。

第四，教师队伍质量优化。各个教研室吸纳了文献学、历史学和档案学领域的优秀人才，形成了强大的教师队伍。

莫斯科历史档案学院在这一时期所取得的成就得益于将宽广的历史学基础教育与档案学专业教育紧密结合，课堂教学与实践相结合，此外，大学生科研活动小组在激发学生兴趣和潜力方面发挥了积极的作用。

但是，意识形态领域的垄断对教学和学术研究造成了消极影响。20 世纪 70 年代，莫斯科历史档案学院的命运发生了逆转，根本原因之一是 1968—1976 年 С.И. Мурашов 任院长期间独断专行，有大约 50 名优秀教师被排挤而离开学院，给学院带来了巨大的损失，教师整体素质的滑坡直接影响了这个时期所培养的学生质量，使得莫斯科历史档案学院几乎丧失了其专业本色。20世纪 80 年代，院长 Ю.Н. Афанасьев 推行民主改革，使 С.И. Мурашов 时代长期弥漫的沉闷学术氛围有所改观。但由于缺乏优质师资资源，学院的教学和科研质量没能达到 20 世纪 60 年代的高度。

4.4　20 世纪 90 年代以来俄罗斯国立人文大学历史档案学院的改革与发展

　　1991 年 3 月 23 日，俄罗斯政府发文，在莫斯科历史档案学院基础上成立一所新的大学——俄罗斯国立人文大学（Российский Государственный Гуманитарный Университет，РГГУ），原来的历史档案学院院长 Ю. Н. Афанасьев 担任第一任校长，历史档案学院成为其中的一个学院，全名为"俄罗斯国立人文大学历史档案学院"（Историко-архивный институт РГГУ，ИАИ РГГУ），新任院长是历史档案学家 Е. В. Старостин。Ю. Н. Афанасьев 是法国史和历史方法论专家，新兴的苏联民主政治的领导人之一，他向叶利钦政府提出了成立国立人文大学的设想并获批。① 国立人文大学是俄罗斯在人文科学领域最重要的教学及科研基地，历史档案学院拥有全俄罗斯档案学领域最知名的专家学者以及优质的生源，培养历史档案学专业的本科、硕士和博士专门人才。学院下设 4 个系和 1 个职业教育学校，并建立了面向全俄的档案学或文件学专业教育网络，目前已经在全俄设立了约 19 个分校（部）。为了适应新时期的社会需求，国立人文大学历史档案学院在专业设置和人才培养目标定位等方面进行了改革：积极向历史学、政治学、法学以及国际关系及外交事务等专业领域拓展；"文件学和文件管理"专业异军突起，与历史档案学专业并立，适应了现代社会政府机关和社会组织对文件管理人才的广泛需求；在历史档案学专业这个"母体"内，技术档案与文件管理逐渐拥有了自己相对独立的地位。

　　当前，俄罗斯国立人文大学历史档案学院共设有 4 个系、1 个富有历史和地方特色的"方志学和历史文化旅游"部、1 个"历史档案学院文件学和档案学高级职业学校"和 5 个研究中心。其中，4 个系是学院的主体，分别是：档案事业系、文件学和技术

---

　　①　［俄］纳塔尔亚・巴索夫斯卡亚，崔瑞武、丁华东编译，档案学研究的新基地——记俄罗斯国立人文大学［J］. 档案时空，1994（2）：28-29.

档案系、历史学、政治学和法学系、国际关系和外国地区研究系。上述系和部门下设20多个教研室，包含了9个专业。其中，档案事业系的历史最为悠久，成立于1931年，下设俄罗斯中古史、俄罗斯当代史、俄罗斯通史、档案事业历史及组织、文献编纂学和档案学6个教研室，另外，在该系以前的历史学、辅助历史学教研室基础上综合成立了"历史学、辅助历史学和专门史研究高级学校"。文件学和技术档案系由原来的文件学系和技术档案与文件系合并而成，合并之后共有5个教研室：文件学，国家机关与社会历史组织，文件管理自动化系统，声像文件和档案，历史科学、科学技术和声像档案教研室。还设置了文件学和技术档案实验室及教学方法办公室。历史学、政治学和法学系下设7个教研室：历史学历史及理论教研室、政治学理论及应用教研室、国家与法历史及理论教研室、世界文明及民主教研室、社会传播及技术教研室、公共关系理论与实践教研室、当代东方学教研室，以及一个以 Ю. В. Кнорозов 命名的拉丁美洲研究中心。方志学和历史文化旅游部很有地方特色，下设两个教研室和两个教学科研中心：地方历史和方志学教研室、莫斯科方志学教研室以及历史方志学和莫斯科地方志研究中心、莫斯科古迹研究和观光事业教学科研中心。国际关系和外国地区事务系在国际关系和外国地区研究部基础上成立。学院从2002年开始在"国际组织和国际一体化"专业内培养国际关系领域的专门人才。2007年2月15日，经国立人文大学校长批准正式成立了国际关系部，该部自成立以来发展迅速：2008年"国际关系"专业方向首次获得了学士学位授予权，2010年"外国地区事务"专业方向也获得了学士学位授予权，同年，该部新设"国际活动文件保障"专业。2015年12月3日该部更名为"国际关系和外国地区事务系"，地位得到显著提升。学院的5个研究中心分别是：档案研究中心、圣经研究和犹太研究中心、历史方志学和莫斯科地方志研究中心、"Ю. В. Кнорозов"拉丁美洲研究中心和"新俄罗斯·俄罗斯后苏联时期历史"研究中心。具体见表4-1。

表 4-1 俄罗斯国立人文大学历史档案学院教学及科研机构设置

系(部)	所含教研室或其他内部机构
档案事业系	俄罗斯中古史教研室 俄罗斯当代史教研室 俄罗斯通史教研室 历史学、辅助历史学和专门史研究高级学校(内设辅助历史学和专门史教研室、历史学教研室和教学方法办公室) 档案事业历史及组织教研室 文献编纂学教研室 档案学教研室
文件学和技术档案系	文件学教研室 国家机关与社会历史组织教研室 文件管理自动化系统教研室 声像文件和档案教研室 历史科学、科学技术和声像档案教研室 文件学和技术档案实验室 教学方法办公室
历史学、政治学和法学系	历史学历史及理论教研室 政治学理论及应用教研室 国家与法历史及理论教研室 世界文明及民主教研室 社会传播及技术教研室 公共关系理论与实践教研室 当代东方学教研室 "Ю. В. Кнорозов"拉丁美洲研究中心
国际关系和外国地区事务系	国外地区及外交政策教研室 国际安全教研室 外语教研室(面向全院,为各个系和专业授课)
方志学和历史文化旅游部	地方历史和方志学教研室 莫斯科方志学教研室 历史方志和莫斯科地方志教学科研中心 莫斯科古迹研究和观光事业教学科研中心

系(部)	所含教研室或其他内部机构
文件学和档案学高级职业学校	文件学和档案学双学位教育、继续教育、短期职业培训
5个研究中心	档案研究中心 圣经研究和犹太研究中心 历史方志学和莫斯科地方志研究中心 "Ю. В. Кнорозов"拉丁美洲研究中心 "新俄罗斯·俄罗斯后苏联时期历史"研究中心

国立人文大学历史档案学院在档案管理与文件管理领域分别设置了两个本科专业：历史档案学专业和文件学与文件管理专业。这两个专业的本科人才培养大纲及课程体系将历史学、档案学与文件管理专业教育相结合，适应了当前俄罗斯社会对档案管理和文件管理的人才需求。以下分别对这两个本科专业的人才培养大纲和课程体系进行阐述和分析。

4.4.1 历史档案学专业本科人才培养大纲及课程体系

4.4.1.1 历史档案学专业本科人才培养大纲

（1）基本原则

历史档案学专业本科人才的培养遵循如下两条基本原则：第一，人文教育、自然科学教育和专业教育有机结合；第二，能够将信息技术的最新成果运用于历史档案工作和学术研究领域。

（2）培养目标

能够掌握和应用基本的原则、方法、手段，对构成社会记忆最重要的基础之一——文件信息的生产、保护和利用活动进行有效组织，并保护档案信息资源的安全。

（3）应掌握的基本知识和专业能力

了解世界文明史，熟悉俄罗斯历史发展的各个阶段及其在世界文明史上的地位以及重大历史事件和特点；掌握对历史文献进行分析、选择、组织的基本方法；熟悉俄罗斯文化史，了解"黄金时代"和"白银时代"的文化特点以及苏联 20 世纪文化领域的基本问题；了解哲学、自然科学、人文科学、宗教及其与历史学研究之间的关系；掌握史料编纂和书目分析方法；熟悉国家的文件管理系统和档案管理系统的形成、发展历史及特点。历史档案学专业人才不仅能描述和记录历史发展的过程，而且应掌握系统的历史知识，树立科学的历史观，对历史史料、事实进行比较分析和逻辑思考，得出综合的结论。

4.4.1.2　历史档案学专业本科课程体系

历史档案学专业的本科课程体系主要涵盖如下学科知识领域的内容：历史学、辅助历史学(古文字学、历史年代学、古文书学、版本学等)、档案学、文献编纂学，以及国家机关史、世界通史和俄罗斯通史。从课程内容和性质上，分为 5 个组成部分：人文及社会经济类课程、数学及自然科学类课程、专业一般课程、专业方向课程和选修课程。具体见表 4-2。

表 4-2　俄罗斯国立人文大学历史档案学专业本科课程体系

课程系列	课程名称
人文及社会经济类课程	外语，文化学，政治学，法学，心理学和教育学，俄语及语言文化，社会学，经济学理论，哲学，体育，世界宗教史 选修课(2 选 1)：俄罗斯文化史、世界文化史
数学及自然科学类课程	现代自然科学纲要、数学、信息学、逻辑学
专业一般课程	通史、通史(东方及古希腊)、通史(西方：中世纪)、通史(东方：中世纪)、通史(西方，16—19 世纪)、通史(亚洲和非洲，16—19 世纪)、通史(中欧和东南欧，16—19 世纪)、通史(西方，20 世纪)、通史(亚洲和非洲，20 世纪)、通史(中欧和东南欧，20 世纪)、俄罗斯历史、俄罗斯历史(18 世纪前)、俄罗斯历史(18 世纪—20 世纪初)、俄罗斯历史(苏联和俄罗斯联邦)、科学史、历史学理论与方法、史料学、世界档案事业史、俄罗斯档案事业史、历史文献、典籍及其保管、文献编纂学、应急救生基础、俄罗斯 17—20 世纪地方史 选修课(4 选 1)：古代罗斯和莫斯科公国史、俄罗斯 18—20 世纪初历史、苏联及俄罗斯联邦史、莫斯科社会文化史

续表

课程系列	课程名称
专业方向课程	专业导论、历史学史、信息研究法①、辅助历史学、古代俄语、18世纪俄语、俄罗斯国家机关史、俄罗斯政党和社会组织史、俄罗斯文件管理历史和组织、文件管理、档案思想史、档案法、国家和部门档案馆、科技档案、声像档案、档案馆管理、档案文件的保管、保护和修复、档案管理自动化技术、博物馆和图书馆手稿收藏、家谱档案 历史文献编纂学(4选1)：16—17世纪历史文献编纂学、18世纪历史文献编纂学、19—20世纪历史文献编纂学、非传统载体历史文献编纂学 档案管理自动化(3选1)：电子档案、网络技术在档案事业和历史学研究中的应用、信息技术在历史学和档案学研究中的应用 史料学研究方法(3选1)：比较史料学、史料学定量分析方法、国外史料学 非国家档案馆(3选1)：政党和社会组织档案馆、经济档案馆、教会档案馆 历史人类学课程(4选1)：历史人类学、历史人口学、历史地理学、历史方志学 国外档案(3选1)：流失海外的国家档案、国外档案学理论与方法、国外文献学 法律史(4选1)：俄罗斯联邦国家机关法律和组织基础、行政法、国家司法机关史、俄罗斯立法机制史
选修课	公共关系学，口述史，地方档案馆，古代语言(2选1)：古代语言、拉丁语

由表4-2可以看出，历史档案学专业注重通识教育，通识教育覆盖了人文及社会经济类、数学和自然科学类两个大的领域；历史学专业教育特别突出，构成了专业一般课程的主体，有多达25门历史学科目，包括通史、俄罗斯历史、世界档案事业史、俄罗斯档案史、科学史等；专业方向课程则包括了科技档案、声像档案、家谱档案等各种门类档案管理课程以及档案法、历史文献编纂学、档

---

① 关于信息空间(信息、信息社会、信息资源)和信息过程(信息的生产、传播、分析、加工、组织、保护、检索、利用)的课程。

案管理自动化、历史人类学、国外档案、法律史等方向的课程。选修课的比重很少，包括公共关系学、口述史、地方档案馆和古代语言四门课。

4.4.2　国立人文大学文件学与文件管理专业本科人才培养大纲及课程体系

4.4.2.1　文件学与文件管理专业本科人才培养大纲

（1）培养目标

应用传统及现代的方法、技术，对国家机关、社会组织和企业的文件生产、流转、统计、鉴定、登记、检索、保管等进行组织和管理；能对机关文件管理工作进行合理规划和优化，提高效率；参与信息系统和数据库的设计、开发和优化。

（2）应掌握的基本知识，具备的专业能力

掌握文件及文件管理基础理论；全面了解人文及社会经济学基本知识，并能将人文及社会学方法应用于文件管理实践；熟练应用计算机技术进行信息的选择、加工、组织和保护；具有较高外语水平；具备职业伦理及法律意识。

4.4.2.2　文件学与文件管理专业本科课程体系

文件学与文件管理专业本科课程由 5 个部分组成：人文及社会经济类课程、数学及自然科学类课程、专业一般课程、专业课程和选修课程。从大一至大五，课程科目从通识课程（包括人文科学、自然科学、法律科目）过渡到专业方向科目，即以宽广的人文教育和必要的自然科学教育为基础，再授之以系统的专业知识和相关的专业技能。具体见表4-3。

表4-3　俄罗斯国立人文大学文件学与文件管理专业本科课程体系

课程系列	课程名称
人文及社会经济类课程	外语、俄罗斯历史、心理学和教育学、哲学、体育、世界文化史 选修课：俄罗斯文化史、俄罗斯地方史

课程系列	课程名称
数学及自然科学类课程	信息学、现代自然科学纲要、数学、科学史、信息研究法、科学史 选修课：互联网信息组织方法、信息监测
专业一般课程	行政法、民法、宪法、劳动法、专业导论、程序设计、文件学、信息系统、计算机技术应用、管理学、文件管理、俄罗斯国家机关组织、应急救生基础、信息管理、现代俄语 以下3组课程每组2选1：（1）国外文件管理法律基础，国外信息资源管理；（2）公文处理方法，19世纪俄罗斯中央机关文书管理；（3）20至21世纪之交的俄罗斯国家体制，市政机关管理
专业课程	档案学、公文语言学、信息管理、信息安全、文秘工作、商务心理学、文件管理技术手段、俄罗斯国家机构演变历史与职能、国家和部门档案馆、史料学、非国有机构管理、修辞与文学编辑基础、非国有档案馆组织与管理方法、公共关系学、决策管理、组织理论、非传统载体文件管理、机关文件管理 选修课：作为俄罗斯近代史料的回忆录文学作品、俄罗斯公共机关活动法律基础、商务礼仪、外交礼仪、非国有组织文件管理
选修课程	文献编纂学、著作权法、企业法、翻译理论与实务、财务管理

由表4-3可以看出，文件学与文件管理专业的本科课程体系在结构上与历史档案学专业类似，由通识教育课程、专业一般课程、专业课程和选修课程组成。但是，历史档案学专业与文件学与文件管理专业的人才培养目标不同，这在课程体系设置上得到了体现。两个专业的一般课程和专业课程的科目设置差别很大，前者特别重视史学科目的设置，在史学基础上向档案学专业方向延伸，侧重于培养学生深厚的历史人文综合素养和档案管理专业素质，可为各级国家档案馆、博物馆等文化遗产机构培养高素质专业人才；后者的

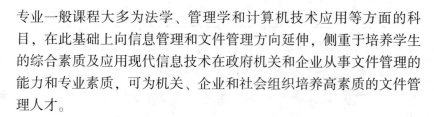

专业一般课程大多为法学、管理学和计算机技术应用等方面的科目，在此基础上向信息管理和文件管理方向延伸，侧重于培养学生的综合素质及应用现代信息技术在政府机关和企业从事文件管理的能力和专业素质，可为机关、企业和社会组织培养高素质的文件管理人才。

4.4.3　档案学与文件学专业教育的融合发展趋势

值得关注的是，最近几十年来，俄罗斯在社会转型过程中产生了大量的中小企业和社会组织，它们所产生的文件规模有限，加上办公自动化技术和现代信息技术的普遍应用，越来越多的企业和社会组织对于文件和档案的处置不再有明确的界限和分工，文件处置和管理人员同时需要收集和管理档案。此外，根据 2004 年《俄罗斯档案事业法》第 13 条第 2 款的规定，文件规模较小的组织机构不需要专门设置档案室，档案工作可由文书部门监管，这为众多的中小型企业和社会组织在内部设置文档管理机构和文档综合管理提供了明确的法律依据，也对俄罗斯档案学高等教育专业改革与调整提出了要求。长期以来，俄罗斯在本科阶段的文件和档案管理专业设置是分离的：在档案学专业中等职业教育层次和研究生教育层次都设置了文件与档案管理专业方向，培养文档管理综合性人才。但是，在本科教育层次，也是最主要的专业人才培养阶段，文件管理专业和档案管理专业则是分别设置的。以历史档案学院为例，如前所述，该学院从 1931 年起开始培养历史档案管理专门人才，1965 年开始专门培养文件管理工作者，历史档案学和文件管理学专业相互独立。这种狭小的专业划分不能适应当代社会对文档综合管理人才的现实需求。面对社会对文档综合管理人才的强烈需求，俄罗斯国立人文大学历史档案学院积极促进对本科专业方向的重要调整。2007 年 1 月 16 日，国立人文大学召开了教学方法委员会扩大会议，首次讨论了在历史档案专业背景下培养档案管理与文件管理综合性人才的问题。此后，经由历史档案学院、俄罗斯联邦档案署、全俄文件学和档案事业科研所等机构专家组的多次讨论，国立人文大学校长 Е. И. Пивовар 向教育部长写信阐明情况，最终于 2009

年公布的俄罗斯教育部高等学校本科专业目录中新增"文件学和档案学"专业方向，专业代码为 034700，属于"人文科学"大类。国立人文大学历史档案学院从 2008—2009 学年开始招收"文件学和档案学"专业方向的本科生。① 根据历史档案学院专业调整与改革最新进展，"文件学与档案学"专业方向设置在文件学与技术档案系。② 2014 年历史档案学院首届"文件学与档案学"专业方向的本科生毕业。

4.4.4　历史档案学院的研究生教育

俄罗斯国立人文大学的硕士专业共有 9 个：历史学、文化学、哲学、心理学、管理学、经济学、语言学、语文学、政治学。其中，历史档案学院在硕士及博士培养层次上只设置了历史学这一个专业，没有独立的档案学或文件学专业的硕士或博士学位教育，只是在相关的研究方向开设了档案学或文件学专业课程。从 2006 年开始，历史档案学院与德国 г. Констанц 大学开始实施跨学科的硕士生联合培养计划，培养"历史学"和"文化学"专业的硕士生，具体研究方向为"东欧研究"，授予历史学或文化学硕士学位。此外，从 2011 年起，开始招收"文件学与档案学"方向的硕士研究生。

在历史学专业背景下，历史档案学院共招收 5 个研究方向的硕士：①俄罗斯史：苏联和后苏联时期传播史；②东欧研究（俄、德国际合作培养硕士）；③历史研究与新技术应用；④声像交流与多媒体技术。⑤文件学与档案学。除了第 2 个研究方向以外，其他 4 个研究方向所培养的硕士生都授予历史学硕士学位。

国立人文大学历史档案学院的硕士研究生教育制度与俄罗斯其

---

① 　Бурова Е. М. Новое образовательное направление по документоведению и архивоведению：как оно создавалось. Отечественные архивы，2009(6)：55-61.

② 　Варламова Л. Н. Пути развития направления подготовки «Документоведение и архивоведение» на факультете документоведения и технотронных архивов Историко-архивного института РГГУ：взгляд изнутри[EB/OL]．[2017-04-05]．http：//www. rsuh. ru/upload/main/vestnik/daizi/Vestnik-12_15. pdf.

他高校相同，例如，招生对象必须已经获得本科文凭或专家证书，教学方式为面授，每周授课时间不多于 18 小时，学制两年，毕业标准为通过国家考试并撰写硕士论文。课程分为必修和选修两种，学生在导师指导下，根据自己的兴趣和特长，独立完成个人的学术研究课题，撰写毕业论文，此外，应参加教学实习活动。

莫斯科历史档案学院自成立至今培养了大批优秀的毕业生，他们在历史档案学专业领域和其他相关领域获得了突出的成就，享有较高的学术声誉和社会影响力。他们中的代表见表 4-4。

表 4-4 莫斯科历史档案学院的杰出校友①

姓名	生(卒)年代	生平简介
Галансков，Юрий Тимофеевич	1939. 6. 19—1972. 12. 4	1965 年进入莫斯科历史档案学院的夜间部学习。俄罗斯和苏维埃诗人，持不同政见者
Дамье，Вадим Валерьевич	1959—	1981 年毕业于历史档案学院，俄罗斯科学院俄罗斯历史研究所高级研究员
Жуков，Юрий Николаевич	1938. 1. 22—	1976 年毕业于历史档案学院，苏联和俄罗斯历史学家，历史学博士，俄罗斯科学院俄罗斯历史研究所首席研究员，以研究斯大林时期的历史而闻名
Каштанов，Сергей Михайлович	1932. 1. 29	1954 年毕业于历史档案学院，苏联和俄罗斯历史学家，历史学博士，俄罗斯科学院通讯院士。研究领域：俄罗斯历史和辅助历史学
Кожевникова，Галина Владимировна	1974. 3. 16—2011. 3. 5	1997 年获历史档案学院历史档案学专业学士学位，2000 年获得历史学硕士学位。俄罗斯民族主义专家，多次参与针对民族极端分子的公开辩论，在恐怖袭击中丧生

---

① Московский государственный историко-архивный институт（МГИАИ）［EB/OL］．［2017-04-05］．http：//ru. rfwiki. org/wiki/Московский_историко-архивный_институт.

姓名	生(卒)年代	生平简介
Муравьёв，Виктор Александрович	1941. 1. 17—2009. 10. 25	1963年毕业于历史档案学院，此后留校任教，1987—1989年任历史档案学院副院长。国立人文大学学术委员会和学位评定委员会成员，历史学家。研究领域：历史学史、历史地理学和辅助历史学。俄罗斯科学院文献编纂学委员会委员
Пашков，Сергей Вадимович	1964. 6. 12—	1983年毕业于历史档案学院，新闻记者，著名电视节目主持人。因其在俄罗斯电视行业发展中的突出贡献和成就于2007年6月27日获得国家荣誉金奖二等奖
Радзинский，Эдвард Станиславович	1936. 9. 23—	1958年毕业于历史档案学院。苏联和俄罗斯作家，剧作家和电视节目主持人。俄罗斯艺术科学院荣誉会员。因其在文学创作和电视行业发展中的突出贡献于2006年11月27日获得国家荣誉金奖
Рашковский，Евгений Борисович	1940—	1964年毕业于历史档案学院，苏联和俄罗斯东方学研究学者，宗教学家，翻译家，历史学家，历史学博士
Симченко，Юрий Борисович	1935—1995	人类学家、人种学家、作家，俄罗斯自然科学院院士，俄罗斯作家协会会员
Старостин，Евгений Васильевич	1935. 11. 4—2011. 3. 23	1964年毕业于历史档案学院。历史学博士，联合国观察员（1994—1995），历史档案学家，主要研究领域为外国档案事业。1973—2011年在历史档案学院任教，长期任档案事业历史和组织教研室主任，档案研究中心主任，《国家档案》杂志编委。2007年获得法国文化艺术骑士勋章

续表

姓名	生(卒)年代	生平简介
Фесуненко，Игорь Сергеевич	1933. 1. 28—	1955 年毕业于历史档案学院，1957—1963 年在国家档案管理总局工作，1963 年外派葡萄牙。1966 年起开始在南美从事苏联电视与广播国家委员会的新闻工作。获得苏联"光荣之星"国家奖章
Стрелков，Игорь Иванович	1970. 12. 17—	1992 年毕业于历史档案学院，俄罗斯军人、作家、顿涅茨克人民共和国军事活动家。2014 年 5 月至 8 月任顿涅茨克人民共和国国防部长，因积极参与东乌克兰的武装冲突而获得了较高的知名度和政治权威
Эрлихман，Вадим Викторович	1965. 5. 5—	1989 年毕业于历史档案学院。俄罗斯历史学家、新闻工作者和翻译家

4.4.5　俄罗斯国立人文大学历史档案学院专业教育特色

与我国档案学高等教育近年来的发展变化相比，俄罗斯的档案学高等教育更多地固守了传统，保持了档案学与历史和文化之间的自然渊源。与欧洲其他国家如法国和德国类似，俄罗斯的档案学高等教育总体上在历史学背景下开展。以俄罗斯国立人文大学历史档案学院为例，该学院在教研室设置、课程体系、教学内容和培养目标上，重在强调档案与历史以及社会、政治和文化之间的关联，与图书馆学、情报学以及管理科学之间的交叉与融合不明显，学科划分很细。在硕士和博士研究生教育层次，只设置了历史学专业而不设置独立的档案学或文件学专业。20 世纪 30 年代至今，历史档案学院从初创、发展到并入国立人文大学历经了 80 多年的风风雨雨，是俄罗斯档案学高等教育历史发展的一个缩影，其办学特色集中反映了俄罗斯档案学高等教育的特点。可归纳为以下几个方面：

（1）秉承了俄罗斯人文教育的传统。历史档案学院十分重视人文教育，致力于培养学生深厚的人文基础，使其拥有宽广的人文视野。从其教学形式、课程设置、教学内容、教学方法诸多方面无不彰显其厚重的历史和人文底蕴。

(2)确认了档案学在历史研究中的重要地位。众所周知,历史学、历史研究与档案学、档案管理之间存在不可分割的联系。历史档案学院在其人才培养方面一直坚持保持和维护历史研究与档案学之间的联系,从20世纪30年代创建至20世纪末,一直以培养历史档案学专业人才为其基本目标,它既不专门培养历史学专业人才,也不单纯培养档案管理人才,这是该学院由来已久的传统。

值得一提的是,历史档案学院的辅助历史学专业①在俄罗斯一直享有盛名。20世纪30年代中期,历史档案学院的辅助历史学教研室汇集了一批知名的历史学家和档案学家,他们中很多人在十月革命前就在莫斯科考古学院和彼得堡考古学院任教,致力于传承俄罗斯在史料研究、文献学和档案管理领域的优良传统,他们为历史档案学院带来了极高的声誉。时至今日,历史档案学院的"文献编纂学""史料学"都是其传统的经典科目。

需要说明的是,在研究生培养层次上,俄罗斯与欧美大多数国家一样,没有独立的档案学硕士学位教育,这在历史档案学院的研究生专业设置及毕业生学位论文的选题等方面充分反映出来,学院在研究生阶段专注于培养历史研究人才,尤其关注对专题性历史问题的研究,档案文献材料的搜集、识别、处置、整理及编纂则是历史研究的基础和必要手段。

(3)现代人文教育的发展,信息技术在历史学研究和档案管理中的普遍应用,社会对人才需求的多样化和专门化趋向,促使历史档案学院从经典到现代的转型,并实施专业改革。这主要体现在:1994年创立了拥有7个教研室的历史学、政治学和法学系;设置了与档案事业系并立的文件学系,使文件学和文件管理专业拥有了独立地位;从历史最为悠久的"档案事业系"中分离出去了"技术档案和文件系",其下设置了具有现代特色的"电子文件、档案及技

①　辅助历史学专业主要开设古文字学、古文书学、法语和拉丁语文献、纹章学、印章学、古钱币学等对于历史研究具有工具作用和辅助性的课程。

术教研室"。2012年以来，文件学系与技术档案和文件系合并，形成了颇具规模的文件学与技术档案系，"电子文件、档案及技术教研室"等原来的几个教研室也相应地进行了整合。此外，2007年以来，历史档案学院开始进行专业改革，试图打通档案管理和文件管理这两个单独设置的专业，在国立人文大学的强烈呼吁下，俄罗斯从2009年开始在教育部高等教育本科专业目录中新增"档案学与文件学"专业，意味着在高等教育（本科阶段）中，档案管理和文件管理专业不必泾渭分明，二者具有融合发展的趋势。

（4）历史档案学院的本科教育富有特色。这主要体现在以下4个方面：第一，本科教育学制为5年，教学科目多、所涉及的学科范围宽广、内容丰富、系统性强。第二，教学环节衔接紧密。专业主干课程由理论课和专题讨论课共同组成，由不同老师承担。专题讨论课采用问答兼辩论式的教学形式，有利于促进学生对问题的深入思考及观点的自由交流，类似于我国课堂教学中穿插的课堂讨论，但其分配的课时量、学生参与的广度和讨论问题的深度都远甚于我国的课堂讨论，专题讨论课的质量和效果很大程度上取决于老师的引导。第三，考察、考试方式灵活多样。每门课一般除了平时的课程作业、课程测验，还有期末的笔试和口试。第四，专业实习一般有两次，大二和大四各一次。一般由教师组织学生到各类型档案机构实习，学生也可凭学院的介绍信自主联系实习单位。可见，历史档案学院的本科教学从其课程设置、课堂教学、实习、考试形式等各个教学环节来看，严谨而系统，有助于学生掌握扎实的专业基础知识和宽广的历史文化知识，培养其思辨能力和实践能力。

4.4.6 历史档案学专业教育面临的困境及改革思路

历史档案学院在20世纪60年代的黄金岁月里，培养了大量杰出的历史档案学专业人才，使其社会声誉达到顶峰。但从20世纪末期开始，经典的历史档案学专业教育面临严峻的挑战；一方面，信息技术和信息社会对传统的历史档案学专业教育的内容和方法带来了挑战；另一方面，随着俄罗斯政治经济制度的变迁、文化多元化和经济私有化发展、现代信息技术的普遍应用，社会对文件档案管理人才的需求趋于多样化和专业化，掌握现代技术的文件管理人才日益受到社会的青睐。而且，越来越多的非国有组织、机构和企业在文档管理的成分和内容等方面都形成了自己的特色，这对以往主要面向国有档案机构的历史档案学专业教育提出了新的教学要求。此外，管理学、经济学、法学、大众传播、社会文化和旅游等热门专业对历史档案学专业的招生和就业也造成了较大的竞争压力。毋庸置疑，历史档案学专业教育的发展遭遇了时代的困境。

为此，国立人文大学历史档案学院专业教育既要保留和继承传统优势，又要跟上时代发展的步伐。以下是俄罗斯国家档案局和历史档案学院的专家教授关于专业定位、人才培养大纲、课程安排和实习等方面的初步改革意见：

（1）必须适应现代人文教育的发展趋势，根据俄罗斯国立人文大学的总体发展需要，确立历史档案学专业的发展方向，使其与国立人文大学本身的教育原则保持一致。

（2）针对社会对现代文件和档案管理人才的需要，以及新专业所带来的竞争压力，及时更新教学大纲和教学计划，增设相应的专业或专业方向。为了适应社会对专业化人才的需要，可以设置具有共同内核、面向多个专业方向的人才培养大纲。这个共同内核是：培养拥有系统的哲学、历史学及其学科方法论知识的历史档案学专业人才。以这个共同内核为基础，可设置不同的专业方向，包括文件（纸质文件、电子文件）、档案（历史档案、现代档案、非传统载体档案）、藏品、文献管理、文件与档案管理等不同专业方向的教学大纲。此外，应关注对服务于非国有机构文档管理专业人才的培养。

（3）在调整历史档案学专业招生名额和课程体系时，应尽量保留构成人文大学智力财富的经典课程，如"史料学""文献编纂学"等。

（4）积极与国家档案馆、博物馆、图书馆的手稿部、科学院系统的档案机构及其他的档案收藏机构保持紧密联系，建立合作关系，为学生提供高质量的实习保障。①

---

① 肖秋会. 俄罗斯国立人文大学历史档案学院的历史与现状[J]. 档案学通讯，2012(3)：77-81.

4.5 俄罗斯档案学高等教育评价与展望

4.5.1 俄罗斯档案学高等教育历史发展与改革评价

综上所述，19 世纪末 20 世纪初，彼得堡考古学院和莫斯科考古学院的相继创办标志着近代俄罗斯档案学高等教育的发端和初步发展。彼得堡考古学院完全由 Н. В. Калачов 私人创办，是其心血和智慧的结晶，该学院以法国档案学院为标杆，在专业设置、人才培养方案及课程体系等方面都集中体现了 19 世纪的时代特色：培养古文献学家和历史档案专家，适应社会对中世纪及古代历史文献进行发掘、整理、保管和研究的人才需求。而莫斯科考古学院的创办则是 Н. В. Калачов 档案学教育思想在俄国的进一步发展，该学院受到了沙皇及皇室贵族的鼎力支持，兼具教学和科研的双重性质，侧重于培养高级研究性人才，在历史文化研究领域取得了十分重要的成就。近代俄罗斯的档案学专业教育深受法国的影响，彼得堡考古学院、莫斯科考古学院都有法国档案学院的影子，法国作为欧洲近代档案高等教育的发起者对俄罗斯的影响力可见一斑。同时期德国马尔堡档案学院、奥地利维也纳档案学院等几所早期的档案学院也深受法国档案学院的影响，它们为本国的历史学、辅助历史学和历史档案学专业教育做出了重要的贡献，培养了社会所迫切需要的历史文献学家及档案管理专业人才。

1931—1990 年，苏维埃政权领导下的莫斯科历史档案学院是苏联时期俄罗斯档案学专业高等教育事业建设与发展的一个缩影。它继承和发展了彼得堡考古学院和莫斯科考古学院的办学宗旨，但与苏联的其他高校一样，不可避免地受制于苏共在意识形态领域的高压，学院自主办学和学术自由有限。莫斯科历史档案学院继承和发扬了早期两所考古学院的优良传统，将档案学专业教育置身于历史研究的背景之中，肯定了档案文献的收集、管理、加工、组织和编纂对于历史研究的基本作用和重要意义；学院不培养单一的历史学专业人才，也不培养单一的档案管理人才，而是将二者融合，培养具有深厚历史文化基础的历史档案学专业人才。这一基本宗旨长期主导着历史档案学院的办学思路和人才培养方案。即使在今日的国立人文大学历史档案学院，历史档案学专业仍然占有优势。值得关注的是，在办学初期，莫斯科历史档案学院曾经遭遇了与彼得堡考古学院同样的问题，即历史档案学专业的实质是什么？在课程体系和教学内容上如何处理历史学专业和档案学专业之间的关系？两种完全不同的观点曾经阶段性地存在，不断地进行交锋和对抗，一种观点以 M. C. Вишневский 等人为代表，他们充分认识到了档案文献的整理与分类、加工和编纂对于历史研究的重要性，认为档案学专业教学更为重要，因此，应当压缩一般通识课程和历史学科目；另一种观点以 A. H. Сперанский 等人为代表，他们更为重视历史学专业而轻视档案学专业，认为档案学专业课程可以尽量压缩，历史学科目应该加强。当这种观点占据上风时，在特定时期和一定程度上削弱了档案学专业课程的比例。这两种观点经过长期的对峙和发展，最终达成了一种平衡，即在历史学专业背景下开展档案学专业教育。如前所述，我们从当前国立人文大学历史档案学院的历史档案学专业本科课程设置可以发现，专业一般课程绝大多数为历史学专业课程，专业方向课程大多为档案学专业课程，这两种课程模块的结合，使学生能够在拥有深厚的历史学根基和丰富的人文素养的基础上，掌握必要的档案学理论、方法和技术，从而满足文化遗产机构对档案文献尤其是历史档案文献的收集、整理、保管、加工、编纂和提供利用与服务的职业需求。

20 世纪 90 年代，苏联解体以后，莫斯科历史档案学院作为独立学院的地位和使命也随之终结，在其基础上新成立了俄罗斯国立人文大学，而历史档案学院成为其下属的一个学院。20 世纪 90 年代中期，为了适应现代人文社会科学的发展、社会信息化及现代信息技术的普遍应用，以及俄罗斯国家行政管理体制改革、企业对文档综合管理人才的迫切需求，国立人文大学历史档案学院开启了自成立以来最大、最全面的改革：首先，增设了一个新系——历史学、政治学和法学系，该系包含了 7 个教研室，自成立以来发展十分迅速，在课程设置与授课内容上与国际接轨，适应了现代人文社科教育的发展潮流，实质上是对长达半个多世纪的历史档案专业教育的大胆拓展。其次，2002 年以来，历史档案学院又开辟了一个新的教学和科研领域——国际关系及外国地区事务，培养国际关系及外交人才，以适应全球化背景下复杂的国际关系对外交人才的需求，在此基础上，于 2015 年正式成立了国际关系和外国地区事务系。再次，历史最为悠久的档案事业系作为一个"母体"不断繁衍"新生儿"，1994 年从中独立出了一个新的系——技术档案与文件系，其下设置了具有现代特色的 3 个教研室：音像文件和档案教研室，科技与经济文件和档案教研室，电子文件、档案及技术教研室，该系包含 3 个专业：音像传播、企业档案管理、历史信息学。为了适应俄罗斯开放政府建设的需要，该系加强了对学生的 IT 教育和电子文件管理方法和技术的教学，还承担了新增的"文件学和档案学"专业方向的人才培养。此外，该系拥有一个设备齐全、功能强大的科技档案、影片照片录音档案和缩微复制实验室。[①] 引人注目的是，历史档案学院的文件学系自 1964 年成立以来不断发展壮大，与档案事业系有并驾齐驱之势，文件学和文件管理专业拥有了独立地位。在全俄范围内，大约有 140 多所大专院校开设了文件学和文件管理专业，40 所高校(不包括国立人文大学的分校)开设了历史档案学专业，在数量上前者已经明显超过了后者。2013 年，文件学系和技术档案与文件系合并，更名为文件学和技术档案系，两个系各自所属的教研室也进行了整合和调整，合并以后的文件学和技术档案系共有 5 个教研室、1 个实验室和 1 个教学方法办公室。这两个系的强强联合，加大了 IT 技术在文件和档案管理中的应用教学，音像文件、电子文件、缩微档案等特殊载体、新型档案文件的教学也更为突出；另外，2009 年，"文件学与档案学"获批为俄罗斯高等学校本科专业目录中的一个独立专业，隶属于人文科学大类，为历史档案学院培养文档管理综合人才提供了依据。如上

---

① Факультет технотронных архивов и документов Историко-архивного института РГГУ: прошлое, настоящее, будущее. Отечественные архивы. 2008(2): 109-112.

所述，20世纪90年代中期开始至今，历史档案学院经过持续的改革发展，基本实现了从传统到现代的转型，专业更为齐全，人才培养类型更为多样。传统的历史档案专业人才已经不是学院唯一的培养目标，新型档案尤其是音像档案与电子文件管理人才的培养日益受到重视，现代文件与档案管理人才、历史文化与旅游、政治及法学专业人才、国际关系及外交专业人才被纳入了学院的培养目标之列。

当前，俄罗斯的档案学专业教育主要是通过在大专院校开设档案学专业和文件学与文件管理专业进行招生和培养，档案学教育的层次既有博士、硕士和本科教育，也有中等职业技术(专科)教育。档案学或文件学专业大多设在人文艺术、历史或图书情报学院(系)，如国立人文大学的历史档案学院、莫斯科人文艺术大学图书情报学院。但不少联邦主体的大学根据自己的专业结构和特点，将档案学或文件学专业设立在经济管理、社会学、法学或哲学学院(系)，以及信息技术学院(系)。俄罗斯的档案学教育除了正规的全日制学校教育之外，还十分重视档案职业教育和培训，如国立人文大学历史档案学院设立了文件学和档案学高级职业学校，全俄文件学与档案事业科研所也设置了档案和文件管理职业技能提高中心，对在职档案人员进行继续教育和短期培训。

4.5.2 俄罗斯档案学高等教育展望

展望未来，21世纪的俄罗斯档案专业教育将至少面临如下3个方面的挑战及机遇：

首先，随着现代通信技术及计算机、网络等现代信息技术在档案工作中的广泛应用，俄罗斯的档案信息化水平将得到大幅提升，这对档案专业人才的综合素质尤其是现代信息技术应用能力提出了更高的要求。其次，随着俄罗斯社会转型持续深入进行，开放政府及公民社会建设的逐步发展，俄罗斯的行政改革和经济改革还将继续，政府机关需要精减和调整，中小私人企业大量涌现，这对现代文档综合管理人才产生了大量需求。再次，在思想文化方面，俄罗斯历来奉行东正教文化传统，东正教档案文献整理和研究及该领域专业人才的培养颇受俄罗斯历史界和档案界的关注。最后，历史档案学院的专业教育要顺应现代人文教育的发展方向。

那么，俄罗斯档案专业高等教育将如何应对上述挑战与机遇？我们从国立人文大学历史档案学院的专业建设和改革可窥见一二。

首先，数字网络环境下，信息管理与信息系统、计算机技术、网络技术等有关现代技术方面的教学内容在课程设置、实验教学等方面必须全面加强。

其次，2009 年，俄罗斯教育部发布的高等教育学科专业目录增设了"文件学和档案学"专业方向，标志着文件管理和档案管理专业教育将得到融合发展，以适应社会对文档综合管理人才的需求，这是俄罗斯档案学专业人才培养方案的一次重要调整。国立人文大学历史档案学院从 2007 年起就开始了对"文件学和档案学"专业方向的论证，经过多次与教育部、联邦档案署等部门的沟通，最终实现了这一重要的专业改革，并从 2009 年开始在文件学和技术档案系招收该专业方向的本科生，2014 年第一届毕业生顺利就业。

再次，固守历史档案学专业教育的优秀传统是档案学专业教育改革不可忽视的一面。进入 21 世纪，历史档案学院可以说实施了大刀阔斧的改革：社会对现代文件管理人才的需求日益旺盛，文件学和文件管理专业得以异军突起，先是在档案事业系中分离出了技术档案与文件系，加强了对现代技术应用和电子文件等新型文件管理的教学，后来技术档案与文件系又与文件学系合并，成立了强大的文件学与技术档案系。在这样的情形下，传统的历史档案学专业的地位受到了挑战，但并不意味着其衰落，相反，传统的优势科目例如辅助历史学、文献编纂学等必须保留并加以传承，这些科目的历史与学院的历史一样悠久，它们虽然不代表现代人文教育的发展方向，但却是俄罗斯历史与文化得以传承必不可少的一环。俄罗斯丰富、珍贵的历史档案文献的整理需要保持稳定的历史档案学专业人才供应。如前所述，历史档案学专业的课程体系充分地反映了学院对历史文化教育的重视，历史学科目数量甚至超过了档案学专业科目的数量。而且，辅助历史学和文献编纂学等传统优势科目的任课教师历来都是该领域顶尖的学者，正是他们一代代薪火传承，才使得历史档案学院享有当前的社会声誉和学术地位。

总之，俄罗斯在 21 世纪虽然加快了档案学专业高等教育改革，但是，改革与传承并举，对传统的坚守体现了该学院的本色，即注重培养学生深厚的历史文化底蕴、扎实的专业素养和熟练的技能。我们观察历史档案学院的人才培养目标和课程体系，能够隐约看到俄罗斯最早的档案学高等学府彼得堡考古学院和莫斯科考古学院的影子，进一步向前追溯，它们的办学思路则在很大程度上都受到了法国档案学院的影响，H. B. Калачов 当初就是以法国档案学院为标杆建立的彼得堡考古学院。对历史与人文的重视是欧洲档案学高等教育的共同特色，以法国为代表，具有悠久文化历史的欧洲国家如德国、意大利、俄罗斯等都是如此。

第五章　俄罗斯档案事业信息化发展与改革研究

　　苏联在档案信息化领域的探索始于 20 世纪 70 年代，在国家档案总局的统一部署下开发了大型档案数据库，并研制了档案管理和档案检索的应用软件，提高了苏联的档案管理自动化水平，为俄罗斯的档案信息化建设奠定了坚实的基础。20 世纪 90 年代中期，俄罗斯联邦档案局制定了第一个档案信息化发展纲要，旨在利用自动化技术手段，加强对俄罗斯联邦档案全宗的组织和管理，扩大档案数据库的规模，提高档案信息服务质量。21 世纪以来，随着俄罗斯社会信息化的深入，电子政府建设全面开展，政府无纸化办公逐渐普及，海量数字信息不断产生和积累，而档案部门的信息化水平落后于数字时代的发展，为了满足数字时代的社会需求，2011 年，俄罗斯联邦档案署制定了新时期档案信息化发展中长期规划——《2011—2020 年联邦档案署及下属机构信息化纲要》，该纲要耗资约 55 亿多卢布，将显著提升档案部门的在线服务能力，实现俄罗斯联邦档案全宗文件的全部数字化，大力提升联邦档案馆的档案业务工作信息化水平，建设电子文件保管中心，从而适应数字时代档案收集、保管和利用需求。此外，随着电子文件在俄罗斯政府机关、企业和社会组织的急剧增长，电子文件的归档保存和利用问题日益突出，近年来，俄罗斯联邦档案署、全俄文件学与档案事业科研所积极开展电子文件管理研究和实验，在技术方法和组织管理方面取得了一定进展。

5.1 20世纪90年代中期俄罗斯联邦的档案信息化发展纲要及实施举措

20世纪90年代，俄罗斯社会信息化的发展促使国家档案行政管理部门对档案信息化建设进行全局性部署，制订档案信息化建设的发展战略。为此，俄罗斯联邦档案局于1995年发布了《俄罗斯联邦档案信息化发展纲要》(以下简称1995年《档案信息化纲要》)和与之配套的《1997—2000年俄罗斯联邦档案信息化发展规划》。

1995年《档案信息化纲要》共有9个部分，从宏观上分析和阐述了档案信息化的基本目的、档案信息化的现状、档案信息化的基本方向、档案管理软件、档案检索语言保障、非传统介质的档案文件管理、国际合作、档案信息化的组织等内容。该《纲要》明确指出，档案信息化的最主要目的是针对俄联邦档案全宗的组织、保管和全面利用建立一个合理的体系并保护其信息资源，档案信息化的基本任务是保障公民的信息权，为其广泛提供保存在档案馆和文件中心的档案信息资源。此外，还需扩大档案数据库的规模，提高其准确性和及时性，配置自动化的档案设备，提高档案检索工具的质量，推行档案标准化，发展远程通信网络。

1995年《档案信息化纲要》指出了档案信息化发展的5个基本方向：第一，与俄罗斯国家档案管理机关的基本职能活动密切相关，保障俄罗斯联邦档案全宗的完整性，完善联邦档案全宗的收集和鉴定工作，促进联邦档案全宗文件的利用和出版，加强对国家和部门档案馆的组织技术领导和监督工作等；第二，提高俄联邦档案全宗补充工作的自动化水平；第三，促进档案文件的利用和出版工作；第四，促进国家档案馆利用自动化手段开展科研活动，改善技术方法；第五，促进档案机关组织管理功能的自动化。此外，该《纲要》还强调，开发通用性档案管理软件并推广应用，推行档案信息组织和检索语言的标准化，加强档案信息化的国际合作和档案信息化的组织管理。

为了实现1995年《档案信息化纲要》的基本任务，1996年俄罗斯联邦档案局发布了《1997—2000年俄罗斯联邦档案信息化规划》，具体从俄罗斯档案事业信息化的科学方法、人才保障、组织和实践工作这三个领域进行了规划，对每一个领域的阶段划分、每一阶段的具体工作内容、完成者(负责机构)、完成期限，以表格形式进行了描述，非常具体。第一，在档案信息化建设的科学方法领域，其工作内容是建立俄罗斯档案事业信息化的法律基础，制定和实施有关法律、法规和标准，确认档案数据库的法律地位；第二，在人才保障领域，由联邦档案局和俄罗斯国家人文大学等共同制订适应档案事业信息化发展需要的人才培养方案；第三，在组织和实践工作领域，计划开发如下公共数据库："国家档案馆身份登记库""俄联邦档案全宗成分和内容信息指南""俄联邦档案全宗孤本文件国家目录""档案法规汇编""国外俄罗斯文化艺术档案""国家档案馆基本业务活动的方法保障""档案机关基本数据库"等。

1995年《档案信息化纲要》及配套实施规划的施行在一定程度上提升了俄罗斯档案机构的信息化水平，开发了一些大型公共数据库，如"俄罗斯档案全宗""共产国际档案""胜利(1941—1945)"，并且开始建设俄罗斯档案门户网站"俄罗斯档案"。"俄罗斯档案"网站集成了上述重要的数据库，其中，"俄罗斯档案全宗"是一个覆盖全俄档案馆藏目录信息的大型网络数据库，已经收录了10万个全宗，能够提供对全俄联邦全宗档案的一站式服务。"胜利(1941—1945)"数据库则登载了大量珍贵的照片档案，真实而直观地反映了俄罗斯人民反法西斯战争的感人场面以及德军入侵苏联的场景。[①]

但是，俄罗斯社会信息化发展迅速，电子政务及开放政府建设要求联邦档案机构在原有基础上大幅提高信息化水平，通过网络为社会公众及时提供开放的档案信息资源，实现跨部门的电子文件和信息流转，尽可能以无纸化和在线方式实现政府的公共服务职能，保证政府机关内部、政府部门之间、政府与公民和社会组织之间信息交流畅通，而原有的档案信息化水平难以满足当前的档案业务管理需求和公共服务需求，为此，需要制定新形势下的档案信息化规

---

① 肖秋会. 当前俄罗斯档案事业述评[J]. 档案学研究，2008(1)：60-63.

划。俄罗斯政府根据 2008 年 2 月 7 日第 212 号总统令《俄罗斯联邦信息社会发展战略》的规划和战略思路委托联邦档案署于 2011 年制定了《2011—2020 年联邦档案署及下属机构信息化纲要》。[①]

5.2 当前俄罗斯联邦档案事业发展的信息化水平

计算机技术、网络技术和现代通信技术在俄罗斯公民、企业、社会组织和政府机关的应用已经达到较高水平，政府机关内部以及跨部门的机关之间大量采用电子文件管理系统，国家统计系统、会计系统以及面向居民和社会组织的公共服务系统都采用了在线方式，提供电子形式的信息服务。档案机构为了适应社会信息化的迅速发展，实现其社会职能和国家职能，必须具备现代信息通信基础设施，开发和应用电子文件管理系统，发展数字内容，建立档案网站，向社会公众提供平等的信息服务，同时，还需要对具有重要价值的电子文件进行长期保存并提供利用。

当前俄罗斯档案馆及馆藏规模基本情况如下：截至 2010 年 1 月 1 日，俄罗斯联邦档案全宗的数量，即联邦档案馆、地方档案馆、市政档案馆和国家博物馆、图书馆、俄罗斯科学院档案馆以及机关档案馆这些有权永久保管或托管档案文件的档案机构总计保管的档案文件为 4.94 亿卷。截至 2011 年 1 月 1 日，俄罗斯总共有 2500 多个国家档案馆和市政档案馆，档案工作人员总计 15000 多名。见表 5-1。

表 5-1　　俄罗斯联邦档案全宗保管机关的数量及分布

联邦级别的保管机关		地方级别的保管机关
永久保管机关	寄存保管机关	永久保管机关
隶属于俄罗斯联邦档案署的联邦国家档案馆（15 个）	俄罗斯联邦执行权力机关和组织（21 个）	俄罗斯联邦主体的国家档案馆和文件中心（202 个）

---

① Программа информатизации Федерального архивного агентства и подведомственных ему учреждений на 2011—2020 гг[EB/OL]．[2018-08-10]．http：//archives．ru/programs/informatization．shtml#pril_1．

联邦级别的保管机关	地方级别的保管机关
隶属于俄罗斯文化部的国家博物馆和图书馆(52 个)	
俄罗斯科学院组织(21 个)	
临时保管机关	
国家和市政组织机关的档案室(107000 个)	

2004 年俄罗斯行政改革之后，直接隶属于俄罗斯联邦档案署的有 15 个国家档案馆、联邦档案馆技术开发和服务联合会以及全俄文件学与档案事业科研所，其他档案机构可以接受联邦档案署的业务技术指导，但不存在直接的行政隶属关系。从俄罗斯档案机构的数量、联邦档案全宗的庞大规模来看，档案信息化不可能仅依靠单一的途径实现，必须采取一系列综合改革措施，加强对俄罗斯联邦档案署及下属机构的信息化建设，形成统一的档案信息空间。

总体上，俄罗斯联邦档案署及其下属机构的档案信息化水平一般(见表 5-2 和表 5-3)。

表 5-2 **俄罗斯联邦档案署及其下属档案结构信息基础设施状况及技术水平**

序号	信息基础设施要素	信息基础设施状况及技术水平	信息基础设施应用水平	
			应用指标	指标水平
1	信息通信基础	联邦档案署及其下属档案机构统一的远程信息通信基础缺乏；联邦档案署及其下属的 14 个联邦档案馆建立了局域网，可完成内部工作任务	联邦档案馆宽带接入互联网的数量	
2	数据传输网络	联邦档案馆有 656 台计算机接入局域网；其中内部机构入网的计算机 591 台，阅览室入网的计算机 65 台 另有 338 台计算机接入互联网	接入局域网的计算机比例	总计 56.5%，其中，内部机构计算机入网比例为 53.4%，阅览室计算机入网比例为 5.6% 互联网接入比例为 29.1%

续表

序号	信息基础设施要素	信息基础设施状况及技术水平	信息基础设施应用水平	
			应用指标	指标水平
3	数据加工中心	没有数据加工中心；10 个联邦档案馆有信息存储服务器	内部数据加工中心的数量	0
4	电子数字签名认证中心	不具备		0
5	用户维护及支持系统	不具备		0
6	数字信息分类及内部信息安全系统	现行文件管理 档案文件管理		0
7	跨部门电子信息交互的统一网关	不具备。俄罗斯联邦档案署设置了跨部门电子信息交互系统的节点		100%
8	档案机构利用系统	"档案全宗""全宗目录"和"中央全宗目录"这 3 个系统在不同阶段和水平上得到使用		
8.1	电子邮件系统	联邦档案署及其下属档案机构没有统一的电子邮件系统，每个联邦档案馆有自己的电子邮件系统。72 名档案工作人员有自己的电子邮箱	拥有电子邮箱的档案工作人员比例	3.7%
8.2	电子文件管理系统	联邦档案署及其下属档案机构没有统一的电子文件管理系统。联邦档案署及部分联邦档案馆使用的是"Дело"文件管理系统	使用电子文件管理系统的档案机构比例	0.5%
8.3	检索系统	使用"档案信息检索系统"（ИССАО），但没有网页		

续表

序号	信息基础设施要素	信息基础设施状况及技术水平	信息基础设施应用水平	
			应用指标	指标水平
8.4	档案门户网站	"俄罗斯档案", http://www.rusarchives.ru/	年度用户数量	
9	档案工作人员自动化工作站	联邦档案馆共有 1160 台,联邦 18 个档案机构共有 1253 台。其中 82.4% 的计算机为 2008 年前的旧机器。联邦档案馆的档案工作者 1918 人,18 个联邦档案机构总计 2120 人	联邦档案馆每名工作者拥有的计算机数量	

表 5-3 联邦档案署的应用信息系统在提供国家服务中的功能水平

序号	联邦档案署的国家服务功能	应用信息系统名称	应用信息系统的功能	应用信息系统的发展阶段
1	档案文件的保管和统计	统一的俄罗斯联邦档案全宗文件国家统计系统——由"档案全宗""全宗目录""中央全宗目录"等信息系统联合构成的统一的自动化信息系统	俄罗斯联邦档案全宗文件登记和统计;档案馆基本信息汇编;形成专业的统计报表;互联网上提供联邦档案全宗信息;开发信息检索工具	研制阶段
2	档案文件著录,检索工具开发	"档案全宗"信息系统	俄罗斯联邦档案全宗文件登记和统计;档案馆基本信息汇编;形成专业的统计报表;互联网上提供联邦档案全宗信息;开发信息检索工具	已经完成并处于现代化建设阶段

续表

序号	联邦档案署的国家服务功能	应用信息系统名称	应用信息系统的功能	应用信息系统的发展阶段
3	以档案文件为基础，提供信息服务	"国家服务"门户网站 https：//www. gosuslugi. ru/ 联邦档案署官方网站 http：//archives. ru/ feedback/index. shtml 档案门户网站"俄罗斯档案" http：//www. rusarchives. ru/ 各联邦档案馆的网站	没有统一的电子文件管理系统；电子文件管理系统纳入了本纲要的建设规划	目前完全通过"国家服务"门户网站实现
4	利用检索工具确保对档案文件（或数字副本）的获取	联邦档案署官方网站 http：//archives. ru/ feedback/index. shtml 档案门户网站"俄罗斯档案" http：//www. rusarchives. ru/ 各联邦档案馆的网站		功能完全实现，还具有很大的信息潜力
5	档案事业信息服务和档案文件管理	"国家服务"门户网站 https：//www. gosuslugi. ru/ 联邦档案署官方网站 http：//archives. ru/ feedback/index. shtml 档案门户网站"俄罗斯档案" http：//www. rusarchives. ru/ 各联邦档案馆的网站		功能完全实现

表 5-4　电子形式信息交互的基础设施及跨部门的信息交互水平

序号	电子形式信息交互的基础设施及跨部门的信息交互水平指标要素	发展阶段
1	受保护文件的跨部门管理系统	已经建成
2	视频会议系统	未建成
3	全俄国家信息中心	未建成

序号	电子形式信息交互的基础设施及跨部门的 信息交互水平指标要素	发展阶段
4	统一的电子数字签名空间	未建成
5	其他跨部门的信息系统	未建成

数据来源：Программа информатизации Федерального архивного агентства и подведомственных ему учреждений на 2011—2020 гг［EB/OL］．［2016-08-10］．http：//archives. ru/programs/informatization. shtml#pril_1.

　　俄罗斯在档案信息化领域存在的问题既涉及电子文件的管理问题，也涉及档案基本业务工作的信息化问题。俄罗斯联邦档案署和联邦档案馆的物质技术基础不能令人满意。联邦档案署及 15 个下属的联邦档案馆的计算机数量并不少（1160 台），加上联邦档案馆技术开发和服务联合会以及全俄文件学与档案事业科研所的计算机数量为 1253 台。但是，其中 82.4% 的计算机已经老旧过时，无法有效使用。而且，联邦档案馆内部机构和阅览室的计算机数量及技术装备明显不平衡，联邦档案馆内部机构拥有 1002 台计算机，占总数的 86.37%，而联邦档案馆阅览室的计算机只有 120 台，占总数的 10.34%，其中能够为读者使用的仅 101 台，占总数的 8.7%。这种状况很显然不能满足联邦档案馆为公民、国家机关和社会组织提供高质量的俄罗斯联邦档案全宗信息服务的功能需求。

　　联邦档案馆在档案数字化工作中使用了 27 台平板扫描仪和 4 台专业高速平板扫描仪。根据待扫描档案文件的数量规模和复杂类型，联邦档案馆数字扫描仪的性能有待改进、数量需要增加。另外，随着数字信息资源的急剧增长，在线提供数字化的档案信息服务是大势所趋，部门电子文件管理系统、跨部门的电子文件管理系统、跨部门的电子信息交互系统的开发和使用要求联邦档案馆接收和长期保存移交进馆的电子文件，而这项任务需要足够的技术和资金支持。当前，隶属于俄罗斯联邦档案署的 15 个联邦档案馆中已经有 14 个开通了局域网，另外一个正在建设中。接入互联网的计算机总共有 338 台，占联邦国家档案馆计算机总量的 29%。

除了计算机、扫描仪、网络等硬件设施和现代技术装备之外，通用档案管理软件和电子文件管理系统的开发、数字档案信息在线检索系统的应用是联邦档案馆面临的另一个重要问题。俄罗斯联邦政府机关和社会组织的电子文件管理软件平台各异，电子文件格式复杂多样，对俄罗斯联邦档案馆对其的接收、长期保存和利用服务提出了严峻挑战。

俄罗斯联邦档案署组织建设了统一的档案自动化信息系统（ЕАИС），用于对俄罗斯联邦档案全宗的国家统计和利用服务。该系统由"档案全宗""全宗目录""中央全宗目录"3个独立的信息系统和相关数据库构成。其中，"档案全宗"大型数据库系统可以直接在俄罗斯联邦的15个档案馆使用，不仅如此，"档案全宗"还具有对俄罗斯联邦档案全宗的统计功能，它覆盖了俄罗斯地方和市政的绝大多数档案机构，能够对俄罗斯境内的俄罗斯联邦档案全宗文件进行统一登记。"全宗目录"可以提供对地方档案机构案卷级的利用，"中央全宗目录"可以在联邦档案署直接提供利用。

联邦档案馆的阅览室可以提供100多种不同种类的技术信息资源，包括信息检索系统、数据库、指南和参考工具。联邦档案署组织开发和建设俄罗斯档案门户网站"俄罗斯档案"，链接了所有的联邦档案馆的主页。

档案信息化人才保障不能令人满意。联邦档案馆缺乏专业的档案信息化人才，档案工作人员的职业素养不能胜任信息化工作。15个联邦档案馆中只有9个档案馆专门设置了档案信息化专业部门。①

总之，俄罗斯联邦档案署及其下属机构的信息基础设施状况和信息服务水平较低，不能满足俄罗斯社会信息化对档案事业领域的需求，对于在线提供档案信息资源和服务，政府向无纸化办公的转型，档案馆对电子文件的接收、长期保管和提供利用，档案馆业务

---

① Программа информатизации Федерального архивного агентства и подведомственных ему учреждений на 2011—2020 гг[EB/OL]. [2018-08-10]. http：//archives. ru/programs/informatization. shtml#pril_1.

工作信息化建设等提出了迫切要求，需要及时出台新的档案信息化规划，全面改进俄罗斯联邦档案署及其直属的 15 个联邦档案馆和其他 2 个机构落后的信息基础设施状况，加强俄罗斯联邦数字化档案信息资源建设及集成，提高在线服务水平和质量。因此，上述现实需求是《2011—2020 年联邦档案署及下属机构信息化纲要》出台的主要因素。

5.3　2011—2020 年联邦档案署及下属机构信息化建设的内容、任务及发展方向

《2011—2020 年联邦档案署及下属机构信息化纲要》（以下简称2011 年《档案信息化纲要》）是俄罗斯档案机构面向未来 10 年的信息化发展规划，是由组织层面、技术层面及实施举措构成的一个综合性解决方案，其核心是改善和提高俄罗斯联邦档案署及下属联邦档案机构的信息化设施和条件，在此基础上解决档案事业信息化领域存在的诸多问题，实现档案事业信息化国家政策，提高国家服务的及时性、质量和效率。2011 年《档案信息化纲要》的顺利实施不仅在联邦范围内，而且将在联邦主体范围内发挥示范作用，为俄罗斯地方档案事业信息化建设提供指导和参考。

2011 年《档案信息化纲要》的基本任务包括三个方面：第一，提高对居民和组织的信息服务质量，提供电子形式的国家服务，提高联邦档案署及联邦档案馆工作的公开性和效率。第二，在联邦档案署及其下属档案机构建设和应用电子文件管理系统 СЭД、跨部门的电子文件管理系统 МЭДО 和跨部门的电子信息交互系统 СМЭВ；监督联邦政府机关向无纸化办公转型；促进电子文件管理系统在联邦政府机关的应用；准备接收和永久保存电子形式的文件，确保其长期可用性和安全性。第三，实现档案馆业务工作的自动化和综合信息化。建设档案馆信息化管理系统和电子资源管理系统，目的是保障档案馆内部业务的信息交互，确保公民和组织能够通过互联网在线获取档案服务和档案文件（或其数字副本）。

实施 2011 年《档案信息化纲要》所预期的成果主要体现为以下

三个方面：第一，提高联邦档案署及其下属档案机构满足公民、国家权力机关、地方自治机关、组织和社会团体对俄罗斯联邦档案全宗文件和其他档案文件的电子形式请求的质量和及时性。第二，对具有法律证据意义的电子形式的文件进行接收、永久保存和提供利用。第三，建立统一的覆盖全国的俄罗斯联邦档案全宗文件的统计系统，包括孤本文件和特别贵重文件的统计系统，确保公民能够在线获取其信息，促进教育、科学、文化的发展，培养公民的爱国主义精神。

5.3.1 2011—2020 年俄罗斯联邦档案署及下属机构信息化发展方向

为了完成上述基本任务，2011 年《档案信息化纲要》指出了三个基本的相互关联、相互影响的发展方向：①提供国家服务；②建设和使用电子文件管理系统 СЭД、跨部门的电子文件管理系统 МЭДО 和跨部门的电子信息交互系统 СМЭВ；③档案馆业务工作的信息化。①

5.3.1.1 提供国家服务

俄罗斯联邦档案署和联邦档案馆作为国家的文化事业机构，应该在其职能范围内依法提供相应的国家服务。2010 年 3 月 9 日俄罗斯文化部发布的第 111 号文件规定了俄罗斯联邦档案署提供的 7 种国家服务类型：①审核联邦国家权力机关及其下属组织机构报送的档案保管期限表。②审核中央鉴定委员会、中央档案馆、联邦国家权力机关及其下属组织机构制定的档案法规性文件，以及联邦国家权力机关制定的文书工作指令。③以俄罗斯联邦档案全宗文件和其他档案文件为基础，向公民、国家权力机关、地方自治机关、社会组织和社会团体提供信息服务。④解决俄罗斯公民、外国公民或

---

① Доклад Заместителя Руководителя Росархива О. В. Наумова на VII заседании Совета по архивному делу при Федеральном архивном агентстве[EB/OL]. [2018-08-11]. http：//archives. ru/coordination/council/doc lad150911. shtml.

无公民身份人的合法诉求。⑤对俄罗斯联邦档案全宗孤本文件进行统计。⑥研究制定俄罗斯联邦政府机关在职能活动中只能以电子形式产生、保管和利用的文件清单。⑦监督俄罗斯联邦政府机关办公的无纸化转型。

2010年12月20日联邦档案署发布的第104号文件规定了联邦档案馆提供国家服务的15种类型：①确保档案文件的安全保管和对其进行统计。②档案文件的补充(收集)。③审核有关机关档案工作及文书工作的法规性文件。④档案文件著录。⑤保护档案文件中的国家秘密及其他依法应保护的秘密并依法开展解密工作。⑥以档案文件为基础，提供信息服务。⑦确保对档案文件(复制件)及其检索工具的获取。⑧采取信息化和科学实践措施。⑨开展档案事业管理和文件管理领域的应用科学研究工作。⑩开展档案事业管理和文件管理领域的实验研究工作。⑪开展档案事业管理和文件管理领域的信息服务工作。⑫开展档案和文件管理领域研究生层次的职业教育。⑬开展档案和文件管理领域的短期职业培训(72至100小时)。⑭开展档案和文件管理领域的短期职业培训(100小时以上)。⑮开展档案和文件管理领域的职业再培训(500小时以上)。

2011年《档案信息化纲要》所提出的主要任务和发展方向之一是要求联邦档案署和联邦档案馆提供电子形式的国家服务，包括两方面的内容：第一，提高居民信息服务的质量，以电子形式提供国家服务，提高俄罗斯联邦档案署及联邦档案馆的开放性和工作效率。第二，保障公民和社会组织应用信息技术手段平等地获取信息资源，以对俄罗斯联邦档案全宗的数字化文件的在线存取为基础，提供数字内容服务。

为了完成上述任务，需要采取一系列举措：首先，对俄罗斯档案门户网站"俄罗斯档案"进行建设和长期维护。在此门户网站上能够链接所有联邦档案馆的网站，扩大公众对俄罗斯联邦档案全宗文件进行在线检索和利用的范围，各联邦档案馆对在线提供的信息应及时更新和补充。其次，为了促进对数字内容的深度检索和利用，需要对联邦档案馆的信息资源进行整合，为此，各联邦档案馆联合共建合作项目"苏联时期的文件"，该项目以保管在各个联邦档案馆的苏联时期的档案文件和数字化副本为数据的主要来源,已经整理出版的文献和著作为补充数据来源,建立大型网络公共数据库,截至 2016 年,"苏联时期的文件"数据库已经在门户网站"俄罗斯档案"上线。再次,为了实现对俄罗斯联邦档案全宗的在线存取,2011 年联邦档案署采取了一项重要举措,即组建"中央全宗目录"数据库,对俄罗斯各个联邦档案馆的目录信息进行集中组织和在线存取。2012 年起各个联邦主体档案馆也开始在各自的馆藏目录基础上建立联合目录数据库"全宗目录",为俄罗斯公民和组织能够在线查找全俄档案全宗的目录信息提供了基本保障。截至 2016 年,"中央全宗目录"大型公共数据库已经在门户网站"俄罗斯档案"上线。

5.3.1.2　建设和使用电子文件管理系统 СЭД、跨部门的电子文件管理系统 МЭДО 和跨部门的电子信息交互系统 СМЭВ

俄罗斯联邦政府为了推进无纸化办公和电子政府建设,委托联邦档案署发布了一项重要的命令《俄罗斯联邦政府机关在职能活动中只能以电子形式产生、保管和利用的文件清单》(2011 年 4 月 29 日联邦档案署第 32 号令),要求联邦政府机关在职能活动中形成的某些文件如临时保存的文件、法律法规类文件等必须以电子形式生成、保管和利用,以提高政府工作效率。截至 2011 年 9 月 15 日,俄罗斯联邦档案署已经审查通过了 43 个联邦政府机关提交的清单,为推进政府无纸化办公提供了重要的监督和指导作用。当然,联邦档案机构也需要建设和应用电子文件管理系统,提高工作效率和质量,当前,俄罗斯联邦国家档案馆的信息化基础设施建设和信息系统建设正在推进中。

与此同时,联邦政府的电子文件数量激增使联邦国家档案馆面临接收和长期保存电子文件的挑战。为了应对这一挑战,当前俄罗斯存在不少有待解决的实际问题:第一,电子文件管理法律法规和标准缺乏,电子文件管理工作无法可依,因此,当务之急是建立健全电子文件管理法律法规和标准规范。第二,电子文件接收和长期保存问题日益凸显,需要研究电子文件归档及长期保存的格式,制定政府机关电子文件管理工作规范、电子文件向档案馆移交与接收制度。第三，很多政府机关尚未建设和应用电子文件管理系统，一些政府机关即使应用了电子文件管理系统，也是各自为政、平台异构、相互之间不能兼容，导致低水平重复和资源浪费。因此，有必要建立统一的电子文件管理系统，在此过程中，可以应用云计算技术，面向联邦和地方尚未建立电子文件管理系统的政府机关提供技术与服务。第四，联邦和地方档案机构的档案数字化工作持续进行，产生了相当规模的档案数字化副本，需要制定和实施档案数字副本的创建、保管、统计、著录和利用规则。第五，电子文件的数字签名有待完善。当前还未建立统一的数字签名空间。仅在跨部门的电子信息交互系统使用了 5 种电子签名，跨部门的电子文件管理系统使用自己的电子签名，部门内部的电子文件管理系统使用了几种不同类型的电子签名。

此外，联邦通信部发布的《联邦执行权力机关（包括加工限制传播信息的机构）电子文件信息系统需求》针对联邦政府机关现行电子文件的形成及管理，从其产生、流转到移交保存工作做出了一般性规定，有待档案部门进一步针对电子文件的特点进行科学研究，制定更为实用的电子文件管理系统标准规范和方法指南。

5.3.1.3　档案馆业务工作的信息化

档案馆业务工作的信息化可简单概括为档案馆业务的自动化和综合信息化，包括如下综合性任务。

第一，档案馆计算机化。这是档案馆信息化的基本保障，因为缺乏必要的物质基础就无法应用自动化技术。具体包括如下内容：①根据需要为档案馆工作人员配置相应的计算机。②建立软件注册表，使用统一的注册软件，购买软件使用许可权。③联邦档案馆建设局域网，并确保联邦档案馆能通过互联网宽带提供公共服务。④采购档案数字化设备及相关配套的硬件设备。

地方档案馆信息化也面临着与联邦国家档案馆类似的任务。2010 年对俄罗斯地方档案馆的一项统计表明，俄罗斯地方档案馆共有 1 万多台计算机，其中 6 千多台接入了局域网，3500 多台接入了互联网。地方档案馆的信息化水平差距非常大，其中，82 个档案馆拥有不足 10 台计算机，84 个档案馆拥有 10~20 台计算机，71 个档案馆拥有 21~40 台计算机，62 个档案馆拥有 21~40 台计算机，16 个档案馆拥有 100 多台计算机。但地方档案馆的计算机比较陈旧，机龄普遍超过了 3 年，仅有少量计算机配置较新。可见，地方档案馆计算机的配置规模应进一步扩大并更新。

第二，建立包括"档案全宗""全宗目录""中央全宗目录"等统一的自动化信息系统，建立和完善俄罗斯联邦档案全宗国家统计系统。2012 年 2 月所有联邦主体的档案事业行政管理机关向联邦档案署提交统一格式的"全宗目录"数据，最后形成"中央全宗目录"，从而建成俄罗斯联邦档案全宗国家统计系统。

第三，档案馆内部活动的自动化。当前俄罗斯档案馆内部活动的自动化水平较低，基本的业务工作简单落后，不能满足网络环境下的社会需求，需要在形式方法和内容等方面更新和升级。档案馆可根据自身的馆藏特色和社会需求，利用互联网开展"案卷调阅监控""电子阅览室""虚拟阅览室""档案馆补充来源对象业务""公民请求解答"等面向社会公众和补充来源机关的基本业务。

第四，建立和应用"俄罗斯联邦档案全宗孤本文件国家统计系统"。需要档案馆提交孤本文件的样本，并通过门户网站"俄罗斯档案"提供公共存取，使俄罗斯档案财富得以共享，同时最大程度地保护原件。相应地，地方档案机构也应开展孤本文件的统计工作，不仅能提供目录信息，而且能通过档案网站向社会公众提供孤本文件的数字化副本。

文化遗产数字化及发展数字内容产业是《俄罗斯中长期国家信息化纲要(2011—2020)》的一个重要发展方向，其中，档案全宗的数字化是基本任务之一。俄罗斯联邦档案全宗数量庞大、内容丰富、类型复杂多样，而且时间跨度大，从 11 世纪到 19 世纪末期，既有纸质档案，还有大量的照片、影片和录音录像档案。需要研究制定数字扫描设备标准、数字化工作流程规范、数字化副本的存储载体标准，有效监督和保障数字化的质量。

第五，确保对档案全宗的公共获取。为了保障对档案全宗的公共获取，可采取如下措施：①在联邦档案馆内建设计算机阅览室，方便读者利用档案数字化副本。②开发建设附带"个人研究办公室"的"电子阅览室"，链接门户网站"俄罗斯档案"，方便利用者远程获取数字档案资源。③建设档案馆电子资源和软件系统的技术支撑体系。

俄罗斯档案信息化的一项单独的任务是建设电子文件保管中心（ЦХЭД）。电子文件管理和长期保存有赖于建设具有复杂功能的信息系统，该系统不仅能保管海量电子文件，还能确保对其的获取和利用，而最重要的功能则是能够长久保存电子文件和电子形式的文件，当前俄罗斯各级国家档案馆正在对大量的珍贵手稿进行数字化，必须确保对这些数字化副本的长期保存，建设电子文件保管中心（ЦХЭД）可以有效地解决上述问题。

电子文件保管中心（ЦХЭД）需要最新的技术保障，可支持对"中央全宗目录""俄罗斯联邦档案全宗孤本文件国家统计系统"和其他信息系统所涉及的电子文件的操作和管理。而建设一个统一的电子文件保管中心（ЦХЭД）比在各个联邦档案馆建设电子文件保管系统要更为简单和经济，该中心将以技术水平最高的俄罗斯联邦科技文件档案馆（РГАНТД）为依托进行建设，届时能够保管俄罗斯联邦档案馆的所有电子形式的文件，并且可通过互联网提供利用服务，既包括封闭利用（仅限于档案工作人员和档案馆阅览室的利用者），也包括公共利用。受俄罗斯联邦总统咨询委员会的委托，俄罗斯联邦档案署协同其他相关政府部门已经着手准备电子文件保管中心（ЦХЭД）的建设方案。

为了实现上述档案信息化的发展方向和基本任务，需要关注如下三个问题：

第一，档案工作者的技术水平急需提升。现代信息技术在档案工作中的普遍使用，档案数字化材料的保管和加工，电子文件的接收及长期保存都需要新型档案工作者，这对传统的档案工作者提出了严峻挑战，促使他们学习新技能和知识结构的转型，使其能够熟练应用计算机技术和现代信息技术，应对数字时代的挑战。第二，高度关注网络环境下档案文件和数据库的安全保障问题。网络环境下档案数字资源易于获取和利用，但同时也增加了大量数据丢失或损害的风险，因此，安全保障手段在档案信息化建设中必不可少。第三，档案信息化建设需要大量的资金投入。计算机、网络等信息化基础设施建设、档案工作人员的培训、信息系统开发和数据库建设都需要大量资金支持，而持续稳定的财政预算投入是基本保障。

5.4 2011—2020 年联邦档案署及下属机构信息化建设的重要指标

    根据上述档案信息化建设的三项基本任务和发展方向，2011年《档案信息化纲要》较为详细地给出了从 2011 年至 2020 年档案信息化的各项指标。其中，联邦档案署和联邦档案馆提供电子形式服务的比例 2011 年仅为 20%，2012 年为 25%，从 2013 年开始这一比例上升至 100%。俄罗斯联邦档案全宗孤本文件的在线获取比例也从 2011 年的 20% 发展到 2012 年的 75%，从 2013 年开始上升至 100%。15 个联邦档案馆在 2011 年仅有 7 个开通了自己的网站，从 2012 年起则全部开通。2011—2016 年，俄罗斯联邦档案全宗数字化的比例从最初的 15%，逐年上升至 18.5%、35%、50%、65%、80%，2017 年实现联邦档案全宗文件的全部数字化。俄罗斯档案门户网站"俄罗斯档案"2011 的年访问增长比为 15% 左右，但此后则保持每年平均增长 10%。接入互联网的计算机比例在 2011 年仅有 17.62%，而至 2015 年这一比例达到 100%。设有数据保存中心的联邦档案馆数量在 2011 年年初时仅有 5 个，2014 年起所有的联邦档案馆都设有数据保存中心(15 个)。俄罗斯国家影片照片档案馆(РГАКФД)和俄罗斯国家科技文件档案馆(РГАНТД)馆藏特别贵重的数字化影片的比例在 2011 年时仅为 1%，2016 年则达到 100%。专题数据库的数量从 2011 年的 5 个增长到 2020 年的 25 个。各项指标见表 5-5。

表5-5　纲要实施的效果及各项指标

总指标	单位	指标年度分布										
		2011.1.1	2011	2012	2013	2014	2015	2016	2017	2018	2019	2020
提供电子形式的国家服务												
提供电子形式的服务比例	%	20	25	75	100	100	100	100	100	100	100	100
孤本文件在线获取	%	—	20	75	100	100	100	100	100	100	100	100
联邦档案馆网站数量	个	7	7	15	15	15	15	15	15	15	15	15
СЭД，МЭДО，СМЭВ												
电子文件管理系统人员比例	%	0.05	10	20	30	40	50	50	50	50	50	50
接受信息技术培训人员比例	%	—	—	20	40	60	80	100	100	100	100	100
档案馆业务工作信息化												
1. 统一的俄罗斯联邦全宗国家统计系统建设												
联邦档案全宗数字化比例	%	15	18.5	35	50	65	80	95	100	100	100	100
数字化档案文件数量	案卷	—	—	20000	30000	40000	50000	60000	70000	80000	90000	100000
РГАКФД 和 РГАНТД 特别贵重的数字化影片文件的数量	%	—	1	20	40	60	80	100	100	100	100	100
РГАКФД 和 РГАНТД 特别贵重的数字化照片文件的数量	保管单位	—	—	10000	20000	30000	40000	50000	60000	70000	80000	90000
联邦档案特别贵重的数字化的录音文件的数量	保管单位	—	—	5200	5200	5200	5200	5200	5200	5200	5200	5200

续表

总指标	单位	指标年度分布										
		2011.1.1	2011	2012	2013	2014	2015	2016	2017	2018	2019	2020
专题数据库的数量	个	—	5	10	10	15	15	20	20	25	25	25
门户"俄罗斯档案"访问年增长	%		15	15	10	10	10	10	10	10	10	10
2. 信息基础设施的现代化建设												
拥有局域网的联邦档案馆及下属档案机构	个	14	15	16	17	17	17	17	17	17	17	17
内部机关	个	14	15	16	17	17	17	17	17	17	17	17
阅览室	个	8	8	10	12	14	14	14	14	14	14	14
人网计算机数												
档案工作人员	个	656	728	800	900	1160	1160	1160	1160	1160	1160	1160
阅览室	个	65	65	80	100	120	150	180	200	200	200	200
人互联网计算机比	%	17.62	20	35	50	70	100	100	100	100	100	100
3. 档案馆计算机保障												
人员与计算机比	个	1.9	1.9	1.8	1.7	1.6	1.5	1.4	1.3	1.2	1.1	1.0
阅览室计算机终端	个	8	8	9	10	12	15	15	15	15	15	15
设有数据保存中心的联邦档案馆数量	个	5	8	10	12	15	15	15	15	15	15	15

数据来源：Программа информатизации Федерального архивного агентства и подведомственных ему учреждений на 2011—2020 гг[EB/OL]. [2018-08-10]. http：//archives.ru/programs/informatization. shtml#pril_1.

5.5 2011—2020 年联邦档案署及下属机构信息化建设的经费预算

　　2011 年《档案信息化纲要》的经费来源是联邦财政预算拨款以及联邦专项纲要《俄罗斯文化》和《俄罗斯信息社会发展战略》所提供的经费，总预算超过了 55 亿卢布。其中，第一项基本任务"提供国家服务"的经费预算为 0.455 亿卢布，第二项基本任务"建设和使用电子文件管理系统 CЭД、跨部门的电子文件管理系统 MЭДО 和跨部门的电子信息交互系统 CMЭВ"的经费预算约为 1.24 亿卢布，第三项任务"档案馆业务工作的信息化"的经费投入最多，约为 54.2 亿卢布，尤其在联邦档案馆的馆藏数字化和电子文件保管中心建设这两个方面投入较大，馆藏数字化的对象包括纸质文件、缩微载体保险全宗文件、特别贵重的影片、照片和录音文件，2011—2020 年的投入为 23.6 亿卢布，电子文件保管中心建设的投入为 12.89 亿卢布。此外，统一的自动化信息系统 EAИC 的功能优化和现代化建设的投入也较大，EAИC 包括了俄罗斯三个最重要的档案信息系统"档案全宗""全宗目录""中央全宗目录"，它们集成了联邦档案馆和联邦主体档案馆的档案信息资源，主要功能是对俄罗斯联邦档案全宗进行国家统计（登记），同时，还可以在线提供档案信息资源的检索利用服务。2011—2020 年将投入 2.8 亿卢布，对 EAИC 的功能进行优化及现代化建设。此外，为了进一步补充 EAИC 的数字化信息，将投入 5.454 亿卢布用 7 年时间对 34500000 份案卷数字化并录入 EAИC 的数据库系统。前述三项基本任务的经费预算详见表 5-6。

表5-6　　纲要实施的经费预算

序号	任务	内容	预算项目	经费（千卢布）
I. 提供国家服务				
1	监测联邦档案署提供国家服务的质量	管理和监督国家服务	科研工作，计算标准不确定，价格有待协商	4500
2	联邦档案署通过国家服务门户提供社会法律服务	履行相应的国家服务职能	通信，组织成本，科研工作，没有劳动报酬的通用标准，价格有待协商	4500
3	对"中央全宗目录"数据库、"俄罗斯联邦全宗孤本文件国家统计系统"信息及其他信息资源的远程获取	确保对"中央全宗目录"数据库、"俄罗斯联邦全宗孤本文件国家统计系统"信息及其他信息资源的远程获取	通信费用	23700
4	为提供国家服务研发信息系统	制订技术方案，开发应用软件，系统运营与技术维护	软件开发，没有劳动报酬的通用标准，价格有待协商	11000
5	确保所提供的档案文件电子副本的法律效力	联邦档案署及其下属机构接收和应用电子签名	接收和支持电子签名	1800
II. СЭД（电子文件管理系统）、МЭДО（跨部门电子文件管理系统）、СМЭВ（跨部门的电子信息交互系统）				
1	实现 МЭДО 的功能	研究 МЭДО 的分类体系	科研工作，没有劳动报酬的通用标准，价格有待协商	13000

续表

序号	任务	内容	预算项目	经费（千卢布）
2	研究联邦政府机关只能以电子形式形成的文件类型清单	研究和审核文件类型清单	科研工作，没有劳动报酬的通用标准，价格有待协商	5000
3	监督联邦政府机关向无纸化办公的转型	指导、协调相关政府机关的无纸化转型	组织工作，科研工作，没有劳动报酬的通用标准，价格有待协商	9500
4	制定相关的法规和标准	制定电子文件管理的法规性文件	科研工作，没有劳动报酬的通用标准，价格有待协商	51400
5	在联邦档案署和联邦档案馆应用电子文件形成和管理系统	购买硬件设备，软件开发	购买可使用的软件（一个工作站需要18000卢布），购买设备及安装（一个工作站需要7000卢布），提供技术支持。建立联邦档案署和联邦档案馆之间的电子文件管理系统	24675
6	提高联邦档案馆和联邦档案署工作人员的信息技术水平	组织信息技术教育培训工作	联邦档案署和联邦档案馆共有1918名工作人员（含专家和领导），其中50%需要进行培训，每名工作人员培训费用为10000卢布	9800

续表

序号	任务	内容	预算项目	经费（千卢布）
7	为联邦档案署及其下属机构提供技术支持	提供计算机技术支持、网络建设技术服务，软件开发服务等	价格有待协商	10900
III. 档案馆业务工作的信息化				
1	EAИC（统一的自动化信息系统）的现代化	EAИC功能的优化，即对"档案全宗""全宗目录""中央全宗目录"功能的优化；在联邦档案馆和联邦主体档案馆应用上述统一的自动化信息系统；将积累的电子资源集中到"档案全宗""全宗目录""中央全宗目录"，开发统一的软件平台	软件开发，没有劳动报酬的通用标准，提供技术支持，咨询费用等	280000
2	业务自动化系统建设	软件开发	没有劳动报酬的通用标准，价格待定	44200
3	信息资源建设	建立统一的资源集成平台	没有劳动报酬的通用标准，价格待定	55500
4	建立俄罗斯联邦档案全宗孤本文件国家统计自动化系统	研制自动化系统，开发相应的软件	没有劳动报酬的通用标准，价格待定	13350

201

续表

序号	任务	内容	预算项目	经费（千卢布）
5	建设系统登记应用软件	软件开发与应用	没有劳动报酬的通用标准，价格待定	5000
6	计算机阅览室的信息环境建设	购置、安装信息环境建设所需要的软硬件	没有劳动报酬的通用标准，价格待定	9000
7	充实 EAИC 的信息	充实"全宗目录"系统信息，馆藏目录的数字化转换	计划用7年时间将34500000份案卷数字化，并建设相应的数据库	545400
8	联邦档案馆的馆藏数字化（含8.1-8.6）	确定优先数字化的档案文件，开展科学研究和实验等	数字化工作	43000
8.7	纸质文件的数字化	馆藏纸质文件的数字化	每年数字化规模为200万张，每张数字化的价格平均为22卢布	675000
8.8	缩微载体保险全宗的数字化	馆藏缩微载体保险全宗文件的数字化	每帧数字化价格为5卢布，大约共有400万帧	40000
8.9	特别贵重的影片文件数字化	对保管在 PГAKФД 和 PГAHTД 的特别贵重的影片文件数字化	需要对64000个保管单位数字化，平均每个保管单位的数字化价格为24000卢布	1530000

续表

序号	任务	内容	预算项目	经费（千卢布）
8.10	特别贵重的照片文件数字化	对保管在 РГАКФД 和 РГАНТД 的特别贵重的照片文件数字化	每年对10000个保管单位数字化，平均每个保管单位的数字化价格为120卢布	12000
8.11	特别贵重的录音文件数字化	对保管在 РГАКФД 和 РГАНТД 的特别贵重的录音文件数字化	平均每个保管单位的数字化价格为1250卢布	60500
9	统一的信息资源集成平台	确定信息资源建设专题，开发专题数据库	没有劳动报酬的通用标准，价格待定	99200
10	电子文件的接收和保管	对电子文件接收和保管的必要条件进行科学研究	没有劳动报酬的通用标准，外包服务，价格待定	41500
11	建设新库房，保管电子文件	库房建设和设备配置	科研工作，外包服务	47500
12	开发电子文件检索系统	软件开发	外包服务	45000
13	联邦档案署及下属机构现代化信息基础设施建设	网络建设，硬件配置和安装，软件开发等	外包服务	118750
14	联邦档案馆宽带接入互联网	网络通信建设	网络通信费用	3890

续表

序号	任务	内容	预算项目	经费（千卢布）
15	信息安全系统建设	分析信息安全系统功能需求，购买必要的设备，在16个联邦档案馆建设信息安全系统	外包服务，价格待定	11000
16	门户网站"俄罗斯档案"的现代化、联邦档案署及下属机构网站的现代化建设	软件开发，内容设计	外包服务，价格待定	154100
17	联邦档案馆的计算机化	分析联邦档案署和联邦档案馆对计算机硬件软件的需求，配置必要的设备	专用计算机硬件和软件	288765
18	确保对外部信息资源的获取	网络通信	网络通信	8215.6
19	建设电子文件保管中心	组建计算中心，保障中央全宗目录系统的工作等	组建计算中心，保障中央全宗目录系统的工作等	1289000
总计				5550945.6

数据来源：Программа информатизации Федерального архивного агентства и подведомственных ему учреждений на 2011—2020 гг[EB/OL]. [2018-08-10]. http: //archives. ru/programs/informatization. shtml#pril_1.

5.6 俄罗斯电子文件管理进展及"电子文件保管中心"(ЦХЭД)的建设构想

　　档案事业信息化建设过程中，电子文件管理问题日益突出。如何对电子文件进行移交归档、长期保存和提供利用成为数字时代各国档案事业发展面临的一个需要攻克的艰巨任务。随着俄罗斯社会信息化及电子政务建设的迅速推进，电子文件成为俄罗斯政府机关、企业及各类组织进行信息记录、信息交流和信息保存的最重要方式。2000年至今，俄联邦政府及地方政府制定实施了一系列信息化规划，联邦层面的有：《2002—2010电子俄罗斯联邦规划》《俄罗斯信息社会发展战略》《2010年前俄罗斯电子政府建设纲要》《2011—2018信息社会专项规划》等，地方层面的有"电子莫斯科""电子阿尔泰""电子鞑靼斯坦"等，[①] 这些信息化规划的实施直接促进了各级政府的电子政务建设，同时，也为电子文件的产生和流转创造了条件，2009年、2010年俄罗斯政府先后开通了"跨部门的电子文件管理系统"(МЭДО)和"跨部门的电子信息交互系统"(СМЭВ)。根据上述规划所设定的目标，截至2015年，俄罗斯国家机关之间电子文件流转量不少于总文件量的70%，电子化的档案全宗数量不少于馆藏总量的20%。[②] 电子文件的数量和类型激增，成为政府管理决策的重要信息来源，这对电子文件的有效管理和长期保存提出了迫切要求。与中国及欧美许多国家类似，从国家层面和行业领域加强电子文件管理领域的立法和标准建设，探索电子文件管理机制，建立并完善有助于确保电子文件真实性、完整性、可靠性和可用性的管理制度是当前俄罗斯电子文件管理的核心

---

　　① Тихонов В. И. Архивное хранение электронных документов: проблемы и рекомендации[EB/OL]. [2018-06-30]. http://mosarchiv.mos.ru/trudy/publikatsii/672992/.

　　② Стратегия развития информационного общества в Российской Федерации от 7 февраля2008 г. N Пр-212[EB/OL]. [2018-06-30]. http://www.rg.ru/2008/02/16/informacia-strategia-dok.html.

问题。

5.6.1　俄罗斯电子文件管理立法及标准建设

5.6.1.1　俄罗斯电子文件管理立法进展

确认电子文件的法律凭证性和法律地位是电子文件有效管理的法律依据和法律保障，俄联邦两个重要的法律《电子数字签名法》和《信息、信息技术和信息保护法》对此作了相应规定。2011年颁布实施的俄罗斯联邦《电子签名法》（该法取代了2004年颁布的《电子数字签名法》）规定，电子文件的数字签名具有与纸质文件手写签名同等的法律效力，从而使电子文件的法律凭证性得到有效保障；① 2006年颁布实施的《信息、信息技术和信息保护法》是调整俄罗斯信息法律关系领域的基本法，该法确认了电子文件的法律地位。根据该法规定，以电子数字签名形式或其他类似手写签名形式签署的数据电文，被认为是电子文件，与手写签名的文件具有同等的法律地位；在签订民事法律合同时，当事人之间用署有电子签名的数据电文交换被认为是文件交换。② 此外，俄联邦其他相关法律则在一定程度上认同了电子文件的地位和作用。如：《民法》（1994）确认了电子合同的效力，《会计法》（1996、2003）和《税法》（2000）等都规定可提交电子形式的会计报表或税务申报表，2002年俄罗斯税务局明确规定，只能提交电子税务申报表。《仲裁诉讼法》（2002）确认了电子签名文件及其他类似手写签名的文件具有与书面文件同等的效力，《海关法》（2003）规定，通关所需要的文件可以电子形式提交，而《劳动法》也不排除使用电子形式的人事文件。此外，俄联邦《政府信息公开法》（2009）、《俄罗斯联邦国家档案馆、市立档案馆、博物馆、图书馆和科学院保管、收集、统计、

---

① Федеральный закон "Об электронной подписи" от 06. 04. 2011 N 63-ФЗ［EB/OL］.［2018-07-01］. http：//www. consultant. ru/document/cons _ doc _ LAW_112701/.

② Федеральный закон от 27 июля 2006 г. N 149-ФЗ Об информации, информационных технологиях и о защите информации［EB/OL］.［2018-11-01］. http：//www. rg. ru/2006/07/29/informacia-dok. html.

利用俄罗斯联邦档案全宗文件及其他档案文件基本规则》(2007)等相关法律法规为电子文件管理立法提供了参考和依据。

在文件与档案管理领域,俄罗斯针对电子文件管理的立法正处于起步阶段。《俄罗斯联邦档案事业法》(2004)明确规定,将电子文件纳入俄罗斯联邦档案全宗,确认了电子文件的档案价值,使其与纸质档案一样成为联邦档案全宗的重要组成部分。① 2011年修订的《联邦政府机关公文处理条例》适当增补了有关电子文件管理的相关条款,明确界定了"文件的电子形式""文件扫描""电子公文"的概念,并详细补充说明了联邦机关电子文件管理工作的特点。② 《俄罗斯国家档案馆工作基本规则》则较为笼统地规定了电子文件接收进馆、长期保存、统计和著录等问题,这些问题在其他相关法规如《机关档案室工作通则》(2002)、《俄罗斯国家档案馆科技文件工作基本规则》(2003,草案)、《机关档案馆(室)科技文件工作基本规则》(2004,草案)等法规中得到了细化。2009年9月30日俄罗斯政府颁布的《跨部门电子公文管理系统条例》为解决电子政务系统跨部门电子公文流转的效率和安全性问题提供了法律保障。此外,为了实现国家机关电子文件流转量不少于总文件量70%的目标,俄罗斯联邦档案署发布了《联邦政府机关在内部职能活动中只能以电子形式产生、保管和利用的文件清单》(2011),为机关内部事务处理活动中形成的电子文件类型提供了具体建议。这些与电子文件有关的规范虽然体现了俄罗斯档案馆和政府部门在电子文件管理中积累的成果和经验,但是,它们还不足以解决电子文件全程管理尤其是电子文件长期保存所面临的诸多问题,缺乏保障电子文件真实性和可长期存取性的管理机制。

综合上述俄联邦《档案事业法》《电子签名法》《信息、信息技术

---

① Федеральный закон от 22.10.2004 № 125-ФЗ «Об архивном деле в Российской Федерации» [EB/OL]. [2017-06-03]. http://archives.ru/documents/fz/zakon-archivnoe-delo.shtml.

② Правила делопроизводства в федеральных органах исполнительной власти[EB/OL]. [2018-08-13]. http://archives.ru/documents/order_gov477_2009.shtml.

和信息保护法》《民法》《会计法》《海关法》《劳动法》等重要法律的规定，俄罗斯立法系统对电子文件的法律地位是认可的，而《俄罗斯国家档案馆、市政档案馆、博物馆、图书馆和科学院保管、收集、统计、利用俄罗斯联邦档案全宗文件及其他档案文件基本规则》则明确将电子文件纳入了俄罗斯各级各类档案馆的收集和保管范围。档案部门则任重道远，需要在这种有利的立法环境中，制定相应的政策、法规和标准，引导和规范电子文件管理，确保电子文件的法律凭证性，保护电子档案资源。

5.6.1.2 俄罗斯电子文件管理标准建设

早在 20 世纪 60—70 年代，苏联时期产生并积累了相当数量的机读文件，20 世纪 80 年代，制定了 3 项有关机读文件的国家标准：ГОСТ РД 50-524-84《方法指南·机读文件保存规则》(1985)，ГОСТ 6.10.4-84《赋予计算机机读文件法律效力·总则》(1985)，ГОСТ 28388-89《信息加工系统·磁性载体文件·制作和加工规则》(1990)。但遗憾的是，因苏联解体这几项重要的国家标准没有充分发挥效用就无效了，而且也无法应对当前电子文件规模急剧增长带来的挑战。因此，制定新的电子文件管理标准迫在眉睫。当前，俄罗斯在电子文件管理领域积极谋求与国际接轨，电子文件管理问题被纳入俄罗斯档案事业中长期发展规划的核心内容。表现为：第一，俄罗斯密切关注欧洲委员会 2001 年发布的《电子文件管理功能需求模型》(Moreq，已升级为 Moreq2、Moreq2010)受其影响较大，Moreq 为俄罗斯政府机关和企业的电子文件管理系统设计及元数据方案制定提供了参照。第二，采标 3 个重要的电子文件管理国际标准 ISO/TR 18492、ISO15489、ISO 23081 为国家标准，具体为：ГОСТ Р 54989-2012/ISO/TR 18492：2005，ГОСТ Р ИСО 15489-1-2007 和 ГОСТ Р ИСО 23081-1-2008。除此之外，俄罗斯对有关电子文件存储载体的国际标准如 ISO 18921、ISO 18923：2000、ISO 18925：2002、ISO 18926 系列、ISO 18927：2002、ISO 18933 系列等也比较关注。第三，制定了有关文件与档案管理领域的基础标准：ГОСТ Р 7.0.8-2013《文书处理与档案事业——术语和概念》、ГОСТ Р ИСО 15489-1-2007《信息、图书及出版事业标准体系·文件管理·基本要求》、ГОСТ Р ИСО 23081-1-2008《信息、图书及出版事业标准体系·文件管理·文件管理过程. 文件元数据》；电子文档管理系统标准：ГОСТ 54471-2011《电子文档系统·文件管理·电子形式保存的信息·有效性及可靠性保障建议》；电子邮件标准：ГОСТ Р 53898-2010《电子文档系统·文件管理交互系统·电子邮件要求》等。第四，俄联邦档案署委托全俄文件学与档案事业研究所（ВНИИДАД）研究制定了一系列有关电子文件收集、鉴定、统计和长期保存的方法指南，为出台该领域的标准规范奠定了基础。① 2012 年，ВНИИДАД 制定了《电子文件保管的组织及技术方法指南》，提出了电子文件归档和长久保存的指导性意见。② 2013 年，ВНИИДАД 研制了《机关档案室收集、统计和保管电子文件方法指南》③《国家档案馆和市立档案馆收集、统计和保管电子文件方法指南》④，分别从机关档案室和国家档案馆层面规范了电子文件收集、统计和保存中的具体问题，对于基层电子文件管理工作具有重要的指导意义。第五，俄罗斯档案事业中长期发展规划《2020 年前俄罗斯档案事业发展纲要》十分重视电子文件管理标准化问题，该《纲要》强调，文件流转是政府管理的重要手段，应从国家层面建立文件管理、档案管理和文件流转的标准规范，建立统

---

① 肖秋会，罗琳. 俄罗斯电子文件管理研究［J］. 图书情报知识，2015（6）：120-125.

② Методические рекомендации по организации работы и технологическому оснащению хранилищ электронных документов / руководитель темы Г. З. Залаев, ответственный исполнитель темы Н. В. Глищинская, исполнитель С. Л. Новиков. Москва, 2012［EB/OL］.［2018-07-12］. http：//archives. ru/sites/default/files/rekomend_el-storage. pdf.

③ ВНИИДАД. Проект Рекомендаций по комплектованию, учету и организации хранения электронных архивных документов в архивах организаций［EB/OL］.［2018-07-12］. http：//archives. ru/documents/projects/recomendation-archive-organization-electronny-document. shtml.

④ ВНИИДАД. Проект Рекомендаций по комплектованию, учету и организации хранения электронных архивных документов в государственных и муниципальных архивах［EB/OL］.［2018-07-06］. http：//archives. ru/documents/projects/recomendation-gosarchive-electronny-document. shtml.

一的电子文件管理系统，向无纸化过渡中，以最小的成本实现最优化和合理化的文件流转。联邦档案局应促使部门之间文件流转的标准化，监督文件产生的过程和规模，在全俄国家机关(未来将向市级扩展)建立统一的电子文件流转系统，从而从根本上减少每个国家机关为研发电子文件管理系统而付出的成本，出台统一的文件生成标准和电子文件移交进馆标准。具体的措施包括：①制订面向文书处理领域，国家机关档案室、地方自治机关档案室的电子文件形成、整理及保管标准。②研制电子文件归档和移交进馆的格式标准、电子文件长期保存和利用服务的技术方法标准。③建立国家机关、地方自治机关、科研教育机构和私人组织在电子文件领域的合作机制。④建立联邦"电子文件保管中心"。①

可见，与中国等大多数国家类似，俄罗斯政府及档案部门已经开始着手建立电子文件管理标准体系，针对政府部门电子文件的形成、归档、保管以及进馆和长期保存制定相应的技术标准和质量规范，提高电子文件管理的效率和质量。

5.6.2 俄罗斯联邦政府"电子文件保管中心"(ЦХЭД)建设构想

俄罗斯政府建立电子文件档案馆的设想开始于 2010 年。俄罗斯总统办公厅主任 С. Е. Нарышкин 在 2010 年 9 月 7 日召开的一次联席会议上，首次对联邦机关的电子文件管理问题表示密切关注。随后，俄罗斯联邦档案署副署长 В. П. Тарасова 于 2010 年 9 月 16 日在挪威奥斯陆召开的国际档案圆桌会议上发表了题为《俄罗斯电子文件及档案管理现实问题》的报告，阐述了俄罗斯准备建设专门的联邦电子文件档案馆的构想。② 此后，在 2011 年 6 月 8 日召开的俄罗斯信息社会发展理事会会议上，联邦档案署长 А. Н.

---

① 肖秋会. 俄罗斯档案事业中长期发展规划研究[J]. 档案学研究，2014(4)：85-90.

② Тарасова В. П. Актуальные вопросы управления электронными документами и архивами в Российской Федерации [EB/OL]. [2018-07-06]. http://archives.ru/international/ica/tarasov_0910_ru.shtml.

Артизов 首次提出了"电子文件保管中心"(ЦХЭД)这一概念及建设思路，拟对联邦机关形成的电子文件集中保管。档案学家 С. Л. Кузнецов 认为，传统档案馆既缺乏必要的技术设施，又缺乏熟悉现代信息技术的档案专家，无法对大量电子文件进行有效管理和长期保存，为此，有必要建立"电子文件保管中心"(ЦХЭД)，对联邦机关形成的电子文件进行集中保管和长期保存。① 2013 年，经过俄罗斯联邦档案署、国家档案馆、通信部、经济部等多部门协商，开展多次专家讨论和调研，联邦档案署发布了《2020 年前俄罗斯档案事业发展纲要》，明确提出了联邦"电子文件保管中心"(ЦХЭД)建设规划。该规划的基本思路是：在联邦档案馆中，选择一个具有良好基础设施的档案馆作为基地进行建设。该中心与接入"跨部门的电子文件管理系统"(МЭДО)和"跨部门的电子信息交互系统"(СМЭВ)的各联邦机构保持业务联系，具备对联邦机构电子文件集中接收、永久保管和提供利用服务的功能。同时，它也集中保管联邦档案馆所保存的联邦档案全宗的数字化副本。在地方层面，可在各联邦主体建立类似的电子文件保管中心，接收和保管各联邦主体形成的电子文件。

《2011—2020 年联邦档案署及所属机构信息化规划》对"电子文件保管中心"(ЦХЭД)建设进行了具体部署：ЦХЭД 负责集中接收、保管和利用联邦政府部门及下属机构在机关电子文件管理系统、"跨部门的电子文件管理系统"(МЭДО)和"跨部门的电子信息交互系统"(СМЭВ)中形成的电子文件，同时，集中保管联邦档案馆所保存的联邦档案全宗的数字化副本。ЦХЭД 所接收电子文件的来源机关包括：①联邦政府机构和国家权力机构；②联邦档案馆。联邦档案馆在完成"档案全宗""全宗目录""中央全宗目录"等项目的过程中，对馆藏联邦档案全宗文件数字化转换以后形成的数字副本，根据《2011—2020 年俄罗斯联邦档案署及下属机构信息化纲

---

① Кузнецов С. Л. Проблемы перехода к электронным документам: взгляд архивиста [EB/OL]. [2018-07-06]. http://www.top-personal.ru/officeworkissue.html? 186.

要》，2012—2020 年直接用于 ЦХЭД 建设的预算项目及预算支出
为：①电子文件接收 4.51 亿卢布；②电子文件保管新库房建设
4.75 亿卢布；③电子文件信息检索系统开发与维护 4500 万卢布。
加上其他技术研发和组织管理等相关费用，2011—2020 年 ЦХЭД
的建设总经费为 12.89 亿卢布。①

可见，俄罗斯"电子文件保管中心"（ЦХЭД）的功能类似于美
国的电子文件档案馆(ERA)，这说明俄罗斯政府已经认识到电子
文件对于国家管理及国民经济发展的重要性并有所行动。但 ЦХЭД
尚处于计划和初步设计阶段。ЦХЭД 建设面临的两大短板是经费不
足和人才紧缺。因此，俄罗斯联邦政府持续稳定的财政支持和大量
的专业技术人才保障是影响该项目能否顺利进行的关键。

5.6.3 俄罗斯电子文件管理实践进展——莫斯科电子载体文件中心档案馆(ЦАДЭНМ)

莫斯科电子载体文件中心档案馆(ЦАДЭНМ)是俄罗斯最早的
专门接收和保管电子文件的档案馆。ЦАДЭНМ 创建于 2002 年 4 月
2 日，隶属于莫斯科市档案管理局，接收和保管莫斯科市政机关及
该市各类所有制形式的组织形成的永久和临时保存的电子文件。另
外，还保管莫斯科市民的个人档案、有关莫斯科历史的档案文献，
该馆只接收和保管电子文件。

ЦАДЭНМ 在电子文件管理技术和管理方法等方面积累了宝贵
的经验，制定了一系列电子文件保管及利用制度，能够为俄罗斯国
家档案馆接收、保管、处置及提供利用电子文件提供重要的参考和
借鉴。②

（1）对电子文件的概念、范围、性质、结构等基本问题进行了

---

① Программа информатизации Федерального архивного агентства и
подведомственных ему учреждений на 2011—2020 гг[EB/OL]. [2018-08-10].
http：//archives. ru/programs/informatization. shtml.

② Методические разработки ЦАДЭНМ по работе с документами на
электронных носителях [EB/OL]. [2018-07-12]. http：//mosarchiv. mos. ru/
trudy/nmr/metod_TsADENM. php.

分析和阐释。根据俄罗斯 2011 年颁布实施的《电子签名法》，电子文件是"所含信息以电子数字形式存在的文件"。电子文件由如下 4 个部分构成：信息、表现形式、描述性元数据、技术元数据。电子文件的表现形式既可以是电子数字形式(如元数据、电子数字签名、电子认证代码、校验和等)，也可由纸本文件数字化转换而成。电子文件载体的性能及状态、信息记录方式和所采用的保存格式对维护电子文件的完整性、真实性具有重要影响，电子文件长期保存主要从文件内容和技术上保障其真实性。

(2)在有限的物质技术条件下选择了相应的电子文件保管策略。由于物质技术原因，ЦАДЭНМ 无法实现对归档电子文件大规模、在线提供利用，长期以来，只能采用传统的离线方式提供利用。因此，只能借助外部存储介质，或者在阅览室的工作台上(电子阅览室)提供利用，或者根据用户需求提供复制件。目前，ЦАДЭНМ 主要采用光盘存储，如 CD-R，DVD-R，DVD+R 等一次性写入光盘类型。ЦАДЭНМ 的电子文件保管策略总体可归纳为：介质保存(光盘存储)及多套保存(一般为 2 套(工作件和备份件)，一套用于工作及提供利用，一套用于灾难恢复备份)；离线方式提供利用；对接收进馆的电子文件格式进行校验，分为保险格式(开放格式)、自定义格式和原生格式。原则上尽可能采用保险格式或者广泛通用的格式，有目的地将原生电子文件格式转换为保险格式或者自定义格式，及时进行介质更新。在电子文件保存中采用迁移、仿真、封装等技术对抗技术过时。

(3)建立并维护有利于电子信息载体长期保存的最佳条件，控制库房温湿度。措施包括：监控保管单元(保管对象)的物理性能和技术性能；标注保存单元(保存对象)载体原有的技术特征；保管单元(保管对象)使用以后进行检测；评价电子文件的技术性能；及时进行介质更新；保护电子文件不受计算机病毒入侵或非法存取；维护能够验证电子文件完整性和真实性的关键要素和保存条件。电子文件保存的温湿度条件为：温度 23℃～25℃，相对湿度 50%，基本由空调加以控制。经监测，在上述温湿度条件下，光盘存储的电子文件在 4 年之后其载体会出现轻微的退化现象，但不会对电子文件的技术性能产生影响。

（4）重视电子文件的统计工作。具体表现为：①将电子文件统计单位划分为：档案全宗（档案集合）、信息资源、电子文件保管单位、电子文件统计单位；②电子文件保管单位和电子文件统计单位在档案著录框架内单独进行；③电子文件保管单位统计在档案馆总体范围内按顺序进行；④电子文件的统计单位属于各种不同类型信息资源的，登记在不同的目录上；⑤登记在册的电子文件统计单位包括：计算机文件夹、计算机文件、数据库表格、电子表格；⑥电子文件统计册（清单）的制作、保管和利用既采用电子形式，也采用纸质形式；⑦为了确认电子文件的真实性和完整性，需要在统计册（清单）上加盖传统的印信——组织全宗形成者的签名和印章。2008 年初，ЦАДЭНМ 临时保存的 11 类信息资源共有 442619 个统计单位，其中共有 398801 份文件，规模仅为 17940MB，分布在 32 个保管单位中。

（5）重视电子文件元数据信息的描述和著录。主要包括如下几种：①一般信息：电子文件识别信息、形成及保管历史、内容及构成、存取及利用的条件、相关材料等；②模拟原件的性能描述；③信息资源的组织情况（挑选原则，模拟信息转换成数字信息之后的数据校验方法）；④产生电子文件的信息系统的技术性能（信息系统开发的目的及该系统的名称、系统拥有者、开发商、开发的缘由、用户情况、系统设计、系统结构、支撑软件等）；⑤电子文件真实性保障信息；⑥能够确认电子文件完整性的可信信息。

（6）在实践中逐步探索电子文件接收进馆的选择和鉴定标准。当前，俄罗斯在电子文件收集和鉴定领域的标准规范基本是空白，这对 ЦАДЭНМ 提出了严峻挑战。ЦАДЭНМ 参考了国际经验，对进馆电子文件类型及来源机关进行了不断的筛选，先接收最重要的信息资源：联合数据库资源、莫斯科市重要权力机关的电子资源以及重要的原始数据。为了确保将具有重要价值的电子文件收集进馆，ЦАДЭНМ 对上述拟接收进馆的莫斯科市政机构及有关社会组织的自动化信息系统（АИС）进行了长期调研。2003—2007 年，ЦАДЭНМ 调查了莫斯科市 36 个政府机关和组织的 105 个信息系统，包括 280 个数据库。最终确认了首批进馆电子文件来源机构，包括 8 个国家机关和城市组织。根据莫斯科国家档案馆 ЦЭПК 的决定，在实验阶段，ЦАДЭНМ 仅接收临时保存的电子文件进馆，因此，最先试点的是已撤销机关所形成的电子文件，2008 年初，ЦАДЭНМ 首批接收进馆的电子文件包括 3 个全宗、2 个文件集合，含 11 类信息资源类型。①

ЦАДЭНМ 在电子文件鉴定、保存、统计和著录等方面的工作实践表明，必须采取严格的系统化程序对电子文件进行管理。任何可信的电子文件都是在可控的信息系统中产生的，这些系统具有专门的业务功能，所产生的数据具有独特的结构和技术特征。可信的信息系统能够保证所产生的电子文件的可信性、真实性和完整性。正因如此，在自动化信息系统 АИС 中形成的电子文件具有可信性、真实性和完整性。ЦАДЭНМ 在电子文件管理中，尊重和体现了每一种信息资源的特异性，这既体现在对电子文件的长期保存中（如迁移），也体现在对电子文件的描述和著录中（编制历史指南和文件技术性能描述），还体现在电子文件的提供利用中（采用专业软件工具集）。因此，每一个信息资源都是相对独立的，成为一个经过系统化整理、统计和著录的电子文件保管单元。总体上，ЦАДЭНМ 对电子文件的管理方式是对来源原则的继承和发展，它关注组织全宗内电子文件形成和利用的背景及条件。

综上，俄罗斯联邦政府从 2010 年前后开始系统着手电子文件管理问题，首先提出了建设"电子文件档案馆"的设想，由于物质技术条件限制，最终易名为"电子文件保管中心"（ЦХЭД），这一建设规划在《2020 年前俄罗斯档案事业发展纲要》《2011—2020 年联邦档案署及所属机构信息化纲要》等重要的档案事业发展规划中得到了确认和部署。俄罗斯的"电子文件保管中心"（ЦХЭД）不是一个独立的电子文件档案馆，而是在某一联邦档案馆基础上建设。

---

① Тихонов В. И. Задачи архивного хранения электронных документов：из опыта ЦАДЭНМ［EB/OL］.［2018-07-13］. http：//dlib. eastview. com/browse/doc/22082859.

显然,俄罗斯"电子文件保管中心"(ЦХЭД)与美国电子文件档案馆(ERA)无论在技术、管理,还是在资金投入和功能等方面都存在很大差距,但是从其发展前景来看,有助于促进俄罗斯联邦政府电子文件的集中管理和长期保存,对各联邦主体及各类社会组织的电子文件集中管理也具有积极的示范作用。俄罗斯联邦档案行政管理部门开始加大在电子文件管理领域的制度和标准建设,而俄罗斯文件学与档案事业科研所(ВНИИДАД)发挥了最重要的作用。ВНИИДАД受俄罗斯联邦政府和联邦档案局委托,起草研制了一系列重要的电子文件管理指南和建议草案,包括《国家档案馆和市立档案馆电子文件收集、统计和保管推荐方案》《机关档案室电子文件收集、统计和保管推荐方案》等,为电子文件标准规范和制度建设奠定了基础。[1]

---

[1] 肖秋会,罗琳. 俄罗斯电子文件管理研究[J]. 图书情报知识,2015(6):120-125.

第六章　俄罗斯档案学思想的历史 发展与主要成就

　　按照俄罗斯国立人文大学历史档案学院教授 Т. И. Хорхордина 的观点，从 11 世纪至 21 世纪，俄罗斯档案学思想的发展可划分为三个不同的历史阶段：经验档案学阶段、传统档案学阶段和经典档案学阶段。[①] 不同的历史发展阶段具有不同的政治、历史和文化背景，留下了不同时代的烙印。在长达 10 个世纪的历史长河中，涌现出如 И. М. Висковатый、Н. В. Калачов、А. С. Лаппо-Данилевский 等许多杰出的档案工作者和历史档案学家，他们以自己的智慧和才干，为俄罗斯档案工作和档案学思想的发展做出了重要贡献。

6.1　经验档案学阶段

　　在经验档案学阶段，随着国家权力机关的建立，统治者制定了法律、法规性文件以维护国家机器的运行，地契等契约类文件也逐渐出现。约在 11 世纪的古罗斯时期，档案管理意识开始萌芽。但是，档案馆、图书馆和博物馆的功能是一体的，没有明确区分。与欧洲其他早期的国家一样，古罗斯的档案与手稿、图书、典籍和国

---

　　① Хорхордина Т. И. История архивоведческой мысли. М.：РГГУ, 2012：14-16.

家的珍宝一起，统一存放在国库或修道院中。

6.1.1 档案管理意识的萌芽(11—15 世纪)

11—15 世纪的古罗斯时期，文件材料、典籍和国家的珍宝统一存放于国库之中。从 14 世纪开始，中央集权国家机关开始设置专门的书记官处理文书工作，书记官制度一直沿用至 17 世纪。14—15 世纪时，已经失去现行效用的档案文件仍然与现行文件一起管理，档案管理只是文书工作的一部分，尚未建立专门的非现行文件保管机构。但是，到了 15 世纪末期，随着失去现行效用的"老旧"文件的逐渐增加，国家机关内部开始设置专门的库房"казенки"来存放它们，从而使文件管理与珍宝等实物管理区别开来。莫斯科大公建立了自己的皇宫——克里姆林宫，大公从各地所搜集的珍宝、典籍和形成的重要文件材料都汇集于此，随着莫斯科大公国的扩张，克里姆林宫所积累的文件材料、典籍和珍宝越来越多，15 世纪 90 年代档案文件材料从克里姆林宫转移出去，单独保存在专门设立的莫斯科大公档案馆中，莫斯科大公档案馆的建立奠定了俄罗斯国家(沙皇)档案馆的基础，莫斯科大公要求能随时调用这些文件材料，用于战争胜利以后的分封和奖赏。同时，为了便于这些档案文件的利用，建立了副本制度，并对这些文件副本专门汇集成册，此后称为"副本书"。

6.1.2 档案管理意识的发展(16—17 世纪)

16—17 世纪，沙皇档案馆的编目工作和衙门档案馆的档案分类整理工作促进了俄罗斯档案管理意识的发展。15 世纪末 16 世纪初，随着莫斯科大公的扩张和土地的日益集中，开始设置中央执行权力机关——衙门，由这些职能机关处理国家的各项事务。这些衙门机关在行使职能活动中首先需要收集和登记国家的法令和其他文件材料，因此随之出现了衙门档案馆。1547 年，俄罗斯莫斯科大公伊凡四世加冕称沙皇(伊凡雷帝)，成为俄罗斯历史上的第一位沙皇，伊凡四世取消了领主政体，建立起强大的中央集权。1549年，伊凡雷帝创立了主管对外政策事务的特殊机构——外交事务衙门。

　　书记官对沙皇档案馆文件材料的整理和早期编目成为俄罗斯档案管理及档案意识形成的重要起源。俄罗斯的第一位国家档案管理员、书记官 Иван Михаилов Висковатый(伊万·米哈伊洛维奇·维斯科瓦特)于 1556—1562 年编纂了沙皇档案馆的文件目录《伊凡·米哈伊洛夫之书》，此后，在他的指导下，继任的书记官 Андрей Васильев 在该目录基础上编制了一部新的档案文件目录《登记清册》。1570 年之前档案文件目录上写满了各种批注，影响了目录的整洁度和清晰度。因此，第三任书记官 Андрей Щелкалов 在任期间(1570—1594 年)对此进行了改进，他建议书记员重新誊抄目录，从此，对档案目录进行誊抄一直沿用到后世。

　　16 世纪，俄罗斯衙门档案馆的书记官和书记员为了确保能及时查找所需要的档案文件，各自创造了档案文件分类和登记系统。国家重要职能部门如外交事务衙门、领地事务衙门的书记官和书记员深受信任，他们知晓重要的国家秘密和宫廷秘密，而这些衙门档案馆也被视为"国家的宝库""沙皇的珍藏"，其档案文件的价值等同于物质珍宝和财富。因此，重要职能部门的档案文件被妥善地存放于木箱、法衣箱、铁箱(柜)、精致的橡木箱或小匣子中。

　　沙皇俄国外交事务衙门的第一份案卷记录由外交事务衙门书记官 Иван Михаилов Висковатый 于 1549 年编制。И. М. Висковатый 任书记官期间对无序的档案文件进行了分类整理。16 世纪晚期，外交事务衙门的档案文件由两大部分组成：欧洲国家案卷和亚洲国家案卷，第一份目录由御前大臣 Д. И. Мезецким 和书记官 П. Данилов 于 1614—1615 年共同编制完成。1626—1627 年克里姆林宫和中国城大火之后皇宫书记官重新编制了登记册，其中包括任命书、日记、手稿、典籍以及各种外交文书材料等。档案文件分为两大类："老文件"(14—17 世纪初形成的文件)和"新文件"(1613 年之后形成的文件)。根据沙皇的命令，外交事务衙门 1632—1634 年对所有档案文件重新检查、登记并编制目录清册，1635 年将 16—17 世纪俄罗斯与其他国家缔结的国际合约以及内部事务管理的最重要文件迁移至沙皇档案馆保管。1648 年，外交事务衙门的所有档案文件在沙皇 Алексей Михаилович 的授意下又重新清理了一次。1667 年，俄罗斯贵族杜马成员 А. Л. Ордин-Нащокин 任外交事务衙门主管，所有档案文件材料都交由他掌管，直到 17 世纪末期，外交事务衙门档案馆的馆藏已经十分丰富。1724 年，外交事务衙门档案馆的所有文件材料都移交到了莫斯科外交部档案馆，成为其馆藏的组成部分。17 世纪，俄罗斯外交事务衙门的档案工作实践对于提高俄罗斯的档案管理工作水平，促进档案学思想的发展产生了重要的影响，尤其在文件组织与分类方面，为 18 世纪莫斯科外交部档案馆的工作奠定了基础。

此外，16 世纪以来，随着莫斯科公国对周边土地的合并，地方领主被迫向莫斯科大公臣服，为了对他们进行管理和军事领导，16 世纪上半叶，俄罗斯开始设立职官部，这是一个直接隶属于沙皇杜马的军事管理特别机构，职官部档案馆也随之建立。早在 1531 年职官部档案馆就开始收集保管军事管理文件材料，16—17 世纪，随着国家军事管理职能活动的开展，职官部档案馆积累了大量的文件材料。1666 年，在职官部档案馆书记官、贵族杜马成员 Д. И. Башмаков 的监督下，档案馆对所有的文件材料都进行了整理编目。

纵观俄罗斯 16—17 世纪衙门档案馆的活动，不难发现，它们所保管的档案成分和内容完全取决于宫廷和国家职能机关(衙门)对档案馆的影响程度。如果说 14—15 世纪档案文件管理仅是机关现行文件工作的一个组成部分，那么，从 15 世纪末期开始，越积越多的"老旧"文件则被保管在专门的场所——казенки。档案文件副本放置在相应地柜子或箱子中，根据机关内部机构的划分将案卷分别放置在相应的柜子或者箱子中，由此可以解释俄罗斯为什么能够在 19—20 世纪理解并顺利接受来源原则。16 世纪的沙皇档案馆称为"Казна"或者国库，由此区别于领主(或国王)档案馆。16—17 世纪沙皇档案馆或国库、领主档案馆的档案文件仍然与国家的物质财富(珍宝等)保管在一起，直到衙门档案馆出现之后，档案文件才单独保管，衙门档案馆具备了早期档案库房的雏形。衙门档案馆的文件管理业务发展迅速，以职官部为例，仅 1619 年职官部的书记员们消耗的纸张就有 13 万多张，一年之内用完了 22 罐墨汁和 9700 根蜡烛。在 16—17 世纪俄罗斯的国家机关(衙门)档案馆，现行(半现行)文件管理工作是其最基本的业务，档案文件虽然单独保管，但是档案工作并没成为一项独立的业务工作，档案馆主要为机关(衙门)的职能活动服务。文件之间没有清晰的界限，仅区分为新文件(现实、即时形成的文件)和老文件(历史档案)，有关文件、档案、档案馆的专门术语和确切定义还未出现，留存下来的沙皇档案馆的文件目录仅用"老文件"和"新文件"对馆藏进行区分，也没有制定有关档案文件数量和规模的统计标准。办理完结的案卷按照机关内部机构进行分类保管，国家机关(衙门)文件整理的形式为卷、册、簿等。16 世纪时，文件材料的编目和排列比 13—15 世纪时期有了一定的改进，其中，目录不仅罗列文件名，而且增加了对文件形式和内容特征的描述。在同一目录中，文件既单独描述，也分类、分组描述。17 世纪时档案文件的编目和排列方式进一步发展，标题更为详细规范，能够反映文件的内容，文件内容的描述也更为详尽。一般情况下，单份文件的著录比卷的著录详细，卷的著录比簿和册的著录详细。此外，17 世纪的领地(庄园)档案馆和职官部档案馆除了目录之外，还编制使用了其他的书目工具，如索引或指南。

　　И. М. Висковатый 是俄罗斯历史上的第一位国家档案工作者，他同时是颇受沙皇信任的外交官和印刷官，贵族杜马成员、外交事务衙门书记官。И. М. Висковатый 颇具才华，深受伊凡四世的器重，他长期执掌沙皇档案馆和外交事务衙门档案馆的工作，在文献编目和文献编纂方面取得了重要成就。1549 年伊凡四世加冕沙皇(伊凡雷帝)两年以后就任命年仅 19 岁的 И. М. Висковатый 为外交事务衙门的负责人兼书记官。И. М. Висковатый 在任期间，不仅领导手下的书记员对外交事务衙门档案馆的文件材料进行编目整理，还亲自整理沙皇档案馆的文件材料，出借给各个国家机关的档案文件上很多都有其亲笔批注。根据历史学家 С. О. Шмидт 的考证，И. М. Висковатый 编写了沙皇档案馆的文件目录，留存后世的有《伊凡·米哈伊洛夫之书》和《伊凡·米哈伊洛夫的信件》。1553

年，И. М. Висковатый 因反对俄罗斯教会的新政而在 1554 年 1 月被开除教籍，但仍然担任外交事务衙门的长官。1562 年，И. М. Висковатый 不再担任外交事务衙门档案馆的书记官，但实质上指导了新任书记官 Андрей Васильев 的工作，尤其在文件编目整理方面沿用了其体系。И. М. Висковатый 的另一个重要成就是从事历史文献的编纂，著有《古代文献汇编》，这是一部百科全书式的历史著作，全面反映了从"创世纪"到伊凡四世加冕沙皇之前古俄罗斯的历史、人文和社会风貌。

总体上，11—15 世纪俄罗斯的档案管理意识开始萌芽。15 世纪末期开始，出现了保管"过期"文件的库房"казенки"，建立了早期的副本制度。16—17 世纪，沙皇档案馆和衙门档案馆的建立推动了档案分类、编目和保管工作的发展，但总体上处于自发状态，没有形成科学的分类编目体系，国家机关(衙门)的实际需要和书记官(或书记员)个人的经验很大程度上影响了档案的业务工作，档案学思想处于初始的萌芽状态。在文件处理和保管中，现行文件与非现行文件的界限不明，档案管理工作仍然没有完全从机关的文书工作中独立出来。

6.1.3 彼得一世时期:《官署总章程》对俄罗斯档案事业发展的重要影响

彼得一世(1682—1725 年在位)执政期间，效仿欧洲，在政治、军事、经济、宗教、教育和文化等各个领域全面推行改革，开启了俄罗斯的现代化进程，使原处于"中世纪"的蒙昧落后的俄罗斯最终跻身于欧洲强国之列。他在政治上加强了中央集权和封建君主专制，废除了贵族领主杜马会议而代之以参政院，下设 11 个委员会，相当于西方国家的"部"，负责国家的各项具体事务。相应地，委员会的设立对机关文书工作产生了影响，由委员会秘书全权负责各委员会的文书工作。

在文件和档案管理方面，彼得一世颁布的《官署总章程》是第一部规定文件的形成、登记、分类及编目基本原则的法律。《官署总章程》内容丰富，条款详细，其中《委员会的特权》和《档案馆》这两章详细规定了委员会制度下文书工作的流程、规则和要求以及档案馆工作制度。从此以后，档案从现行文件中分离，档案管理工作具有了独立性。俄罗斯历史学家 Д. Я. Самоквасовый 和 B. H. Самошенко 对《官署总章程》的评价很高，他们认为《官署总章程》及其他相关的法规性文件大力促进了档案工作的发展，开启了俄罗斯档案事业发展的黄金时代。首先，《官署总章程》规定了档案保管人员对档案馆的领导职责和地位，根据该规定，档案保管人员对档案馆的领导职责具有独立性和唯一性，其他人没有权利干预。其次，俄罗斯政府部门档案馆工作人员的编制显著增加了。1720 年，为了整理彼得堡外交事务委员会档案馆的文件材料专门增派了 7 名公务员协助档案保管人员的工作。此后，其他政府部门档案馆也增加了人员编制。另外，彼得一世在发布的命令中明确规定，各个委员会办公厅、办事处的文件在本机关保存 3 年以后要向中央档案馆移交并永久保存。这标志着档案文件被视为历史资源，不再是现行文件的组成部分，档案馆的重心也不再是为机关的现行工作服务，而成为永久保管档案文件的机构。① 但是，И. Л. Маяковский 指出了《官署总章程》的不足之处，他认为，政府机关工作人员和档案馆保管员在鉴定和处置"新""老"文件时的出发点和态度不同，政府机关工作人员更加关心对"新"文件（现行、半现行文件）的保存和利用，不重视对"老"文件的保管，而档案保管员则更加注重对"老"文件（历史档案）的保管，而对新进的卷宗漠不关心。二者之间缺乏沟通和协调，导致档案文件的鉴定和处置存在漏洞，很多有重要价值的档案文件因此而遭到损毁。②

总之，《官署总章程》针对国家机关的文书工作提出了新的更高的要求，并具有如下特点：第一，《官署总章程》主要是用于规范新成立的国家机关——参政院和委员会的文书工作，对公文处理

① Самошенко В. Н. История архивново дела в дореволюционной России. М.：Высшая Школа，1989：54，56.

② Маяковский И. Л. Исторический очерк архивново дела в России. Пг.，1920：15-16.

流程包括签收、登记、办理、批转、归档等各个环节的工作及其文书人员的职责权限等都做了十分详细的规定，其中，档案工作被视为文书处理过程中的一项工作。第二，《官署总章程》的第44章规定了档案工作制度和职能，机关的文书工作划分为两个部分：现行文件管理(由办公厅负责)和档案馆工作。其中，现行文件在办公厅的保存时间不得超过3年，必须向档案馆移交。第三，档案馆首次从办公厅中独立出来。效仿瑞典档案馆的做法，将档案文件存放在专门的库房中。第四，《官署总章程》设想在监察委员会和外交事务委员会的监督之下分别建立两个中央档案库房，将所有委员会的档案文件分为两大类，凡是不涉及收入和支出的，交由外交事务委员会的档案库房保管，凡是涉及收入和支出的则由监察委员会的档案库房保管。这一规定实质上是对中央国家机关的档案实行集中管理体制，但最终未能成行。第五，所有的文件登记系统均按照字母顺序排列，直接纳入文件检索工具中。要求移交给档案馆的文件必须是已经办理完结，经过系统整理和分类的，并附有检索工具(字母索引)，对于文书工作人员来说，这项要求在当时的实际工作中难以实现。

此外，彼得一世还推行了一些重要的档案工作改革：第一，加强了对分散在宗教机构的手稿、图书、文件等珍贵历史文献的集中收集和保管。1720年，彼得一世首次发布指令，规定将分散在修道院和教会的古代手稿、珍本书及文件收集起来，交由参政院集中保管，1722年再次发布了同样的指令。第二，改革文件整理的方式，对全国范围内的文书归档整理形式进行了改革，取消了(柱状式)"卷"，而代之以"簿"和"册"，并规定了新的整理规则以及著录规则，包括标题的拟写和目录的编制等。

综上所述，彼得一世时期的文书档案工作改革有力地推动了俄罗斯档案事业的发展，但仍然停留在经验层次，缺乏科学性。

6.1.4　18世纪俄罗斯的杰出档案工作者和档案专家

在彼得一世推行文书及档案工作改革的过程中，涌现出包括Михаил Григорьевич Собакин、Николай Николаевич Бантыш-

Каменский 等在内的杰出档案工作者和档案专家，尤其以前者的成就最为突出。

（1）莫斯科外交事务委员会档案馆馆长 Михаил Григорьевич Собакин（1715—1773）

М. Г. Собакин 出生于俄罗斯古老的贵族世家，他从陆军贵族军事学校毕业之后在军队任职。1744 年 2 月，М. Г. Собакин 的命运发生了转折，当时的外交事务委员会积累了大量 1700 年之前所形成的零散、没有整理的历史文件，为此向他征求意见，М. Г. Собакин 阐述了自己的整理意见并被完全采纳，由此被任命为外交事务员委员会档案馆馆长。М. Г. Собакин 与委派的外交事务委员会办公厅的工作人员一起开始了对积存的历史档案以及新接收的档案文件的整理和编目工作。М. Г. Собакин 制定了一系列方法和规则，包括：规定按照通讯者首字母顺序排列档案文件，建立索引；要求将涉及同一问题的文件组为一卷等。他的最大贡献是从科学研究和实际利用的需求出发，制定了外交事务委员会档案馆的文件整理和编目的有效方案。具体体现在：第一，根据"新""旧"文件的划分原则对档案文件进行基本分类，然后再按照外交事务委员会的内部机构进一步细分，实现对档案文件的系统化整理，而文件材料的系统化整理奠定了外交事务委员会档案馆建设的基础。第二，М. Г. Собакин 认为，"旧"文件（历史文件）必须首先按照文件之间的历史联系进行分类，如：乌克兰人卷宗、斯摩棱斯克大公卷宗等。其次，可进一步按照文件名称、主题、通信者和年代进一步细分。第三，经过分类，将每一组案卷放入专门的、标有字母的柜子中，重量适中，而且方便保管和查找文件，而不是像以前一样随意放置在箱子或匣子里。第四，М. Г. Собакин 指出了原有的外交事务衙门的档案文件著录与实际馆藏情况不符的问题，例如，老的文件目录所收录的案卷在后来的文件目录中没有收录，而有时候目录中列举的案卷在库房中往往没有。为了避免出现这种漏洞，他建议编制两种不同的目录，以档案柜为单位编制目录以及编制馆藏总目录。第五，М. Г. Собакин 针对政府机关人员借走档案而经常不归还导致档案散失的不良状况，提出应尊重档案馆的权利，要求借阅者按期归还档案文件，这一观点具有重要的时代意义。为了方便档案统计和保管，他建议对借走的档案文件在其原有的位置放置一张便条，标明其出借何处、何时归还以及出借依据或缘由等信息。此外，М. Г. Собакин 还指出，档案工作人员普遍年龄偏大、知识缺乏等问题是档案馆面临的最严峻的挑战之一，他建议严格挑选档案工作人员，提高其整体素质。总之，М. Г. Собакин 对历史档案文件的重视以及在 18 世纪有限的条件下所提出的系统化整理思想是十分可贵的，为档案学的产生和发展奠定了科学基础。

（2）Николай Николаевич Бантыш-Каменский（1737—1814）

Н. Н. Бантыш-Каменский 是俄罗斯经验档案学阶段最优秀的档案工作者之一。此外，他还是著名的历史学家、古文献学家、作家、帝国科学院荣誉院士、莫斯科历史学会会员。Н. Н. Бантыш-Каменский 一生著述颇丰，在档案领域著有很多研究成果，是档案目录学研究的创始人。他主张逐张著录，而且对每份档案文件进行详细著录，按照书目编制原则，编制详细的档案目录。

Н. Н. Бантыш-Каменский 将大半生的精力都献给了档案事业，在其一生中有 52 年都是在档案部门工作，他从 1763 年起就在莫斯科外交事务委员会档案馆工作，1783—1814 年长期担任莫斯科外交事务委员会档案馆的馆长。1765 年他在帝国科学院院士 Г. Ф. Миллер 的直接指导下从事历史研究工作，但从 1769 年起就将全部精力投入到外交事务委员会档案馆的文件整理编目和编纂工作中，成果丰富，包括：《1720—1811 年档案馆所有收进和移出档案文件的字母顺序索引》，总共有 94 本案卷登记簿；1770 年他编制了《历史礼仪案卷汇编》和《欧洲和亚洲地区的朝廷与俄罗斯书信往来登记汇编》；1780 年编制出版了《1700 年前俄罗斯与波兰政府外交文书登记汇编》（共 5 卷本）。直到现在，Бантыш-Каменский 所编制的档案文件目录和文献编纂成果对于俄罗斯国家古代档案馆的工作人员和用户而言都具有重要的指引和检索作用。1800—1808 年，Бантыш-Каменский 因其在档案工作领域、古文献学领域以及编纂出版领域的突出成就和贡献而获得了多项荣誉。

1811 年起，Бантыш-Каменский 开始负责莫斯科外交事务委员

会下属的国家文书及条约出版委员会的工作。Бантыш-Каменский
在生命的最后阶段虽然饱受病痛折磨，但是仍然坚持改进馆藏整理
体系，编制书目检索工具，满足研究者对涉及各个领域知识、各个
历史时期档案文件的需求。由于 Бантыш-Каменский 的努力，1812
年外交事务委员会档案馆的档案文件在拿破仑攻克莫斯科的前夕及
时得到疏散转移，从而避免了战争和莫斯科大火所带来的毁灭性灾
难。此后，Бантыш-Каменский 又主持大量档案文件重新返回莫斯
科的工作。1813 年 Бантыш-Каменский 编纂的《国家文书及条约汇
编》完成了第一卷，在他辞世之后，四卷本的《国家文书及条约汇
编》全部出版，收集了从 1265 年至 1696 年形成的数千份官方历史
文书和条约，成为研究俄罗斯历史的最重要资源。

Бантыш-Каменский 与 М. Г. Собакин 一样，尊重档案，注重
对历史档案文件的收集、整理和编纂，是俄罗斯早期档案学思想萌
芽和发展的先行者和奠基人。俄罗斯在彼得一世实施全面"欧化"
改革之后，档案事业迅速发展，除了上述两位杰出的档案工作者以
外，还出现了包括 Иван Михайлович Стриттер、Герард Фридрих
Миллер 等在内的优秀档案工作者，在此不一一阐述。

总之，18 世纪俄罗斯的档案工作和档案学思想具有如下特点：

第一，改革档案文件的组卷方式。17—18 世纪，由于印刷术
的发展普及，纸张大量生产，促进了图书出版业的兴盛和近代教育
的发展，在这样的社会背景下，档案参考咨询业务迅速发展。传统
的柱状式案卷整理方式不能适应新的档案文件整理和保管需求，彼
得一世时期改革了旧的档案文件组卷方式，代之以簿、册式的组卷
方式。

第二，18 世纪的俄罗斯存在两类档案馆即国家机关档案馆和
历史档案馆。由此出现了两种不同的文件组织方式：在国家机关档
案馆中，按照文件的来源，根据文件原有的顺序（原始整理顺序）
和分类体系进行整理和保管，而在历史档案馆中，采取书目方式对
历史档案文件进行整理，即参照图书编目方式，将每一份档案文件
视为独立的客体和著录对象，参照图书分类编目方法对其进行详细
地著录。根据文件属性特征（而不是来源特征）的整理原则被称为

"петриненцпринцип"，这种书目整理方式在莫斯科外交事务委员会档案馆较为常见。

第三，18 世纪中期俄罗斯档案工作者开始尝试建立统一的档案文件组织体系。М. Г. Собакин 致力于维护传统的按照国别和年代特征对档案文件材料的分类组织标准，Г. Ф. Миллер 则主要根据档案文件的形式特征进行分类，而 Бантыш-Каменский 则兼容并蓄，既适当采用传统的分类方法，又吸收了 М. Г. Собакин 和 Г. Ф. Миллер 的分类体系。18 世纪末，外交事务委员会档案馆形成了十分复杂且具有创造性的档案文件整理、加工和保管体系，在此基础上，构成了外交事务衙门和外交事务委员会历史档案全宗并一直保存至今。此外，18 世纪的每一位历史学家同时也是古文献学家，他们根据自己的研究兴趣系统地收集、整理、编纂、出版历史文献，在历史研究、文献整理与出版领域取得了不菲的成就。В. Н. Татищев 强调档案文件的社会国家意义，而不仅限于对政府部门和机关的作用。他提出了一个大胆的设想，即建立覆盖俄罗斯所有馆藏档案文件的大型检索工具体系，在这个"检索仓库"中可以获取所有档案全宗的信息，他的这一设想在 19 世纪被 Н. В. Калачов 和 А. С. Лаппо-Данилевский 所采用。

第四，18 世纪后期，档案编目越来越普及，档案编目的数量和质量显著提高，档案目录的形式越来越丰富，方法也更加灵活多样。这一时期的档案目录以清单式最为常见，在个别档案馆，档案编目已经不仅是为了实用，而且还用于科学研究服务。

第五，1775—1785 年的国家机关改革使得地方国家机关及其档案馆的数量增加。俄罗斯机关档案馆的总量在 18 世纪大量增加，机关档案馆按照终极保管原则对本机关形成的重要档案文件永久保管。

第六，18 世纪俄罗斯出现了大量的历史档案馆，包括：外交事务委员会档案馆、职官部和参政院档案馆、领地和世袭档案馆、彼得堡和莫斯科国家历史档案馆，这些档案馆保管已经失去现实意义的历史档案，其馆藏比国家机关档案馆要丰富很多，为历史学家和研究人员提供了丰富的历史史料，他们出版了大量具有历史和科学研究价值的编纂成果。

6.1.5 从经验档案学阶段到传统档案学阶段的过渡：档案工作者和档案专家

（1）参政院档案馆馆长、档案专家 Платон Иванович Баранов（1827—1884）

在经验档案学阶段，档案是一种特定的工作对象，人们尊重档案之间的历史联系，但是，对档案文件本身的价值还没有充分的认识。19 世纪中后期，从经验档案学阶段过渡到传统档案学阶段，一部分档案工作者和古文献学家开始对档案文件的价值有了进一步的理解和认识。其中，俄罗斯参政院档案馆馆长、档案专家 П. И. Баранов 是经验档案学向传统档案学过渡时期的杰出代表。

П. И. Баранов 毕业于法律专科学校，他从 1865 年起直到生命结束的约 20 年时间一直担任参政院档案馆的馆长，最重要的成就是编纂出版了《参政院档案馆档案文件目录汇编》（3 卷本）。П. И. Баранов 对于档案价值的认识具有一定的科学性，认为档案具有两个方面的基本价值，即具有国家意义和科学研究意义。他将档案馆视为国家的宝库，其中保管着"潮湿但珍贵的文件材料，没有这些文件材料就不可能还原历史的真实面貌""毫无疑问，档案本身包含了大量的材料和证据，用以揭示历史，见证当前，并有益于未来"。[①] П. И. Баранов 在主持参政院档案馆的工作时，认为档案工作有两个基本任务：第一，对保存在档案馆中的档案文件材料严格按照规定进行整理；第二，对于重要的档案文件编纂出版档案目录及其文件内容。在 П. И. Баранов 主持参政院档案馆的前期，主要围绕第一个任务对馆藏档案文件进行有序化整理，包括如下环节和步骤：按照文件所对应的内部机构分类组卷，根据时间顺序进行排列，案卷统计和编号，贴上标签，指明该文件和案卷的文件形成机构和形成时间。按照上述方法，大量杂乱无章、随意放置的档案文

---

① Баранов П. И. Архив Правительствующега Сената：В 3 т. СПб.，1872—1878. Т. 1. С. 8.

件材料得到了有序化整理，恢复了参政院档案馆所保管的 23 个内部机构的完整全宗，并按照其"自然联系"进行排列。П. И. Баранов 反对按照主题特征(事由)对档案文件进行分类，他认为这样打乱了文件之间的"自然联系"。在 П. И. Баранов 的指导下，1872 年初参政院档案馆的文件基本整理完毕。第二项任务是编制档案(尤其是重要的法律和法规)目录汇编，1872—1878 年先后出版了三卷本的《参政院档案馆档案文件目录汇编》，其中第一卷 1872 年出版，收录了彼得一世时期的重要档案文件；第二卷于 1875 年出版，收录了 1725—1749 年的重要档案文件；第三卷则于 1878 年出版，收录了 1749—1762 年的重要档案文件。

（2）莫斯科法律部档案馆馆长 Петра Иванович Иванов（1794—1864）

П. И. Иванов 是另一位对档案的实质有着科学认识的档案专家。П. И. Иванов 毕业于莫斯科大学，曾经在莫斯科领地管理厅任职，是领地管理厅的一名职员。1835 年，他作为领地管理厅的成员参加了莫斯科参政院档案馆的整理和提供利用工作，对档案文件进行著录并有序排列。1852 年，参政院档案馆并入莫斯科法律部档案馆之后，他被任命为馆长。П. И. Иванов 在档案文件的整理编目和文献编纂领域成果丰富，收录了许多不为人知的珍贵文件材料，而且所涉猎的内容非常丰富，具有重要的时代意义，包括：《国家职官部档案馆目录》(1842)、《莫斯科参政院档案馆指南》(1845)、《国家档案馆历史案卷目录》(1851)、《俄罗斯地方权力和义务系统述评》(1836)、《莫斯科省各类税册汇集》(1840)、《俄罗斯土地测量历史研究经验》(1846)、《古文字复制件汇编》(1844)、《古代印刷品复制件汇编》(1858)。此外，П. И. Иванов 还编辑出版了莫斯科其他档案馆的文件材料，包括：《领地管理司档案馆初级目录》(1839)、《诺夫哥罗德和普斯科夫各类税册汇集》(1841)、《莫斯科法律部档案馆第一分部的贵族人名首字母索引》(1853)。

如上所述，19 世纪初期和中期，俄罗斯档案馆最主要的任务是古文献工作，即古文献的整理与出版工作。这一时期档案工作者开始对古文献学和档案学之间的区别进行理论思考，同时，档案工作者如何把握古文献工作和档案工作之间的关系也是一个值得探讨的问题。当时，历史编纂学也受到了重视，如同 Г. Ф. 米勒所认为的那样，为了利用者的需要可以打破文件之间的自然联系，将档案文件材料分散组织。

（3）外交部国家档案馆馆长 Константин Константинович Злобин（1827—1872）

К. К. Злобин 从 1864 年起担任外交部国家档案馆的馆长。他明确主张对所有案卷进行系统整理，并编制字母顺序索引。К. К. Злобин 对馆藏进行了详细地分类，还对特别重要的馆藏采取特殊的保管方式，例如，将沙皇书信和手稿等重要文件材料全部放置在秘密档案室中。

（4）Дмитрий Николаевич Блудов（1785—1864）

Д. Н. Блудов 出生于古老的贵族世家。1800 年起他在莫斯科外交事务委员会档案馆工作。1812 年，Д. Н. Блудов 在时任馆长 Н. Н. Бантыш-Каменский 的领导和组织下，在拿破仑发动的对俄战争中挽救了大量珍贵的档案文件。此后，他到彼得堡任职，先后被派往斯德哥尔摩和伦敦任外交官。从伦敦回国之后，Д. Н. Блудов 编译出版了《1814—1822 年俄罗斯与西方国家外交文件汇编》。1832 年起 Д. Н. Блудов 主管内务部事务，1837 年负责法律部事务，1842 年封为伯爵。1861—1862 年，Д. Н. Блудов 担任国家委员会和部长委员会主席，筹备建立了俄罗斯帝国国家档案馆。他重视古文献学和古文字学研究，组织出版了许多重要的编纂成果，包括四卷本的《宫廷职官录》（1850—1855），1855 年被任命为俄罗斯科学院院长直至去世。

综上所述，俄罗斯档案工作在经验档案学阶段具有很大的随意性。11—15 世纪，档案管理意识开始萌芽；16—17 世纪，沙皇档案馆的编目工作和衙门档案馆的分类整理工作促进了俄罗斯档案管理意识的进一步发展；18 世纪，彼得一世推行的文书工作和档案管理改革促使档案工作从文书工作中独立出来，档案馆开始拥有自己的独立地位。但是，不同的档案馆、不同的档案工作者对档案工作有不同的认识，一般都停留在主观的经验层次，采取了各种不同的工作方法和程序，档案文件材料的收集、整理、加工、组织、排列、存放和保管方式各异。19世纪初期和中期，由经验档案学阶段向传统档案学阶段过渡，档案工作者、档案专家开始对档案本身的属性及价值进行理论上的思考，什么是档案？档案学与古文献学和古文书学、历史编纂学之间的关系是什么？在实际工作中，档案工作者开始意识到，必须维持文件自然形成的联系。经验档案学阶段，人们对档案工作者的认识不尽相同，原则上存在两种不同的观点：一种观点认为，档案工作者仅仅是机关档案文件的登记和保管员。另一种观点则认为，档案工作者同时也是管理历史档案的古文献学家，在实际工作中档案馆也面临着两难的境地：要不成为国家机关的内部组织机构，为各个部门和机关提供所需的证据和凭证；要不就回到古代，丧失自己的特色，成为专门保管历史文献的"图书馆"，为历史学家提供各类古籍、手稿和古老的文件。经验档案学阶段关于什么是档案、档案学与文献学之间的关系、档案馆的社会定位、档案工作者的实质等问题的争议和疑惑可以说是埋下了"问题的种子"，而19世纪后半期至20世纪初，以 H. B. Калачов 为代表的一批杰出的档案学家对上述问题和分歧进行了探索，提出了对档案、档案学、档案工作者的科学认识，从而使经验档案学走向传统档案学，档案工作开始由主观盲目逐步走向客观科学。

6.2 传统档案学阶段

19世纪中后期至20世纪初，俄罗斯档案学思想发展进入传统档案学阶段，Густав Андреевич Розенкампф，Сергей Михайлович Соловьев，Михаил Иванович Семевский，Николай Васильевич Калачов 等档案学家对什么是档案、档案学，档案工作和档案馆的性质和地位等基本理论问题进行了探讨，基本确立了档案学的学科地位。

在传统档案学阶段，受到以法国为代表的西欧各国档案改革的影响，俄罗斯涌现了一批勇于改革旧的档案管理体制、兴利除弊的档案学家。早在 19 世纪初期，档案学家 Г. А. Розенкампф 就首次提出了建立档案管理总局以及档案集中管理的改革方案，但是未能成行。19 世纪中后期，沙皇俄国在废除了奴隶制之后，进行了司法和行政改革，大力发展部门(机关)档案工作，成立了各个彼此独立、互不关联的部门档案馆，包括：以国家历史总档案馆为基础建立了外交部莫斯科档案馆、宫廷部莫斯科档案馆、军事部莫斯科档案馆、外交部彼得堡总档案馆、世袭领地部档案馆、元老院档案馆、东正教最高会议档案馆、地界档案馆，以及维捷布斯克历史档案馆、军事科学档案馆和哈尔科夫历史档案馆。此外，俄罗斯还存在大量的私人档案馆。20 世纪初，沙皇的警察机关、司法侦探机关档案馆收藏了关于革命运动组织和政党的档案文件。部门(机关)档案馆互不联系，彼此隔绝，档案归各个部门(机关)所有，不允许科研人员和普通公众获取和利用馆藏档案文件。这种部门割据式的分散管理体制导致档案保管分散、档案整理和鉴定等重要的业务工作方法及标准不统一、档案任意销毁现象时有发生，国家珍贵的档案资源遭受损坏。档案工作存在的种种弊端促使俄国的档案学家效仿法国等西欧国家，制定档案改革方案。司法部莫斯科档案馆长、档案学家 Н. В. Калачов 和 Д. Я. Самоквасов 在 19 世纪 60、70 年代和 90 年代都曾提出过档案改革方案，建议对档案实行集中管理，成立中央档案管理机关和综合性档案馆，开办档案高等教育，培养档案专业人才。但是都遭到了沙皇政府的拒绝，这使十月革命前的俄国只有彼此独立和割据式的部门(机关)档案工作，而没有形成以综合性档案馆为主体的国家规模的档案事业。

6.2.1 Н. В. Калачов 之前的档案学家及其主要成就

（1）Густав Андреевич Розенкампф 的《档案制度改革计划》

俄罗斯第一位从理论上探讨档案本质属性的档案学家是 Густав Андреевич Розенкампф(1764—1831)男爵，他是俄罗斯传统档案学思想的奠基人。19 世纪初期，俄罗斯档案工作面临着诸多问题，与英、法、德等欧洲其他国家的档案工作相比，俄罗斯档案工作管

理制度落后，思想陈旧，存在不少陈规陋习。① 为了从俄罗斯档案
工作全局出发进行制度改革，1820 年 4 月 8 日，Г. А. Розенкампф
提出了《档案制度改革计划》，该计划提出了一系列改革举措，对
于推动俄罗斯档案事业发展具有重要意义。主要的改革措施包括：
第一，成立档案管理总局，负责领导和监督俄罗斯首都莫斯科所有
档案馆(外交事务委员会档案馆除外)的工作。第二，档案管理总
局下属的所有档案馆首先将本馆档案按照形成的时间先后顺序(年
度)进行分类，在同一个年度内，再按照字母顺序进行分类整理和
登记。第三，将法律、历史和统计类档案文件的原件按照上述方法
和步骤进行整理和登记，用于专门的利用需要。第四，鼓励学识渊
博的专家学者对档案学理论和方法进行研究。第五，档案管理总局
每年向国家委员会提交工作报告。

　　Г. А. Розенкампф 的上述改革措施和建议虽然最终未能有效实
施，但其提出标志着俄罗斯传统档案学阶段的开始。该改革计划具
有体制上的创新性，它明确提出了集中管理档案的思想，首次提出
在俄罗斯中央建立专门的档案行政管理机关——档案管理总局，有
利于加强对首都地区档案馆的统一领导和档案文献的集中保管，从
而有助于改变长期以来各个部门档案馆各自为政、档案工作质量参
差不齐的不良状况。该改革计划统一规定了档案馆文件整理和分类
规则，有利于提高档案文件整理的总体水平。此外，它提出了"档
案学"这个术语，鼓励人们对档案学这一门新的学科进行理论上的
探索，有利于档案学术思想的成长和发展，由此产生了积极的社会
影响力。半个世纪之后，Н. В. Калачов 沿着 Г. А. Розенкампф 的
改革思路在 1869 年召开的第一届考古学代表大会上提交了档案改
革的主题报告，在《国家知识汇编》一书中刊载其档案学研究的代
表作《档案的国家意义、构成和制度建设》，并于 1873 年成立档案
建设委员会，创建彼得堡考古学院，专门开设"档案学基础"课程。
这样，作为参议员、法学家和档案学家的 Н. В. Калачов 部分地实

---

① 　Макаров А. Н. Проект архивой реформы бар. Г. А. Розенкампфа.
1820. Исторический архив. Кн. 1. С. 21, 24.

现了 Г. А. Розенкампф 的改革思想。

H. В. Калачов 所提倡和推行的一系列档案改革措施，促进了俄罗斯近代档案学的产生。19 世纪 60 年代，H. В. Калачов 的档案改革思想之所以能够实现，有其重要的历史背景。从 18 世纪 60 年代到 19 世纪中期，第一次工业革命进入尾声，以英、法为首的欧洲发达国家的社会生产力得到显著发展。在自然科学领域，一系列重大发现和研究成果问世，如达尔文在 1859 年提出了生物进化论，这不仅在生物界而且在科学以外的其他领域包括思想界和宗教界产生了重大影响，此外，门捷列夫发现了元素周期律，这在化学发展史上是里程碑式的重大突破。在生产关系领域，俄罗斯新兴的资产阶级开始出现并发展壮大，1860 年农奴制被废除，为俄罗斯工业化发展扫除了障碍。在文化和教育领域，提供免费服务的俄罗斯公共图书馆网络开始建立，综合科技博物馆和历史博物馆等也相继建立，大学的社会地位和自主权力得到迅速提升。这些都促进了俄罗斯近代文明的发展，19 世纪 60 年代伴随着档案学概念出现的是另一个在俄罗斯广为传播的重要概念——"文明"，在 В. И. Даль 编纂的《详解俄语词典》中，对"文明"的定义是"在社会和国家意义上意识到个人和公民所具有的权利和义务"。① 由此可见，近代的民主和自由思想开始在俄罗斯得到传播。科学研究包括历史学研究也不再是贵族才拥有的专利，开始走向平民化。1862 年，П. И. Бартенев 创办了第一份档案专业杂志《俄罗斯档案》，为历史研究提供重要的史实和档案文件材料，使历史学研究和档案学思想得到普及和传播。而 H. В. Калачов 恰逢其时，19 世纪中期，几乎所有的学科连同国家和社会一起，都在追根溯源，寻找自己的成长轨迹并思考自己存在的意义，档案学作为一门学科也开始了其产生和发展的重要历程。一批杰出的档案学家首次意识到档案学作为一门独立学科的存在，对其本质及国家意义和社会意义进行了理论上的探索。

---

① Даль В. И. Толковый словарь живого великорусского языка. Т. 4. С. 574.

（2）Сергей Михайлович Соловьев——俄罗斯史学奠基人及其档案文献研究方法

Сергей Михайлович Соловьев（1820—1879）是俄罗斯史学奠基人、杰出的历史学家、档案学家。他出生于莫斯科，1842 年毕业于莫斯科大学历史哲学专业，年轻时曾担任俄罗斯贵族 А. Г. Строганов 的家庭教师，随其在澳大利亚、德国、法国和比利时游学，接触了欧洲著名哲学家谢林和史学家兰克等人的思想，在哲学、历史学和地理学等领域收获颇丰。С. М. Соловьев 回国之后继续专业学习和研究，相继获得了史学硕士和博士学位。1864 年，他组建成立了莫斯科大学历史哲学系并担任首届系主任，鉴于其在学术上的声望和影响力，1871 年被任命为莫斯科大学的校长，对于推动俄罗斯的史学教育和研究产生了重要的影响。

从 1851 年开始直到 1879 年去世，С. М. Соловьев 尽其大半生，皓首穷经，辗转于莫斯科的各个档案馆查找第一手史料，他尊重史实，坚持用专业的史学研究方法撰写了 29 卷本的《俄罗斯历史》，翔实地记述和再现了俄罗斯国家发展的历史，创造了俄罗斯史学研究的奇迹，这一卷帙浩繁的巨著奠定了 С. М. Соловьев 在俄罗斯历史文献编纂学领域的核心地位。而在此之前，人们多从哲学和文学艺术角度研究俄罗斯历史。С. М. Соловьев 的史学研究方法很大程度上受到了兰克史学思想的影响，他非常重视原始资料——档案文献的搜集、利用和考证，在查找、整理、编纂和利用档案文献的过程中，他重视档案和档案工作，精于档案文献编纂，因此，他同时也是一位杰出的档案学家。

С. М. Соловьев 在俄罗斯国家历史的研究过程中，形象地将国家机关比喻为外科医生所用的绷带，他认为，它们就像是一些不成套的布匹按照需要固定而成，通过一定的作用机制联系在一起，内部之间具有紧密的有机联系。为了系统研究俄罗斯 17 世纪至1825 年前后所形成的文件材料，С. М. Соловьев 开创了史料挑选及加工组织方法，强调对原始材料和客观史实的尊重，避免了一边倒的评价和牵强附会的研究方法，为此，他考证了大量纷繁的原始材料，引证的原始文献数量庞大，接近其原著篇幅的 2/3。为了查找史料，他长期在俄罗斯帝国国家档案馆、参政院档案馆、东正教事务衙门档案馆、军事及海军部档案馆、彼得堡和莫斯科外交部档案馆等国家档案馆、部门档案馆从事档案文献的查找、整理和考证工作。С. М. Соловьев 曾经阐述自己对档案文献的工作方法和态度，"研究者必须亲自打开历史案卷，仔细查阅"。① 仅在 1860 年上半年，他就查阅了有关彼得一世时期秘密办公厅的 40 捆卷宗以及 1773—1775 年普加乔夫领导的农民战争案卷，并做了相关的摘抄和记录。

С. М. Соловьев 以其在学术研究方面的丰富经验，指出了档案机构在提供学术研究服务方面的一项基本任务：及时对进馆的档案文献整理有序，编制可信的档案目录并使之公开出版。他不赞同出版仅有趣味性，但是彼此之间不存在逻辑联系和专题联系的档案文献，出版一些花哨的档案文献汇编不利于研究者的学术研究。

（3）Михаил Иванович Семевский 的档案文献编纂和出版活动

Михаил Иванович Семевский（1837—1892）对于档案文献的认识和档案编纂的新思想在 19 世纪中后期具有重要影响力。1870年，他所创办的史学研究类杂志《古老俄罗斯》（Русская старина）发行量很大，存续时间长达约半个世纪（1918 年停刊），对于激发俄罗斯社会对本民族历史的探索和研究发挥了十分重要的作用。现代人将《古老俄罗斯》杂志誉为"最高的历史上诉法庭""俄罗斯复仇女神 Немезида 的化身"。

М. И. Семевский 曾任国家办公厅农村建设总委员会的一名公务员，但他对于历史研究充满了兴趣，1850—1860 年，他发表了100 多篇有关俄罗斯 18 世纪历史名人的研究作品。М. И. Семевский 有感于俄罗斯人对本国历史知之甚少，于 1870 年在彼得堡创办史学研究月刊《古老俄罗斯》，所刊载的文章主要取材于历史档案文献，对历史专题事件和历史人物进行研究，掀起了民众对俄罗斯历史的兴趣和研究热情。随着《古老俄罗斯》在俄罗斯社

---

① Соловьев С. М. Императорские советы в России в XVⅢ веке. Русская старина. 1870. Т. 2. №11. С. 463.

会影响力的迅速扩大，很多人在阅读过程中产生了进一步了解历史事件或人物背后的原始史料的欲望，受此影响，П. И. Бартенев 创办的《俄罗斯档案》杂志的发行量也随之上升，二者相互影响，成为推动俄罗斯史学发展、提高公众档案意识的催化剂。此外，《古老俄罗斯》的一个不容置疑的贡献在于，它使很多私人档案馆所收藏的珍贵历史文献资源免于散失和湮没，现在仅能从该刊物上知晓这些珍贵的历史文献，而其原件早已不复存在。

М. И. Семевский 认为，促进人民自觉了解和研究本国历史，其基础不在于依靠某一个作家或学者的个人观点，而在于依靠原始史料，只有对原始史料进行整理、考证和研究，才能促进史学的繁荣，激发越来越多的人自觉地研究俄罗斯历史。这一观点促进了人们对俄罗斯历史档案文献的整理和编纂。

（4）Михаил Андреевич Оболенский 的档案制度建设

Михаил Андреевич Оболенский（1805—1873）曾任俄罗斯外交部资深翻译员，国家文书及条约印刷委员会总监察员，文献编纂委员会会员，莫斯科外交部档案馆馆长，俄罗斯科学院通讯院士。М. А. Оболенский 的第一部文献编纂成果是《伟大的诺夫哥罗德的钱币》（1834），最有影响力的研究成果是《早期俄罗斯编年史》（1875），在其去世 2 年以后出版。

1849 年底，莫斯科外交部档案馆为了出版《古代罗斯与外国的外交文件汇编》开始整理和复制相关的历史档案，М. А. Оболенский 直接参与了该项工作，此外，他还领导了莫斯科外交部档案馆的一系列出版活动。М. А. Оболенский 对待档案工作十分谨慎细致，对下属档案工作者的要求也很严格。他认为，档案工作者最直接的、不可逃避的最重要的义务是珍惜档案，保护档案宝藏。

为了保障和规范档案馆对外的借阅工作，在 М. А. Оболенский 的领导下，1863 年 1 月外交部档案馆研制了《国家档案馆借阅规则》，从制度上为研究人员提供了查阅档案文件的机会。根据该规则的规定，1762 年以前的档案文件可以无障碍的查阅。这项规定放宽了查档条件，不再像以前一样将所有档案文件长期对外封闭，为史学研究和其他领域的利用者首次敞开了档案馆的大门。

6.2.2 Николай Васильевич Калачов 的档案学思想及对俄罗斯近代档案学的奠基作用

6.2.2.1 Николай Васильевич Калачов 的早期活动

Николай Васильевич Калачов(1819—1885)是一位法学家和俄罗斯历史上最杰出的档案学家、俄罗斯近代档案学的奠基人和开创者。19 世纪 60 年代中期以前，Н. В. Калачов 的学术研究和职业活动以法学和法律工作为主，同时也从事档案文献编纂工作。1865年之后他的工作重心转移，在文献编纂学、档案学及档案工作领域投入了巨大的热情和精力，他深入档案学基础理论研究，改革旧的档案体制和落后的档案工作方式，开创档案学高等教育，成立省档案学术委员会，为俄罗斯近代档案学的产生和发展做出了巨大的贡献。

Н. В. Калачов 于 1836—1840 年就读于莫斯科大学法学专业，大学毕业之后加入了彼得堡文献编纂学委员会。1846 年，他回到莫斯科，担任莫斯科外交部总档案馆的图书管理员，同年获得了莫斯科大学的法学硕士学位。1848—1852 年，Н. В. Калачов 担任莫斯科大学法学专业俄罗斯立法历史教研室主任，1850 年，他编辑出版了档案文献汇编《俄罗斯法律历史档案》，1852 年，Н. В. Калачов 受文献编纂学委员会的委托撰写《历史法令的补充》一文，为此他在 1852—1853 期间访问了弗拉基米尔、萨拉托夫、萨马拉、坦波夫、雅拉斯拉夫、梁赞、莫斯科、下诺夫哥罗德等俄罗斯的多个城市和地区，所到之处他不仅在官方档案机构进行调查，而且还注重收集和查找私人收藏的档案文献。通过此次实地调研，Н. В. Калачов 总结了俄罗斯省级(地方)档案管理的灾难性状况，为其此后大力推行档案体制改革奠定了基础。1857 年，Н. В. Калачов 离开莫斯科大学就职于彼得堡的一家私人档案馆(Е. И. В 档案馆)，出版《民法汇编》(第三版)。同时，他继续从事文献编纂委员会的工作，整理出版了一系列历史文献汇编，包括：《古代罗斯法令》

（3 卷本）、《古代罗斯的税册汇编》（2 卷本）、《1711 和 1722 年参政院报告和决议》（3 册）、《国家委员会档案》（3 卷本）等共计 16 部编纂作品。1860 年俄罗斯开始进行农业改革，H. B. Калачов 被任命为改革委员会成员，负责起草农民权利状况分析及立法改革草案。他提交的第一份报告《取消权力垄断》具有重要的法律价值和法学研究意义。1864 年，H. B. Калачов 被任命为司法改革草案起草委员会的主要负责人。同年，他获得了彼得堡大学的民法学博士学位，1868 年当选为彼得堡大学委员会的荣誉会员。

6.2.2.2　19 世纪 60 年代末至 80 年代中期 H. B. Калачов 档案改革思想的提出及其实践

1865 年，H. B. Калачов 担任莫斯科法律部档案馆的馆长，他的命运由此发生了转折，档案和档案工作成为他的工作重心，俄罗斯 19 世纪下半叶的档案工作改革在他的极力推动下拉开了序幕。在 H. B. Калачов 的领导下，莫斯科法律部档案馆进行了业务工作改革，开展了一系列档案文献整理、编纂和出版工作，具备了研究性机构的性质。但在全国范围内，档案管理理念落后，档案工作整体水平低下。H. B. Калачов 意识到，必须在更大范围内推广档案改革活动，才能从根本上改变俄罗斯档案事业的现状，1869 年，在莫斯科召开的第一届文献编纂学大会上，他发表了必须进行档案事业改革的报告，在报告中他首次指出，需要将档案馆从故纸存放堆转变成科研机构和文化宝库，便于研究人员查找利用所需要的文献信息。但是他的发言没有引起与会代表的兴趣，他的任何提议都未能获得大会通过，因为与会代表没有一人是专业的档案工作者，他们只关注文献编纂学问题。H. B. Калачов 改变了策略，他开始进行大量的准备和宣传工作。首先，他将第一届文献编纂学大会提交的报告发表在《俄罗斯世界》报上，同时，他争取到了第二届文献编纂学大会的一项单独议题"关于 H. B. Калачов 档案体制改革思想的讨论"。有了前期准备工作基础，H. B. Калачов 在 1871 年召开的第二届文献编纂学大会上，发表了《档案馆的国家意义、构成和制度》的专题报告，引起了与会代表的广泛讨论，这样，档案改革思想和建议虽然是由 H. B. Калачов 个人所提出的，最后引起了广泛的共鸣，成为文献编纂学委员会通过的一项集体性建议。通过文献编纂学委员会在俄罗斯各地的影响力，Н. В. Калачов 的档案改革思想在俄罗斯文献学界得到了传播和响应。

Н. В. Калачов 在专题报告中所提出的档案改革的主要内容为：

第一，将所有的档案馆分为两大类：现行档案馆和历史档案馆。现行档案馆主要为形成机关提供参考咨询服务，历史档案馆主要为社会历史研究提供文献信息服务。历史档案馆又分为两类：部门档案馆(隶属于最高政府机关)和省级档案馆(在各个省设立的历史档案馆)。未来条件具备，可以建立统一的中央历史档案馆。

第二，在每一个现行档案馆成立鉴定委员会，将没有现行参考作用的档案文件和案卷挑选出来，向省级历史档案馆移交。省级历史档案馆对于没有科学研究价值的文件材料应该销毁，而将具有科学研究价值的档案文件向部门档案馆或其他最高机关移交并永久保存。具有地方历史意义的档案文件材料，省级历史档案馆可以自行保管。

第三，成立统一的档案事业行政管理机构——档案总委员会，各级各类档案馆必须在获得档案总委员会的最终允许之后才能销毁档案文件。

第四，建议成立跨部门的档案建设委员会，制定和实施档案改革方案。根据 Н. В. Калачов 的建议，俄罗斯政府于 1873 年 2 月 27 日成立了隶属于人民教育部的档案建设跨部门委员会，Н. В. Калачов 担任档案建设临时委员会的主席一直到其去世。因此，1873—1885 年的 12 年在俄罗斯档案史上被称为"Н. В. Калачов 时代"。

为了有针对性地开展档案改革工作，Н. В. Калачов 组织设计和发放了档案工作调查问卷，通过调查暴露出俄罗斯档案学理论基础薄弱、档案术语不规范以及档案制度不健全等问题。为此，档案建设临时委员会首先进行了档案体制改革。但是，由于各种原因，委员会制定的大多数改革措施仅停留于纸上而难以付诸实施。其中，人们最感兴趣的是关于设立档案总委员会的设想。根据 Н. В. Калачов 的改革意见，档案总委员会的职责是对部门和省级档案馆提供档案业务方法上的指导和监督，尤其是对档案文件保管和销毁工作进行指导和监督，防止随意销毁档案文件。1875 年，Н. В. Калачов 访问了比利时、加拿大、英国、法国、澳大利亚和意大利等欧洲国家的档案馆，关注档案学专业人才的培养问题，他对巴黎宪章学院(又称法国档案学院)尤其感兴趣，认为巴黎宪章学院的档案专业人才培养方式及课程体系是俄罗斯档案专业教育应该学习的范本。1882 年，Н. В. Калачов 当选为俄罗斯科学院院士。

俄罗斯执政者对于 Н. В. Калачов 的改革思想并不重视，加上档案管理体制不健全及档案学思想的落后，Н. В. Калачов 所提出的绝大多数档案改革措施未能如期实现，Н. В. Калачов 去世之后，政府部门和机关自行其是，大规模地销毁档案文件。仅有几项改革措施得以实现：第一，由 Н. В. Калачов 个人出资，于 1878 年建立了彼得堡考古学院。该学院仿效欧洲其他国家(尤其是巴黎宪章学院)的办学宗旨和人才培养方式，主要为地方档案馆、社会组织档案馆和私人档案馆培养从事俄罗斯历史研究领域的专家，培养掌握古代文献学知识和档案管理的系统知识，具有档案学专业素养的高级档案文献管理人才。Н. В. Калачов 认为档案工作者应该知识渊博，不仅应该掌握本领域的专业知识，而且应该掌握史学和文献学等其他专业领域的广博知识。档案学高等教育应该通专结合，培养综合性人才。第二，Н. В. Калачов 失去了依靠俄罗斯政府的力量进行广泛的档案事业改革的希望之后，决定运用其他方式唤起社会档案意识的觉醒，推行自己的档案改革主张。在俄罗斯科学院的支持下，Н. В. Калачов 成立了省档案学术委员会(ГУАК)，他组织专家，帮助地方机关从拟销毁的档案中鉴定挑选出具有科学研究价值的档案移交至省级历史档案馆，由此挽救了许多丧失了现实参考价值但具有历史研究价值的档案文件的命运，使其免于销毁。省档案学术委员会(ГУАК)的上述活动对于提高地方机关的档案意识，有效遏制地方档案文件的大肆销毁发挥了十分重要的作用。

20 世纪 20—40 年代，档案学家 И. Л. Маяковский 较为全面地分析研究了 Н. В. Калачов 对于俄罗斯档案事业的贡献，他认为，Н. В. Калачов 是俄罗斯传统档案学和古文献学的最佳继承者。他在第一届和第二届古文献学代表大会上阐明了自己的档案改革思想，在其呼吁和推动下成立了档案改革跨部门委员会，开启了俄罗斯档案事业改革与发展的"Н. В. Калачов 时代"。Н. В. Калачов 虽然遭受了重重阻力，但是最终实现了两项重要的改革措施：第一，阻止了对历史档案的大肆销毁活动；第二，在部分政府机关实现了对档案的集中管理。此外，Н. В. Калачов 组织成立的省档案学术委员会通过对地方政府机关的档案业务指导和监督，对于唤醒俄罗斯的社会档案意识，保护年代久远的历史档案，推动地方档案事业改革发挥了十分重要的作用。从 Н. В. Калачов 个人所受的教育和从事的工作来看，Н. В. Калачов 既是一位法学家、法律工作者，又是一位热爱档案和档案事业的档案学家、历史档案工作者，他在推行档案改革过程中遇到了重重障碍但是始终没有放弃；他在学术研究中将史学、古文献学和档案学知识融会贯通，所取得的最大成就是对档案学理论的科学研究和对档案工作实践的改革，既建立了档案学基本术语和理论体系，又身体力行，直接领导和参与档案改革活动。在 Н. В. Калачов 的档案改革思想中，最主要的是实现档案馆的两种功能，即为国家机关和个人提供所需要的档案证明，同时，满足研究者对档案文献的利用需求。因此，档案馆不仅要妥善保管档案文件，还需要对档案文件进行整理、编纂和出版，Н. В. Калачов 认为，档案馆不是事务性机关，而应该是研究性机构，要确保需要它的人能从中自由地获取档案文献，定期公布和出版档案文献。在 1918 年十月革命之前，Н. В. Калачов 的档案思想是引领俄罗斯档案事业发展的主流思想。

综上所述，Н. В. Калачов 的档案改革思想及对俄罗斯档案学理论的主要贡献体现在如下几个方面：

第一，他首次从理论上思考了档案形成和发展过程中的人为因素。他的档案改革思路摆脱了国家在档案产生和死亡中的象征性作用，他所关注的是档案活动的根本目的，专门从事这一工作活动的人——档案工作者的基本任务，以及档案馆在国内外的地位。

第二，他首次分析了档案馆的国家法律意义和社会意义。他使档案学摆脱了狭隘的职业和技术框架的束缚，使其成为一门具有历史法律性质的人文学科。

第三，他首次将档案确定为全民族的共同财富，而不是将其分解为中央和各省的部分，政府部门（机关）和私人的部分。以此为其理论思想的基本出发点，他认为档案工作具有广泛的社会性，不仅是一项职业活动，而且应该受到全社会的关注。但事实上，俄罗斯政府、社会和个人对档案不够重视和尊重。他指出，很多重要的档案文件长期被灰尘掩埋，处于自生自灭的可怜境地，导致了珍贵的国家历史财富的湮灭。

第四，他首次提出，国家、社会和每一个有文化的公民都必须认识和了解档案，这是档案事业发展的重要基础。国家、社会和个人越早重视档案和档案工作，越能有效地避免重要档案文献的散失和损毁，促进档案学和档案事业的发展。根据这一观点，Н. В. Калачов 从国家、社会和个人层面深入分析了档案的自身价值。

第五，他首次提出，档案整理、分类、立卷以及档案的永久保管等档案业务工作都必须遵循统一的科学方法和共同的规则。另外，他强调，必须对档案文件的补充（收集）和价值鉴定进行理论方法上的研究，遵循统一的档案补充和鉴定原则。他对档案文件的销毁持十分谨慎的态度，认为应该尽量减少档案文件的销毁，必须销毁的文件才能销毁。Н. В. Калачов 在 1875 年 10 月 6 日主持召开的档案建设跨部门委员会的一次会议上明确阐述了自己对档案销毁问题的看法：文件或案卷的销毁清册必须分类并加以说明，宁愿多保管 100 份无用的案卷，也不能误销 10 份有用的案卷。

第六，在寻找政府机关文书工作人员和"学者型的档案保管人员"之间的平衡点时，Н. В. Калачов 提出了著名的"档案本质二元论"思想，即面向政府机关的基本的参考咨询服务业务和面向科研人员的深层次的文献编纂与出版业务。档案馆同时具备两种不同的功能，档案工作也分为两种：一种是由档案保管人员所从事的档案馆日常业务工作；另一种则是档案文献编纂工作，为了使研究人员更加方便地获取所需要的档案文献信息，档案文献编纂人员将具有科学研究价值的档案文献进行整理汇编，有针对性地提供给研究人员。

受 Н. В. Калачов 的"档案本质二元论"思想的影响，俄罗斯档案机构在进行档案鉴定时，对于剔除拟销毁的档案文件或案卷，要求必须经档案保管人员和文件(案卷)形成机构负责人双方的允许才能销毁，当双方意见不一致时，即出现保管和销毁两种不同的意见时，选择保管一方的意见，文件(案卷)继续保管而不销毁。Н. В. Калачов 的"档案本质二元论"思想奠定了俄罗斯档案收集(补充)和鉴定的统一的科学方法基础，它适用于任何所有制、任何类型的机构，具有广泛适用性。直到今天，"二元论"思想对俄罗斯的档案收集和鉴定工作仍具有一定的指导性，尤其对于非国有的企业和社会组织的档案文件鉴定问题具有积极的方法论意义。

第七，他首次论证了档案职业所具有的重要的国家意义和社会意义。他认为，档案的构成(成分和内容)尤其是地方档案的构成应该由受过高等教育而且具有档案专业知识的人掌握并加以改革。他强调，档案工作者应该不仅具备专业知识和素养，而且应该深信，自己的工作有益于科学和社会，从更为广泛的意义上传播档案学知识，Н. В. Калачов 的这一观点直接依赖于俄罗斯国民的教育水平问题，既需要提高全民教育水平，也需要加强公民对国家和故土的热爱，而档案工作则通过对历史文献的整理和提供利用促进了人们对自己的国家发展历史的了解，由此能够加强爱国思想和情怀。Н. В. Калачов 的这一观点成为俄罗斯档案管理总局的工作基础，也是著名历史学家 И. Л. Маяковский 在 20 世纪 20 年代从事史学研究和方志学研究的基础。

总之，Н. В. Калачов 的档案改革思想及其档案改革实践活动具有划时代的意义，对于 19 世纪下半叶俄罗斯档案事业的改革和发展产生了十分重要的影响，其影响力甚至波及十月革命之后。①

彼得堡考古学院的 И. И. Зубарев、И. Е. Андреевский(1831—1891)、А. П. Воронов(1864—1912)等档案学者通过教学和科研活动使 Н. В. Калачов 的档案学思想得到了进一步的传承和发展。

---

① Хорхордина Т. И. История архивоведческой мысли. М.：РГГУ，2012：112-122.

И. И. Зубарев 作为 Н. В. Калачов 在彼得堡考古学院的同事，首次全面系统地研究和肯定了 Н. В. Калачов 在俄罗斯档案事业发展中的历史地位和作用，他通过著述和教育活动，宣传了 Н. В. Калачов 的档案学思想，成为继 Н. В. Калачов 之后推动俄罗斯近代档案学产生和发展的另一位重要的档案学家。И. Е. Андреевский 作为彼得堡考古学院的第二任院长，在 Н. В. Калачов 去世之后，于 19 世纪 80 年代末期延续了 Н. В. Калачов 的档案改革活动，他采取改革措施，试图加强俄罗斯档案事业的集中管理体制。А. П. Воронов 毕业于彼得堡大学的历史哲学系，是俄罗斯 19—20 世纪众多百科全书式出版物的参编者。А. П. Воронов 做过彼得堡大学的档案保管员，工作之便曾经多次造访俄罗斯的档案馆和法国巴黎宪章学院，对于档案馆的性质和功能形成了自己的认识，他撰写了《档案学》一书，在俄罗斯档案界产生了较大的学术影响。除了 Н. В. Калачов 及其档案学思想的传承者之外，18—19 世纪还涌现了 А. Х. Востоков（1781—1864）、К. Ф. Калайдович（1792—1832）、И. Д. Беляев（1810—1873）和 Н. Н. Оглоблин（1852—？）等知名的档案学者，他们在档案学理论和思想方面对于俄罗斯近代档案学的产生和发展都做出了自己的贡献。

6.2.3　Дмиерий Яковлевич Самоквасов 在俄罗斯档案学思想发展中的科学贡献

Д. Я. Самоквасов 是俄罗斯著名的档案活动家、文献学家、史学家及俄罗斯国家与法研究领域的理论专家。他 1868 年毕业于圣彼得堡法律系，1873 年、1875 年先后获得了法学硕士和博士学位，1873—1892 年一直在基辅瓦尔沙夫斯基大学从事"俄罗斯法律史"教学，1892 年开始在莫斯科大学讲授"俄罗斯法律史"课程，1897 年成为秘密顾问，1900 年被评为莫斯科大学荣誉教授，是俄罗斯自然、人类学与民族学爱好者学会、俄罗斯地理学会、俄罗斯文献编纂学会的会员，同时也是多个省份的档案学术委员会的荣誉会员。Самоквасов 从 1871 年开始直至去世，在长达 25 年的时间里坚持在车尔尼哥夫斯基、叶卡捷琳堡、库尔斯基、基辅等俄罗斯各省进行古代历史文献和文物的发掘工作。1891 年，他将个人珍藏的 5400 多份古代文献(文物)捐赠给俄罗斯帝国历史博物馆。

1892 年，Самоквасов 担任莫斯科法律部档案馆的馆长。1892 年 10 月开始，Самоквасов 作为法律部代表参与了档案集中管理改革委员会的工作。他重新检查了档案文献组织和加工的基本方法和原则，坚持采用部门全宗来源原则。受莫斯科文献编纂学会的委托，他对俄罗斯和西欧档案事业的组织和管理经验进行比较分析，为了获取原始数据，编制了专门的档案统计表(含全宗规模、档案文件加工级别、检索咨询系统等)，发放到各个档案馆并收回了 700 多个档案馆反馈的调查表，获得了大量有关档案工作业务工作状况的具体数据。Самоквасов 通过对调查数据的综合分析，发现各级各地档案馆各自为政、档案工作缺乏科学的方法指导和规则约束，为此，他提出了档案改革方案，建议对俄罗斯的档案事业采取集中式管理体制，以推行统一的档案管理科学方法和管理原则，提高档案工作水平和质量。Самоквасов 赋予了档案事业最高的国家意义，他的档案改革方案围绕档案和档案事业的集中管理体制，包括如下 4 个方面的内容：第一，建立统一的国家机关对国家档案馆和社会组织档案馆进行管理；第二，建立统一的档案库房集中保管最高国家机关和中央国家机关及社会组织在 1800 年之前形成的历史档案；第三，地方政府和地方社会组织在 1800 年之前形成的历史档案由地区档案馆集中保管，地区档案馆设立在各个省会城市或省级中心城市；第四，对于 1800 年之后形成的档案文件，建立从中央到地方的平行档案馆系统进行保管，这些平行档案馆称为"登记档案馆"，在首都莫斯科设立的称为"统一登记档案馆"，每个省设立的称为省级"登记档案馆"。为了培养合格的档案专业人才，Самоквасов 还建议在莫斯科大学和基辅大学开设档案学专业高等教育。1899 年，Самоквасов 关于建立档案事业集中管理体制的改革方案在第十一届文献编纂学代表大会上通过了集体讨论，但在实施过程中受到了以 А. С. Лаппо-Данилевский 为首的圣彼得堡科学院大部分专家的反对和官方的阻挠。

Самоквасов 所提出的建立档案事业集中管理体制的改革思想

和档案分类原则对于十月革命之后的苏联国家档案事业建立和发展产生了重要影响。作为一名档案工作者，Самоквасов 在俄罗斯档案事业发展历史上的地位和社会评价最具争议性，十月革命之前他的档案改革思想普遍不被接受，而十月革命之后他在档案界的地位发生了逆转，其知名度和影响力仅次于 Н. В. Калачов。19 世纪末20 世纪初的俄罗斯处于风雨飘摇的革命前夜，沙皇的专制统治摇摇欲坠，各种社会思潮和革命思想风起云涌，身处社会转折时期的Самоквасов 是俄罗斯档案史上最激进的改革家，他虽然在很多场合反对 Н. В. Калачов 的档案学理论观点和改革思想，但实质上，他是在新的社会历史条件下发扬了 Н. В. Калачов 的理论思想，试图采用新的方式实现 Н. В. Калачов 的档案学思想。

Самоквасов 在人生的最后十年竭尽全力，试图在档案事业的各个领域实现自己的改革思想，最终目标是为所有的研究者最大限度地提供科学研究条件。他是一位对俄罗斯长期存在的"档案无序"状况的最激烈的揭露者和批评家，他对政府部门档案工作各行其是、分散管理，历史档案文献检索工具匮乏，库房大量档案文献无序堆放，未经鉴定和统计的档案文献被大肆、随意销毁等各种"档案无序"现象进行了披露和激烈的批评。他首创的"档案无序"一词在革命前的各类著作和教科书中普遍使用，他于 1902 年出版了两卷本著作《俄罗斯档案事业》，第一卷名为《俄罗斯当前档案无序的后果》，第二卷名为《俄罗斯档案事业体制的过去、现在和未来》。他认为，档案馆未能对馆藏进行系统整理、同一来源的档案文件被分散保管在不同档案馆或档案库房以及档案目录等检索工具的缺乏，导致研究人员无法顺利查找和获取历史档案文献，不能有效地开展科学研究。为了改变"档案无序"的现状，Самоквасов 自担任莫斯科法律部档案馆馆长之日起直到去世，即从 1892 年至1911 年一直努力推行自己的档案改革方案。

Самоквасов 对于档案文件著录的类型和形式的认识超越了同时代的大多数档案工作者。他尤其重视档案书目信息的组织，认为档案书目信息的组织和加工能够使研究者全面了解和认识馆藏的宝贵档案财富。档案书目信息必须包括如下项目：每份文件的目录号、文件形成时间、内容摘要、文件页数以及在档案馆的存放位置。他要求编写档案书目清册，全面反映馆藏档案文件的综合信息。此外，Самоквасов 从理论和实践两个方面分析和阐述了档案学的概念：首先，档案学是一门以研究档案史、档案立法、机关活动史、国家和社会组织档案馆的业务活动为其专门任务的科学。其次，档案学是一门能够为档案文件的系统整理、完整保管、分类、著录、出版及销毁提供必要的实践知识和技能的科学。Самоквасов 引进了法国的全宗概念，强调按照组织机构来源建立全宗，尊重档案文件之间所形成的历史联系。

Самоквасов 认为，确保馆藏档案的系统性和完整性是每一个档案工作者应尽的义务和职责。他在其著作《俄罗斯档案事业》的第一卷《俄罗斯当前档案无序的后果》中尖锐地指出，俄罗斯档案事业发展由于缺乏法律和制度上的保障，存在种种不足：缺乏学者型的档案工作者，档案思想落后，工作效率低下，档案馆未能对古老的历史档案文献进行及时的整理、编目、加工、编纂和公布，政府机关的档案管理工作缺乏统一的法律监管，档案工作秩序混乱，具体表现为：伪造档案文件；偷盗和蓄意损坏国家档案文件；因火灾等原因导致国家档案文件的损毁；政府机关随意销毁档案文件。上述这些问题由来已久，导致国家档案财富损毁严重，他尽其所能，试图以莫斯科法律部档案馆作为其改革思想实施的起点，然后将成功的经验在全国范围内推广，但这在当时的俄罗斯仅是一种乌托邦式的理想，他只能在莫斯科法律部档案馆部分地实现其改革思想。1899 年 8 月 10 日，Самоквасов 在基辅召开的第十一届文献编纂学代表大会上发表了《西欧国家档案的集中式管理与俄罗斯的档案改革》的会议报告，他列举和分析了拿破仑一世在法国实施的档案集中式管理改革，以及瑞士、意大利、比利时和普鲁士实施的档案集中式管理体制相对于档案分散管理的优势，提出了俄罗斯档案事业改革的基本方案。他强调，西欧国家实行档案事业集中管理的基础在于国家活动的集中化以及中央集权的强化。此外，英国维多利亚女王对国家档案也完全实施集中式管理，在伦敦建立了规模宏大的国家档案馆以集中保管国家档案文件，不仅如此，在国家档案的管理权限方面，英国借鉴了拿破仑的做法，由女王个人行使对国家档案的最高管理权。反观俄罗斯的档案管理状况，Самоквасов指出，全国的档案工作一盘散沙，各个省的档案学术委员会由一群没有文化的官吏把持，伪造、损害和肆意销毁档案文件的事情时有发生，因此，俄罗斯迫切需要建立集中式的管理体制，对现有的省档案学术委员会的成员构成进行全面改革，加强对国家档案文件的集中管理。Самоквасов在发言中最后强调，解决问题的关键在于最高统治者推行档案事业改革的决心和执行力。在此次文献编纂学代表大会上，Самоквасов还提交了《俄罗斯档案事业改革基本方案》，但最终未能通过。

1899年Самоквасов提出的《俄罗斯档案事业改革基本方案》主要内容如下：第一，建立中央档案行政管理机关，其结构和功能类似于德国、斯堪的纳维亚、英国、荷兰、比利时、法国和意大利等国的档案事业最高行政管理机关（如档案管理总局），由它对国家的各类政府部门（机关）档案馆进行统一领导，遵循统一的档案保管和利用规范。第二，中央国家机关1825年之前形成的档案文件由一个中央公共国家档案馆集中进行保管。第三，地方政府机关1775年之前形成的档案文件分别由12个地方性的公共历史档案馆集中保管。第四，地方公共历史档案馆根据1892年最高委员会的决定派出代表，组成代表会议。档案馆建筑物可参考德国式的设计，类似于商场（商店）系统，具备开放的公共服务功能。第五，省级和县级政府机关1775年之后形成的已满25年的档案文件由省级公共历史档案馆集中保管。第六，所有的历史档案馆必须向研究人员开放。中央档案行政管理机关对全国的档案事业进行集中领导，有权制定国家档案文件的保管、分类、著录、出版和加工规范，负责制定社会组织及其他机构所形成的历史档案和现行文件的保管和公布规则。该方案强调，必须立即出台相关规定，禁止任何国家机关和社会组织未经中央档案行政管理机关的允许而随意销毁档案。《俄罗斯档案事业改革基本方案》以档案事业集中管理为基本指导思想，试图从总体上重新架构俄罗斯的档案管理体系，强调国家档案馆的公共性和开放性，改革力度空前，这是当时的俄罗斯统治者无法接受的，也是同时代的大多数档案工作者难以认同的。因此，他的改革方案受到了各方的反对和阻挠，难以推行。但是，Самоквасов 在其后半生坚持在自己所管辖的莫斯科法律部档案馆部分地实施自己的改革设想。①

19 世纪中后期至 20 世纪初，在 Калачов 和 Самоквасов 主导的传统档案学时代，还有两位历史文献学家 Павел Яковлевич Дашков(1849—1910)和 Николай Михайлович(Романов)(1859—1919)对俄罗斯档案学的发展产生了积极的影响，在此不一一阐述。

6.2.4　俄罗斯内务部《文物保护条例》(1912)对保护历史文件和手稿的积极作用

《文物保护条例》规定，具有历史文化价值的古代文件和手稿视为"原始文物"纳入法律保护范围，成立跨部门的直接由帝国中央领导的文物保护中央委员会，对全国的文物保护进行领导和监督，有利于对各级各类组织机构和个人的文物保护活动进行统一领导和监督，从立法上对处于不同所有权客体的历史文件和手稿采取了统一的国家控制。在这一点上，该条例在一定程度上实现了 Н. В. Калачов 和 Самоквасов 提倡的档案集中管理方案。《文物保护条例》还专门对私人所有的具有历史文化价值的文物进行了法律保护，防止其被任意销毁或者流失到海外，规定政府具有优先购买权，设置了私人所有的文物出境的限制性规定。

6.2.5　1914年省档案学术委员会代表会议及取得的重要成果

1914 年 5 月，在俄罗斯历史学会的促动下，省档案学术委员会召开了一次成果突出的代表会议。俄罗斯历史学会主席 Николай Михайлович(Романов)(尼古拉·米哈伊诺维奇大公)出席了此次会议并发表重要讲话，他转达了沙皇尼古拉二世对此次会议的高度

---

① Хорхордина. Т. И. История архивоведческой мысли. М. : РГГУ, 2012：150-167.

关注，这使此次代表会议的规格达到有史以来的最高水平。

大会讨论了很多与俄罗斯档案事业发展密切相关的重要议题，包括：地方档案馆的库房建设应该达到的满足档案存放和保管的条件；省档案学术委员会的权限；历史档案文件的鉴定和销毁问题；在各个省会城市建设历史档案保管库；加强各省档案学术委员会之间的联合和合作。此次大会具有如下特色：第一，此次大会受到了俄罗斯最高统治者的密切关注。与会代表从总体上对档案事业在国家发展中的重要性进行了科学评价，标志着俄罗斯"档案无序"时代的结束，国家档案事业由此步入快速发展的轨道。第二，此次大会使俄罗斯的历史工作者和档案工作者首次进行了最高水平的交流。与会的历史工作者对于地方档案史料的重要性达成了共识：如果没有档案馆提供的完整系统的档案全宗，历史研究人员就无法深入地了解和研究人民的生活，应该在各个地方搜集和寻找反映地方社会状况的文件材料，地方档案文件与中央档案全宗文件一样，都是俄罗斯民族和社会的珍贵宝藏。史学研究应该关注渺小的个人、关注人的日常生活历史，而这离不开地方档案馆的支持。因此，联合各级各类档案馆包括中央档案馆、省档案馆和部门(机关)档案馆，使之成为一个统一的体系，对于史学研究和档案事业发展都是十分必要的。第三，大会对历史档案文件销毁问题的认识取得了重要进展。法学家和历史学家А. Н. Филиппов 认为，销毁文件是一个令人生厌的术语，他重申了 Н. В. Калачов 对历史档案文件销毁的观点，即从科学研究的角度来看，任何历史档案文件都有自己的价值，因此，不能轻易地销毁任何历史档案文件。А. Н. Филиппов 的观点得到了普遍认同，为了保障档案文件的安全，与会代表对档案文件集中保管的重要性和必要性达成了一致的认识，各级各类档案馆还应该对馆藏档案文件进行统计，准确掌握馆藏档案文件的数量规模和保管状况，杜绝和减少随意销毁档案的现象。

如上所述，Н. В. Калачов 关于档案馆类型划分以及档案销毁鉴定的诸多观点在此次大会上获得了第二次生命力。来自俄罗斯科学院、各级政府机关、档案馆及其他组织机构的参会代表在充分讨论的基础上对历史档案文件的鉴定和销毁问题达成了共识，通过了《关于历史档案文件销毁问题的规定》，根据该规定，政府部门和机关销毁历史档案文件必须经省档案学术委员会的鉴定和允许，未经鉴定禁止销毁任何档案文件。

1914 年，省档案学术委员会代表会议在俄罗斯历史学会的框架下首次体现了地方档案工作者代表的合作意识和联合意向，同时，历史工作者和档案工作者在此次会议上对于历史档案文献的鉴定、销毁和保护等问题达成了普遍共识，此外，国家最高权力机关、地方政府机关、社会组织等各方对于建立档案集中管理体制等问题也达成了重要共识，因此，这是俄罗斯档案史上一次具有重要意义的会议，它使俄罗斯的档案工作水平和档案学思想在十月革命前达到了一个新的高度。此次会议在档案业务管理和档案行政体制建设等方面的重要改革方案随着 1917 年十月革命的爆发而未能实施。

综上所述，19 世纪中后期至 20 世纪初的传统档案学阶段，俄罗斯档案学获得了如下主要成就：

第一，对古代文献（文物、古董）的研究发生了分化：从事古文献研究的史学家主要进行史料的收集、评价、编纂与公布；历史小说家则根据原始档案文件等素材进行文学创作，具有意识形态和政治色彩；档案被视为史学研究的基础，是历史和法律知识的重要来源。

第二，形成了专业的档案工作者群体，他们按照一定的档案原则和工作方法在档案馆从事档案文件的整理、组织和加工工作。档案学自身具备了更多的自我反省性质，Н. В. Калачов 是俄罗斯近代档案学的开创者，他建立了档案学基本理论体系，提出和总结了科学的档案工作方法，开办了俄罗斯近代档案学高等教育，И. И. Зубарев 和 И. Е. Андреевский 进一步传承和发扬了 Н. В. Калачов 的档案学思想。

第三，作为科学世界观的组成要素，形成了完整的史学自我意识体系。而档案意识被视为史学自我意识的组成部分，这在1911—1912 年俄罗斯实施的档案事业改革和 1914 年由俄罗斯历史学会推动召开的省档案学术委员会代表会议中得到了充分的体现，由于史学研究与原始档案文献之间天然的渊源关系，档案和档案工作被视为大历史学研究的对象和组成部分。

19 世纪末 20 世纪初俄罗斯在档案学思想和方法领域取得的重要成果为下一阶段暴风骤雨式的档案改革奠定了基础。

6.3　经典档案学阶段

经典档案学与传统档案学的最大区别是具有集成性，经典档案学吸取了人类在其他学科领域包括史学、政治学、社会学、哲学等学科领域所取得的对世界的科学认识以及人类在自我认知领域获得的成就。全宗学说是经典档案学的理论核心，分类和系统化的原则及方法构成了经典档案学的方法论基础。А. П. Воронов 在其所著的《档案学》一书中形象地将档案比喻为一种活的生命组织，意在强调档案的形成规律是客观的，就像自然界的规律一样，自然界所有的生命体或非生命体都有其自然的、历史的形成与发展规律，档案、档案馆、档案事业的形成与发展规律受制于特定的国家意识和民族意识条件。经典档案学从形成者来源划分组织机构全宗，与传统档案学按照事由原则对档案进行分类在本质上是不同的。经典档案学将档案全宗视为一个"有机体"，强调其内部档案文件的完整性，分析其组织结构的动态性，研究其技术加工过程中的安全性和可识别性。

伴随着人类活动由无意识向自觉和自主意识的转变，从人类主体与外部世界客体的关系来看，档案学经历的三个不同的发展阶段对应于人类社会发展的不同历史阶段：在经验档案学阶段，人类的活动是无意识的，客观对象（客体）仅仅是外部的原因；在传统档案学阶段，人类根据一定的计划和目的对客体和外部世界进行改造；在经典档案学阶段，人类可以将意识转化成其实际行动，能够有意识地调整客体和主体之间的相互关系。从档案学自身的复杂性和成熟度来看，В. П. Козлов 曾经这样形象地描述："经验档案学如同初级算数，传统档案学如同中等数学，而经典档案学如同高等数学。"①档案学的形成与发展过程受到人类知识发展内在规律的影响，同时也受到了外部因素的影响，十月革命胜利之后苏维埃政权对沙俄时期的档案体制进行了全面改革，成为近现代俄罗斯档案学和档案事业发展的转折点。19 世纪末 20 世纪初，享有世界声誉的俄罗斯历史学家 А. С. Лаппо-Данилевский 在史学和文献编纂学领域的学术思想为经典档案学的形成提供了重要的学术土壤。

6.3.1 经典档案学在 19 世纪末 20 世纪初的发展

6.3.1.1 Александр Сергеевич Лаппо-Данилевский 的学术思想及经典档案学的人文基础

Александр Сергеевич Лаппо-Данилевский（1863—1919）是 19 世纪末 20 世纪初俄罗斯杰出的历史工作者、史学理论家和方法论专家，俄罗斯科学院院士，他的学术思想和成就为俄罗斯经典档案学的形成奠定了重要的人文基础。他的代表作有《历史方法论》《人类史通史课方案材料》《奥古斯特·孔德的社会学基本原则》《俄罗斯私人外交文件概述》等。А. С. Лаппо-Данилевский 对于俄罗斯档案学的主要贡献之一是从史学研究的角度认识档案学和档案工作的基本性质，提升了档案和档案学的地位，并将其纳入学科之林，他的学术思想和研究成果奠定了经典档案学的人文基础。尤为值得纪念的是，他在十月革命爆发后的初期阶段极力抢救了大量档案文件，使其免遭毁坏，而他本人则在饥寒交迫的困境中不幸去世。

1886 年，А. С. Лаппо-Данилевский 从圣彼得堡大学的历史哲学系毕业后留校任教，1890 年获得了硕士学位，担任助教，1891 年起成为圣彼得堡大学历史哲学系的编外教授，讲授俄罗斯历史和历史编纂学，1894 年成为人民教育部下属的帝国文献编纂学委员会会员，1899 年年仅 36 岁的 А. С. Лаппо-Данилевский 当选为帝

---

① Козлов В. П. Заключительное слово. Изменяющая Россия и российские архивы на рубеже веков：Материалы конференции 1-2 марта 2001 г. М.，2002. С. 208.

国科学院院士，1903 年担任圣彼得堡大学的俄罗斯历史协会主席，1915 年初担任俄罗斯历史学会特别委员会的秘书，从此掌握了对俄罗斯省档案学术委员会的领导权。1915—1917 年在他的主持下编纂出版了有关俄罗斯立法状况的文献汇编及俄罗斯档案工作状况通报，同时，他还主持制定了案卷及全宗鉴定检查方案。

19 世纪 80 年代，А. С. Лаппо-Данилевский 的主要研究兴趣是 17—18 世纪俄罗斯的经济和税收政策，在从事历史研究的过程中他考察了大量的档案史料，由此开始从历史编纂学角度思考档案的社会历史意义。19 世纪 90 年代起，А. С. Лаппо-Данилевский 将更多的精力用于历史编纂学研究，出版了《俄罗斯历史编纂学发展概述》一书，同时，他在研究 17—18 世纪俄罗斯经济史和农民史的过程中编纂出版了一系列重要的档案史料。

А. С. Лаппо-Данилевский 在俄罗斯经典档案学的形成过程中发挥了重要作用。他从史学和心理学层面分析档案学和档案现象，认为一个国家的档案政策取决于政策自觉意识，这构成了他关于档案意识的社会心理学研究基础。另外，他认为档案文件作为史料的本质价值体现在两个方面：一方面，档案文件是人类实践活动的产物；另一方面，档案文件是历史学家认识活动的结果。因此，他认为文献遗产的人文本质是体现了人类创造活动的特色，即具有独立性、唯一性和抽象性，文献遗产是人类精神活动的产物和表征。

А. С. Лаппо-Данилевский 学识渊博，兴趣广泛，在史学理论与方法、历史编纂学和社会学领域都有很高的造诣，他对史学理论问题和社会学的哲学问题进行了深入研究，发表了《社会学基本问题》《各类社会现象的系统化分析》《关于偶然性学说的批判分析》等重要研究成果，他还参与编写了莫斯科心理学会主编的《唯心主义问题》文集。1906 年，А. С. Лаппо-Данилевский 开始在圣彼得堡大学讲授必修课《历史方法论》，他召集了一批具有科研潜质的大学生成立了研究小组，其中包括闻名于史学界的 С. Н. Валк, Б. Д. Греков, А. Е. Пресняков, Б. А. Романов, А. И. Андреев 等人。从 1910 年起，А. С. Лаппо-Данилевский 开始编纂俄罗斯的私人文件目录，为此编写出版了《私人文件术语词典》，并最终于 1920 年出版了《俄罗斯私人外交文件概述》。

20 世纪初，А. С. Лаппо-Данилевский 以其在史学研究领域的突出贡献在整个欧洲享有很高的学术声誉，成为国际科学院协会的成员，1916 他被授予剑桥大学荣誉博士，并在该校讲授俄罗斯科学思想史课程。在 А. С. Лаппо-Данилевский 的私人档案馆中，不仅收藏了他在法学和经济学领域的研究成果，而且还包括他在物理学、化学和数学领域的研究手稿。他坚持科学的自我价值原则，认为科学的客观性和主观的政治导向对于一个真正的科学家而言是不可共存的。1917 年二月革命之后，А. С. Лаппо-Данилевский 担任选举法制定委员会的法律顾问，十月革命之后他在原则上不接受苏维埃政府采取的极权政策，主张在政治上保持中立。为了保持科学研究的独立性和科研人员的自主性，他曾制订方案，组织成立俄罗斯科研机构和高等教育机构协会以及社会科学学院。他强调，如果没有科学的领导和知识的指引，任何社会、任何政权都不可能找到正确的、能够解决现实问题的道路。1917 年之前，А. С. Лаппо-Данилевский 一直从事档案文献的收集、整理、编纂与出版工作，同时深入对史学、考古学、民族学、博物馆学、哲学和科学学的研究，在传统档案学基础上创立了经典档案学，使其成为科学认识世界的基础。1917 年，А. С. Лаппо-Данилевский 因其在学术上的声望当选为俄罗斯档案工作者联盟的主席，直到其 1919 年 2 月在圣彼得堡去世。[①]

6.3.1.2 莫斯科考古学院及其在档案学思想发展中的作用

莫斯科考古学院于 1907 年成立，它实现了 Н. В. Калачов 关于在首都建立考古学院的提议，在办学思想上受到了 А. С. Лаппо-Данилевский 博学通识教育理念和 Самоквасов 的档案学专业思想的影响。莫斯科考古学院与圣彼得堡考古学院不同的是，它不仅培养文献编纂和档案工作者，而且培养考古学家和艺术领域的专业人才，兼具高等教育机构和科研机构的性质。莫斯科考古学院的最大

---

① Хорхордина. Т. И. История архивоведческой мысли. М.：РГГУ, 2012：209-214.

特点是具有综合性和包容性，致力于培养具有广博的历史人文知识和专业知识技能的高级人才，培养方案以原始史料及对其的组织加工为核心，将课程体系分为三个组成部分：第一部分，通识课程，面向所有学生；第二部分，文献编纂学专业课程；第三部分，考古学专业课程。

莫斯科考古学院的档案学课程最初由 А. И. Успенский 讲授，后由 И. Ф. Колесников 讲授，他基本沿用了 А. И. Успенский 的授课体系。档案学课程内容由三个部分组成，第一部分为前言，阐述档案文件的科学及实践意义，档案学的概念和任务，科学及文明发展史。第二部分为概论，包括如下内容：对档案的认识，三种档案类型（机关办公室档案、登记室档案、档案馆档案）、档案馆的起源与发展、俄罗斯档案事业史、西欧档案事业史。Колесников 在讲授"俄罗斯档案事业历史"这部分内容时，将俄罗斯档案事业历史发展划分为三个时期，即衙门档案馆时期、委员会档案馆时期和部门档案馆时期，另外，他还专门讲授了"俄罗斯档案事业改革历史"和"最著名的档案馆"这两项重要内容。第三部分为专论，阐明了档案学作为一个专门的学科领域，有其自身的研究对象和研究内容，能够对档案文件的系统化整理、分类、著录和出版以及对无用档案文件的销毁提供必要的科学指导，档案学是历史理论与实践相结合的统一体。上述课程内容带有鲜明的史学特征，档案文件被认为是第一手的原始史料，在科学研究和实践过程中具有重要作用，档案馆是保管最重要的历史法律档案文件和手稿的场所，这些档案文件对于历史研究具有重要价值，由此奠定了档案学产生的基础。

Колесников 界定了档案学的概念，他认为，档案学是与档案工作直接相关的理论与实践知识的集合体，档案学的任务主要有三个方面：第一，通过对档案文件材料的科学研究制定合理的档案管理制度，确保对档案文件的安全保管，并对科学研究和事务需要提供方便利用。第二，通过对档案意义的科学阐释确保所有类型档案在本质上的统一性和完整性。第三，通过建立各种类型档案馆之间的合作，探索各国档案利用的方式，吸收各国的成就。

20 世纪初，莫斯科考古学院经历了二月革命和十月革命的动荡岁月，最终于 1922 年并入莫斯科大学社会学系，即使在最艰难的革命年代，А. С. Лаппо-Данилевский、Н. В. Калачов 和 Самоквасов 等学者的档案学思想仍然通过圣彼得堡考古学院和莫斯科考古学院的教学及科研活动得到了传承和发展。

6.3.2 苏俄时期的档案学思想

1918 年《列宁档案法令》的颁布及紧随其后的私人档案国有化改革措施，结束了沙俄时期档案分散保管、部门（机关）档案馆各自为政的格局，建立了高度集中的档案管理体制。在苏维埃政权建立的初期，俄罗斯的档案工作和档案学思想得到了新的发展。这一时期的档案工作者经历了激烈动荡的社会变革，他们大多曾在沙俄政府部门（机关）从事档案工作，十月革命以后又在新的体制下继续从事档案工作，因此，无论在其所受的教育、社会经历或思想上都跨越了两个不同的时代，具有新旧交替的特点。他们不仅传承了以 А. С. Лаппо-Данилевский 为代表的经典档案学思想，同时，在新的历史条件下进一步发展了俄罗斯的档案学思想。代表性的档案学者有 Ф. А. Ниневе（1857—1929），А. И. Лебедев（1881—?），С. Д. Горяинов（1849—1918），Д. Б. Рязанов（1870—1938），С. Ф. Платонов（1860—1933）等。① 以下着重分析 А. И. Лебедев 等人的档案学思想及主要贡献。

（1）А. И. Лебедев

А. И. Лебедев 是俄罗斯经典档案学思想的代表，他传承和发扬了 Н. В. Калачов 和 А. С. Лаппо-Данилевский 的档案学思想，曾在彼得堡考古学院学习 3 年，1911 年起在俄罗斯海军部档案馆工作，长期担任海军部档案馆馆长。1913 年，А. И. Лебедев 发表论文《机关文书工作是档案工作的基础》，从理论上分析了档案在形成机关临时保管和移交档案馆之后永久保管这两个阶段工作任务和工作目的的不同点，引起了强烈的反响和普遍认同，成为十月革

---

① Хорхордина Т. И. История архивоведческой мысли. М. ：РГГУ，2012：236-308.

命胜利初期俄罗斯海军部档案工作改革的主要依据。А. И. Лебедев 根据 Н. В. Калачов 关于将档案馆划分为现行档案馆和历史档案馆的观点，认为海军部档案工作的最大问题是混淆了档案文件的临时保管和永久保管工作，出现这个问题的最主要原因是俄罗斯在立法上缺乏对档案馆的科学划分，由此导致机关档案馆(室)和历史档案馆功能的混淆。而准确的功能定位应该是，机关档案馆(室)作为现行档案馆(室)，负责临时保管自己所形成的档案文件，然后从中挑选已经失去了对本机关行政事务的现行参考价值，但具有重要历史文化价值的档案文件移交给历史档案馆，历史档案馆负责永久保管这些档案文件。海军部档案馆作为历史档案馆应该对档案文件进行系统化的整理、编目和安全保管，便于研究者查找和利用。

A. И. Лебедев 分析和阐明了国家档案事业的基本原则，奠定了国家档案事业发展的基础，对于国家档案事业建设和发展都具有重要的指导意义。他认为，首先必须明确档案馆存在的根本原因及国家投资建设档案馆的根本目的，这是问题的基本出发点，不仅决定了档案馆及档案事业的地位，也决定了档案馆的意义所在。他对此的精辟回答是，所有类型的档案馆包括政府部门(机关)档案馆和国家历史档案馆等都保存了大量珍贵的档案材料，它们是国家在其历史活动中留下的印记，同时也反映了其精神活动，这是历史积累下来的联系古今的智慧宝藏。完整保存、辉煌重现一个民族和国家的智慧宝藏，是建设档案馆、发展国家档案事业的根本目的。从这个意义上，A. И. Лебедев 分析了海军部档案馆的基本任务。他认为，海军部档案馆在辅助历史研究层面有两个基本任务：一方面，分析有关俄罗斯海军历史发展的专门问题；另一方面，提供相关的档案文件，满足对海军科学历史研究的所有利用需要。此外，海军部档案馆保存的档案文件反映了海军部的组织沿革、重大决策与军事活动，记录和反映了俄罗斯海军的创造性活动，与当前海军部的职能活动有着无法割裂的历史渊源关系，因此，海军部档案馆除了为科学历史研究提供支持，它还具有辅助海军部行政管理的作用，这是海军部档案馆另一个层面的功能和任务。

А. И. Лебедев 在阐明了国家档案事业的基本原则和档案馆基本任务的基础上，进一步提出了有关档案馆收集的最重要原则——全面收集原则。他认为，档案馆收集的范围不能仅限于官方文件，而应该收集所有的反映海军部历史活动的文件材料，包括日记、信件、回忆录等曾经参与海军活动的有关私人文件材料。此外，他认为反映人类历史活动记录和智慧成果的所有材料都应该妥善保存，他将其划分为两大类：物质实体遗产（文物）和文献遗产（图书、档案和手稿等文字材料），前者保管在博物馆，后者保管在图书馆和档案馆，上述遗产机构应该相互合作、互为补充。

А. И. Лебедев 扼要回顾了俄罗斯档案工作的发展历史，充分肯定了彼得一世所颁布的《官署总章程》对于推动档案工作者改革的立法保障，客观评价了帝国中央各个委员会档案馆取代旧的衙门档案馆的进步意义，而委员会档案馆成为之后的部门档案馆的前身。他认为俄罗斯在 19 世纪建立的委员会档案馆及之后的部门档案馆类似于中间性的档案馆（室），它们是政府部门（机关）的内部机构，负责临时保存本机关所形成的档案文件，具有中间性和过渡性。А. И. Лебедев 关于成立中间性档案馆（室）及对其性质和功能的认识在档案学理论思想发展史上具有前瞻性。此外，А. И. Лебедев 进一步阐述了机关文件归档保存及向档案馆移交的基本规则。他认为，严格意义上，机关办公部门只能处理未运行完毕的文件，而已经运行完毕的文件应该保存在机关的中间性档案馆（室）中，政府部门（机关）任意销毁档案文件的做法是违法的。А. И. Лебедев 认为德国的登记室实际上就是联系现行机关和历史档案馆之间的重要纽带，其功能类似于中间性的档案馆（室），可以为俄罗斯的部门（机关）档案工作改革提供参考和借鉴。

А. И. Лебедев 认为，档案全宗是自然历史形成的，而不是人为形成的。档案馆与图书馆在本质上是一样的，都是科学文献材料的保管中心。二者的区别是，档案馆的保管和统计单位不是书册，而是单份的文件和案卷。他认为档案馆可以采用图书的样式组织档案文件，这种档案图书式的案卷称为汇编。此外，他将机关档案文件分为两大类，一类是外部收文，另一类是机关内部形成的文件。

外部收文按照来文的时间顺序编号，放在文件夹中，每一个文件夹不超过 150~200 份文件，称为收文汇编，而不是案卷；内部形成的文件反映了机关内部的职能活动，需要永久保存。

А. И. Лебедев 对于新成立的苏维埃政权提出了自己的建议：(1)必须声明国家对所有档案文件材料以及旧制度下官方在其活动中形成的档案文件的所有权，以避免上述档案文件材料流失海外，确保其在俄罗斯的国家档案馆中保存。(2)必须立即在某一政府部门建立档案统计和档案事业部，制定国家档案全宗的集中管理计划。(3)国家档案全宗不能在敌人入侵的边疆区域保存。

А. И. Лебедев 在 1917 年 3 月俄罗斯档案工作者联盟成立大会上被选为秘书，之后进入档案工作者联盟的核心领导层。俄罗斯苏维埃档案管理中央委员会(ЦКУА)成立之后，他被委员会主席 Д. Б. Рязанов 吸收为领导成员，之后他在彼得堡国家档案馆工作，1924 年 6 月由于政治问题被迫离开。

(2)Д. Б. Рязанов

Д. Б. Рязанов 是著名的马克思主义学者、革命家、十月革命胜利之初国家档案事业的组织者。他曾当选为第二届全俄苏维埃代表大会主席团成员。1920 年他受命于俄共中央委员会的安排，组建了世界上第一个马克思主义博物馆，后改名为马克思恩格斯学院、马克思恩格斯列宁学院，该学院最初隶属于社会主义研究院，1922 年 7 月该学院从社会主义研究院独立出去，成为全俄中央委员会(全苏中央委员会)下属的科学研究机构。

Д. Б. Рязанов 是苏维埃档案事业的第一位领导者，1918—1920 年他担任档案管理中央委员会(ЦКУА)的第一任主席和档案管理总局(ГУАД)的第一任局长。他对国家档案事业的最大贡献是领导和组织了苏维埃政权建立之初的档案事业改革。首先，他领导制定了重要的有关档案体制改革的法律《档案管理总局条例》，此外，从 1918 年 6 月 1 日《列宁档案法令》开始，几乎所有的档案法规都是在 Д. Б. Рязанов 的领导和组织下完成的。他与 А. С. Лаппо-Данилевский 的继任者、俄罗斯档案工作者联盟的第二任主席 С. Ф. Платонов 在推行档案事业改革的过程中建立了密切的关系。在十月革命胜利之初，为了恢复和抢救珍贵的档案文献，在新的制度条件下建立新的档案管理体制，Д. Б. Рязанов 组织了一大批优秀的档案工作者和历史学家投入到档案事业改革工作中，包括 Н. Н. Ардашев，С. В. Бахрушин，А. И. Верховский，Р. Ю. Виппер，А. А. Кизеветтер 等人。

（3）С. Ф. Платонов

С. Ф. Платонов 是俄罗斯著名历史学家，国家档案事业组织者和领导者，俄罗斯档案工作者联盟的第二任主席。他于 1882 年毕业于彼得堡大学，从事哲学和历史研究。1899 年他完成了自己的博士论文《16—17 世纪莫斯科公国混乱时期的历史研究》，1891 年任圣彼得堡大学历史教研室主任，1900—1905 年任历史哲学系主任。他在圣彼得堡大学历史哲学系任教期间，讲授"俄罗斯历史"专业课达 25 年以上，培养了大批优秀的史学研究人才，包括 С. В. Рождественский，П. Г. Любомиров，П. Г. Васенко 等人。作为俄罗斯历史研究专家，С. Ф. Платонов 编写的中学历史教材《俄罗斯历史》在 1909—1918 年间多次印刷，在中学历史教学中影响很大。十月革命期间及革命胜利之初，他响应 Д. Б. Рязанов 号召，积极投身于抢救俄罗斯历史文化遗产的活动中，1918 年任文献编纂委员会主席、彼得堡考古学院院长，1918—1923 年任彼得堡国家档案馆馆长。1919 年，А. С. Лаппо-Данилевский 去世之后，С. Ф. Платонов 接任俄罗斯档案工作者联盟主席，1925—1928 年任科学院图书馆馆长，1930 年因科学院事件被捕入狱，1933 年在流放途中不幸去世。

（4）十月革命胜利初期俄罗斯档案工作者联盟的活动

十月革命胜利初期，А. С. Лаппо-Данилевский 领导下的俄罗斯档案工作者联盟没有太多受到外界的干扰，一如既往地开展活动，在动荡的时局中积极抢救珍贵的历史档案。1918 年，该联盟包括来自各地和各级各类机关单位的 208 名个人成员和包括海军部档案馆在内的 34 个机构成员，影响广泛，成为联系和沟通俄罗斯档案学理论研究和业务工作的重要纽带。在 1918 年 10 月 13 日召开的档案工作者联盟大会上，联盟主席 А. С. Лаппо-Данилевский

从科学研究和业务技术工作两个方面提出了档案工作者联盟的基本任务：科学研究任务是，根据特定的历史问题研究档案史料；研究和探讨档案学理论问题。业务技术任务是，探讨档案全宗的组织规则；讨论案卷和文件的标引、著录方法，制定案卷和文件的保管制度及销毁制度；文件内容的编辑出版技术；各类档案馆档案文件的出版规范，为俄罗斯各地档案馆和各类型组织机关的档案工作指明了具体的工作方向。而随着苏维埃政权建立高度集中的档案管理体制，档案管理中央委员会及档案管理总局的成立，档案工作者联盟作为自发形成的非政府的档案组织失去了存在的社会基础。

20世纪20年代是苏维埃政权的初建时期，为了捍卫十月革命的胜利成果，与国内外的敌对势力斗争，苏联政府采取了政治上的高压政策。《列宁档案法令》确定了苏联档案事业改革和建设的基本框架，以《列宁档案法令》为基础，20世纪20年代后续的一系列档案改革措施使苏维埃政权牢固地控制了对全国档案工作的领导权和控制权，在档案工作领域实施了全面国有化和高度集中管理体制，彻底改变了部门（机关）档案馆各自为政、分散管理的局面，明确规定由档案管理总局统一领导全国的档案事业，集中保管各类档案文件，构建国家档案全宗。1919年3月31日至4月1日档案管理总局讨论制定了《档案管理总局的职责规范》，标志着俄罗斯经典档案学思想在新的历史时期达到了一个巅峰。《档案管理总局的职责规范》对于档案管理体制的改革力度不仅在俄罗斯历史上而且在国外档案事业史上都是绝无仅有的。第一，规定档案管理总局直接行使对国家档案事业最高的行政管理权，从中央到地方都建立档案行政管理机关，不仅对中央政府各个部门和机关的档案工作直接管辖，而且对地方和省级机关的档案工作也进行集中管理。在地方建立省档案全宗，地方档案行政管理机关对省档案全宗进行统一的收集、保管、组织和利用。第二，根据档案管理总局和地方档案行政管理机关的规定，制定统一的档案收集规则，中央和地方档案馆按照统一的收集规则接收档案和手稿。第三，地方权力机关、档案委员会或其他学术团体及地方居民，可以上报在本地、本省发现的无主档案文件或私人档案文件，并且采取安全保护措施，防止火灾或极端天气灾害对其的危害。第四，如果发现上述无主档案文件或私人手稿处于危险状况时，应立即转移，并采取相应的抢救措施。此外，该规范还规定了档案文件整理和保管的业务技术要求和资金保障，明确规定，省教育主管部门、地方档案学术委员会或其他的地方性学术团体在档案工作领域以抢救、保护和研究档案文件为基本目的。这样，在 1920 年之前苏维埃政权基本建立起了国家档案全宗体系，通过档案管理总局的集中领导和统一管理，对社会各个层面(国家和私人、中央和地方)的各类档案文献遗产实行了集中控制，档案文件的国家所有替代了沙俄时期的部门所有和私人所有。19 世纪以来，Г. А. Розенкампф，Н. В. Калачов，Д. Я. Самоквасов 等档案学家关于档案集中管理的改革思想终于在十月革命胜利之后的苏维埃政权时代得到了全面实现。

但是，苏联共产党在政治上对党性原则的严格要求和意识形态至上的垄断控制从思想上禁锢了科学研究的自由，使史学和档案学研究一度陷入了停顿，优秀的科学研究成果减少。此外，档案利用被严格限制，1924 年中央档案馆委员会制定了《国家档案全宗档案文件利用规则》，首次规定，利用国家档案全宗文件必须事先申请，填写申请表，注明利用者的党派和工作性质，不符合要求的不能利用档案文件。还特别规定，在利用档案文件之前，必须将该档案文件事先提交档案馆领导审核，未经档案馆领导的允许不能利用。这实际上是从利用者的身份和工作性质以及档案文件本身都进行了限制，导致科学研究(尤其是史学研究)人员丧失了利用档案馆馆藏的权利，十分不利于史学的发展。因此，不仅在十月革命胜利之初，而且在其后的十年甚至更长时期，苏联的史学研究由于缺乏对原始档案史料的获取和利用而停滞不前、发展缓慢。

6.3.3 А. С. Николаев 的档案学思想及在经典档案学发展中的作用

А. С. Николаев 是苏俄时期最重要的档案教育家。十月革命胜利之初，他在彼得堡和莫斯科两地分别组织开设了档案培训班，创办了新时期的档案教育事业，提出了系统的档案教育理念，为培养档案专业人才做出了重要贡献。

6.3.3.1 1918 年彼得堡考古学院档案培训班和莫斯科档案培训班的组建

（1）彼得堡考古学院档案培训班

十月革命胜利之后，纳入国家档案全宗的档案文件规模庞大，档案馆的工作任务繁重，对大量专业档案工作者的需求十分迫切，因此，组建档案培训班的设想由此产生。在彼得堡和莫斯科两地开办档案培训班的设想最初源自俄罗斯档案工作者联盟，一开始是少数历史学家和档案工作者的个人想法，后来逐渐得到了大多数联盟成员的支持。在 А. С. Николаев，С. Ф. Платонов 和 Д. Б. Рязанов 等人的倡导和组织下，1918 年 6 月在彼得堡考古学院开设了档案培训班，该培训班的师资力量雄厚，由来自莫斯科大学的教授以及莫斯科外交部档案馆、莫斯科法律部档案馆、帝国宫廷部莫斯科档案馆、莫斯科历史博物馆档案部、莫斯科考古学院等各类遗产机构的专家构成，А. С. Николаев 是总负责人。1918 年 8 月 3 日，А. С. Николаев 在彼得堡考古学院档案培训班的开幕典礼上，发表了《当前为什么必须创办档案培训班，它应该为档案事业带来什么》的重要演讲，阐明了开班的宗旨和意义，彼得堡考古学院院长 С. Ф. Платонов 发表了《俄罗斯文献编纂学的发展》的学术报告。

根据 С. Ф. Платонов 和 А. С. Николаев 等彼得堡考古学院档案培训班的组织者和策划者的设想，档案培训班的主要任务是：团结档案工作者和历史工作者，做好档案整理工作；通过培养档案专门人才，提高档案工作者的理论水平，振兴档案事业；档案事业应该建立在坚实的基础之上，档案馆应该成为社会精神生活的中心，而档案专门人才培养是档案事业发展的重要保障。彼得堡考古学院档案培训班开设的主要课程包括："档案学（档案工作理论与实践）""档案学（西方和俄罗斯的档案事业史和档案立法）""17 世纪末以来俄罗斯中央和地方机关史""国家和私人的外交文书""17 世纪莫斯科公国的中央和地方管理制度""18 世纪和 19 世纪俄罗斯的中央管理及叶卡捷林娜二世登基之前的地方管理历史""18 世纪的俄罗斯外交部及文书工作""俄罗斯私人外交文书""俄罗斯档案事业的现代组织和机构""档案馆装置和设备""档案工作者眼中的档案库房及设备""档案文件的分类、系统化整理和保管""对不需要保管的档案文件的剔除""档案转移的原则及技术""档案文件的编目""档案统计""图书馆工作技术""博物馆工作基础"等专业课程。可见，上述课程主要围绕档案馆的业务工作和俄罗斯 18 世纪以来的政治制度史，培养学生的档案学理论知识、业务技能及历史人文知识，具有系统性和针对性。1918—1919 年，彼得堡考古学院档案培训班在两年时间内共计注册了 300 人左右的学员。

（2）莫斯科档案培训班

为了抢救档案遗产，吸引全俄和世界范围内的杰出学者培养档案专业人才，在彼得堡考古学院档案培训班创办两个月之后，1918年 10 月，莫斯科档案培训班也开班了。莫斯科档案培训班培养方案所开设的课程包括："俄罗斯 15—19 世纪中央和地方机关史""莫斯科公国形成以来的俄罗斯历史地理学""15—19 世纪俄罗斯法律文献及术语""俄罗斯史料概述""俄罗斯档案学""16 世纪以来俄罗斯档案事业的外部历史""外国档案：英国、德国、瑞典、波兰"和"古地理学""计量学与古钱币学""古代文书专用语言"等与古代文书相关的课程，以及有关国外和俄罗斯文献编纂与出版的两门课程。另外，专门设置了"档案学"课程，其内容包括：西方和俄罗斯的档案事业，档案的集中管理，档案学的基本原则等内容，由 Н. В. Рождественский 负责编写课程讲义。

为了在全国范围内提高社会公众的档案保护意识，宣传档案工作，俄罗斯档案工作者联盟和档案管理总局积极动员地方力量，不仅在莫斯科和彼得堡两地开设了档案培训班，而且在俄罗斯地方中心城市甚至乡村中学都开设了类似的档案培训课程。例如，А. С. Николаев 在诺夫哥罗德、扬堡、喀琅施塔得等地，И. Л. Маяковский 在伏尔加格勒和切列波维茨等地，В. В. Снигире 在彼得罗扎沃兹克等地讲授档案学课程，普及档案学基本知识和档案管理业务技能。上述从彼得堡、莫斯科两地为中心逐渐扩展到地方的档案培训工作主要由档案管理总局局长 Д. Б. Рязанов、人民教育委员会北方区主任 З. Г. Гринберг 和 А. С. Николаев 负责组织。

（3）А.С. Николаев 的档案学思想及在档案专业教育领域的主要贡献

十月革命胜利之初，А.С. Николаев(1877—1934)在俄罗斯档案教育事业的创办和发展过程中发挥了最重要的作用。1896—1901年，А.С. Николаев 就读于圣彼得堡大学历史哲学系。1901年大学毕业之后，А.С. Николаев 曾经在 С.Ф. Платонов 的教研室工作过几个月，此后在彼得堡的中学讲授文学和历史科目。1902年起 А.С. Николаев 开始在人民教育部档案馆工作，1916年任人民教育部档案馆馆长，编纂出版了档案文献汇编《1812年的莫斯科大学与圣彼得堡学术圈》(1912)，《1812年卫国战争期间圣彼得堡城市管理历史文件》(1914)，并主持编写了两卷本的《人民教育部档案馆案卷目录》。

1917年二月革命之后，А.С. Николаев 成为俄罗斯档案工作者联盟的活跃分子，苏维埃政权建立之初，А.С. Николаев 是俄罗斯档案管理总局的创建者和领导成员之一，同时，他也是一位积极的档案宣传工作者，是当时档案事业改革的灵魂人物之一，他最大的贡献则是对档案专业人才的培养。1918年7月，А.С. Николаев 当选为统一国家档案全宗彼得堡管理部的主席，参与档案立法工作，研究解决与档案业务方法和档案科学技术有关的问题。

在社会制度新旧交替的特殊历史时期，А.С. Николаев 首次准确地界定了一系列档案学基本概念：第一，关于国家档案全宗的概念。1918年6月8日《莫斯科新闻报》第116期刊载了《列宁档案法令》之后，А.С. Николаев 对国家档案全宗概念做了进一步解释，他认为，统一国家档案全宗是档案全宗的集合体，由社会各个阶层、各类社会主体围绕各种中心事务形成。在广义上，统一国家档案全宗是私人、企业、各类社会团体和各类组织机构形成的全宗的集合。А.С. Николаев 还详细列举了纳入统一国家档案全宗的档案类型，包括：中央档案政府，省、地区、市、军队档案，教会修道院档案、私人手稿、神学研究院档案，艾尔米塔什博物馆、皇宫图书馆、莫斯科公共图书馆和地方公共图书馆收藏的档案与手稿等都属于统一国家档案全宗的范围。第二，关于档案的概念。А.С.

Николаев 继承了 А. С. Лаппо-Данилевский 的理论思想，认为档案是独立的国家机关、个人和社会在其活动中形成的大量档案文件的有机整体。第三，关于档案全宗的概念及基本管理原则。А. С. Николаев 对档案全宗的定义带有经典档案学的人文特色，他认为，档案全宗是关于家庭、家族、国家机关和整个国家的经过系统化整理和有序排列的档案文件的总和。不能孤立地研究档案全宗内部的某一份文件或案卷的内容，而需要考察其形成的背景、地点、形成的原因及条件。任何情形下都不能破坏档案全宗的完整性，如果需要重新调整各个全宗的构成，必须十分谨慎。一般按照逻辑原则和历史原则组织全宗文件。在统一国家档案全宗的建设过程中，根据逻辑原则划分其部类，而对其中的历史档案文件则按照历史原则进行分类。第四，关于档案视野和档案意识。А. С. Николаев 在彼得堡考古学院档案培训班的第一次授课时提出和界定了档案视野和档案意识这两个重要的概念。他强调，开设培训班的目的之一是开拓学员的档案视野，能够从事专门的档案管理工作，而提高社会的档案意识是档案教育的另一个重要目的。

А. С. Николаев 不仅分析界定了统一国家档案全宗等新的档案概念，阐明了其基本成分及对于国家档案事业管理的重要意义，他还重点论述了档案机构的职能定位。1918 年 9 月 2 日，А. С. Николаев 为彼得堡考古学院培训班第二次授课时，阐述了档案机构的义务和职责，构成了经典档案学在新时期发展的基础。他认为，档案馆就像活的有机体，而档案管理机构则是这个有机体的一个组成部分。如果以往档案馆的首要任务是为政府机关提供证据，那么当前档案馆的任务除此之外还必须服务于科学研究，为科研人员提供所需要的系统化的档案文件材料，应该按照全宗原则整理档案文件，维护档案全宗的完整性。

А. С. Николаев 强调了档案立法的迫切性和重要性。他认为档案立法是革命政权建立之初的首要任务。十月革命胜利之初，档案立法一片空白，没有任何档案法律法规对新时期的档案工作进行规范和约束。当务之急，档案管理总局的首要任务是开展档案立法，通过立法解决档案工作面临的基本问题：档案文件的销毁问题，档案咨询处的建设问题，档案文件的借阅问题，即向谁提供档案借阅服务、如何提供档案借阅服务，档案馆的所有案卷是否都能对外提供借阅服务，等等。

А. С. Николаев 认为，档案工作者应该具有大学教育程度，哲学专业优先，根据档案馆馆藏的结构和成分，档案工作人员可以是历史学家、法学家、语言学家、东方学家。档案工作者与档案保管人员的工作性质不同，档案工作者具有学者性质，他们从事档案文件的科学出版和编目工作，遵循档案管理基本规则。最令人担心的是，档案工作者仅凭个人的兴趣和爱好开展工作，许多学者进入档案馆从事档案管理工作，希望能将自己的研究兴趣与档案馆的业务活动和研究工作结合在一起，这样做有时候能够取得双赢效果，但本质上是自私的。档案馆工作绝不能为个别人的研究兴趣所左右，只对某一类问题所涉及的档案全宗感兴趣，而忽视了馆藏其他档案全宗文件的价值，这种倾向将给档案事业发展带来灾难性后果。此外，档案工作者应该具有教养，珍惜和爱护档案文件，具备两个基本要件：第一，应该通晓档案全宗；第二，应该了解与档案有关的历史事件、事实和相关的历史问题。档案学理论研究及档案工作实践处于不断发展变化过程中，尚未定性，档案工作者需要将理论知识与档案实践相互结合。档案工作者的基本任务是有计划地收集和补充档案文件材料进馆保存，另一项任务是档案全宗的组织、保管，在其受损的情形下能够恢复和再现。①

(4)20 世纪上半叶代表性的苏联档案学家及其档案学思想

20 世纪 20—30 年代对俄罗斯档案事业发展影响最大、决定档案学和档案工作者命运的是共产主义者、历史学家 М. Н. Покровский（1868—1932）。1920 年 9 月，М. Н. Покровский 开始担任苏联档案管理总局局长直至去世。1918 年 5 月起，М. Н. Покровский 担任苏联国民教育委员会副主席，自此以后直到 1932 年去世他实际上掌握了对全苏科学研究机构的领导权，而且拥有对所有的档案文件的出

---

① Хорхордина Т. И. История архивоведческой мысли. М.：РГГУ，2012：321-328.

版控制权。M. H. Покровский 积极推行对科研机构的社会主义改造，在档案出版、宣传和教育等各个领域坚持推行无产阶级专政和阶级斗争为纲的思想路线。在档案工作领域，他与 Д. Б. Рязанов 一派的意见相左，于 1929 年当选为苏联中央档案馆馆长，同时担任俄罗斯苏维埃社会主义联邦共和国中央档案馆的馆长。

另一位苏联建立初期的档案事业领导人是历史档案工作者、档案学家 В. В. Максаков 教授，他是十月革命胜利之后苏共档案事业领导人之一。В. В. Максаков 于 1918 年进入档案系统工作，М. Н. Покровский 推荐其担任莫斯科历史革命档案馆馆长，其后担任 1918 年十月革命档案馆馆长，1921 年担任中央档案管理局的科学秘书。1927 年，М. Н. Покровский 担任俄罗斯苏维埃社会主义联邦共和国中央档案馆的副馆长。1929—1934 年担任苏联中央档案管理局副局长。В. В. Максаков 的工作重点并不在于档案文件的收集、科学加工和保护等档案业务管理领域，而在于利用档案文件为革命需要服务，他完全执行了 М. Н. Покровский 关于无产阶级专政和阶级斗争的政治思想路线，即在无产阶级专政条件下，档案工作应该具有多面性，需要为阶级斗争服务，揭示旧势力和反动分子的罪行，必要时需要向群众提供某些或某一份能够产生强烈政治效果的文件。1923 年《档案工作》杂志创办之后，В. В. Максаков 担任该刊的责任副主编，此外，他还投入了大量精力，担任《红色档案》《档案学问题》《历史档案》等多个档案专业杂志的编辑。1921—1927 年，В. В. Максаков 在中央档案馆工作期间，积极参与对十月革命历史档案文件和俄罗斯共产党历史档案文件的收集和研究工作。除了从事档案科研和档案行政管理工作，В. В. Максаков 为苏联社会主义档案教育事业的发展做出了重要的贡献。他最初在莫斯科大学组织和讲授档案学课程，1928—1930 年担任莫斯科大学档案学教研室主任。在 М. Н. Покровский 的支持下，1931 年，В. В. Максаков 和 М. С. Вишневский 等人组织成立了莫斯科历史档案学院。从 1938 年开始，在长达数十年的时间里，В. В. Максаков 一直担任莫斯科历史档案学院档案事业历史和组织教研室的主任，并且在历史档案学院关于史学与档案学专业教育执重孰轻的长期争议中，奋力保证档案学专业教育的应有地位及档案专业科目设置的比重。В. В. Максаков 既是莫斯科历史档案学院的创建人之一，也是该校的一名杰出教授。В. В. Максаков 组织出版了一系列档案文献编纂成果，包括《苏联档案事业史料汇编》(1940—1941 年，1952 年发行第二版)，《档案事业历史及组织概述》等著作和相关学术研究论文。1969 年在 В. В. Максаков 去世 5 年之后，他最具影响力的著作《苏联档案事业历史和组织(1917—1945)》得以出版，这部著作有助于全面了解和研究 1945 年以前的苏联档案事业特点和发展脉络。

20 世纪上半叶还有一些具有影响力的档案学家、历史学家、文献学家，如 С. П. Мельгунов，Б. И. Николаевский，В. В. Снигирев，С. В. Рождественский，А. Е. Пресняков，Е. В. Тарле，Ю. В. Готье 等人，他们为俄罗斯经典档案学思想的发展做出了自己的贡献，在此不一一赘述。

6.3.4 "А. С. Лаппо-Данилевский"档案工作者小组及对俄罗斯档案学思想发展的贡献

1920 年，在 А. И. Лебедев 的组织和领导下，"А. С. Лаппо-Данилевский"档案工作者小组成立。这是一个以 А. С. Лаппо-Данилевский 的名字命名的非官方的档案学术组织，该组织成员都是 А. С. Лаппо-Данилевский 档案学思想的追随者，他们有一个共同的特点，即试图摆脱苏维埃政府和苏共对科学研究(包括档案学研究)所采取的政治高压政策，尽可能保持档案学术研究的自由，坚实党外的中立立场。许多学术团体例如俄罗斯档案工作者联盟一开始不与苏联政府机关的代表产生任何接触，但却迫于外部和内部的压力而最终改变了自己的立场，而"А. С. Лаппо-Данилевский"档案工作者小组自始至终都没有向官方权力机构妥协，始终保持档案学术思想的自由和独立。

如上所述，十月革命胜利之后，俄罗斯档案界逐渐形成了以 А. И. Лебедев 为首的代表自由档案学思想的彼得堡阵营和以 М. Н. Покровский 为首的代表苏共和苏维埃政府官方档案学思想的莫斯科阵营。1920 年 7 月 14 日召开"А.С. Лаппо-Данилевский"档案工作者小组成立大会，与会成员 А.С. Николаев，В.В. Снигирев，А.И. Лебедев，Г.А. Князев 等都明确倾向于俄罗斯档案学的独立发展，不应受到外界政治斗争的影响。另外，Г.А. Князев 在大会上发表了《档案术语学》的重要学术报告，他认为规范档案学术语是一个原则性问题，不解决这个问题，档案学就不可能进一步发展，先需要界定的是"全宗""保管单位""档案材料""文件集合""档案文件""目录、著录、登记"等基本术语。Г.А. Князев 关于档案术语体系的研究为俄罗斯经典档案学的进一步发展奠定了基础。以下对"А.С. Лаппо-Данилевский"档案工作者小组主要成员的档案学思想进行分析。

（1）Г.А. Князев

Г.А. Князев(1887—1969)是历史学家、档案学理论家和实践工作者，毕业于彼得堡大学历史哲学系。Г.А. Князев 于 1913 年进入海军部档案馆工作，编纂出版了有关彼得一世的档案文件材料，1914—1918 年编纂出版了 4 卷本的有关 18 世纪北方战争的历史档案文献汇编。十月革命胜利之后，他加入了俄罗斯档案工作者联盟，呼吁官方减少对档案利用的限制，缩小档案保密的范围。他的这一建议受到了俄罗斯档案工作者联盟主席 А.С. Лаппо-Данилевский 及其他历史学家和档案学家的大力支持，但最终未被苏维埃政府采纳。Г.А. Князев 意识到了档案术语问题对于档案学思想发展和交流的重要性，他在 1920 年 5 月 25—28 日召开的第一届彼得堡档案工作者大会上首次提出了档案术语体系建设问题，引发了俄罗斯档案理论界对档案基本术语概念的讨论和争议，并在 1925 年召开的第一届俄罗斯苏维埃社会主义联邦共和国档案工作者代表大会上集体讨论了"全宗"的概念及定义。

Г.А. Князев 认为，档案全宗也称为档案材料保管单位集合，是由档案材料联合形成的具有同一名称的统一体，在档案馆馆藏中一般具有独立性。档案全宗可以是一组档案材料，具体含义如下：第一，档案全宗是某一国家机关或个人实践活动的结果；第二，从其他国家机关和个人的实践活动结果中分离出来的关于某一机关或个人实践活动的记录；第三，档案馆中历史形成的或者专门收藏的档案材料的集合。按照 Г. А. Князев 的观点，档案全宗可以按照历史联系和逻辑联系构成。另外，档案全宗还可以分为理论全宗和实践全宗，他认为在档案工作中为了便于馆藏档案的统计、保管和利用，采用实践全宗更具有实际意义。

（2）И. Л. Маяковский

И. Л. Маяковский（1878—1954）是俄罗斯档案学思想发展历史上维系白银时代档案学思想与经典档案学思想的最后纽带。他出生于乌克兰，毕业于彼得堡历史哲学系，在史学研究领域富有天赋，是一位杰出的历史学家、档案学家和方志学家。

И. Л. Маяковский 早年曾用 7 年时间撰写了两卷本专著《黎塞留中学史》[①]，他搜集整理了大量档案史料，系统分析了乌克兰南部教育发展的历史，显示了其史学研究潜力。1913 年，И. Л. Маяковский 在人民教育部档案馆工作时，其史学天赋得到了馆长 А. С. Николаев 的赞赏，此后他进入了彼得堡历史档案学家的学术圈，成为与 С. Ф. Платонов，Н. В. Рождественский 和 В. В. Снигирев 等著名历史档案学家同一思想阵营的人。他开始悉心研究 Н. В. Калачов 的档案学思想并深受其影响，1948 年他的论文《作为历史档案工作者的 Н. В. Калачов》在《莫斯科历史档案学院研究成果汇编》一书中被收录。1918—1920 年，И. Л. Маяковский 赴敖德萨等地抢救受损的档案文件和其他文献典籍，发表《敖德萨地区档案馆历史概述》。

1918 年，И. Л. Маяковский 曾在彼得堡考古学院任教，根据学生听课笔记的整理结果，于 1920 年在彼得堡出版了《俄罗斯档案事业史》，该书影响甚大，是 И. Л. Маяковский 一生中最有名的著作。И. Л. Маяковский 在档案管理总局工作了 10 年左右，但由于政治立场问题被"清理"出档案系统。1941 年他出版了博士论文《苏

---

① 黎赛留中学（Ришельевская гимназия），根据沙皇亚历山大一世的指令于 1871 年建立的贵族中学，1865 年改名为帝国新罗西斯克大学，1933 年改名为敖德萨国立大学，是乌克兰南部最古老的大学。

联档案事业史》。1942 年，И. Л. Маяковский 从列宁格勒转移到莫斯科，受 П. П. Смирнов 的邀请任教于莫斯科历史档案学院。但是，10 多年来所受到的政治上的压迫和排挤打击了 И. Л. Маяковский 在档案学领域的研究热情。

在档案学研究领域，И. Л. Маяковский 早在 1918 年就提出了自己关于俄罗斯档案学的原则性观点，他认为，档案学作为一门科学，应该拥有自己的独立性，不应该成为历史的附庸，更不应该成为行政办公的仆人。此外，他非常推崇 Н. В. Калачов 的档案学思想，认为一名合格的档案工作者应该达到如下三个方面的要求：热爱档案事业、尽可能具有广博的知识、品性诚实。

作为十月革命后俄罗斯最知名的档案学家，И. Л. Маяковский 在档案学领域的理论思想遗产主要有以下几个方面：第一，档案工作必须立足于科学基础。第二，档案学是一门重要的基础性学科，因为它的研究对象档案具有独立自在的性质。第三，档案独立自在的性质决定了它具有自组织性，是在自然的组织活动中产生的。第四，档案工作者的任务是表现并保持档案文件之间内在的相互关系，确保档案文件的完整性。第五，档案工作是人类进步过程中必不可少的环节，而职业的档案工作者应该是属于对自己的精神修炼感兴趣的那一类人。

6.4　俄罗斯档案学思想发展的总结与评价

20 世纪与 21 世纪之交，人类文明进入新的发展阶段，信息、物质和能源构成社会发展的三大基本资源，工业社会向后工业社会、信息社会过渡，科学知识的整体结构体系发生了重要的变更，这一时期也是人的自我意识发展的一个非常重要的阶段。但是，对于档案学在 20 世纪末到 21 世纪初的发展状态，俄罗斯国立人文大学历史档案学院教授 Т. И. Хорхордина 的看法是消极的，她认为，档案学(尤其对于俄罗斯档案学而言)是为数不多的未能跟上全世界科学发展进程的学科之一，一个重要依据是俄罗斯现代档案学理论和实践发展未能达到应有的水平。她认为，不仅是俄罗斯，世界

其他国家和地区档案学的发展状态也具有类似的情形，例如在第
13届档案大会上，来自世界各地的档案工作者和档案学者都有一
个共同的感受，即对自己所从事的行业或研究的知识领域存在一定
程度的不自信或不满意，这表明档案学作为一门科学或学科还存在
一定的不足。而这种不足对于在20世纪90年代以来深陷制度变革
和社会转型所带来的经济衰退等种种磨难的俄罗斯来说尤为突出。
另外，由于档案学本身所具有的人文学科性质，与自然科学之间存
在差异性，不同国家的档案工作者很难像物理学家或化学家那样，
使用通用的概念、知识和公式轻松地进行交流和沟通。

　　俄罗斯本国的档案学思想自从19世纪中期产生到21世纪初，
致力于对以人为中心及其周围世界的研究，本质上是关于人的科
学。正如 И. Л. Маяковский 所指出的，档案学既不是历史的附庸，
更不是行政办公的仆人，它应该是一门独立而自主存在的科学。20
世纪的前20年，是俄罗斯社会发展最为激烈动荡的年代，经历了
第一次世界大战、二月革命、十月革命及国内革命战争，而建立在
宽广人文学科基础上的俄罗斯经典档案学则产生于这段社会变革与
更替的非常历史时期。由于各种主观和客观的原因，许多历史档案
学家及其研究成果湮没于历史的尘埃而不为人知。前文所述的档案
学家及其社会经历、档案学理论思想及贡献具有一定的代表性，档
案学思想的发展，档案学家和档案工作者的个人成就和各种遭遇是
俄罗斯社会政治、经济和文化发展状态的真实反映。

　　19世纪中期至21世纪初的俄罗斯档案学思想具有如下特点：

　　第一，俄罗斯档案学知识体系成为全球档案信息空间的一个组
成部分。从这个意义上，档案学的思想观点和内容符合一般的协同
性原则，档案学的产生、毁灭、衰退和复兴取决于其生存环境，具
有一定的客观性，其形成积累遵循统一的规律。

　　第二，档案学的起源、形成和发展与人类在征服世界和自我意
识的过程中科学知识体系的发展是一致的。Н. В. Калачов 在吸收
前人档案学思想成就的基础上创建了科学意义上的档案学，使档案
学成为一门科学，实质上体现了档案学思想自我发展的成就。在
Н. В. Калачов 之前，俄罗斯档案学思想发展史上先后有 И. М.

Висковатый，М. Г. Собакин，Г. Ф. Миллер 和 Г. А. Розенкампф
（首次提出"档案学"这个术语）等人取得了重要的成就，他们的档
案思想遗产成为 Н. В. Калачов 传统档案学思想产生的源泉。

第三，19 世纪中后期是世界范围内档案知识体系发生重要变
革和更替的重要时期，Н. В. Калачов 的科学遗产是对俄罗斯以往
的档案工作者经验进行系统化整理的结晶，为传统档案学的产生奠
定了基础。传统档案学试图克服经验档案学阶段档案馆因使用图书
管理方法造成的混乱状态。19 世纪中后期，事由原则逐步被来源
原则取代，全宗成为档案管理的基本单位。在 Н. В. Калачов 和后
Н. В. Калачов 时代，Д. Я. Самоквасов 和俄罗斯大公 Николай
Михайлович（Романов）等历史文献学家传承和发扬了 Н. В.
Калачов 的档案学思想，另外，省档案学术委员会的成立促进了地
方档案事业的发展，增强了档案的社会性。俄罗斯历史学会主席
Николой Михайлович（Романов）在 1917 年十月革命之后对省档案
学术委员会的组织和领导作用具有重要的意义和作用。

第四，在档案学思想发展的不同阶段，涌现出了不少优秀的档
案学家和档案工作者，他们通过自己的档案科研和档案实践活动为
档案学发展做出了重要的贡献。如经验主义阶段的 И. М.
Висковатый，М. Г. Собакин，Н. Н. Бантыш-Каменский，И. М.
Стриттер，Г. Ф. Миллер，В. Н. Татищев，传统档案学阶段的
Г. А. Розенкампф，С. М. Соловьев，М. И. Семевский，Н. В.
Калачов，И. И. Зубарев，И. Е. Андреевский，А. П. Воронов，
Д. Я. Самоквасов，П. Я. Дашков，Николай Михайлович
（Романов），从传统档案学到经典档案学过渡阶段的 П. И.
Баранов，经典档案学阶段的 А. С. Лаппо-Данилевский，А. И.
Лебедев，Д. Б. Рязанов，А. С. Николаев，С. Ф. Платонов，
Н. В. Рождественский，Г. А. Князев，А. И. Андреев，И. Л.
Маяковский 以及 М. Н. Покровский，В. В. Максаков 和 М. С.
Вишневский，等等。此外，19 世纪以来成立的档案学术组织如省
档案学术委员会、俄罗斯档案工作者联盟、"А. С. Лаппо-
Данилевский"档案工作者小组在俄罗斯档案学思想的发展中发挥

了积极的作用。

第五，20 世纪初俄罗斯档案学思想具有了经典科学的性质。19 世纪中后期 Н. В. Калачов 的档案学思想奠定了档案学作为独立科学的基础，19 世纪末 20 世纪初，俄罗斯档案学吸纳了各学科尤其是史学、哲学、人类学等人文社会科学的成就，具有集成性特点，最终发展成为人文科学体系中的一个独立学科。1917 年十月革命前形成的经典档案学在俄罗斯档案学思想发展史上具有十分重要的地位。经典档案学的创建者 А. С. Лаппо-Данилевский，А. С. Николаев，俄罗斯档案工作者联盟，"А. С. Лаппо-Данилевский"档案工作者小组等在档案学研究领域专注于从人文角度认识和研究档案学，将档案学视为有关"人的科学"的组成部分。其中，"А. С. Лаппо-Данилевский"档案工作者小组是十月革命之后档案学术思想自由的最后一个坚强的堡垒，他们发扬了 А. С. Лаппо-Данилевский 的档案学思想，在社会制度变更时期对于档案学理论研究及档案事业改革做出了重要贡献。

第六，苏联解体至今，俄罗斯的档案学术思想进入恢复发展时期。20 世纪 90 年代，俄罗斯在剧烈的社会转型中历经了长期的经济低谷，这使档案事业的发展举步维艰。从 20 世纪 90 年代中后期到 21 世纪初期，俄罗斯的文化教育事业包括档案事业长期经费不足，致使档案馆库房建设缓慢、国家档案馆和地方档案馆馆舍严重不足、标准库房远远不够，而且档案馆(室)计算机等现代化设备配置不足，信息化水平低，另外，档案工作人员的工资低于平均工资水平，致使优秀人才流失严重，档案事业遭遇了严重的危机。2004 年之后，俄罗斯的经济逐渐开始复苏，档案事业开始进入良性发展时期，在私有制、多党制和文化多元化的新的社会环境下，俄罗斯档案学研究面临新的课题：第一，私有化和市场经济转型的结果是出现了大量的非国有企业(私人企业)和社会组织，私人档案馆依据新的档案法而开始涌现，要求在理论上重新阐释传统的国家档案全宗概念体系及国家档案管理体系，在制度上调整高度集中的档案管理体制，在实际工作中应积极引导社会力量进入档案领域。第二，现代国家机关和社会组织的文件管理越来越重要，文件管理与机关的业务管理紧密结合，这使档案学研究不仅限于历史档案的整理和开发利用，文件尤其是电子文件的产生、流转、保存与提供利用成为档案学在数字时代的一项新的研究任务。第三，档案的开放利用成为常态，档案解密与开放研究成为档案学研究的一项重要内容。苏联时期档案利用限制重重。20世纪90年代苏联解体之后，在特定的国际国内政治环境下，俄罗斯档案开放力度曾经非常大，此后适当加强了对档案的开放鉴定工作和保密工作，档案封闭期制度遵循一般的国际惯例。近年来，在俄罗斯的开放政府建设过程中，档案公开和开放数据建设成为一项重要的业务工作。

俄罗斯国立人文大学历史档案学院(ИАИ РГГУ)继承并发扬了莫斯科历史档案学院的优良传统，不仅在档案学专业人才培养领域发挥了重要作用，而且在历史档案学理论研究领域也产生了不少有影响力的成果，其中，1939—2016年，历史档案学院主编的《历史档案学院成果汇编》(《Трудов Историко-архивного института》)已经陆续出版了41卷，《历史档案学院成果汇编》既收录历史档案学院师生关于特定的历史档案专题研究的著作或论文，也专门收录关于档案专业教育和人才培养方面的教学研究论文，因其坚持在长达半个多世纪里的出版发行，对于促进历史档案学领域科研成果的传播和学术交流产生了积极的影响。

历史档案学院的知名教授 С. О. Шмидт，Е. В. Старости 和 Т. И. Хорхордин 是三代师承关系，他们在历史档案学教育和科研领域薪火相传，取得了重要的学术成就。Сигурд Оттович Шмидт (1922—2013)是俄罗斯当代著名的历史学家、方志学家和档案学家，1944年毕业于莫斯科大学历史系，1949年起执教于莫斯科历史档案学院，1970年晋升为教授，1949—2000年他在历史档案学院成立了专门的史学研究小组——"Шмид 学校"，招收有科研潜质的大学生，在长达半个多世纪的执教生涯中，为俄罗斯培养了大批史学精英。С. О. Шмидт 精于俄罗斯 16—17 世纪史研究，提出了史学研究的新方法，重新定义了史料的概念，关注俄罗斯中世纪史研究以及地方志和历史人物研究，取得了许多开创性的研究成果，在俄罗斯学术界和教育界享有盛誉，曾任俄罗斯教育科学院主席、俄罗斯科学院文献编纂学委员会主席、俄罗斯方志学会主席和波兰科学院海外院士以及俄联邦文化遗产国家委员会委员；Евгений Васильеви Старостин（1935—2011）教授是 С. О. Шмидт 的杰出学生之一，是俄罗斯知名的历史档案学家、联合国观察员，他长期从事外国档案事业史和俄罗斯东正教历史档案专题研究，努力追寻十月革命之后有关俄罗斯东正教的这段"丢失"的历史；他创新性地提出了一门融合了档案学与历史学内涵的交叉学科——"архивология"，深入研究了史学与档案学之间的内在联系，认为史学研究者应该根据档案工作和档案的发展历史来识别和研究大量的、系统化整理的史料，必须了解档案整理的基本规则和方法，同时，他建议拓宽档案学的研究范畴，认为档案学研究应该吸取文件管理的经验和成果，这一观点对于正确认识和阅读史料具有重要的意义；Татьяна Иннокентьевна Хорхордина（1958—）教授梳理了俄罗斯档案事业发展历史和档案学思想发展史，于 2012 年出版了两部著作《俄罗斯档案事业：历史与现实》和《档案学思想史》，在俄罗斯档案界产生了较大的影响。此外，历史档案学院与法国、波兰、德国等欧洲国家保持了密切的学术交流。

全俄文件学与档案事业科研所（ВНИИДАД）是俄罗斯最重要的文件与档案管理方法和理论研究中心，该研究机构实质是俄罗斯联邦档案署的智库，致力于解决俄罗斯文件学和档案学领域的基本理论问题和方法问题，包括俄罗斯联邦档案全宗的组织与管理、俄罗斯联邦档案全宗文件的保管、统计和长期保存、俄罗斯联邦档案全宗文件检索系统的开发与应用、俄罗斯联邦档案事业的经济问题以及建立覆盖全俄的文件管理系统包括电子文件管理系统等。俄罗斯联邦档案署颁发的绝大多数文件与档案管理标准、规范和方法指南都是 ВНИИДАД 起草制定的。[①]

---

① Направления исследований ВНИИДАД [EB/OL]. [2016-12-07]. http：//www. vniidad. ru/index. php？ option = com _ content&view = article&id = 1247&Itemid = 524.

第七章 俄罗斯档案馆事业改革与 发展研究

档案馆事业是国家档案事业的基石，决定国家档案事业的发展规模及兴衰。俄罗斯历史上的历次社会改革或者社会革命都对原有的档案馆格局和体系产生了冲击和影响，档案馆的性质、地位和功能在社会政治、经济和文化的改革发展中不断演变和发展。

7.1 11世纪至1917年十月革命：俄罗斯档案馆 在社会发展中的历史演变

俄罗斯最早的档案库房可追溯至古罗斯时期修道院的圣器室，修建于1045—1050年的诺夫哥罗德索菲亚大教堂的图书档案库是俄罗斯最早的国家级档案文件保管馆库。此外，古罗斯时期的大公和贵族热衷于收集珍贵的手稿和文献，形成了富有特色的私人档案馆。12—13世纪莫斯科公国开始崛起，14世纪基辅罗斯的政治文化和宗教中心迁移至莫斯科。1547年，莫斯科大公伊凡四世加冕沙皇，建造克里姆林宫，并在克里姆林宫修建了莫斯科大公档案馆，成为后来的沙皇档案馆。随着统一的俄罗斯国家的形成和扩张，15世纪末16世纪初，沙皇档案馆不仅收藏莫斯科大公的档案文件，还收藏各分封领地诸侯的档案文件，16世纪下半叶开始收藏贵族杜马文件、沙皇个人办公厅文件以及外交事务厅文件，在俄罗斯中央集权国家的档案事业发展历史中，沙皇档案馆（或称国家档案馆)成为中世纪最重要的档案文献保管中心。另外，在封建君主专制时期，俄罗斯还形成了衙门(官厅)档案馆，各个衙门(官厅)档案馆自行管理自己的档案事务，各自为政。18世纪初期，彼得一世从中央到地方对国家机构体系进行了改革，废除了封建君主时期的衙门，代之以委员会制度，委员会档案馆由此而产生；国家档案机关从行政办公系统中脱离出去，由此形成了独立的机关档案馆。国家机构体系改革一直持续到18世纪70年代叶卡捷琳娜二世时期，在此过程中，大量的地方政府机构及其档案馆由此产生。19世纪初，沙皇亚历山大一世继续推行改革措施，其中一项是改革中央国家机关，取消委员会而代之以部委制度，规定了部门机关的职能，部门档案馆由此而产生。这样，从10—11世纪的教会档案馆，15—17世纪的封建衙门档案馆，18世纪的委员会档案馆、机关档案馆到19世纪的部门档案馆，俄罗斯档案馆系统经过几个世纪的演变基本定型，主要包括：国家档案馆、部门档案馆、教会(修道院)档案馆，以及各类社会组织档案馆和私人档案馆。它们之间互不交流，为所属的机构、组织和私人所拥有，各自处理自己的档案业务，档案文件的收集、鉴定、保管和销毁无统一的标准可循。除了国家档案馆，一般不对社会公众开放，国家档案馆可以有条件地对研究人员开放部分档案。

7.2　苏联时期：以国家档案全宗建设为核心的国家档案馆网络体系的形成

十月革命胜利之后，苏维埃政府建立了高度集中的档案管理体制，由档案管理总局及其下属各级档案行政管理部门从上至下对全国的档案事业进行统一管理，建立统一的国家档案全宗，将各级各类档案文件纳入统一的国家管理体系。十月革命前国家档案文件分散保管、各自为政的局面得到了彻底的改观，沙俄时期的部门档案馆、社会组织和私人档案馆不复存在，所有的档案文件全部收归国有，成为统一的国家档案全宗的组成部分。从20世纪20年代开始，苏联在打破旧的档案馆体系的基础上，以建立和完善国家档案全宗为核心，开始建设代表苏维埃政权的国家档案馆网络体系：1920 年建立十月革命档案馆，1922 年建立俄罗斯联邦社会主义共和国中央档案馆，20 世纪 30 年代起，在苏联中央档案管理局的领导下，建立了中央国家录音档案馆、照片影片档案馆、军事历史档案馆和苏联中央国家档案馆。这一时期，苏联共产党中央和地方开始建立档案馆系统，但独立于国家档案馆系统之外，不属于统一国家档案全宗的组成部分。如前所述，苏联政府对于国家档案馆网络建设和苏联国家档案全宗建设领域十分重视，在不同阶段具有不同的建设内容，从 20 世纪 40 年代到 80 年代，苏联先后颁布了四个与国家档案馆网络建设和国家档案全宗建设有关的档案法律，为国家档案馆网络建设及巩固统一的国家档案全宗提供了法律保障。苏联的国家档案馆主要分为两大类：永久保管档案文件的国家档案馆和临时保管文件的国家档案馆。其中，永久保管档案文件的档案馆按照对应的行政级别依次分为以下几种类型：苏联中央国家档案馆，加盟共和国中央国家档案馆及分馆，自治共和国中央国家档案馆，边区、州和直辖市的国家档案馆。临时保管文件的国家档案馆主要建立在工业发达的城市（区）、共和国、边区、州。国家机关或组织形成的文件先保存在临时保管文件的国家档案馆，然后再按照规定将其中具有永久保存价值的档案文件向永久保管文件的国家档案馆移交。国家档案馆收藏的永久保存的档案文件（纸质文件）总共约 1.73 亿个卷宗，6500 万份影片照片文件。此外，苏共档案馆系统独立于国家档案馆系统之外，苏共中央（含共青团中央）档案馆包括如下 3 个：社会主义历史和理论研究院党中央档案馆（保管 1952 年以前的苏共中央档案）、苏共中央委员会秘书处档案馆（保管 1952 年以后的苏共中央档案）和苏联列宁共产主义青年团中央档案馆。苏联共产党档案全宗集中了苏联共产党和共青团的档案文件，大约有 7400 万个卷宗和 22 万份影片照片文件，内容十分丰富，涉及苏共中央重要成员及其活动记录以及苏共党组的重大决策，是研究苏共党史必不可少的原始材料。

综上，从 20 世纪 20 年代起，苏联以《列宁档案法令》为基本纲要，以统一的国家档案全宗建设为核心，开始建立国家档案馆网络体系，并且在其后的半个多世纪里，分别于 1941 年、1958 年、1961 年和 1980 年前后四次颁布了关于国家档案全宗和国家档案馆网络体系建设的档案法律，在苏联社会主义发展的不同阶段对国家档案馆网络体系建设提出了不同的要求和改革措施，同时，国家档案全宗的范围不断扩展，建立了覆盖国民经济、社会文化及军事历史等各个领域的国家档案馆网络体系和完备的国家档案全宗体系，在国家档案馆网络体系建设和国家档案全宗建设领域取得了令人瞩目的成就，实现了对国家档案资源的集中管理，而且统一规定了档案收集、整理、鉴定、保管及利用基本规则，这对于档案遗产的长期保存具有十分重要的意义，最终实现了 19 世纪以来俄罗斯档案学 Г. А. Розенкампф、Н. В. Калачов、Д. Я. Самоквасов 等人关于国家档案资源集中管理的档案改革思想。

7.3　20 世纪 90 年代：俄罗斯联邦共和国对前苏联国家档案馆网络体系的重组和改革

苏联解体之后，根据 1992 年 7 月 6 日独联体国家首脑签署的《前苏联国家档案馆法律继承协议》，俄罗斯联邦共和国继承了前苏联的绝大部分档案遗产，获得了对位于其境内的 15 个前苏联中央国家档案馆和 3 个苏共中央档案馆的法定继承权，并且对其进行了重组和改革，将苏共档案馆纳入了国家档案馆系统。其中，15 个中央国家档案馆及其重组和改革的具体情况为：①苏联十月革命、最高国家权力机关和国家管理机关中央国家档案馆与俄罗斯苏维埃联邦社会主义共和国国家档案馆合并为俄罗斯联邦国家档案馆；②苏联古代文献中央国家档案馆更名为俄罗斯国家古代文献档案馆；③苏联中央国家历史档案馆更名为俄罗斯国家历史档案馆；④苏联中央国家军事历史档案馆更名为俄罗斯国家军事历史档案馆；⑤苏联中央国家军事海军档案馆更名为俄罗斯国家军事海军档案馆；⑥苏联国民经济中央国家档案馆更名为俄罗斯国家经济档案馆；⑦苏联文学艺术中央国家档案馆更名为俄罗斯国家文学艺术档案馆；⑧苏联陆军中央国家档案馆更名为俄罗斯国家军事档案馆；

⑨俄罗斯联邦远东中央国家档案馆更名为俄罗斯国家远东历史档案馆；⑩苏联科技文件中央国家档案馆更名为俄罗斯国家科技文件档案馆；⑪苏联中央国家录音档案馆更名为俄罗斯国家录音档案馆；⑫苏联中央国家档案馆更名为历史文献保管中心，后来又并入俄罗斯国家军事档案馆；⑬苏联国家档案全宗保险全宗中央国家档案馆更名为保险全宗文件保管中心；⑭苏联航天文件科学研究中心更名为俄罗斯航天文件科学研究中心，后来又并入俄罗斯国家科技文件档案馆；⑮苏联影片照片中央国家档案馆和俄罗斯联邦中央国家影片照片档案馆合并为俄罗斯国家影片照片档案馆。3 个苏共中央档案馆经历了两次更名或改组，具体情况为：①社会主义历史和理论研究院党中央档案馆(苏共中央档案馆)更名为俄罗斯现代史文件保管与研究中心，后来又更名为俄罗斯国家社会政治历史档案馆；②苏共中央委员会秘书处档案馆更名为当代文件保管中心，1999年又更名为俄罗斯现代史国家档案馆；③苏联列宁共产主义青年团中央档案馆更名为青年组织文件保管中心，1999 年并入俄罗斯国家社会政治历史档案馆。经过不断改革和调整，苏共档案馆系统最终纳入了俄罗斯国家档案馆系统，成为俄罗斯国家档案馆网络的组成部分。

7.4 当前俄罗斯的国家档案馆事业

7.4.1 俄罗斯 15 个联邦国家档案馆的组织沿革、馆藏特色与利用服务

20 世纪 90 年代至今，俄罗斯国家档案馆系统进行了不断调整，至 2016 年总共有 15 个中央级国家级档案馆和 89 个地方级国家档案馆。89 个地方级国家档案馆包括 21 个加盟共和国档案馆、7 个边疆区档案馆、48 个州档案馆、2 个直辖市档案馆和 11 个自治区档案馆。此外，莫斯科市、圣彼得堡市以及俄罗斯文化部下属的博物馆和图书馆珍藏了大量的档案文献，俄罗斯科学院档案馆和国家重要部门(如外交部)档案馆也保存了重要的档案文献，它们

都是俄罗斯联邦档案全宗的组成部分。

当前，俄罗斯的 15 个联邦中央国家档案馆分别是：俄罗斯联邦国家档案馆(ГА РФ)、俄罗斯国家古代文献档案馆(РГАДА)、俄罗斯国家历史档案馆(РГИА)、俄罗斯国家军事历史档案馆(РГВИА)、俄罗斯国家军事海军档案馆(РГАВМФ)、俄罗斯国家经济档案馆(РГАЭ)、俄罗斯国家文学艺术档案馆(РГАЛИ)、俄罗斯国家军事档案馆(РГВА)、俄罗斯国家远东历史档案馆(РГИАДВ)、俄罗斯国家科技文件档案馆(РГАНТД)、俄罗斯国家科技文件档案馆萨马拉市分馆(Филиал РГАНТД)、俄罗斯国家录音档案馆(РГАФД)、俄罗斯国家影片照片档案馆(РГАКФД)、俄罗斯国家社会政治历史档案馆(РГАСПИ)、俄罗斯国家现代史档案馆(РГАНИ)。上述 15 个联邦中央国家档案馆构成了俄罗斯国家档案馆事业的核心主体，以下分别对其历史沿革、馆藏特色及利用服务情况等进行阐述。

7.4.1.1　俄罗斯联邦国家档案馆(ГА РФ)

俄罗斯联邦国家档案馆(ГА РФ)于 1992 年由苏联十月革命、最高国家权力机关和国家管理机关中央国家档案馆(ЦГАОР СССР)与俄罗斯苏维埃联邦社会主义共和国国家档案馆(ЦГА РСФСР)合并成立，是当前俄罗斯联邦馆藏最丰富、规模最大的中央级综合性档案馆。ГА РФ 的主楼位于莫斯科市的 Большая Пироговская 街 17 号(Москва, ул. Большая Пироговская, 17)，另外在莫斯科市 Бережкóвская набережная 街 26 号(Москва, Бережковская наб., 26)也有其馆舍。1995 年，俄罗斯联邦国家档案馆(ГА РФ)被纳入俄罗斯联邦特别珍贵的民族文化遗产的组成部分。①

(1)俄罗斯联邦国家档案馆(ГА РФ)的馆藏特色

ГА РФ 历史悠久，馆藏丰富，现有 3182 个全宗，5779280 个保管单位，馆藏最早的档案可追溯至 16 世纪，主要收藏自十月革

---

① Государственный архив Российской Федерации (ГАРФ) [EB/OL]. [2017-04-06]. http：//statearchive. ru/index. html.

命至 1991 年苏联最高国家权力机关和国家管理机关的档案文献，专门领域和国家重要部门的档案除外。专门领域的档案分别保存在俄罗斯联邦国家经济档案馆、俄罗斯联邦国家文学艺术档案馆、俄罗斯联邦军事档案馆和俄罗斯联邦国家军事海军档案馆，国家重要部门的档案则由外交部档案馆、国防部档案馆、联邦安全局档案馆等部门档案馆分别保管。此外，俄罗斯联邦国家档案馆（ГА РФ）还收藏了十月革命前俄罗斯帝国最高中央国家政治审查机关、司法审判和刑事惩罚机关的档案全宗，有关波兰王国历史的档案全宗，十月革命前夕知名政治家和社会活动家的个人全宗、1917 年临时政府的档案全宗以及革命前后工会和社会组织的档案全宗，等等。

　　ГА РФ 的馆藏主要成分包括如下八大类档案全宗及档案集合：第一，苏维埃时期的档案全宗。该部分档案文件构成了俄罗斯联邦国家档案馆最主要的馆藏。主要收藏了全苏和全俄最高国家权力机关和国家管理机关形成的档案文件。第二，俄罗斯联邦档案全宗。主要为俄罗斯联邦各个部委形成的档案全宗。第三，苏联中央机关全宗。苏联中央各个部门包括内务部、司法部、人民教育部、卫生部和大众信息传播部形成的档案全宗，另外，还包括关于建立和调查苏联被德国法西斯占领领土及纽伦堡和东京国际军事法庭紧急状态委员会的档案全宗等。第四，苏联中央大众传媒机构的档案全宗。第五，社会组织的档案全宗。包括全苏工会联盟中央委员会（ВЦСПС，1917—1991）、地方工会中央委员会、苏联红十字会和红新月会执行委员会（1918—1992）、全苏对外文化交流协会（ВОКС，1925—1957）等组织的档案全宗。第六，苏维埃时期的个人档案全宗。主要为十月革命参加者以及国家、政党和社会组织名人形成的档案全宗。包括 В. В. Адоратский，В. А. Антонова-Овсеенко，М. Н. Покровский，А. И. Свидерский，В. В. Шмидт 等名人档案全宗。第七，十月革命前沙俄政府的档案全宗，临时政府档案全宗，十月革命前的各类政党档案全宗，十月革命前的个人家族（家庭）档案全宗，其中，主要包括如下几类：沙俄帝国家族成员档案全宗，知名政治活动家的个人（家族）档案全宗，十二月党人个人家族（家庭）档案全宗，革命活动家的个人（家庭）档案全宗，社会活动家及学者的个人全宗。第八，俄罗斯境外历史档案全宗。1946 年初俄罗斯境外历史档案馆(布拉格市)的档案全宗移送至莫斯科，这些档案文件对于研究 19 世纪末至 20 世纪中期的俄罗斯移民史具有十分重要的价值。此外，俄罗斯联邦国家档案馆收藏了从 14 世纪到 20 世纪 50 年代的缩微胶片汇集，其中很多来自欧洲各国的珍贵档案文件和历史手稿。

ГА РФ 每年都会接收新的档案全宗进馆，据统计，2009 年至 2016 年第一季度，俄罗斯联邦国家档案馆总共接收大约 123 个新的档案全宗入馆，其中，组织全宗(立档单位主要是俄罗斯联邦立法机关和执行权力机关、苏联国家权力机关、俄罗斯苏维埃联邦社会主义共和国中央国家机关)54 个，个人全宗(政府机关领导人以及著名学者、社会活动家、作家等社会各界知名人士、家庭和家族全宗)62 个，社会组织全宗 7 个。

(2)电子档案资源——"末代沙皇家庭之死"专题数字档案馆

电子档案资源建设是 ГА РФ 近年的一项主要任务，为此，在俄罗斯末代沙皇尼古拉二世及其家庭成员被苏维埃政权处决 100 周年纪念日(2018 年 7 月 16—17 日)，俄罗斯国家档案馆制作了"末代沙皇家庭之死"专题数字档案馆，向社会公众披露该历史悲剧发生的始末。该专题数字档案馆按照末代沙皇家庭从被捕到处决这一悲剧事件发生的时间为序，向公众呈现了 11 个部分的数字扫描档案文件，通过一份份真实的历史档案文件，真实地再现了尼古拉二世及其家庭成员被逮捕、羁押、秘密审判及处死的全过程，吸引了俄罗斯社会公众的密切关注，也为研究俄罗斯末代沙皇史、十月革命史的研究人员提供了独一无二的珍贵史料。

ГА РФ 还制作了"1945—1949 年苏联政府在德国的军事行政管理电子档案联合全宗"专题数据库，提供了大量历史档案文件，反映了苏联政府在"二战"结束之后对德国所采取的军事和行政管理措施，对于研究苏联对德国的战后军事及行政管理历史等具有重要的参考价值。

7.4.1.2　俄罗斯国家古代文献档案馆(РГАДА)

俄罗斯国家古代文献档案馆(РГАДА)位于莫斯科市 Большая

Пироговская 街 17 号（Москва，ул. Большая Пироговская，17），1992 年由苏联中央国家古代文献档案馆（ЦГАДА）和俄罗斯国家古代文献档案馆（РГАДА）合并而成，汇集了原有的莫斯科法律部档案馆（МАМЮ）、外交部莫斯科总档案馆（МГАМИД）等多个历史档案馆的馆藏，1993 年该馆被纳入俄罗斯联邦特别珍贵的民族文化遗产的组成部分。①

（1）俄罗斯国家古代文献档案馆（РГАДА）的馆藏特色

РГАДА 现有 1383 个全宗，3313000 个保管单位，保管了从 11 世纪至 1917 年约 10 个世纪以来俄罗斯所形成的珍贵历史档案文献。其中，机关全宗有 2284353 个保管单位，个人全宗有 222445 个保管单位，手稿书籍有 12597 个保管单位，科技文件 792405 个保管单位。

РГАДА 的馆藏最早可追溯至 11 世纪古罗斯时期的历史文书及珍贵手稿，最晚至 1917 年。其中包括：18 世纪末至 19 世纪初行政改革之前俄罗斯最高国家机关、中央机关和地方机关形成的档案文献；18 世纪至 20 世纪初俄罗斯中央土地测量机关形成的土地测量文件；政府领导人、社会活动家、科学文化名人及著名家族全宗；世袭领地及修道院档案、古代文书及历史文献汇编、反映俄罗斯帝国的俄罗斯族及其他民族的日常生活及文化活动的文献、国内外历史手稿汇编、15—19 世纪古代印刷文献及珍稀版本文献。

РГАДА 最为珍贵的馆藏是古代档案馆库中残留下来的古罗斯时期的文书、信件、特许状、手写本（手抄本）和手稿书籍等。这类珍贵的历史档案文献约有 400 个保管单位，来自俄罗斯古代大公档案馆、伟大的诺夫哥罗德②档案馆、普斯科夫③档案馆以及 16 世纪的沙皇档案馆，它们穿越了数个世纪的历史变迁，是残留下来的为数不多的反映古罗斯时期及 17 世纪以前沙皇政府的珍贵历史记

---

① Российский государственный архив древних актов（РГАДА）［ЕВ/OL］.［2017-04-06］. http：//rgada. info/index. php.

② 诺夫哥罗德（Великий Новгород）建于 859 年，是古罗斯的发祥地。

③ 普斯科夫（Псков），9 世纪时是诺夫哥罗德大公国的附属地，12 世纪时成为一个独立的公国，受诺夫哥罗德城保护。

忆。其中，最古老的一份文件是 1264 年诺夫哥罗德与特维尔大公米哈伊尔·雅罗斯拉维奇签订的合同文书。此外，还有 11—17 世纪俄罗斯大公及沙皇颁布的法律文书，如 1479 年伊凡三世颁布的法律文书，1550 年伊凡四世颁布的法律文书等。此外，保管了十月革命以前俄罗斯的大封建主、实业家、政治家的个人(家族)档案全宗。

（2）俄罗斯国家古代文献档案馆（РГАДА）的检索工具及利用服务

РГАДА 目前在其网站上只提供了全宗指南，不提供在线档案信息检索服务，共有如下 6 个全宗指南：国家机关档案全宗、外交部总档案馆全宗、帝国宫廷部档案馆莫斯科分馆全宗、莫斯科法律部档案馆全宗、中央土地测量档案馆全宗、个人及修道院全宗。该馆设有普通阅览室、缩微阅览室和专门的地图室(用于提供土地测量档案)，馆内最基本的检索工具是档案目录，部分档案目录甚至是 18—19 世纪制作的，与现代档案目录的编制体例不同，这些原有的档案目录内容更为丰富。РГАДА 的所有档案文件都向研究者开放。

7.4.1.3 俄罗斯国家历史档案馆（РГИА）

俄罗斯国家历史档案馆（РГИА）位于圣彼得堡市 Заневский 大街 36 号（Санкт-Петербург, Заневский пр., д. 36），前身是初建于 1922 年的俄罗斯苏维埃社会主义联邦共和国中央档案馆列宁格勒分馆，后来几经演变和重组，于 1961 年改名为"苏联中央国家历史档案馆(ЦГИА СССР)РГИА"，直至 1992 年改为现名。РГИА 主要保管 19 世纪初至 1917 年俄罗斯帝国时期最高中央国家权力机关和管理机关的档案文献，另外，还收藏了十月革命前部分社会组织和私人所形成的档案文献，1993 年被纳入俄罗斯联邦特别珍贵的民族文化遗产的组成部分。①

（1）俄罗斯国家历史档案馆（РГИА）的馆藏特色

---

① Российский государственный исторический архив （РГИА）［EB/OL］.［2017-04-06］. http：//fgurgia. ru/#!.

РГИА 是欧洲最大的历史档案馆,馆藏共有 1369 个全宗,时间跨度为 18—20 世纪,主要保管俄罗斯帝国时期形成的历史档案。其中,机关全宗为 1020 个(6280241 个保管单位),个人全宗为 337 个(156644 个保管单位),档案汇集 35 个,手稿书籍 5408 个保管单位,科技文件 11 个全宗(139735 个保管单位)。

РГИА 的馆藏成分主要包括:俄罗斯帝国时期最高立法机关国务委员会(1810—1917 年)及其下属机构的档案,农民事务总委员会(1858—1861 年)及其他委员会的档案,俄罗斯历史上第一个立法选举机关——国家杜马(1905—1917)档案。此外,还有 19 世纪初俄罗斯最高执行权力机关和国家管理机关(部和委员会等)所形成的档案文献。

19 世纪机关档案全宗的档案数量十分庞大,数量最多的是政府参议院(1711—1917 年)档案。РГИА 几乎保管了 19 世纪初至 20 世纪俄罗斯帝国所有部门的档案,包括:内务部、法律部、财政部、商务部、工业部、土地部、邮政通讯部、人民教育部、帝国宫廷部及其下属机构,而军事部、海军部和外交部的档案除外,分别保管在俄罗斯联邦其他国家档案馆。此外,РГИА 还保管了俄罗斯东正教最高行政和司法机关——东正教事务衙门(1721—1918 年)在内部宗教事务管理方面所形成的大量档案文献;科学、文化、教育、艺术领域的机构和组织,如美术研究院(1757—1917)、经济学会(1765—1968)、俄罗斯历史学会、俄罗斯技术学会、帝国仁爱协会等形成的档案文献。另外,还有大量杰出的思想家、科学家、发明家、艺术家、作家和社会活动家的个人(家庭、家族)档案全宗。

(2)俄罗斯国家历史档案馆(РГИА)的检索工具及利用服务

РГИА 开发了馆藏全宗的在线浏览和检索系统。另外,还编纂出版了有关馆藏档案文献的报道性和查检性工具,拥有现代化的阅览室,为每一位利用者提供专门的场地和设备,提供原件阅读和浏览服务以及缩微胶片和电子档案检索服务,配置了专用阅览室,提供孤本文件的阅览服务。

7.4.1.4　俄罗斯国家军事历史档案馆(РГВИА)

俄罗斯国家军事历史档案馆(РГВИА)位于莫斯科市第二鲍曼街 3 号(Москва, 2-я Бауманская ул. , 3)。该馆集中保管了大量的俄罗斯军事历史档案文献,其前身是建于 19 世纪的俄罗斯帝国军事历史档案馆,1992 年改为现名。1995 年俄罗斯国家军事历史档案馆被纳入俄罗斯联邦特别珍贵的民族文化遗产的组成部分。①

(1)俄罗斯国家军事历史档案馆(РГВИА)的馆藏特色

РГВИА 共保管 13151 个全宗,3423120 个保管单位,时间跨度为 1520—1918 年。其中,机关全宗 12920 个(3252992 个保管单位),个人全宗 216 个(36284 个保管单位),科技文件全宗 15 个(133843 个保管单位),缩微胶片档案全宗 1 个(77 个保管单位)。

РГВИА 馆藏的主要成分是从 18 世纪末至 1918 年 3 月俄罗斯最高中央军事管理机关及地方军事管理机关形成的档案文献。其中包括:俄罗斯最高军事管理机关——帝国军事办公厅和军事会议形成的档案,俄罗斯中央军事管理机关——军事委员会(1717—1812)、军事部(1808—1908)和总司令部(1905—1908)等形成的档案。它们最早形成于彼得一世改革时期,以军事命令、指令、报告、信件等为主,反映了 18 世纪至 20 世纪初俄罗斯的军队建设、军事改革与发展状况。第二,地方军事管理机关形成的档案数量众多,包括华沙军事管理区、莫斯科军事管理区、圣彼得堡军事管理区、基辅军事管理区等形成的档案文献,哥萨克军事管理区域(顿河、高加索、乌拉尔等)和边疆军事管理区域(如库班军事司令部等)形成的档案文献。第三,军事学院(1865—1918)、军事医学院(1801—1918)以及其他军事院校的档案文献,反映了 19 世纪至 20 世纪初俄罗斯的军事教育状况。此外,俄罗斯国家军事历史档案馆(РГВИА)还收藏了自 1667 年以来的 6 万多册图书和杂志,其中有不少珍稀版本,主要涉及军事立法和军事历史等方面,包括:俄罗斯帝国法律大全、军事制度汇集、最高法令汇集以及多卷册的战争

---

①　Российский государственный военно-исторический архив (РГВИА)[EB/OL]. [2017-04-07]. http://xn--80adcv1b. xn--p1ai/.

历史出版物和各种军事杂志等。

（2）俄罗斯国家军事历史档案馆（РГВИА）的检索工具及利用服务

俄罗斯国家军事历史档案馆（РГВИА）的检索系统和检索工具分为内部检索工具和已经出版的公共报道性检索工具，包括各种目录、索引、摘要和指南，如：跨全宗文件索引（如1812年俄罗斯卫国战争历史档案索引、俄罗斯军官个人全宗索引、1812年俄罗斯卫国战争参加人员人名索引等）、全宗内文件索引、全宗内目录索引、专题概要、全宗概要、俄罗斯联邦国家军事历史档案馆馆藏犹太人历史档案文献概要（1994）、俄罗斯帝国近卫军（1700—1918）档案概要（2005）等。

俄罗斯国家军事历史档案馆（РГВИА）的所有档案都向公众开放。但是，利用者需要提前提出申请，档案馆一般在2～3个工作日内答复。2015年12月31日，РГВИА在其网站上提供了虚拟展览《语言与刺刀：军队中的文学家》，形象地描述和再现了俄罗斯著名军事作家的创作生活和作品，吸引了很多俄罗斯人的关注。

7.4.1.5 俄罗斯国家军事海军档案馆（РГАВМФ）

俄罗斯国家军事海军档案馆（РГАВМФ）位于圣彼得堡市，主楼位于 Миллионная 街 36 号（С.-Петербург，ул. Миллионная，36），另外在 Серебристый бульвар 街 24 号 1 栋（Серебристый бульвар，24，корп. 1）也有其馆舍。该馆的历史最早可追溯至1724年的国家海军委员会档案馆，后来经过了历次重组和更名，1992年改为现名。①

РГАВМФ 共有 2911 个全宗，1218103 个保管单位（其中 16736 个保管单位没有著录），时间跨度为 1659—1940 年（部分档案文件为 1550—1984 年）。其中，机关全宗 2725 个（682032 个保管单位），苏维埃军事海军全宗 1641 个（452767 个保管单位），个人全宗 95 个（17492 个保管单位），科技文件全宗 31 个（245507 个保管

---

① Российский государственный архив военно-морского флота（РГАВМФ）［EB/OL］.［2017-04-07］. https：//rgavmf. ru/.

单位），照片档案 23082 个保管单位，缩微胶片档案 103 个保管单位。

РГАВМФ 保管了 17 世纪末至 1940 年俄罗斯海军委员会、海军部、海军军事学院、军事港口、造船厂及科研机构等形成的档案文献，还收藏了俄罗斯海军历史上杰出将领和军官如 В. М. Головнин，Ф. П. Литке，С. О. Макаров，А. С. Меншиков 等人的个人档案全宗。

РГАВМФ 的检索工具体系包括形成机关移交的检索工具和档案馆自制的检索工具。其中部分移交的检索工具形成于 1853—1861 年，最早还有一些 18 世纪的手稿目录。РГАВМФ 从 20 世纪 60 年代开始建立起馆藏档案检索工具体系。当前，共有 8 类内部检索工具和多种公共检索工具，主要为各种目录、索引、指南等。РГАВМФ 的阅览室一般情况下 24 小时提供文件阅览服务。

7.4.1.6 俄罗斯国家经济档案馆（РГАЭ）

俄罗斯国家经济档案馆（РГАЭ）位于莫斯科市 Большая Пироговская 街 17 号（Москва，ул. Большая Пироговская，17），前身是苏联中央国家国民经济档案馆（ЦГАНХ СССР），建于 1961 年 7 月 28 日，1992 年 4 月起改为现名。该馆收藏了苏联政府国民经济各部门和机关形成的档案文件以及 20 世纪 60 年代国家机关体系改革形成的档案文件，集中反映了苏联时期工业、农业、商业、交通和通讯等多个领域的建设和发展状况。此外，还收藏了苏联成立之前俄罗斯苏维埃联邦社会主义共和国（РСФСР）中央国家机关形成的档案文件。①

（1）俄罗斯国家经济档案馆（РГАЭ）的馆藏特色

РГАЭ 共计保管 2030 个全宗，470 多万案卷，时间跨度为 1917—1994 年。其中，机构全宗 1650 个（4597510 个保管单位），个人全宗 358 个（76041 个保管单位，时间为 1917—1990 年，部分档案文件形成于 18—19 世纪），科技文件 92 个全宗（302055 个保

---

① Российский государственный архив экономики （РГАЭ）[EB/ OL]. [2017-04-07]. http：//rgae.ru/.

管单位），照片档案 1518 个保管单位，机关人事档案 963575 个保管单位。

РГАЭ 是俄罗斯唯一集中保管经济类档案文献的国家档案馆，其馆藏全面展示了 1917 年至 20 世纪 90 年代整个苏联时期社会经济发展的面貌，反映了俄罗斯在其经济、科学、技术和社会领域重要发展阶段形成的珍贵的原始记录。РГАЭ 的主要馆藏是苏联中央经济管理机构的全宗，包括：苏联国家计划委员会（Госплан СССР，1921—1991）、俄罗斯苏维埃联邦社会主义共和国国民经济最高苏维埃（ВСНХ РСФСР，1917—1922）、苏联国民经济最高苏维埃（ВСНХ СССР，1922—1932）、财政部、对外贸易部、苏联国家银行（1921—1991）等部门和机构形成的档案全宗。

最近 10 年，РГАЭ 新接收了 70 万个案卷，其中有 50 多万管理类案卷，包括 29 个苏联时期的国家部门如经济部、财政部、燃料动力部、机械制造部、国防部等在其存续期间形成的所有档案以及 8 个苏联国家委员会形成的档案。此外，РГАЭ 从 20 世纪 90 年代起与 80 多个商业银行和股份制公司签订了档案寄存协议，对部分私人企业档案文件提供永久保存和临时保存服务。

РГАЭ 保管和收藏的个人全宗也值得关注，例如，有 М. И. Шевелёв 关于极地航空和极地飞行的文章及日记，Е. И. Толстиков 关于深入地球南北两极深入考察的照片和文献，著名摄影家、传记作家和电影剧本家 В. В. Мацкевич 的个人全宗保管了他与赫鲁晓夫、勃列日涅夫、铁托、尼克松等国家领导人合影的珍贵照片，天文学家 Л. А. Кашин 的个人全宗集中保管了他在建立苏联天文大地测量网络中形成的大量系统化的研究成果，而俄罗斯林业部副部长 Бобров 的个人全宗则反映了俄罗斯长达 200 多年的林业管理历史。

РГАЭ 是俄罗斯最早开展档案解密工作的国家档案馆，早在 20 世纪 80 年代末，РГАЭ 就开始对 20 世纪 20—30 年代形成的部分档案文件进行解密并公开。РГАЭ 将最具有保密特征的文件单独剔除，再对剩下的档案文件逐步进行解密。同时，对同一类产业部门形成的同类型的档案全宗群采用批量、综合解密方法。1993—1994

年 РГАЭ 解密了大批苏联国民经济各个部门形成的档案文件，用于经济研究的开放案卷增加了 150 万个。РГАЭ 对大量尘封已久的苏联经济类档案文件解密为国内外研究者提供了极为重要的史料和参考依据。

（2）俄罗斯国家经济档案馆（РГАЭ）的检索工具及利用服务

俄罗斯国家经济档案馆（РГАЭ）除了提供传统的各种目录、索引、指南等内部检索工具和公共检索工具之外，还开发了如下 6 种目录型数据库：苏联国民经济最高苏维埃（ВСНХ СССР）人事档案目录数据库，РГАЭ 全宗索引数据库，РГАЭ 全宗概览，个人全宗及索引数据库，相关部门、机关、组织、企业的人事档案目录数据库，РГАЭ 全宗指南。РГАЭ 为利用者提供开放档案文件的阅览、借阅、参考咨询和复印等基本服务。

7.4.1.7　俄罗斯国家文学艺术档案馆（РГАЛИ）

俄罗斯国家文学艺术档案馆（РГАЛИ）位于莫斯科市Выборгская 街 3 号 2 栋（Москва，ул. Выборгская，3，корп. 2），前身是建于 1941 年的苏联中央国家文学档案馆（ЦГЛА СССР），1954 年该馆进行了重组，改名为苏联中央国家文学艺术档案馆（ЦГАЛИ СССР）并一直沿用至 1992 年 6 月，1992 年 6 月起改用现名。1997 年，РГАЛИ 被列入俄罗斯联邦特别珍贵的民族文化遗产的组成部分。①

（1）俄罗斯国家文学艺术档案馆（РГАЛИ）的馆藏特色

РГАЛИ 共有 3168 个全宗，1502288 个保管单位，时间跨度从 18 世纪至 2011 年（部分文件形成于 14、16、17 世纪），813 件实物档案，167 件缩微档案。其中，组织机构全宗 387 个，个人全宗 2780 个。РГАЛИ 是当前俄罗斯最大的集中保管俄罗斯的文学、社会思想、音乐、艺术、电影和美术史文献的国家档案馆，馆藏文献的形成时间跨越了三个世纪——从 18 世纪至 21 世纪，其中大部分形成于 20 世纪，主要有两种全宗形式：机关和组织全宗、个人全

---

① Российский государственный архив литературы и искусства （РГАЛИ）[EB/OL]. [2017-04-08]. http：//rgali.ru/.

宗。十月革命前，民间社会组织如俄罗斯文学爱好者协会、莫斯科美术爱好者协会等形成了大量的档案文献，此外，还有革命前创办的报纸和杂志如《俄罗斯政府公报》《事实》《俄罗斯财富》《当代人》等。

苏联时期文化艺术领域的官方机构形成了大量档案文献，包括：艺术事务管理领域的苏联人民代表苏维埃（СНК СССР，1936—1953）和俄罗斯苏维埃社会主义共和国人民代表苏维埃（СНК РСФСР，1938—1953），俄罗斯苏维埃社会主义共和国文化艺术管理总局（Главискусство，1925—1928），苏联文化部及其下属机构（1953—1991）以及各项文化艺术事务领域的管理机构形成了大量档案文献。苏联时期非政府性质的文化艺术组织和团体也形成了大量的档案文献。

十月革命前俄罗斯艺术类科研机构、艺术史研究院以及教学机构如国家戏剧学院（ГИТИС）、柴可夫斯基莫斯科国家音乐学院、国家高等艺术技术学院（ВХУТЕИН，1926—1930）、苏联国家电影学院（ВГИК）等形成了大量珍贵的艺术类档案文件。电影制片厂、剧院、马戏团、各种合唱团、管弦乐队、博物馆、出版社等各种组织和机构形成了大量的艺术类档案文献等，大体分为三种类型：第一种是反映组织机构行政事务处理的管理类档案，主要是下级机关向上级机关提交的工作报告和参考凭证；第二类是反映艺术创作人员生平及人事关系的人事档案；第三类是直接反映文学艺术作品创作有关的档案文件，其中文学创作类占一半以上，其次是各类型艺术成果如戏剧、芭蕾、音乐、电影、雕塑、建筑和美术作品。绝大多数全宗形成于19世纪上半期，其中，"Остафьевский архив"家族档案全宗保存了Вяземский公爵家族三代所积累的档案文献，包括А. С. Пушкин、Г. Р. Державин、П. Я. Чадаев、Н. В. Гоголь等著名作家的书信以及相关文献，反映了19世纪俄罗斯文学家的生活和创作特点，也从一个侧面反映了19世纪俄罗斯文学作品的社会发展进程与文学创作成果，对于研究19世纪俄罗斯文学史具有重要的参考价值。

РГАЛИ保管了俄罗斯历史上著名作家和文学家如Ф. М.

Достоевский, И. А. Гончаров, Н. А. Некрасов, И. С. Тургенев, А. Н. Островский, А. П. Чехов, С. А. Есенин, В. В. Маяковский, Ф. В. Гладков, А. С. Грин 等创作的大量文学作品, 以及 П. И. Чайковский, С. И. Танеев, С. С. Прокофьев, Д. Д. Шостакович 等创作的音乐作品。

(2) РГАЛИ 的检索工具及利用服务

РГАЛИ 建立了全宗指南、馆藏电子目录、人名索引、地名索引、机构名索引、主题索引等功能齐全的检索工具体系, 于 2006 年开通档案馆网站, 在其网站上可以根据查找和浏览全宗、目录、保管单位和文件等不同级别的馆藏档案信息, 以及文档、图片、音频和视频等不同类型的数字档案信息, 其中包括约 6 万件画作、照片和孤本文件信息, 极具史学研究价值和文学艺术鉴赏价值。另外, 该馆出版的电子杂志《与过去相逢》"Встречи с прошлым" 所刊载的文章内容丰富有趣, 读者可以浏览全文。РГАЛИ 向公众提供已解密全宗的利用服务, 利用个人全宗文件需要首先征得本人或其继承人同意。

7.4.1.8　俄罗斯国家军事档案馆(РГВА)

俄罗斯国家军事档案馆(РГВА)位于莫斯科市 Адмирала Макарова 街 29 号(Москва, ул. Адмирала Макарова, 29), 其前身最初是建于 1920 年的红军档案馆, 1921 年红军档案馆被纳入统一国家档案全宗的军事海军部类, 1925 年成为独立的中央档案馆, 其后经过数次更名、重组, 在 1933 年改名为中央红军档案馆, 1960 年该馆接收了苏联内务部及军事边界管理档案, 1992 年 6 月改为现名。此外, 1999 年, 中央历史文献保管中心(ЦХИДК)(原为中央国家特别档案馆(ЦГОА))并入了 РГВА, 成为该馆的一个组成部分。①

(1) 俄罗斯国家军事档案馆(РГВА)的馆藏特色

РГВА 共有 32879 个全宗, 3582395 个保管单位, 时间跨度为

---

①　Российский государственный военный архив (РГВА)[EB/OL].[2017-04-10]. http://rgvarchive.ru/.

1917—2001 年。其中，机构全宗 32785 个(3572827 个保管单位，1917—2001 年)，个人全宗 94 个(9568 个保管单位，1877—2001 年)。苏联内务部战俘及羁押人员事务管理局(ГУПВИ)移交的全宗有 169 个(1939—1960 年)。

РГВА 的馆藏档案反映了国内战争时期(1918—1922)及两次世界大战期间(1918—1941)苏维埃军事武装力量的建设和发展历史，1917—2001 年的边界及国内军事史。另外，来自德国和部分东欧国家的一批军方个人全宗反映了"二战"时期德国及东欧国家的军事情况及部分外国军事将领和士兵的个人活动。

РГВА 保管了苏联最高中央军事管理机关的档案文件，包括：军事委员会(1918—1941)、最高军事代表司令部(1918)、全俄总司令部(1918—1921)、苏联革命军事苏维埃(1918—1934)、工农红军司令部(1920—1935)所形成的档案文件，反映了当时的军队建设和军事政策，包括 1924—1926 年的军事改革。俄罗斯苏维埃联邦社会主义共和国战地军事苏维埃司令部(1918—1921)全宗积累了国内战争时期军队管理和军事作战决策的档案文件。馆藏大量档案文件反映了国内战争时期前线红军军事指挥及联合作战情况。另外，该馆收藏了白军中央和地方军事管理机关形成的 800 多个全宗的档案文件，反映了自 1917 年末至 1922 年白军在俄罗斯境内的主要军事行动。

(2)РГВА 的检索工具和利用服务

РГВА 建立了目录、索引、指南等各类检索工具，另外，在其网站上能够通过馆藏导航和专题指南浏览和检索馆藏主要档案文件。近几年 РГВА 解密了大量较早时期形成的档案文件，但涉及国家秘密的档案文件仍处于保密状态。

7.4.1.9 俄罗斯国家远东历史档案馆(РГИАДВ)

俄罗斯国家远东历史档案馆(РГИАДВ)位于符拉迪沃斯托克市 Алеутская 街 10-а 号(Владивосток，ул. Алеутская，10-а)，前身是成立于 1943 年 8 月 2 日的俄罗斯苏维埃社会主义联邦共和国中央国家远东档案馆(ЦГА РСФСР ДВ)，1992 年改为现名。根据 1991 年俄罗斯苏维埃社会主义联邦共和国部长会议第 96 号令，该馆由托木斯克市迁往符拉迪沃斯托克市。①

РГИАДВ 的馆藏文献反映了俄罗斯远东边疆区哈巴罗夫斯克、滨海、阿穆尔、堪察加、萨哈林、赤塔从 19 世纪中期至 1940 年的发展历史，以及从 18 世纪初至 20 世纪初俄罗斯在东西伯利亚地区的驻军和行政管制情况。馆藏全宗共有 4142 个，501171 个保管单位，时间跨度为 1722—1953 年，1990—2001 年。其中，机构全宗 4128 个（500270 个保管单位），个人全宗 14 个（469 个保管单位），照片文件 432 份。

РГИАДВ 收藏了俄罗斯在东西伯利亚地区的行政、军事、文化、矿山、监察、海关等行政和军事管理机构形成的档案全宗，反映了当地的行政、军事、教育、文化、卫生状况。包括：东西伯利亚管理总局、区军事总督、警察局、海关、移民局、矿务局、金融管理机构、贸易公司和银行等各个职能部门和机构形成的档案全宗。其中，形成年代最早的是关于俄罗斯人在远东太平洋沿岸的第一个定居点——鄂霍茨克港的档案文件。最为珍贵的档案文件是著名政治家 Н. Н. Муравьев-Амурский，С. Ю. Витте 以及远东探险家 Г. И. Невельский，В. К. Арсеньев，Г. А. Лопатинв 的亲笔签名、流民请愿书、法院判决书，另外，还有符拉迪沃斯托克教区形成的教会档案文件和手稿书籍。

РГИАДВ 保管了大量有关朝鲜、中国和日本移民史的档案文献，以及俄罗斯与上述邻国在政治、经济、贸易和文化往来的外交档案文件。苏联时期边疆区的军事与行政管理、经济建设、文化与教育发展状况在馆藏文件中也得到了充分反映。另外，很多全宗的档案文件反映了俄罗斯远东地区原住民的基本情况和发展历史。

РГИАДВ 提供全宗指南、分类目录、专题概要、专题索引等各种检索工具。馆藏档案对外开放利用，但是由于缺乏相关的场地，部分全宗文件无法提供利用。利用者一般在向阅览室提交利用申请后的第二天可以借阅相关档案，一天最多可借阅 10 个案卷。

---

① Российский государственный исторический архив Дальнего Востока（РГИАДВ）［EB/OL］．［2017-04-10］．http：//rgiadv.ru/．

7.4.1.10　俄罗斯国家科技文件档案馆(РГАНТД)

俄罗斯国家科技文件档案馆(РГАНТД)是俄罗斯国家科技档案馆(РГНТА)与俄罗斯航天文件科研中心(РНИЦКД)于1995年合并而成的，主馆位于莫斯科市Профсоюзная街82号(Москва，ул. Профсоюзная，82)，分馆位于萨马拉市Мичурина街58号(Самара，ул. Мичурина，58)。俄罗斯国家科技档案馆(РГНТА)的前身是苏联中央国家科技文件档案馆(ЦГАНТД СССР)，1992年更名为俄罗斯国家科技档案馆(РГНТА)。俄罗斯航天文件科研中心(РНИЦКД)最初建立于1974年，从1974至1991年名为苏联航天文件中心，1992年更名为俄罗斯航天文件科研中心(РНИЦКД)。1995年两馆重组合并，改为现名。[①]

(1)俄罗斯国家科技文件档案馆(РГАНТД)的馆藏特色

俄罗斯国家科技文件档案馆(РГАНТД)共有387个全宗，442144个保管单位，时间跨度大约为1894—2004年，少量档案文件早于1894年。馆藏纸质档案315240个保管单位，其中：科技文件210761个保管单位(1923—1993年)，管理类文件63916个保管单位(1929—2004年)，个人全宗21565个保管单位(1884—2004年)，人事档案18998个保管单位。馆藏声像档案(影片、照片、录影带、录像带)数量多，共计12万3千多个保管单位(1907—2005年)。俄罗斯国家科技文件档案馆(РГАНТД)的馆藏成分集中体现了其前身俄罗斯国家科技档案馆(РГНТА)和俄罗斯航天文件科研中心(РНИЦКД)这两个档案馆的基本馆藏。当前，РГАНТД是俄罗斯最大的科技档案文献保管中心。该馆共有5个档案库房，其中3个库房用于保管纸质档案，1个库房用于保管影片、照片档案，1个库房用于保管录音、录像档案。

РГАНТД馆藏全宗的形成主体以军事工业企业为主，包括：宇宙火箭能源公司"С. П. Королев"，科学生产联合企业"С. А. Лавочкин"，科学生产联合企业"星星"，加加林宇航员培训中心，

---

① Российский государственный архив научно-технической документации (РГАНТД)[EB/OL]. [2017-04-10]. http://rgantd.ru/.

苏联卫生部医学护理研究院，水利设计项目"С. Я. Жук"，航空发电机中央研究院"П. И. Баранов"等。另外，在工业与民用设施建设、化学与石化工业、铁路交通、医学、制药工业和卫生保健领域的设计、生产企业和科研院所也形成了大量科技档案。馆藏档案文件的成分主要为国内外工业设计及建设类科技文献，主要涉及：输电线路和铁路线、炼油厂和钢铁厂、纺织工业企业、空间通信、宇宙空间站以及城乡建设、高等院校及中小学建设、药物和维生素自动化生产线项目等。馆藏科技档案种类十分丰富，几乎覆盖了所有的工业门类及科技领域。

（2）俄罗斯国家科技文件档案馆（РГАНТД）的检索工具及利用服务

РГАНТД 的检索工具齐全，在线检索功能较强，不仅拥有目录、索引、指南等基本检索工具，而且开发了自动化信息检索系统（АИПС）РГАНТД，该检索系统根据馆藏种类和载体类型，为利用者提供 7 个不同门类的数据库：科技文件和管理类文件数据库、个人全宗数据库、照片文件数据库、影片文件数据库、录音文件数据库、录像文件数据库和机读文件数据库。此外，还有 3 个专题数据库："莫斯科和圣彼得堡城市设计与建设"数据库、"1917 年十月革命"数据库和"太空探索历史"数据库（源自塔斯社照片和缩微文件）。

РГАНТД 在其网站上在线提供馆藏个人全宗和个人汇集索引，根据该索引，可检索到相关的科技名人全宗概要。为了纪念苏联航天之父齐奥尔科夫斯基诞辰 150 周年，РГАНТД 还在其网站上提供"齐奥尔科夫斯基个人档案文件目录及简介"以及"俄罗斯第一颗人造卫星专题目录及简介"。推出网上展厅，纪念俄罗斯历史上的科技名人，如"Цыбин Павел Владимирович 和他的滑翔机""化学家 Д. Е. Охоцимский 及其个人档案"等网上展览。

7.4.1.11 俄罗斯国家科技文件档案馆萨马拉分馆（Филиал РГАНТД）

根据 1964 年 5 月 21 日苏联部长会议发布的《关于集中保管科技文件及组织大规模利用》第 431 号令，苏联开始在萨马拉市组织建设中央国家科技文件档案馆，1976 年 11 月苏联中央国家科技文件档案馆（ЦГАНТД СССР）开始运行，并很快成为苏联最大的科技档案文件保管基地。苏联解体之后，俄罗斯继承了原苏联的所有中央级国家档案馆，并对其进行了重组，1992 年，根据俄罗斯政府第 430 号令，苏联中央国家科技文件档案馆（ЦГАНТД СССР）更名为俄罗斯国家科技档案馆（РГНТА）。1995 年，根据俄罗斯政府第 575 号令，位于萨马拉市的俄罗斯国家科技档案馆（РГНТА）与位于莫斯科市的航天文件科研中心（РНИЦКД）进行了合并重组，建立了目前的俄罗斯国家科技文件档案馆（РГАНТД），萨马拉市的档案馆成为其分馆。2011 年 1 月 26 日，根据俄罗斯政府 65 号令，萨马拉市分馆的级别上升为联邦级国家档案馆，即俄罗斯国家科技文件档案馆(萨马拉)分馆（Филиал РГАНТД）。①

（1）俄罗斯国家科技文件档案馆(萨马拉)分馆（Филиал РГАНТД)的馆藏特色

Филиал РГАНТД 是俄罗斯唯一保管俄罗斯工业、基建、交通和通信领域科技文件的档案馆。如前所述，该馆所藏科技文件门类齐全，数量众多，馆藏超过了 220 万个案卷，既保管已撤销科技机构的档案文件，也继续接收新移交的科技档案文件。当前，Филиал РГАНТД 每年从分布在 53 个联邦主体的 584 个科技机构接收移交的科技档案文件和相关的管理类档案文件入馆。

（2）Филиал РГАНТД 的检索工具和利用服务

Филиал РГАНТД 的检索工具较为齐全，不仅有目录、索引、指南等基本检索工具，而且开发了多个在线专题数据库检索系统，包括："科技名人数据库""遭到镇压的技术知识分子数据库""航空、航天和火箭设计名人数据库""萨马拉地区的科学家和发明家数据库"等。在其网站(http：//samara. rgantd. ru/demonstration/)上提供虚拟展厅和"历史上的今天"等栏目，可读性强。

---

① Филиал Российского государственного архива научно-технической документации（РГАНТД）в г. Самаре［EB/OL］.［2017-04-11］. http：//portal. rusarchives. ru/federal/rgantd/index. shtml#1.

Филиал РГАНТД 向社会公众和研究人员开放，但是涉及国家秘密、国家安全和个人隐私的档案文件不对外公开。Филиал РГАНТД 十分注重开展公益文化活动和学术研究活动，定期开展青年阅读会、研讨会、公开课等文化活动。如：以"关于过去的记忆"为专题，开展历史档案青年阅读会和研讨会；开设公开课"如何成为一名发明家""国内发明的问题及成就：昨天、今天和明天"；组织召开专题性圆桌会议"文献遗产：科技文件与历史重构""科技文件工作：问题、对策及发未来发展""军队史—国家史"等，不仅向公众普及了军事历史知识，而且激发了青少年对科学研究和科学发明的兴趣和热情，充分发挥了 Филиал РГАНТД 在科普宣传、科学文化教育和社会服务中的作用。

7.4.1.12 俄罗斯国家录音档案馆(РГАФД)

俄罗斯国家录音档案馆(РГАФД)位于莫斯科市第二鲍曼街 3 号莱福尔托夫斯基宫殿 (Москва, 2-я Бауманская ул., 3, Лефортовский дворец)，其前身最初是建于 1932 年的录音档案馆，1934 年更名为苏联中央照片录音影片档案馆(ЦФФКА СССР)，1941 年更名为苏联中央国家影片照片录音档案馆(ЦГАКФФД СССР)，1967 年重组并更名为苏联中央国家录音档案馆(ЦГАЗ СССР)，1992 年 6 月更名为俄罗斯国家录音档案馆(РГАФД)并沿用至今。①

(1)俄罗斯国家录音档案馆(РГАФД)的馆藏特色

РГАФД 共有 486 个全宗，20 多万个保管单位，350 万个记录，时间跨度为 1898—2001 年。该馆集中收藏了所有类型的录音文件，包括磁带和纸带录音文件、早期的金属唱片和数码时代的激光唱盘等。馆藏主要成分是国内外著名的文学艺术作品以及戏剧、音乐作品、民间艺术作品和私人藏品。根据俄罗斯呈缴本制度的规定，РГАФД 对接收进馆的专业公司和组织制作的录音作品进行永久收藏。同时，收集与创新、教育、学术研究和教学相关的联盟、社会团体、机构和组织形成的录音文件，以及社会运动、政党和各种宗

---

① Российский государственный архив фонодокументов (РГАФД) [EB/OL]. [2017-04-15]. http：//xn--80afe9bwa. xn--p1ai/.

教团体形成的录音文件。

РГАФД 系统地开展了口述历史档案文件的制作和整理工作，对历史事件的当事人和目击者的口头回忆进行录音，对当前社会政治和文化生活领域发生的重大事件进行现场录音录像制作并归档保存。РГАФД 通过与私人或组织签订转让协议，向社会征集有重要保存价值的音像档案文件。

（2）俄罗斯国家录音档案馆（РГАФД）的检索工具和利用服务

俄罗斯国家录音档案馆（РГАФД）可以提供分类目录、全宗指南、专题概要、专题索引等检索工具，另外，还开发了录音文件文献纪录片数据库、馆藏文学艺术作品数据库以及一些专题性的数据库，如"纪念普希金诞辰 200 周年作品集""白银时代的诗歌"等。РГАФД 的馆藏都可以向研究人员提供利用，有限制利用条件的私人转让或捐赠的档案文件除外。

7.4.1.13 俄罗斯国家影片照片档案馆（РГАКФД）

俄罗斯国家影片照片档案馆（РГАКФД）位于莫斯科州 Красногорск 市 Речная 街 1 号（Московская область, г. Красногорск, ул. Речная, 1），由苏联中央国家影片照片档案馆（ЦГАКФД СССР）和俄罗斯苏维埃联邦社会主义共和国中央国家影片照片档案馆（ЦГАКФФД РСФСР）重组合并而成。[1]

（1）俄罗斯国家影片照片档案馆（РГАКФД）的馆藏特色

РГАКФД 馆藏影片档案共计 44069 个统计单位（247704 个保管单位）、照片档案 1152368 个保管单位、声像档案 16489 个保管单位。其中，影片和照片档案的时间跨度为 19 世纪下半叶至今，音像档案自 1992 年起开始接收进馆。

РГАКФД 馆藏照片档案数量庞大，内容丰富，时间跨度大。最早的照片档案是沙皇亚历山大二世的家庭相册（拍摄于 1855—1856 年）以及《1855—1856 年的塞瓦斯托波尔》照片集，其中有 25 幅反映克里木战争的珍贵照片。19 世纪下半期的珍贵照片包括：第比利斯

---

① Российский государственный архив кинофотодокументов（РГАКФД）[EB/OL].［2017-04-13］. http：//rgakfd.ru/.

市照片(拍摄于 1856 年)和莫斯科市照片(拍摄于 1876 年),奥卡河大桥建设照片(拍摄于 1863 年)。另外,还有大量有关俄罗斯军队状况的照片(大多拍摄于 1863 年之后)和海军舰队的照片(拍摄于 1888 年之后)。反映俄罗斯宫廷活动与贵族的照片数量也较大,收藏了末代沙皇尼古拉二世及其家庭成员在皇村羁押期间拍摄的纪录片,以及俄罗斯文学、艺术、文化和科学领域的大师如 Л. Н. Толстой,И. Е. Репин,Л. Н. Андреев,Г. Я. Седов 和 Ф. И. Шаляпин 等人的影片文件。20 世纪以来,档案馆几乎收藏了十月革命和国内战争时期拍摄制作的所有照片档案,包括著名摄影师 П. А. Оцуп,Я. В. Штейнберг 和 И. С. Кобозев 的作品。此外,该馆集中收藏了反映苏联伟大的卫国战争(1941—1945)期间前线作战的 9 万幅照片,近年来,该馆陆续接收了一些私人寄存或捐赠的照片档案。

РГАКФД 从 1992 年起开始接收音像文件(文献纪录片等)进馆。这些音像文件并不是来自国家机关,而是来自非国有组织或个人。РГАКФД 以协议方式与非国有组织、电视节目编辑部或个人就其音像文件的移交和接收达成一致,不定期地收集反映当代社会生活、局部战争和重大事件的音像文件进馆。

(2)俄罗斯国家影片照片档案馆(РГАКФД)的检索工具和利用服务

РГАКФД 提供目录、索引、指南等基本的手工检索工具,开发了影片文件电子目录和音像文件电子目录。另外,建立了面向各类馆藏的数据库系统,其中,影片文件可以检索 43963 条记录,照片文件可以检索 308107 条记录,音像文件可以检索 5400 条记录。

7.4.1.14　俄罗斯国家社会政治历史档案馆(РГАСПИ)

俄罗斯国家社会政治历史档案馆(РГАСПИ)位于莫斯科市 Б. Дмитровка 街 15 号(Москва,ул. Б. Дмитровка, 15),集中保管了苏共中央和共青团中央的档案文件,在原苏共中央党务档案馆和共青团中央档案馆的基础上合并而成。1991 年根据俄罗斯总统令,在原苏共中央马克思列宁主义研究院中央党务档案馆(ЦПА ИМЛ при ЦК КПСС)的基础上改组成立俄罗斯现代史文献保管和研究中心(РЦХИДНИ),1999 年 РЦХИДНИ 又与列宁共青团中央档案馆

（ЦА ВЛКСМ）合并，改为现名"俄罗斯国家社会政治历史档案馆
（РГАСПИ）"。①

（1）俄罗斯国家社会政治历史档案馆（РГАСПИ）的馆藏特色

俄罗斯国家社会政治历史档案馆（РГАСПИ）共有 689 个全宗，
2100000 个保管单位，时间跨度为 1617—2005 年。其中，照片档
案 171658 个保管单位，影片档案 512 个保管单位，录音档案 1230
个保管单位，博物馆材料 160000 个保管单位。РГАСПИ 主要保管
原苏共中央的档案文献，俄罗斯各加盟共和国、边疆区和州形成的
苏共档案文件在当地政党档案馆保管。

РГАСПИ 的馆藏可以分为三大类：第一类，反映 17 世纪至 20
世纪初西欧社会和政治历史的档案文献；第二类，反映 19 世纪末
至 21 世纪初俄罗斯和苏联政治与历史的档案文献；第三类，反映
1860 至 20 世纪 80 年代末国际工人运动、社会主义和共产主义运
动历史的档案文献。

馆藏西欧社会和政治历史发展的档案文献又可以分为两个部
分：第一部分是有关法国大革命、巴黎公社（1871）、1830 年和
1848 年的革命事件，法国、德国以及西欧其他国家的工人运动、
社会运动及相关组织的档案文献。其中包括拿破仑三世（1840—
1870）个人办公室的档案汇集及法国革命运动的领导者及参与者的
个人全宗；第二部分是要有关马克思和恩格斯及其家人、追随者和
战友的档案文献，马克思和恩格斯参与撰稿或直接创办的《莱茵
报》（1842—1843）、《新莱茵报》（1850）、《共产主义者同盟》
（1847—1852）等重要报刊杂志。另外，还有反映欧洲其他社会主
义流派和工人运动的部分个人全宗，包括法国空想社会主义者圣西
门和夏尔·傅立叶的个人全宗。

馆藏俄罗斯和苏联政治与历史发展的档案文献又可分为三个部
分：第一部分是 1880 年至 1920 年俄国社会民主工党的档案文献；
第二部分是 1917 年十月革命胜利至 1991 年苏联解体苏共中央的档

---

①　Российский государственный архив социально-политической истории
（РГАСПИ）［EB/OL］.［2017-04-15］. http：//rgaspi.org/.

案文献，包括列宁档案、苏共中央文件全宗、苏联共青团中央委员会及下属机关和组织的档案；第三部分是反映俄罗斯政治历史发展的档案文件，主要包括苏联解体之后的俄罗斯的政党、社会运动和社会组织的档案全宗。

馆藏国际工人运动、社会主义和共产主义运动历史的档案文献主要包括：第一国际即国际工人联合会（1864—1976）、第二国际（1889—1919）、工人和社会主义国际（伦敦，1919—1923）、国际社会主义政党联合会（维也纳共产国际，1920—1923）、社会主义工人国际（1923—1941）等国际社会主义和共产主义组织形成的档案文献。

（2）俄罗斯国家社会政治历史档案馆（РГАСПИ）的检索工具和利用服务

РГАСПИ 提供目录、索引、指南等基本检索工具，另外还专门针对三大类馆藏，编制了欧洲社会历史档案全宗内部检索工具、俄罗斯政治历史档案全宗内部检索工具和青年组织档案全宗内部检索工具。РГАСПИ 的大部分档案全宗已经对外公开，但有少部分档案文件因涉及国家秘密或个人隐私，尚处于封闭状态。

7.4.1.15　俄罗斯国家现代史档案馆（РГАНИ）

俄罗斯国家现代史档案馆（РГАНИ）位于莫斯科市 Ильинка 街12 号 8 门（Москва，ул. Ильинка，12，подъезд 8），其历史最早可追溯到 1921 年。十月革命胜利之后，俄共中央于 1921 年成立了直属于俄共中央委员会的档案管理部，此后成为保管俄共、联共和苏共中央委员会（ЦК РКП（б）— ВКП（б）— КПСС）档案文件的核心机构，集中保管了苏联共产党中央形成的档案文件，直到 1991 年苏联解体，才被纳入国家档案馆体系。1991 年 10 月至 1999 年 3 月更名为当代文件保管中心，1999 年 3 月重组改为现名"俄罗斯国家现代史档案馆（РГАНИ）"。[①]

（1）俄罗斯国家现代史档案馆（РГАНИ）的馆藏特色

---

① Российский государственный архив новейшей истории （РГАНИ）[EB/OL]. [2017-04-21]. http：//xn--80afqtm. xn--p1ai/.

俄罗斯国家现代史档案馆（РГАНИ）共有 58 个全宗，1247459 个保管单位，时间跨度为 1942—1991 年，部分档案文件形成于 1922—1951 年。РГАНИ 保管了苏共和俄共最高中央机关及下设组织机构形成的档案文件，包括：苏共代表大会（1 号全宗，1955—1991）、苏共中央委员会全体会议（2 号全宗，1941—1991）、苏共中央委员会政治局（3 号全宗，1952—1991)形成的相关文件及会议记录，上述文件主要从俄罗斯总统档案馆移交进馆。

РГАНИ 馆藏规模最大的全宗是 1952—1991 年期间苏共中央委员会秘书处全宗（4 号全宗），包括对代表大会决议的组织执行材料、全体会议及政治局（主席团）会议记录、中央机关的工作部署等。其中最重要的是苏共中央委员会的会议记录。

此外，РГАНИ 保管了苏共中央委员会各类下属机构全宗（5 号全宗，1935—1951，1952—1991）、隶属于苏共中央委员会的党务监督控制委员会全宗（6 号全宗，1934—1990）、苏共中央委员会事务管理处全宗（8 号全宗，1935—1990）、苏共中央委员会中央控制委员会全宗（88 号全宗，1990—1991），等等。РГАНИ 还保管了大量苏共党员的个人全宗，其中最为著名的有 М. А. Суслов 个人全宗（81 号全宗，1919—1982）和 Л. Ф. Ильичев 个人全宗（97 号全宗，1939—1988）。

（2）俄罗斯国家现代史档案馆（РГАНИ）的检索工具和利用服务

РГАНИ 解密了 1922—1991 年形成的一部分极为重要的涉及苏共中央重要决策事务的档案文件，可为利用者提供其复制件。该馆编制了目录、索引、指南等基本检索工具，建立了俄罗斯国家现代史档案馆（РГАНИ）在线指南，以及针对苏共中央文化部（1953—1966）、苏共中央科学部（1953—1966）、苏共中央高等教育部（1953—1966)和苏共中央外联部（1953—1957）等苏共中央各个管理部门的指南和目录索引。РГАНИ 还设置了虚拟展厅，提供馆藏全宗一览表和专题检索工具，分类导航和关键词检索结合使用，方便利用者查找所需档案文件。

7.4.2　俄罗斯联邦国家档案馆的财政、人员状况和信息服务状况

2010—2014 年俄罗斯联邦国家档案馆的财政预算基本呈现稳步上升趋势，但是 2015 年由于受到俄罗斯经济下滑的影响，联邦档案馆的财政预算比 2014 年减少了 15%，几乎回调到了 2012 年的预算额度。2016 年预算拨款比 2015 年略有回升，增加了约 1 亿卢布，但未能达到 2013 和 2014 年的预算额度。2012—2016 年俄罗斯联邦档案馆的预算经费逐年如下：

表 7-1　　**2012—2016 年俄罗斯联邦档案馆的预算经费**

年度	2012	2013	2014	2015	2016
预算（亿，卢布）	19.047	22.553	23.54	20.018	21.033702

表 7-2　**2012—2016 年俄罗斯联邦档案馆工作人员基本状况统计表**

序号	统计项目	2012	2013	2014	2015	2016
1	工作人员饱和度	72%	71%	73%	74%	74%
2	29 岁以下的青年专家比例	16%	16%	14%	14%	13%
3	30~49 岁的工作人员比例	27%	29%	30%	31%	32%
4	50 岁以上的工作人员比例	57%	55%	56%	55%	55%
5	男性工作者比例	27%	30%	27%	28%	27%
6	6~10 年工作资历者所占比例	13%	16%	17%	16%	18%
7	拥有硕士和博士研究生学历的人数	24	40	34	25	16
8	拥有高等教育学历的工作人员比例	74%	72%	93%	98%	97%
9	拥有文件学与档案学专业高等教育学历的人员比例	59%	54%	44%	47%	43%

由表 7-2 可以看出，俄罗斯联邦国家档案馆工作人员饱和度不够，总数不足，2012—2016 年，50 岁以上的工作人员比例约为总人数的 55%，30~39 岁中青年工作人员比例约为 30%，而 29 岁以下工作人员比例不到 15%，老龄化较为严重。拥有高等教育学历的工作人员比例在 2014 年和 2015 年迅速攀升：2012 年和 2013 年仅为 74% 和 72%，2014 年、2015 年、2016 年这一比例大幅提高了 20%，分别为 93%、98% 和 97%。但是，具有文件学与档案学专业高等教育学历的工作人员所占比例出现了相反的趋势，2012 年和 2013 年具有文件学与档案学专业高等教育学历的工作人员占总人数的比例为 59% 和 54%，从 2014 年这一指标开始持续下降，不足工作人员总数的一半：2014 年和 2015 年下降到了 44% 和 47%，2016 年又比 2015 年减少了 4 个百分点，仅为 43%，可见，档案馆人才队伍的知识结构在发生变化。实际情况是，具有文件与档案管理专业知识背景的高龄专家陆续退休而新人补充不足，而工资待遇水平低是档案馆对具有高学历专业背景的年轻人缺乏吸引力的最主要原因。据统计，位于莫斯科和圣彼得堡的联邦档案馆工资水平一直低于这两个直辖市的平均工资水平，这对具有文件学与档案学专业高等教育背景的年轻大学生或研究生不具有职业吸引力，他们往往选择去其他工资更高的国家机构或者企业，而不去档案馆就职，其后果是联邦档案馆中拥有文件学与档案学高等教育背景的专业人才越来越少；另外，在俄罗斯联邦国家档案馆中，男性工作者比例为 28% 左右，档案馆男女性别比例不平衡，这与档案行业本身的特点和俄罗斯男多女少的国情有一定关系；2016 年具有 6~10 年资历的工作人员比例略有上升，达到了 18%，前几年这一比例平均为 16% 左右。

上述数据显示了 2012—2016 年俄罗斯联邦国家档案馆事业发展面临着一系列消极因素：工作人员长期缺编 25% 左右，老龄化明显，男女比例不平衡，拥有文件学与档案学专业高学历人员的比例不到总人数的 50%，而且这一比例呈逐年下降趋势，另外，拥有硕士和博士研究生学历的高端人才数量呈下降趋势。而相对积极的变化是，俄罗斯联邦档案机构拥有高等教育学历(本科学历)背景的工作人员在 2014 年、2015 年、2016 年得到了迅速充实,几乎达到了 100%。此外,2012—2014 年联邦档案馆的月平均工资水平持续上升(分别为 22400 卢布、39100 卢布、42500 卢布),但即使如此,联邦档案馆的工资水平相对于其他国家机关的工资水平仍然偏低,对研究生以上的高学历者和年轻的专业档案人员吸引力仍然不够,例如,2014 年莫斯科市的联邦档案机关工作人员的平均工资虽然比 2013 年上涨了 12%,达到了每月 42000~51000 卢布,但也仅为同年莫斯科市人均工资水平的 71.6%~85.6%,尤其是 2015 年以来俄罗斯经济滑坡及联邦国家档案馆预算削减,导致联邦档案馆的人均工资水平明显下降。2015 年莫斯科市档案工作人员的工资水平比 2014 年下降了 11.7%,月平均工资为 36900~44500 卢布,仅为莫斯科市人均工资水平的 59%~71.2%。2015 年其他联邦主体(如圣彼得堡市、萨马拉市、符拉迪沃斯托克市、亚卢托罗夫斯克市等)的国家档案馆的工作人员平均工资比 2014 年下降了 11.8%,月平均工资为 23900~45100 卢布,略高于当地人均月工资水平。2016 年联邦档案馆的人均工资虽然比 2015 年略有提高,为 42400 卢布,比 2015 年提高了 13.6%,但却远远不能冲抵卢布大幅贬值带来的实际收入减少。2015 年以来由于受到俄罗斯国内经济衰退的影响①,俄罗斯联邦国家档案馆的财政预算下降,制约了俄罗斯联邦国家档案馆事业的发展。

近年来,俄罗斯联邦档案署及下属联邦国家档案馆十分重视对俄罗斯"开放政府"建设的贯彻实施,为此,俄罗斯联邦档案署从 2014 年起首次制定了"开放政府"实施计划,并于 2015 年和 2016 年不断修改和补充,最终于 2016 年 12 月 5 日发布了第 136 号令——《至 2018 年俄罗斯联邦档案署关于实现和运行开放机制的方案》,该方案的实施将大力提升俄罗斯联邦国家档案馆信息服务的质量,在开放数据和开放政府建设过程中发挥不可或缺的作用。为

---

①　根据俄罗斯联邦统计局公布的俄罗斯 2015 年社会经济状况信息报告,受油价下跌和西方对俄制裁影响,2015 年俄罗斯国内生产总值(GDP)增速为-3.7%,通货膨胀率为 13%,居民实际收入下降 4%。

此，俄罗斯联邦档案署专门成立了公共事务委员会，讨论和解决与"开放政府"实施计划和联邦档案馆信息公开有关的问题，其中包括：进一步扩大社会公众对俄罗斯联邦国家档案全宗的获取范围，提高联邦档案馆信息服务的质量；加强对联邦国家档案馆公共服务的社会监督；联邦国家档案馆严格按照规定的程序和期限对利用者的信息请求进行反馈等。

为了贯彻实施俄罗斯联邦档案署制定的"开放政府"实施计划，俄罗斯联邦国家档案馆通过阅览室借阅服务、举办历史档案专题展览、出版档案文献编纂成果以及提供在线档案信息利用服务等不同的方式和渠道扩大了档案信息利用服务的范围，使越来越多的俄罗斯公民能够走进档案馆或登录档案网站获取所需要的信息。2012年至今，俄罗斯公民通过联邦国家档案馆、联邦权力机关和联邦政府机关在线获取和利用信息的人数显著上升，2015年仅俄罗斯联邦档案署的在线信息利用就达到了5652人次，比2014年增加了11%，其中92.4%的利用与公民的社会保障问题如退休金、社会福利和补偿等问题相关。与此同时，联邦档案馆阅览室接待的利用者数量也稳定上升，2015年达到了107109人次，借阅档案数量为746868个档案保管单位。如表7-3所示，2015年俄罗斯联邦国家档案馆利用者人数、档案网站访问人数以及档案馆信息服务规模比2014年有很大的提升，其中，档案网站访问数量激增，为3559692次，几乎是2014年的1.5倍、2012年的5倍。① 2016年的专题服务和社会法律服务数量比2015年有所减少，档案信息利用者数量和档案网站访问量数据尚未确定。另据资料显示，2019年俄罗斯网民人数超过了1亿人，成为俄罗斯联邦档案馆在线信息服务的类型和规模不断丰富和增长的基础之一。

---

① Итоговый доклад о результатах деятельности Федерального архивного агентства в 2015 году［EB/OL］．［2017-05-15］．http：//archives. ru/sites/default/files/doklad-itog-2015. pdf．

表7-3 **2012—2016 年俄罗斯联邦国家馆信息服务的类型及利用服务人数**

信息服务类型及相关 利用者数量(人数)	2012 年	2013 年	2014 年	2015 年	2016 年
专题服务	17095	20283	24592	26050	25621
社会法律服务	29196	25921	26269	28503	28490
档案信息利用者数量	181810	210816	246105	334342	待确定
档案网站访问数量	733797	1294271	2017561	3559692	待确定

7.5 当前俄罗斯的地方档案馆事业：现状与趋势

俄罗斯的地方档案馆——市政档案馆是数量最多、最活跃的基层档案机构，它们负责收集和保管地方国家机关、社会组织和企业形成的档案文件及人事档案，至 2013 年 1 月 1 日的一项统计数据，俄罗斯全国共有 2027 个市政档案馆，它们所保管的档案文件总量为 6210 万个保管单位，占全部俄罗斯联邦档案全宗文件总数的 25%。因此，地方档案馆事业是俄罗斯档案馆事业发展的一个不可或缺的重要组成部分，它们的正常运行和持续发展不容忽视。而地方档案馆事业的发展在很大程度上取决于地方政府的重视和财政支持，在法律上，俄罗斯联邦政府与地方行政和财政管理之间没有直接的关系，尤其在 2003—2004 年俄罗斯行政改革之后，联邦和地方的权责划分更加清楚，地方自治机关拥有了更多的行政权力，同时，地方行政与公共事务管理也主要靠地方财政支撑。根据《俄罗斯联邦档案事业法》(N125-Φ3，2004)、《俄罗斯联邦地方自治机构的一般组织原则》(N131-Φ3，2003)、《俄罗斯联邦主体立法机构和权力机构的一般组织原则》(N184-Φ3，1999)以及各个联邦主体关于档案事业的法律规定，地方档案馆事业的建设和发展都由各个地方自治机构自行决定，俄罗斯联邦档案署无权对地方档案行政事务管理进行直接干预，仅可提供档案业务工作方法上的指导。因此，俄罗斯市政档案馆建设、基层档案行政管理机关的设置等都由地方自治机构自行裁决和处理。但所有的市政或市政档案馆需要遵守有关俄罗斯联邦档案全宗文件及其他档案文件保管、补充和利用的统一规则。

2000 年以来，俄罗斯市政档案馆的物质技术基础和档案信息服务发生了很多积极的变化，主要体现在：新建了专门档案库房和馆舍；大量增加合乎标准的档案架和金属档案柜(架)的数量；越来越多地运用信息技术；开始实施馆藏数字化；普遍建立反映馆藏成分和内容的各类数据库；扩大了对居民提供公共服务的范围，同时，增加了社会法律性信息咨询和服务的数量；与俄罗斯养老金管理系统(ПФР)的地方机构建立了电子信息联系；档案馆的安保工作得到了加强，50% 以上的基层档案馆配置和使用了安全技术设施。但是，基层档案馆仍然面临着馆舍不足、未经整理的进馆档案文件持续增加等一直未能解决的老问题，这对于准确统计馆藏和有效利用造成了障碍；此外，联邦和地方立法保障的不完善也成为基层档案馆事业发展的消极因素；市政或市政基层档案馆与联邦档案署及联邦主体行政机关之间的协作水平也有待提升。为此，联邦档案署邀请市政或市政基层档案馆档案专家参加联邦档案署的档案事务理事会的例会是很有益的举措。从 2005 年开始，该举措已在圣彼得堡、下诺夫哥罗德、叶卡捷琳堡、新西伯利亚、喀山、莫斯科近郊的列夫科沃开始实施，从 2013 年 9 月开始，在阿纳帕、库班等更多的基层档案馆逐步实施了这一举措。

下文分析了克拉斯诺达尔边疆区、莫斯科州、下诺夫哥罗德州、奥伦堡州、萨马拉州和斯维尔德洛夫斯克州这 6 个州的地方(市政)档案馆事业发展状况，由此大概可知俄罗斯地方(市政)档案馆事业发展的现状及趋势。①

(1)克拉斯诺达尔边疆区的地方档案馆事业

克拉斯诺达尔边疆区位于俄罗斯的南部联邦区，是俄罗斯最南

---

① Артизов А. Н. , Горковенко В. В. , ПЕТРОВ П. М. Муниципальные архивы России：современное состояние, проблемы, перспективы развития. Отечественные архивы, 2013(3)：60-79.

的边疆区。该边疆区市政档案馆共有 46 个，其中，库班地区的档案馆馆藏有 226.1 万个保管单位，占克拉斯诺达尔边疆区总档案全宗数量的 60%。这些基层档案馆的财政和物资技术保障问题最为复杂，如果没有市（区）政府和边疆区政府的支持根本无法解决。根据《俄罗斯联邦地方自治机构的一般组织原则》（N131-ФЗ，2003）的规定，边疆区市政府被赋予了建立和维持市政和市政档案馆的权力。

克拉斯诺达尔边疆区的立法会议和区政府在政策和立法上支持基层档案馆事业的发展。2008 年 12 月 8 日，克拉斯诺达尔边疆区政府发布了《关于批准 2009—2010 年克拉斯诺达尔边疆区市政档案馆发展的专项纲要》，2011 年 7 月 1 日，边疆区政府批准了《2012—2013 年加强克拉斯诺达尔边疆区市政档案馆的物质技术基础专项纲要》，2012 年 12 月 9 日，边疆区的立法会议通过了《克拉斯诺达尔边疆区档案事业法》，通过法律形式规定，综合使用边疆区财政与市政地方政府财政继续加强市政档案馆的物质技术基础，支持基层档案馆事业发展的中长期规划。以库班地区为例，有 32 个市政档案馆受益于克拉斯诺达尔边疆区政府关于档案馆事业发展的专项纲要。档案馆馆舍面积扩建了 3000 多平方米，安装和升级了火灾报警系统，增加了标准化的档案柜架，改善了办公系统，更新了电脑和其他办公设备，能够确保平均每一个档案馆工作人员使用 1.2 台电脑，而且所有的市政档案馆均已接入互联网，在市政府网站上都设有自己的网页，新罗西斯克市档案馆还有自己的官方网站，是当前边疆区最好的市级档案馆之一。

克拉斯诺达尔边疆区馆藏数字化和利用服务工作发展迅速。当前，俄罗斯基层档案馆与联邦档案馆一样，都面临着馆藏数字化的迫切任务，为此，克拉斯诺达尔边疆区拨付财政专款用于数字化工作的软硬件设备购置，截至 2013 年，已经有 22 个市政档案馆（约占总数的一半）进行了馆藏数字化工作。在利用服务方面，每个市政档案馆平均每年为 5000 个利用者提供服务，截至 2012 年，接待了 22.9 万人的查档服务。市政和市政档案馆积极与市政府的多功能服务中心（МФЦ）开展合作，从多功能中心（МФЦ）平台进入市政档案馆网站进行信息查询，平均查档量超过了总查档量的 50%，这使直接查阅纸质档案的用户减少了 30%，在线查档的用户数量不断攀升已经成为地方档案信息服务的趋势。此外，克拉斯诺达尔边疆区有 29 个市政档案馆以可靠方式与该边疆区的俄罗斯养老金管理部门开展合作，缩短了利用者等待获取档案文件的时间，减少了他们多次重复查档的频率。

克拉斯诺达尔边疆区所有的市政和市政档案馆都与俄罗斯历史档案专家协会克拉斯诺达尔边疆区分会的基层组织开展了紧密地合作，俄罗斯历史档案专家协会的基础组织在克拉斯诺达尔边疆区有 48 个，成员 835 名，其中 85% 的成员在市政和市政档案馆工作。2012 年市政档案馆与俄罗斯历史档案专家协会克拉斯诺达尔边疆区分会共同参与组织了克拉斯诺达尔边疆区成立 75 周年纪念的创意工作大赛，同年，边疆区分会还参与了全俄"青年档案专家"科研竞赛。

克拉斯诺达尔边疆区档案管理局较好地发挥了对基层档案工作的组织、指导、监督和检查的职能。档案管理局与政府其他行政部门能够互相沟通和协调，在重要的行政决策问题上，例如，关于市政档案馆领导的委任和解职，以及档案馆的重组或关闭等问题，档案管理局与市政和市政政府机关一般通过协商解决。档案管理局每年举行委员会扩大会议，市政领导及其副职、市政档案馆的负责人都会参加，总结每一个市政和市政档案馆的工作，这已成为一种传统。档案管理局根据档案馆工作效率、劳动紧张程度等相关指标，对市政档案馆的工作绩效进行评价，并在此基础上总结和推广先进经验，与边疆区的事业单位和公共服务单位的职工工会主席团共同发布决议，对工作富有成效的市政和市政档案馆颁发荣誉证书、表彰和物质奖励。此外，档案管理局的鉴定检查委员会定期在市政和市政召开扩大会议和地方会议，派出专业人员监督和检查市政档案馆工作，每年举办"最佳档案馆"和"最佳馆藏"的竞赛。上述活动和举措促进了市政档案馆业务工作的有序开展。

克拉斯诺达尔边疆区市政档案馆有 194 名工作者，所有的领导干部和专业人员都受过高等和中等专业教育，干部队伍稳定，未出现人才外流现象,从档案馆业务工作需求来看,还需要增加和维持档案机关在编人员数量,提高工资和工作人员的专业技能。

克拉斯诺达尔边疆区档案馆事业发展面临的主要问题之一是馆舍不足和人员编制不足问题,这两个问题在俄罗斯其他地区的基层档案馆也十分普遍。克拉斯诺达尔边疆区有 7 个市政的档案馆馆舍不足,导致不能及时接收市政机关部门移交的档案文件,另外,现代化信息技术的应用、查档人数和查档规模的持续增长以及大量接收机关和组织清理出来的档案文件等种种原因,使市政和市政档案馆的工作量不断增加,迫切需要在现有的专业队伍基础上进一步增加人员编制。

(2)莫斯科州的地方档案馆事业

莫斯科州成立于 1929 年 1 月 14 日,位于奥卡河与伏尔加河之间,属于俄罗斯中央联邦区。州内的行政单位数量有 29 个区、32 个州属市、2 个州属市级镇以及 5 个封闭的行政区域。2007 年 5 月 25 日,莫斯科州颁布了《莫斯科州档案事业法》,为该州市政和市政档案馆的发展提供了新的机遇。当前,在莫斯科州有 69 个市政档案馆,总共保存了 2633439 个保管单位(其中管理性档案文件 1639920 个保管单位,人事档案文件 992940 个保管单位,个人档案文件 579 个保管单位),占莫斯科州档案文件总量的 61%。莫斯科州法律赋予了地方自治机构部分的行政权力,这是推动莫斯科市政档案积极发展的主要原因。根据法律规定,莫斯科州财政拨付给地方财政津贴,作为地方自治机构行使行政权力时的资金来源,从 2008 年起,莫斯科州地方档案馆的经费主要来源于这项财政津贴,而且在 5 年内几乎增长了两倍,至 2013 年,地方档案馆获得的莫斯科州财政的津贴为 2.87745 亿卢布。

莫斯科州市政档案馆的工作取得了显著成绩,馆藏档案数量稳定增加,质量得到了明显改善,通过应用现代信息技术为社会提供全面的信息服务。首先,加强了档案馆的物质技术基础,建设标准化的库房,配置档案设备和装具。应莫斯科州档案管理总局的要求,州政府在财政和物资方面为地方档案馆的发展提供了实质性的支持,包括:修葺旧馆舍,建设新馆,改善办公条件,增加金属档案架和可移动档案架，装配火警系统、自动灭火系统和温湿度自动调节设备。2007 年，市政档案馆包括叶戈里耶夫斯克、奥焦雷、帕夫洛夫斯基萨德、普希金诺、特罗伊茨克、弗里亚济诺、契诃夫、沙霍夫斯克档案馆新建馆舍建筑面积 1307 平方米；2008 年、2009 年、2010 年、2011 年、2012 年和 2013 年前后有数十个市政档案馆都搬迁进了新馆。

2008 年之前，莫斯科州市政档案馆的专业人才和干部队伍数量不足问题一直较为突出，从 2008 年开始，人员不足问题逐步得到了解决。2007 年 6 月 26 日，莫斯科州政府颁布了《关于莫斯科州市政档案馆工作人员数量的计算方法》，成为扩充市政档案馆人员编制数量的法律依据。在州政府的支持下，市政档案馆工作人员数量从 2007 年的 242 人，增加到 2008 年的 323 人、2009 年的 338 人、2010 年的 347 人，2012 年达到了 369 人，满足了莫斯科州市政档案馆不断增加的业务工作需求。人才队伍政策不仅在于增加工作人员的数量，而且还在于减少专业人才的流失，为此，州政府拨付专项财政津贴资助，从 2008 年开始，在 5 年内显著提高了档案馆工作人员的工资水平，至 2012 年第 4 季度，市政档案馆专家的月平均工资达到了 4 万卢布。

莫斯科州市政档案馆逐步向数字环境过渡。从 2011 年开始大规模地进行馆藏目录及文件的数字化工作及馆藏数字档案信息资源建设，吸引了更多的年轻人进入市政档案馆，在兹韦尼哥罗德、克拉斯诺戈尔斯克、列乌托夫、罗沙利、契诃夫、沙霍夫斯卡亚、埃列克特罗戈尔斯克等地区，由年轻的档案专家和技术专家组成的干部队伍组织和领导馆藏数字化工作。2013 年初，市政档案馆工作人员中有 54 人的年龄小于 29 岁，154 人的年龄小于 49 岁，市政档案馆养老金的领取者每年都在减少。工作人员受教育的程度也得到了显著提高，2013 年，市政档案馆总共有 300 人拥有高级教育背景。遗憾的是，莫斯科国立人文大学历史档案学院的毕业生在市政档案馆工作的人数偏少，仅占总人数的 6%。

莫斯科州档案管理总局十分注重提高工作人员的专业技能，制订培训计划和培养方案，除组织工作人员学习档案专业课程和其他相关课程此外，还组织工作人员参加全俄文件学和档案事业科研所（ВНИИДАД）提供的专业培训。此外，每年都举办专题研讨会，如2012年4月在多莫杰多沃的市政档案馆举办了题为"莫斯科州档案文献保管和获取"的研讨会，旨在促进馆藏目录及文件的数字化工作。

莫斯科州档案管理总局对市政档案馆的业务工作进行指导、监督和检查，督促档案馆执行州档案法律和法规，对档案收集、保管和利用工作进行定期检查。市政档案馆负责依法收集当地政府机关、管理部门、自治机构和专门组织形成的档案文件以及反映劳动人事关系的人事档案文件，这些档案文件充分反映了地区、城市和乡村的居民生活史和地方的政治、经济、文化发展史。

面向未来，莫斯科州的档案管理工作需要积极应用先进的技术成果，在数字环境下拓展档案信息服务形式，深化档案信息服务内容，进一步优化馆藏，为工作人员创造更加舒适的办公条件和工作条件。

（3）下诺夫哥罗德州的地方档案馆事业

下诺夫哥罗德州位于伏尔加联邦区，1990年以前称为高尔基州，成立于1929年1月14日，州内的行政单位数量有47个区、11个州属市等，州的中心为下诺夫哥罗德市。早在1924年，下诺夫哥罗德州只有韦特卢加、巴甫洛夫、谢尔加奇3个县建立了地方档案馆，经过近90年的建设和发展，下诺夫哥罗德州现有50个市政档案馆（包括44个档案部和档案处，5个市级档案馆，1个市级国家机构"沃洛达尔斯克市区行政经济管理机构"）。上述档案机构总共保存的档案文件为2082564个保管单位，其中52.4%为人事档案文件，47.4%为管理性文件；12921份照片档案（主要是在1979年因对农村居民点进行摄影而建立的），4611个科技档案保管单位，1091个私人档案文件保管单位。年代跨度主要为1924—2012年，另有少量19世纪中期和20世纪初形成的文件。其中，1950至20世纪90年代末形成的档案文件保管得最为完整。联邦法律《关于俄罗斯联邦地方自治机构组织的一般原则》（1995年）颁布之前，上述档案文件临时保存在下诺夫哥罗德州各地区和城市的国家档案馆里，后来转移到了高尔基州国家档案馆（现为下诺夫哥罗德州中心档案馆）及其在阿尔扎马斯市和巴拉赫纳市的分馆（现为阿尔扎马斯市和巴拉赫纳市的下诺夫哥罗德州国家档案馆）永久保存，在州档案局的网站上专门设置了市政档案馆指南。

市政档案馆总共有 159 个工作人员。其中 118 人受过高等教育，27 人受过中等专业教育，干部队伍年轻化比例达到了 38%。2010—2012 年，州政府为 6 个市政档案馆划拨了 303 平方米的补充用地，并添置了 4723 米长的金属档案架，总长达到了 33246 米。但还有 21 个档案馆没有安装安全警报系统，其中 8 个档案馆没有安装火警系统，市政档案馆的库房面积仍然较为紧张。

市政档案馆 99.8% 的文件都进行了著录，编制了索引和指南，在 32 个市政档案馆通过鉴定发现了 23357 件特别贵重的档案文件。为公民提供社会法律及其他方面的利用服务。2009 年提供了 92597 次查询利用服务，2010 年为 88912 次，2011 年为 90534 次，2012 年为 83253 次，其中约 92% 的查询得到了满意的结果。此外，市政档案馆通过电视和广播等媒介进行档案宣传，组织社会公众参观、培训和展览。

下诺夫哥罗德州档案事务委员会每年都组织对市政档案馆的业务检查，历年的检查结果表明，绝大部分的违规行为都与文件保管有关，主要涉及库房建筑主体的牢固性（如因文件陈列架过重而造成地板变形）和天花板的稳固性等问题。为了杜绝档案工作中的违法行为，档案事务委员会 2012 年以来组织所辖地区的国家档案馆举办了多次档案业务培训班。

遗憾的是，为了节约行政管理成本和开支，2012 年下诺夫哥罗德州进行了行政机构调整和改革，取消了主管档案事业的行政部门——档案部，以下诺夫哥罗德市档案馆替代原有的档案部，兼行使档案行政管理职能。这使原有的档案行政垂直管理体系遭到了破坏，档案机构工作人员编制也随之出现了下降的趋势。毫无疑问，对档案事业发展造成了一系列消极影响：档案事业发展的行政资源不足，档案专家的补贴削减，档案文件的收集、保管和利用缺乏有力的监督，专家们失去了因工作多年而应拥有的相应福利和优待，档案事业发展的物质技术基础恶化。同年，还取消了沃洛达尔斯克市政档案处，将该业务分派给了承担多种职能的其他市级机构，有计划地削减档案岗位，减少市级档案专家的编制。此外，在捷尔任斯克市，开始有组织地撤销档案专家岗位。在工作待遇持续恶化的环境下，有经验的档案工作人员面临着对职业的重新选择，不论是下诺夫哥罗德州的档案事务委员会，还是俄罗斯联邦档案署，都无力阻止这种消极现象，这一现象在俄罗斯的地方档案馆中呈现蔓延的趋势。

除了档案行政主管部门被撤销、档案岗位编制减少等消极因素之外，下诺夫哥罗德州市政档案馆还面临着馆舍的维护、扩建和新建问题以及进馆档案全宗文件不完整等长期以来未能解决的问题，以及档案馆业务工作如何向数字环境过渡的新问题。这些问题在俄罗斯其他各个州的地方档案馆也普遍存在，具有共性特征。

(4)奥伦堡州的地方档案馆事业

奥伦堡州位于伏尔加联邦区，初建于1934年12月7日，现有35个区，12个州属市和1个封闭的行政区。奥伦堡州有51个市政档案馆(其中有9个档案馆保管的是人事档案文件)，总共收藏了100多万个保管单位，占奥伦堡州联邦档案全宗文件和其他档案文件总数的37%。为了在档案事业管理中建立更加清晰的法律关系，2006年，州档案事务委员会与各区、市的行政机构签署了合作协议。档案事务委员会负责定期对市政档案馆进行业务指导和监督，发现主要的违规行为都与档案保管问题有关。有3个市政档案馆的馆舍面积不足，49个档案馆的档案库房不符合标准，9个档案馆缺少火警装置，48个档案馆缺少自动灭火器，19个档案馆需要将组合陈列架更换为金属陈列架。因此，加强市政档案馆的物质技术基础和安全保管条件非常迫切。较为积极的变化是，阿克布拉克地区、巴那玛耶夫斯基地区、萨克马拉地区、沙尔雷科夫斯基地区的市政档案馆搬迁到新馆舍，克拉斯格瓦尔杰伊斯克地区和托茨基地区的人事档案保管库也拥有了新馆舍，8个档案馆获得了补充用地，增添了火警系统和金属档案架。

根据2012年6月28日奥伦堡州长的指示，2012年，州档案事务委员会制定了纲领性文件《确保在国家和市辖区档案馆保管俄罗斯联邦档案全宗文件和其他档案文件(2013—2018)》的方案。根据方案规划，将新建和维修9个市辖区的档案馆库房，用以保管32万个档案案卷。遗憾的是，由于筹资困难，方案最终未能实施。所幸2013年制定的《奥伦堡州文化发展(2014—2020)纲要》为档案机构提供了相应的资金支持。

为了对市政档案馆给予技术和业务上的支持，州档案事务委员会工作人员每年平均25次前往各个地区和市开设关于档案业务及公文处理的培训班，每个月接受100多次技术咨询，每年在各地为市政档案馆组织关于文件整理和保管的研讨会，组织新入职的档案专业人员到国家档案馆进修。此外，州档案事务委员会定期向市政档案馆的工作人员提供技术性、参考性资料以及最新的法律法规文件。

(5)萨马拉州的地方档案馆事业

萨马拉州位于伏尔加河沿岸联邦区，建于1928年5月14日，共有10个州属市，27个区。市政档案机关层次较为复杂，包括37个市区和市辖区档案处以及陶里亚蒂市政档案事务局。它们都属于同级政府的组成部分，没有独立的法人地位。上述市政档案馆总共保存的档案文件不少于120万个保管单位，其中35.14万个保管单位(占29%)属于萨马拉州所有。它们的活动在很大程度上体现了该州档案事业的整体状况。市政档案馆的档案专业人员有131名，其中110人为市辖区公务员，84人(约占64%)受过高等教育，并通过组织继续教育提高专业技术水平，例如，组织参加全俄文件学和档案事业科研所一年期的专业培训班。

根据萨马拉州2005年5月12日颁布的《萨马拉州档案事业法》和2007年3月16日颁布的《授予萨马拉州地方自治机构独立的档案行政权力》这两个重要的州法律规定，萨拉马州国家档案管理局与市辖区和市区政府行政机构协同处理档案事务，这对于维护档案事业行政管理机构和档案馆工作的法律地位具有关键性意义。根据上述法律规定，萨马拉州的地方自治机构被授予了档案事业领域的行政权力，而档案管理局是地方自治机构的组成部分，依法实施所授予的行政权力。萨马拉州国家档案管理局作为档案事业行政权力机构，确保在与国家档案馆原则一致的基础上，组织和实施市辖区机构的档案事务。在法律规定的职权范围内，档案管理局采用多种形式积极与地方自治机构合作。

州政府对市政档案馆提供了财政和物资支持。州预算每年根据档案文件数量的变化向市政档案馆划拨补助金，2012年的补助金达560万卢布，主要用于加强档案物质技术基础，提高档案馆的安全保管条件，使之符合档案安全保管标准。截至2013年，所有的档案机构都装备了现代化的火警系统，35个档案机构的金属档案架替代了木质档案架。2012年2月20日萨马拉州政府颁布法令，允许将部分补助金用于支付档案工作人员的薪酬。

萨马拉州国家档案管理局每年邀请国家档案馆和各个档案部的领导、专家以及政府机关领导召开工作会议，总结和交流档案工作经验及成果，发现问题并探讨可行的解决方式。例如，2007年的财政危机状态下，与俄罗斯很多州的地方档案机构情形相似，萨马拉州的地方档案事业面临着档案行政管理部门地位下降、被取消以及削减档案人员编制的困境，通过召开档案工作会议并采取一系列有效的改革措施，最终走出了困境。

当前，萨马拉州的市政档案馆处于数字转型的关键时期，需要积极应用信息技术，在萨马拉州信息技术和通信部的支持下有计划地实施馆藏数字化，并借助于政府在线信息服务平台（如各地政府的多功能服务中心），提供数字化的档案信息服务。2012年副州长А. П. Нефедов授权制定了《2013—2015年加强和发展档案部门物质技术基础专项纲要》，其中涉及了23个档案部，筹集资金达4555.8万卢布。市政档案馆99.4%的指南、93%的目录和33%的案卷都接入了"档案全宗"数据库，市政档案馆网站链入了州政府网站，可以进行数据传递。在联邦法律《关于组织实施国家和市政服务》（N210-ФЗ，2010年7月27日）所规定的框架内，萨马拉州国家档案管理局于2011年与萨马拉市政府的多功能服务中心签署了信息共享协议，促使档案部与市多功能中心相互协作，提供国家和市政服务，并获得了萨马拉州信息技术和通信部的网络支持。

　　萨马拉州市政档案馆面临着两个主要问题：第一，地方自治权力机构与地方联邦权力机构和联邦组织机构在档案事业管理领域的相互关系没有得到妥善解决，它们在档案事业领域的法定管辖权及责权关系不是非常明晰。第二，被撤销（或破产）组织的人事档案的归属及保管问题。根据 2012 年修订的俄罗斯联邦新税法，机构撤销时税务检查无权要求将人事档案文件移交到相应的档案馆保存，导致撤销机关的人事档案文件包括重要的文件经常被遗弃，造成了人事档案文件收集、整理和保管的混乱，无法向查询者提供所需的信息。

　　(6)斯维尔德洛夫斯克州的地方档案馆事业

　　斯维尔德洛夫斯克州位于乌拉尔联邦区，1934 年 1 月 17 日建立，下设 30 个区、25 个市、4 个封闭的行政区、73 个市辖区。当前，在每个市辖区都建立了专门的档案行政管理部门。① 斯维尔德洛夫斯克州 2005 年 3 月 25 日颁布了《斯维尔德洛夫斯克州档案事业法》，根据该法律规定，斯维尔德洛夫斯克州档案管理局负责组织市政档案馆保存公务性档案文件，与地方自治机构的档案管理部门开展合作并提供支持，为市政档案馆提供业务指导；组织斯维尔德洛夫斯克州国家档案馆与市政档案馆之间的业务协作和信息交流；建立鉴定检查委员会，定期开展档案价值鉴定及档案安全保管检查工作；与地方高校如乌拉尔联邦师范大学和乌拉尔国立师范大学长期合作，在市政档案馆建立历史学专业的实习基地。

　　随着 2003 年《俄罗斯联邦地方自治机构的一般组织原则》(N131-ФЗ)的颁布及俄罗斯联邦及地方行政体系改革的实施，斯维尔德洛夫斯克州原有的地方档案管理体系受到了较大冲击，为了节省行政成本，不少市政档案管理部门被撤销或并入了市政档案馆，但是经过州档案管理局和市政机构之间的多次沟通，斯维尔德洛夫斯克州地方档案管理体系的完整性最终得以维护和保留，市政机构

---

　　① Архивные органы и учреждения муниципальных образований в свердловской области[EB/OL]．[2017-05-07]．http：//uprarchives．midural．ru/uploads/mun_so．pdf．

重新恢复了被撤销的档案行政管理部门。

截至 2013 年 1 月 1 日，斯维尔德洛夫斯克州市政档案馆共有 267 名档案工作者，受过高等教育的占 72%（其中 46% 拥有历史档案学的高等教育背景），档案工作人员年龄结构合理，中青年占较大比例：小于 29 岁的占 17%，30~49 岁之间的占 49%，50 岁及以上者占 34%。工作人员的工作年限满 1 年的占 12%，满 5 年的占 34%，满 10 年的占 30%，10 年以上的占 23%。2013 年第一季度，市政档案部门的平均工资是 20889 卢布。

截至 2013 年 1 月 1 日，斯维尔德洛夫斯克州市政档案馆里共有 2368654 个保管单位，其中有 493454 个保管单位归俄罗斯联邦国家所有，这部分档案文件都已专门建立了目录。市政档案馆保管的所有档案全宗都录入了政府的自动化登记系统，并组织实施"档案全宗-5"数字化工作。市政档案馆的来源机构总共有 2078 个组织机构，其中 183 个联邦机构，408 个州属组织机构，1338 个市政（属）机构和 149 个非国有组织。2005—2006 年，随着地方自治机构的重组、合并、分解和撤销，斯维尔德洛夫斯克州政府 2005 年 7 月 19 日颁布了相关法令，对档案文件的性质进行了划分，妥善安排了档案文件的归属和流向。为了确保对联邦所有的档案文件的妥善管理和组织协调，2008 年 11 月 19 日，斯维尔德洛夫斯克州颁布了重要法律《斯维尔德洛夫斯克州的市政组织地方自治机构保管、补充、统计和利用属于俄罗斯联邦所有的档案全宗文件的法定权利》。根据该法律规定，从 2009 年开始，每年都从州财政预算中分拨预算补助金给地方财政，用于对联邦所有档案文件的保管和维护工作。

斯维尔德洛夫斯克州政府通过组织专业竞赛等方式评选和奖励表现出色的模范档案馆及优秀档案工作者，提高档案信息服务的质量，积极开展档案展览、宣传和教育活动。州档案管理局、国家档案馆和市政档案馆每年都会共同筹备出版《重要日和纪念日·斯维尔德洛夫斯克州指南》及其他文化产品。此外，在政府开放数据建设过程中，几乎所有的市政档案馆都能及时提供相关的开放数据，并可供公众在州政府网站及州档案管理局网站上在线查询和获取。市政档案馆的信息化建设在州政府信息化长期发展纲要《电子化的叶卡捷琳堡》的框架内开展，市政档案部(处)参与实施了档案馆的信息化建设，提高档案馆信息检索系统的性能，提供电子形式的信息服务。

当前，斯维尔德洛夫斯克州的市政档案馆面临如下问题：馆舍陈旧，库房不足；缺乏高技能的专业人员和熟练掌握现代信息技术的工作人员；市政档案机构的法律地位有待加强，联邦主体档案事务管理局与各地方自治机构之间在组织和工作方式上需要进一步加强协作。这些问题的解决或者缓解，不仅需要依靠联邦层面的支持，还需要地方层面的支持。

综上，俄罗斯6个联邦主体克拉斯诺达尔边疆区、莫斯科州、下诺夫哥罗德州、奥伦堡州、萨马拉州和斯维尔德洛夫斯克州的市政档案馆的发展既有其特定的历史背景和现实条件，又呈现一定的共性特征，一方面，积极的因素很多：相对于俄罗斯联邦国家档案馆，市政(地方)档案馆的工作人员的年龄结构更为合理，中青年档案工作者约占70%~80%，另外，市政(地方)档案馆工作人员的工资待遇与当地的人均工资水平相当，而集中在莫斯科市和圣彼得堡市的联邦国家档案馆的工资水平远远低于这两个城市的人均工资水平。随着俄罗斯电子政务的推进，档案馆与市政府的多功能信息服务中心协作共享，通过政府多功能信息中心这个平台，提供在线档案查询和档案信息服务。此外，在俄罗斯开放政府和政府大数据平台建设过程中，从俄罗斯联邦中央到各个联邦主体和自治地方的档案部门都在全力建设档案开放数据，在决策和管理上建立开放机制。另一方面，也存在不少消极的因素和沉疴痼疾，包括：市政机关的档案行政主管部门被撤销或并入市政档案馆(市政档案馆兼档案行政管理职能)，档案岗位编制削减，市政档案馆数量持续减少；地方自治权力机构与联邦权力机构、联邦组织机构在档案事业管理领域的相互关系没有得到妥善解决，它们在档案事业领域的法定管辖权及责权关系不明晰；档案库房超负荷承载，馆舍面积不足，馆舍的维护、扩建和新建问题突出；进馆档案全宗文件不完整、不合规范现象普遍；档案馆安保条件存在隐患，部分档案馆没有配置火警系统；档案信息化水平参差不齐，档案馆业务工作面临向数字环境过渡的新挑战。

第八章　俄罗斯档案事业中长期发展规划及趋势分析

2010 年以来，俄罗斯联邦档案署制定了三个重要的有关档案事业及档案工作的中长期发展规划：《2020 年前俄罗斯档案事业发展纲要》(2012)、《2018 年前俄罗斯联邦档案署实施和运行开放机制计划》(2016) 和《2017—2022 年俄罗斯联邦档案署工作规划》(2017)，反映了俄罗斯档案事业发展的现状及趋势，表明了俄罗斯联邦档案署在未来 5 年的工作重心：推进联邦档案工作数字化转型、建立和实施档案管理决策的开放机制。

8.1 《2020 年前俄罗斯档案事业发展纲要》

2012 年 12 月俄罗斯联邦档案署发布了《2020 年前俄罗斯档案事业发展纲要》(以下简称《纲要》)①。该《纲要》是对俄罗斯近年来制定的社会中长期发展战略《2020 年前俄罗斯社会经济发展长期规划》《俄罗斯信息社会发展战略》《2020 年前俄罗斯创新发展战略》在档案事业领域给予的回应。《纲要》肯定了档案馆及档案事业在政府治理、社会保障、科学研究及国民教育中所发挥的不可替代的

---

① Проект Концепции развития архивного дела в Российской Федерации на период до 2020 г [EB/OL]. [2018-03-07]. http：//archives. ru/documents/projects-concept-razvitie-archivnogo-dela. shtml.

支撑作用,总结了俄罗斯档案事业取得的成就,着重分析了档案事业面临的困境,提出了 2020 年前俄罗斯档案事业的目标、任务和发展方向。《纲要》的发展思路和改革措施对于我国具有重要的参考价值。

8.1.1 《纲要》背景分析:苏联解体 20 年来俄罗斯档案事业的成就、不足及面临的困难

苏联解体以来,俄罗斯档案事业发展的影响因素主要来自两个方面:一方面,源自苏联的档案遗产。俄罗斯继承了苏联丰富的档案资源和集中式档案管理体制的优势,但同时也背负了苏联档案事业的不足,档案物质技术基础薄弱,过度保密。另一方面,则来自于俄罗斯独立之后所实施的重要档案改革。如:2004年重新制订了档案法,加强了公众获取和利用档案的权利。另外,信息技术的广泛应用及电子文件的大量产生对档案事业提出了新的挑战。

2004 年,俄罗斯为了压缩政府职能而实施行政体制改革,打破了原有的从联邦中央到地方的档案事业垂直管理体制,将联邦和地方的档案权限区分开来,形成了联邦和地方的两个相对独立的层次:在联邦层面,文化部下属的联邦档案署是联邦最高档案行政管理机关,其权限仅限于对联邦档案馆及相关联邦档案机构的行政领导和业务指导,而不再拥有对联邦主体及自治地方档案事业的行政管理权,仅能提供业务方法上的指导,同时,丧失了对政府机关文件管理工作的监督和指导权;在地方层面,联邦主体的法定授权机关行使对其辖区内的档案行政管辖权;莫斯科和圣彼得堡两个联邦直辖市对其档案事业自行管辖。

俄罗斯保留了苏联时期的公共档案馆系统,从上至下呈现如下3 个层次:联邦档案馆(15 个)、联邦主体档案馆(少于 200 个)、市政档案馆(2000 多个)。除了上述公共档案馆系统之外,还有 19个联邦机构档案馆(如俄罗斯科学院系统档案馆)依法授权保管联邦档案。当前,俄罗斯联邦档案馆总共拥有 609000000 个保管单位。此外,20 世纪 90 年代俄罗斯首次出现了私人档案馆,且发展

迅速。

　　俄罗斯档案事业信息化发展取得了一定的成果：已编目档案全宗占全部联邦档案全宗的比例达到了 85%，20% 的档案全宗实现了文件级著录，3% 的档案全宗实现了数字化。俄罗斯档案事业的总体水平，无论是在档案标准化、档案科技、档案事业组织管理，还是在档案基础设施方面，都同步或超过了独联体的绝大多数国家。但是，与世界上档案事业最为发达的国家如美国、英国、澳大利亚和德国相比，俄罗斯在档案技术设备、所能提供的潜在档案库的大小以及档案信息化基础设施方面还存在明显差距，而且，上述发达国家强大的档案信息检索系统和海量数字档案信息的在线服务能力也是俄罗斯无法比拟的。

　　社会转型虽然为俄罗斯档案事业带来了难得的发展机遇，但也加深了旧的危机并产生了新的危机，集中体现为：国家档案馆缺乏足够的财政投入改善其陈旧的保管条件，库房不足及超负荷现象严重；档案职业的社会地位不高，档案工作人员的工资待遇不及地方平均工资水平，导致大量优秀的档案人才流失；国家对档案文件流转的控制较弱，档案管理和文件管理领域的立法缺乏协调性，导致档案管理与文件管理脱节；国家档案馆和机关档案馆（室）在文件管理方面缺乏沟通和协调，出现了电子文件和纸质文件平行管理的情况；档案解密体系与时代发展不相适应。档案解密工作繁重而灵活性不足，档案馆无力组织大规模的档案文件解密。还有一个不利因素是，2004 年的行政体制改革虽然总体上有利于压缩政府职能，划分联邦和地方两个不同层次的档案权限，但打破了原有的档案事业垂直管理体制，削弱了联邦主体档案机构的独立性，对地方档案事业的发展产生了消极的影响。

　　综上，俄罗斯档案事业在未来十年的任务非常艰巨，一方面，需要增加政府财政投入，大力改善档案事业的物质技术基础，提高档案人员的待遇；另一方面，必须应对信息技术的挑战，实施国家电子文件管理战略，使档案馆各项工作向数字化和无纸化环境转型。

8.1.2 2020 年前俄罗斯档案事业发展目标、任务和方向

8.1.2.1 俄罗斯档案事业中长期发展目标

俄罗斯档案事业的中长期发展目标应符合俄罗斯社会中长期发展战略的远景规划和战略部署。首先，要充分考虑《俄罗斯信息社会发展战略》所提出的信息化目标：到 2015 年，俄罗斯跻身世界信息化发达国家前 20 名之列；应用现代信息技术和通信技术，建立覆盖全俄罗斯的国家服务体系；100%的政府采购都通过电子商务平台运行；国家机关之间电子文件流转量占总文件量的 75%；电子化的档案全宗数量不少于馆藏总量的 20%。① 俄罗斯将以电子政府建设为重点，全面推进现代信息技术在国民经济和社会生活主要领域的普遍应用。其次，应参考《2020 年前俄罗斯创新发展战略》所提出的创新发展思路。该《战略》篇幅浩繁，是 21 世纪俄罗斯实现其大国复兴的重要国策。《战略》明确指出，创新发展模式是实现俄罗斯大国复兴目标的唯一可行途径，分别从个人、经济和国家等层面阐述了创新性发展的任务，为俄罗斯档案事业的创新发展提供了宏观政策保障。根据上述远景规划，2020 年前俄罗斯档案事业的基本目标是：档案事业的发展水平能够满足现代信息社会发展的基本需求。

8.1.2.2 俄罗斯档案事业的任务及发展思路

为了使档案事业的发展水平能满足现代信息社会发展的基本需求，《纲要》明确指出了俄罗斯档案事业的 8 项任务，即：①改进和完善国家的文件管理政策。②将档案馆纳入电子政府系统。③促进联邦档案全宗在现有条件下的实质性发展。④划分国家档案馆和非国家档案馆的职责权限。⑤提高档案服务质量和服务的普遍性，保障公民权益。⑥改善传统介质档案文件的保管条件。⑦创新档案馆活动。⑧发展档案馆的人力资源。《纲要》针对上述任务，提出

---

① Стратегия развития информационного общества в Российской Федерации от 7 февраля 2008 г. N Пр-212 [EB/OL]. [2018-02-01]. http：//www. rg. ru/2008/02/16/informacia-strategia-dok. html.

了相应的发展思路及创新性改革措施，值得我们关注。

第一，推行文件管理改革，建立电子文件全程管理机制。

《纲要》强调，文件流转是政府管理的重要手段和工具，国家应该成为文件流转过程的积极调控者。《纲要》阐明了文件管理改革的宏观思路：首先，从国家层面建立文件管理、档案管理和文书流转的标准规范，建立统一的电子文件管理系统。向无纸化过渡中，以最小的成本消耗实现最优化和合理化的文件流转。其次，赋予联邦档案署实施文件管理改革的职能：通过立法和标准化手段，促使部门之间文件流转的标准化，监督文件产生的过程和规模，在全俄国家机关(未来将向市级扩展)建立统一的电子文件流转系统，从而在根本上减少每个国家机关为研发电子文件管理系统而付出的成本，出台统一的文件生成标准和电子文件移交进馆标准。通过对政府文件的控制和规范，削减文件的形式、文种和数量，降低文件鉴定、保管和利用成本。提高政府管理的灵活性和质量，增强决策的公开性和透明性。

第二，将档案馆纳入电子政府系统，建立联邦"电子文件集中保管中心"。

俄罗斯政府的大部分文件都以电子形式产生，因此，有效地实施电子文件的收集、保管和利用对于国家管理极为重要。为了实现联邦国家机关电子文件数量达到全部文件规模75%的政府目标，须加强电子文件管理的标准化，建设电子文件管理系统。具体的措施包括：①制订面向文书处理领域，国家机关档案室、地方自治机关档案室的电子文件形成、整理及保管标准。②研制统一的电子文件归档、移交进馆的格式和标准，以及电子文件长期保存和利用服务的相关技术和标准，密切关注电子文件在不断完善的信息技术环境中的发展变化。③建立国家机关、地方自治机关、科研教育机构和私人组织在电子文件领域的合作机制。④建立联邦"电子文件集中保管中心"。可选择一个具有良好基础设施的联邦档案馆作为基地来建设。该中心与接入 МЭДО(部门电子文件流转系统)和СМЭВ(部门统一的电子交互系统)的各联邦机构保持业务联系，具备对电子文件集中接收、永久保管和提供利用服务的功能。同时，它也集中保管联邦档案馆所保存的联邦档案全宗的数字副本。在地方层面，可在各联邦主体建立类似的电子文件集中保管中心。

第三，保障联邦档案全宗在现有条件下的实质性发展，推进人事档案管理改革。

为了保证联邦档案全宗的质量，需要：①坚持档案馆收集档案的属地原则。②优化联邦档案全宗文件的构成。完善对永久保存档案文件的价值鉴定标准，制订面向国家和社会基本活动领域的档案保管期限表，缩短它们向档案馆移交的期限。③创建具有自动化存储功能的档案物流中心，对联邦机关档案馆产生的现行文件实施集中高效的管理，快速提供档案文件的接收、查找和利用服务。④加大国家档案馆和市立档案馆对于国家机关、地方自治机关、社会组织的档案业务指导和帮助。⑤解决对已撤销社会组织或破产企业档案全宗的保管问题。⑥做好对苏联时期形成的档案文件的整理、清查及进馆工作。

人事档案虽然由国家档案馆负责保管和提供利用，但不属于俄罗斯联邦档案全宗。国家档案馆和市政档案馆每年接收进馆的人事档案规模巨大，既加重了库房负担，又消耗了档案工作者的大量精力。因此，迫切需要从国家层面进行人事档案管理工作改革，妥善保管人事档案，消除重复文件。具体改革措施：①赋予国家、市政及联邦主体授权的档案机关如下权利：对于2002年1月以后所形成的人事档案必须通过价值鉴定才能接收进馆，消除重复文件，避免造成与国家养老基金系统中的个人信息重复。②加大对机关责任人档案违法行为的行政处罚力度。通过立法规定，非国有组织在申请撤销或破产时，必须及时向国家档案馆或市政档案馆移交其员工的人事档案材料。③创建非国有档案馆，负责保管现行的非国有组织和已经撤销的非国有组织所产生的人事档案。

第四，划分国家档案馆和非国有档案馆之间的职责权限，鼓励非国有档案馆的发展。

俄罗斯在公民社会形成和市场经济发展过程中出现了私人组织，这些组织、团体或企业有义务对其在自身活动中产生的财务档案和员工人事档案妥善保管，同时，可以依法与国家档案馆和市政档案馆签订寄存保管协议，也可以自行建立档案馆妥善保管，或者委托其他私人档案馆保管。国家不能忽视非国有的档案遗产，应该加强国家与私人组织、团体或企业之间的档案合作，鼓励非国有档案馆的创建和发展，具体措施：①国家档案馆和市政档案馆应该为非国有组织提供档案业务指导和帮助。②探索以商业营利为目的的私人档案馆的自愿认证机制。③以非政府机构和非国有档案馆为基础，创建非政府的档案自律组织，制订非国有档案文件的保管、收集、统计和利用标准。④在国家档案馆与非国有档案馆之间创建互动及双赢机制，确保非国有的联邦档案文件遗产妥善保管及非国有组织员工的合法权利。

第五，提高国家档案馆和市政档案馆的服务质量和服务的普遍性。

俄罗斯每年有高达数百万的法人和公民利用档案。随着互联网的发展应用，应及时提供原生性档案文件的在线利用，同时，对具有重要价值、利用率高的纸质文件实施数字化，在线提供数字化副本。具体措施：①继续建设俄罗斯档案门户"俄罗斯档案"，不断充实、加载国家档案馆和市立档案馆馆藏档案全宗文件信息。②建设"全俄档案信息系统"。在全俄三个大型档案系统"档案全宗""全宗目录""中央全宗目录"和地方人事档案数据库的基础上建成该系统，提供档案信息在线获取。③对利用率高、公众对其具有持续而广泛的兴趣、具有社会价值的联邦档案全宗文件及具有现实意义的历史专题文件实施数字化，数字化文件数量应占全部文件总量的20%。④开发数字化档案信息检索工具，提供对数字化档案信息及专题数据库的在线访问和获取。⑤档案馆的业务工作如档案检索、档案公布、档案阅览室咨询服务、档案编目等都应向数字化环境过渡。⑥加强档案文件的解密，首先是加快对没有法律受让人的已撤销机关所产生的档案文件解密，同时，应杜绝对涉及国家秘密或其他依法应保密档案文件的非法获取。⑦杜绝对公民合法档案诉求的回应滞后和积压。建立全俄统一的地方人事档案数据库，使信息服务更为灵活方便，缩短查档时间。确保所有联邦层次和联邦主体范围内的国家档案馆和市政档案馆都能通过 МЭДО（部门间电子文件流转系统)和 СМЭВ(部门间统一的电子交互系统)等与俄联邦的养老金管理部门、联邦权力机构和地方自治机关之间保持信息畅通,通过一站式的政府多功能中心提供数字化档案信息服务。

第六,改善传统介质档案文件的保管条件。

改善俄罗斯联邦档案全宗的保管条件,仍然是档案馆需要首先解决的问题之一。具体措施:①继续新建、重建档案库房,改善档案馆的基础设施。以建设新库房为契机,应用现代物流技术保管和检索档案文件,减低其维护和运营成本。②把国家档案馆和市政档案馆的现代化建设列入联邦和市政的专项规划。③不仅要增加修复档案文件的规模,更重要的是提高档案文件的修复质量,使最有价值的文件和潜在的具有长久保存价值的文件能够得到修复。④进一步加强保险档案全宗的建设工作,作为全俄统一的保险全宗文件的组成部分。⑤扩大数字化档案文件及其副本的规模,使其与缩微胶片副本一起替代档案原件用于档案馆的借阅服务。⑥加强对联邦档案全宗孤本文件的登记工作,并在互联网发布。

第七,创新档案馆活动。

现代社会要求档案馆应用创新性产品和技术,优化档案工作质量,提高效率。档案馆应不断完善其职能活动,增强应对问题和挑战的速度和灵活性,提高服务质量。具体措施:①实施《2011—2020 年俄罗斯联邦档案局及其下属机构信息化纲要》以及联邦主体的档案信息化纲要。②加强对关系国家重大现实问题及档案领域急需解决问题的理论研究和实践工作。③组织全俄档案事业与文书学科研所、俄罗斯国立人文大学以及其他大学之间的沟通和交流,通过科研合作和教育合作,优化档案学和文书学专业人才培养方案。④积极促进新的科学知识和先进方法在档案工作实践中的应用。⑤通过档案文献出版项目和档案文献展览项目等形式,加强与国外档案馆、国际档案理事会及国外非政府组织的合作与交流。

第八,建设档案馆的人力资源。

提高档案干部队伍的整体素质,保持其稳定性,吸纳优秀的档案学专业毕业生进入国家档案馆系统。具体措施:①提高档案人员的工资待遇,2018 年以前达到当地平均工资水平。②根据馆藏和利用需求确定档案馆领导层的编制。增加有竞争力的高技术岗位份额，给予较高的劳动报酬。③完善档案馆人才队伍的继续教育方案。④在开设档案学与文书学专业的高等院校设置职业培训班，专门培养电子文件管理人才，同时保留原有的针对传统纸质环境的人才培养方案。⑤继续加强档案馆与高校在档案就业、实习和实训等方面的合作。

8.1.3　《2020年前俄罗斯档案事业发展纲要》实施的法制保障

第一，修订现有的法律。从如下5个方面修订2004年的《俄罗斯档案事业法》：①针对地方档案事业发展缓慢及不平衡的状况，赋予联邦主体对于该联邦主体的执行权力机关及其他联邦机关和组织所产生的档案文件的收集、保管、统计和利用权力。②缩短机关档案文件(含电子文件)的临时保管期限。③赋予联邦主体执行权力机关档案馆、国家档案馆和市政档案馆对2002年1月1日以后产生的人事档案进行价值鉴定的权力。④加大对不及时向国家档案馆和市立档案馆移交撤销机关档案的处罚力度。⑤取消对公众获取档案信息的不必要限制。

第二，制订新法。通过立法，建立统一协调的文件管理体制及统一的(通用)电子文件管理系统，促进文件管理体制改革和电子文件管理规范化。制订对属于联邦档案全宗的电子文件的加工规则及向国家档案馆和市政档案馆的移交规则。

档案事业发展除了法制保障，还需要坚持一个最基本的原则，即：档案馆应积极参与联邦、地方和其他层次的文化发展专项规划、信息化发展专项规划和档案事业发展专项规划，综合性、系统性地解决实际问题，提高财政支出的有效性。

8.1.4　《2020年前俄罗斯档案事业发展纲要》的预期成果

档案馆应该以信息基础设施的现代化、信息技术的广泛应用、干部队伍的更新为基础，使一些基本指标达到本领域内世界最优水平。至2020年实现：①国家档案馆系统中处于规范保管条件下的档案文件数量占总量的25%。②国家档案馆已编目案卷，可在线获取的档案资源比例达到馆藏总量的40%。③档案信息用户比2011年至少增加2倍。④2020年前各级国家档案馆都拥有自己的网站而且与政府门户网站集成。

8.1.5 中俄两国的档案事业中长期发展规划比较研究

2015年中国国家档案局发布了《全国档案事业发展"十三五"规划》①，与《2020年前俄罗斯档案事业发展纲要》在背景、内容及规划预期方面既有相似之处，也有各自的特点。表8-1中，对中俄两国档案事业中长期发展规划的总体目标、发展思路等进行了比较。

表 8-1　　　　　　　中俄档案事业中长期发展规划比较

项目	中国	俄罗斯
规划名称	《全国档案事业发展"十三五"规划纲要》	《2020年前俄罗斯档案事业发展纲要》
规划周期	2016—2020年	2012—2020年
总体目标	到2020年，初步实现以信息化为核心的档案管理现代化，基本建成与全面建成小康社会相适应、有效服务国家治理和"五位一体"建设的档案事业发展体系	到2020年，档案事业的发展水平能够满足现代信息社会发展的基本需求
发展思路	实施"以人为本、服务为先、安全第一"战略；深入推进"三个体系"建设，加快完善档案治理体系、提升档案治理能力，为夺取全面建成小康社会决胜阶段的伟大胜利作出积极贡献	以电子政务建设为契机，改善档案馆的物质技术基础和保管条件；充实和发展联邦档案全宗；推动档案信息化发展；提高档案信息服务的质量和普遍性

① 国家档案局. 全国档案事业发展"十三五"规划纲要[EB/OL]. [2016-08-10]. http：//www. saac. gov. cn/news/2016-04/07/content_136280. htm.

续表

项目	中国	俄罗斯
主要任务	6 项：全面推进档案法治建设、有效推进档案资源体系建设、深化和拓展档案利用服务、加快档案管理信息化进程、强化档案安全保障、加强档案队伍建设	8 项：改革和完善国家的文件管理政策、将档案馆纳入电子政府系统、促进联邦档案全宗的实质性发展、划分国家档案馆和非国家档案馆的权限等，见 1.2.2
保障措施	组织实施、创新驱动、科技支撑、人才培养、宣传推广、合作交流	法制保障：修订 2004 年《俄罗斯档案事业法》，制订文件管理等领域的新法
预期成果	中央财政对 1083 个中西部地区县级综合档案馆继续给予投资支持，力争"十三五"时期国家综合档案馆建设全面达标。到 2020 年，全国地市级以上国家综合档案馆要全部建设成具有接收立档单位电子档案、覆盖馆藏重要档案数字复制件等功能完善的数字档案馆；全国 50%的县建成数字档案馆或启动数字档案馆建设项目；全国省级、地市级和县级国家综合档案馆馆藏永久档案数字化的比例，分别达到 30%～60%、40%～75%和 25%～50%	到 2020 年国家档案馆系统中处于规范保管条件下的档案文件数量占总量的 25%；国家档案馆可在线获取的档案资源比例达到馆藏总量的 40%；档案信息用户比 2011 年至少增加 2 倍；各级国家档案馆都拥有自己的网站而且与政府门户网站链接

（1）规划出台的背景及目标比较

中俄两国的档案事业中长期发展规划都是在两国社会转型进一步深化的背景下出台的。在社会转型深化期，两国的档案事业既受到了经济市场化和政治民主化发展的持续影响，又面临着现代信息技术迅速发展和广泛渗透所带来的新挑战。中俄两国档案事业的物质技术基础都不及美英等发达国家，存在区域发展明显不平衡问题，档案信息化的基础设施及服务水平还不能充分满足国民经济和社会发展的需要。因此，中俄两国档案事业的中长期发展总体目标是相似的，即：服务全面深化改革，满足国民经济和社会发展的需求，满足现代信息社会发展的需求。

但是，中俄两国档案事业的基础和起点不同，中国档案事业的物质技术基础整体上优于俄罗斯，因此，中俄两国档案事业中长期发展规划在很多重要领域的指标相差悬殊。首先，最为突出的是档案馆新馆建设规模，当前，在俄罗斯 3170 个国家档案馆和市立档案馆中，面积达标、合乎规范的档案馆仅有 207 个，不到十分之一。到 2020 年的目标是：仅 25% 的联邦档案全宗文件在规范条件下保管，意味着还有四分之三的档案馆面积和条件仍然无法达标；中国在"十三五"期间将继续大力发展中西部县级档案馆建设项目，到 2020 年全国各级综合性档案馆面积达标且符合规范。其次，档案事业信息化发展的一些重要指标，包括馆藏数字化档案资源比例及预期增长、档案网站规模、农村地区档案信息共享程度等，中国都超过了俄罗斯。但有一点需要关注的是，俄罗斯明确提出了档案信息用户比 2011 年至少增加 2 倍的目标，我国则没有从档案用户角度设定这样一个重要的发展指标。我们应该看到，俄罗斯档案事业的基础和起点虽然比较薄弱，但随着俄罗斯综合国力的不断增长，其档案事业已经进入了迅速发展的上升通道。

(2)规划内容比较

中俄档案事业中长期发展规划的内容具有不少共同之处：首先，中俄两国都把档案信息化建设列为档案事业中长期发展规划的重点，尤其是电子文件管理机制及标准建设、数字档案信息资源的共享和在线服务是核心内容。俄罗斯将建立电子文件全程管理机制，在联邦层次建立"电子文件集中保管中心"，对 15 个联邦档案馆的电子文件集中管理和长期保存。其次，档案馆事业是国家档案事业的基础和重心。中俄都把档案馆物质技术条件的改善及安全保管、馆藏资源的充实和馆藏结构的优化列为发展的重点。再次，档案信息服务在发展规划中占有重要地位。俄罗斯十分重视档案信息服务的普遍性和无偿性，中国明确提出了实施"以人为本、服务为先、安全第一"的发展战略以及"三个体系"建设、档案馆"五位一体"的发展思路。总之，档案馆工作及国家档案事业向数字化和无纸化环境全面转型，深化开展国家重点档案(珍贵孤本档案)保护和抢救工作，关注民生，重视开放档案信息资源的在线利用服务工作是两国档案事业中长期发展规划的共同特色。①

8.2　《2017—2022 年俄罗斯联邦档案署工作规划》

2016 年 6 月 22 日，俄罗斯总统普京签发了第 293 号总统令，规定俄罗斯联邦档案署直接归总统领导，直接执行总统法令，恢复并加强了俄罗斯联邦档案署作为国家最高档案行政管理机关的法律地位，从此，俄罗斯联邦档案署结束了长达 13 年作为俄罗斯文化一个下属机构的尴尬局面，重新拥有了制定和发布文件管理和档案事业管理国家政策和行政法规的权力，而且对国家机关的文件管理工作具有行政指导和监督的权力。

俄罗斯联邦档案署在地位提升和权限扩大之后，于 2017 年上半年制定了面向未来 5 年的工作规划——《2017—2022 年俄罗斯联邦档案署工作规划》，确立了俄罗斯联邦档案署的工作目的、任务及主要发展方向。

8.2.1　目的和任务

俄罗斯联邦档案署的基本目的是提高俄罗斯联邦档案事业的发展水平，满足现代信息社会的需求。

规划确立了如下 7 项基本任务：第一，统计清点现有的档案法律法规，及时更新或修订。第二，继续提高联邦档案机构信息基础设施的现代化水平。第三，提高俄罗斯联邦档案全宗文件的质量。根据属地原则加强地方国家档案馆对俄罗斯联邦档案全宗文件的补充收集，通过完善档案文件价值鉴定方式方法，优化进馆永久保存的档案文件的成分。第四，建立国家层面的档案文件(包括电子文

---

① 肖秋会．俄罗斯档案事业中长期发展规划研究[J]．档案学研究，2014(5)：85-90．

件)组织和标准化原则。第五，制定国家档案馆和地方自治机关档案馆的电子文件管理规范，以及电子文件向国家档案馆和市政档案馆的移交规范。第六，对于俄罗斯国家权力机关移交进馆的永久保存的电子文件提供安全保管条件。第七，完成俄罗斯联邦档案署2016 年制定的《2018 年前俄罗斯联邦档案署实施和运行开放机制计划》，配合俄罗斯开放政府建设和政府开放数据战略，实施俄罗斯联邦档案署的开放机制。

为了完成上述基本任务，采取以下 6 项保障措施：第一，应用先进技术，发展俄罗斯的档案事业和文件管理工作，使之顺应国际档案管理与文件管理的发展趋势。第二，提高俄罗斯联邦档案全宗文件的补充收集和保管水平。第三，提高国家档案馆和市政档案馆的服务水平。第四，在所有层次的档案管理环节确保电子文件的安全保管。第五，确保涉密信息免遭非法获取。第六，促进档案信息资源与其他国家信息资源的集成，提高档案工作效率。

8.2.2 基本方向

未来 5 年，俄罗斯联邦档案署的基本方向和工作重点集中在如下 6 个方面：第一，研究制定档案事业和文件管理领域的国家政策和行政法规。第二，执行档案守法监督职能。第三，组织如下档案业务活动：俄罗斯联邦档案全宗的建设；确保对俄罗斯联邦档案全宗文件的国家统计及安全保管；以俄罗斯联邦档案全宗文件及其他档案文件为基础，确保对国家权力机关和地方自治机关的信息保障；完善俄罗斯联邦档案机关对法人和自然人的国家服务(市政服务)；在档案工作中推广应用信息技术；与外国档案机构合作。第四，提供如下重要的保障：管理国家档案财富；提供档案事业发展的法律保障、组织保障和人才保障；提供文件与档案管理领域的科学研究和方法保障；提供财政经济保障。第五，2016 年 6 月，联邦档案署恢复了其原有的最高国家档案事业行政管理机关的地位和职能之后，当务之急，需要参与制定有关如下两个基本问题的档案法律法规：①俄罗斯联邦主体对设置在本行政区域内的俄罗斯联邦机关的档案文件进行补充、保管、统计、利用的权利分配问题；

②对拒不向国家档案馆和市政档案馆移交撤销机关档案文件的行为加大追责力度。另外，需要在未来 5 年全面修订或制定如下 20 个档案法规草案：修改俄罗斯联邦政府 2006 年 12 月 27 日发布的行政规章《俄罗斯联邦政府机关寄存保管联邦所有的俄罗斯联邦档案全宗文件目录》，更新《文书档案文件保管期限表》和《科技档案文件保管期限表》，制定《俄罗斯联邦中央银行在信用活动中形成的档案文件保管期限表》，制定《民事登记机关向国家档案馆移交公民民事登记文件基本规则》，制定《国家档案馆、市政档案馆、博物馆、图书馆和研究机构保管、补充、统计、利用俄罗斯联邦档案全宗文件和其他档案文件基本规则》，更新《国家权力机关、地方自治机关和组织保管、补充、统计和利用俄罗斯联邦档案全宗文件基本规则》，更新《国家档案馆和市政档案馆档案文件利用规则》，制定《俄罗斯联邦档案全宗文件国家统计制度》，制定《保管状况不佳的俄罗斯联邦档案全宗文件确认制度》，制定《档案业务工作和档案服务项目及法定报酬》，制定《隶属于联邦国家档案馆、联邦主体档案事业行政管理机关以及联邦政府确认的档案科研机构的档案鉴定检查委员会的法律地位》，制定《国家机关中央鉴定委员会和一般组织机构鉴定委员会的法律地位》，制定《国家机关中央档案馆和一般组织机构档案馆的法律地位》，制定《向国家档案馆和市政档案馆移交俄罗斯联邦档案全宗电子文件基本规则》，修订《国家机关文书工作基本规则》，制定《国家档案馆和市政档案馆工时和工作量标准》，更新俄罗斯联邦档案署发布的行政规章《以俄罗斯联邦档案全宗文件和其他档案文件为基础，向公民、组织和社会团体提供国家服务》，补充《档案馆提供社会法律性质的国家服务方法指南》的相关内容，制定《档案馆提供专题服务和家谱查询服务方法指南》，制定《俄罗斯联邦档案全宗孤本文件国家注册条例》。

俄罗斯联邦档案署与其他联邦机关协调合作，加强档案法制建设及反腐法律规范的执行，包括：在档案工作中保守国家秘密信息；非国家机关撤销之后人事档案文件向国家档案馆和市政档案馆按时移交问题；参与联邦国家权力机关撤销委员会的工作；检查监督下属联邦档案机关的档案业务工作状况和财政状况。

第六，为了进一步促进联邦机关、地方自治机关、社会组织和公民对联邦档案全宗文件的利用，计划采取如下重要措施：①在已有的专门档案信息系统"档案全宗""全宗目录""中央全宗目录"和地方人事档案文件数据库及档案馆电子目录的基础上，集成管理各级各类档案信息资源，建立全俄档案信息系统，社会公众能够在这个统一的平台上实现对俄罗斯联邦档案全宗文件的在线检索和获取。②进一步开展公众感兴趣、利用率较高的档案全宗、档案汇集及具有现实意义的历史档案专题文件的数字化工作，并在线提供其数字化副本。同时，确保档案信息的安全性，避免非法获取。③创造条件促进对归档电子文件的在线获取，包括采用云技术。④加快档案解密工作进程，优先对没有法定继承人的撤销机关（组织）形成的档案文件进行解密。

8.2.3 与该规划相关的国家发展战略

俄罗斯联邦档案署的工作目标、任务和基本方向以 2012 年 5 月 7 日俄罗斯联邦总统普京宣示就任时发表的关于俄罗斯经济和社会发展、内部事务和国际事务发展政策为总的指导原则，同时，根据俄罗斯联邦政府制定的一系列中长期社会发展战略，包括《2020 年前俄罗斯联邦社会经济长期发展纲要》《俄罗斯联邦信息社会发展战略》《2020 年前俄罗斯联邦创新发展战略》《俄罗斯联邦"信息社会（2011—2020）"国家纲要》《俄罗斯联邦文化和旅游发展纲要（2011—2020）》《"俄罗斯文化（2012—2018）"联邦专项纲要》等确定俄罗斯联邦档案署的工作目标、任务和基本方向。

8.2.4 规划实施的保障机制

规划的实施需要法律保障、科学方法保障、经费和物质保障、信息保障、人才保障，另外，在"开放政府"原则指导下建立档案部门的反馈机制，扩大档案部门与其他国家机关和社会公众的交流沟通渠道。

8.2.5　经费来源

规划的经费来源于俄罗斯联邦政府制定的相关中长期发展战略和规划的经费预算，如《"俄罗斯文化（2012—2018）"联邦专项纲要》等。另外，也来源于地方政府制定的社会、经济和文化发展规划的预算。

8.2.6　规划实施的各项指标

规划共计有 14 项既定指标（见表 8-2）。其中较为重要的指标包括：能够在线获取的联邦档案电子目录比例从 2017 年的 90% 增加到 2020 年的 100%；俄罗斯联邦档案署的重大决策提交社会公共讨论通过的比例从 2017 年的 85% 提高到 2020 年的 100%；永久保存的联邦档案文件占全部档案文件的比例从 2017 年的 63.5% 增加到 2020 年的 71%；联邦档案目录录入电子目录系统或者其他信息检索系统的比例从 2017 年的 79.4% 增加到 2020 年的 95.5%。

表 8-2　俄罗斯联邦档案署 2017—2022 年规划拟达到的各项指标

指标名称	单位	各年拟达到的指标数量					
		2017年	2018年	2019年	2020年	2021年	2022年
联邦档案署受联邦总统或联邦政府委托制定的、具有文字和图表注解的法规性文件所占比例	百分比	85	100	1001	100	100	100
联邦档案署受联邦总统或联邦政府委托制定的、经过公众讨论的法规性文件比例	百分比	100	100	100	100	100	100
联邦档案署做出的具有重要社会意义的、经过公众讨论的决策比例	百分比	85	100	100	100	100	100
联邦档案署受联邦总统或联邦政府委托、组织专家小组参与制定的法规性文件比例	百分比	100	100	100	100	100	100

续表

指标名称	单位	各年拟达到的指标数量					
		2017年	2018年	2019年	2020年	2021年	2022年
联邦档案馆所接收的永久保存的档案文件数量完成计划比	百分比	100	100	100	100	100	100
永久保存的联邦档案文件数量占全部档案文件比例	百分比	63.5	70	70.5	71	71.5	72
能够在线获取的联邦档案全宗目录所占比例	百分比	90	95	97	100	100	100
联邦档案馆案卷目录录入电子目录系统或者其他信息检索系统的比例	百分比	79.4	87.5	90	95.5	100	100
提高联邦档案署各项活动的公开性	百分比	63.5	65	66.5	68	69.5	71
联邦档案署公共委员会邀请媒体代表、顾问小组和专家委员会参与会议所占的比例	百分比	100	100	100	100	100	100
联邦档案署每年与顾问小组交流的活动项目数	项目	18	20	24	29	34	39
每年以 RDF 格式上载到联邦档案署网站上的数据完成预定计划的比例	百分比	100	100	100	100	100	100
每万人中的档案信息用户数量	数量	475	480	495	510	525	540

8.3 《2018 年前俄罗斯联邦档案署实施和运行开放机制计划》

近年来，俄罗斯开始推进政府开放数据建设，不仅建立了政府开放数据统一平台，而且要求联邦政府各个部门开放数据。从 2014 年开始，俄罗斯联邦档案署为了贯彻俄罗斯政府的开放数据战略，先后制定了 5 个开放数据方案，经过不断修改和补充，最终于 2016 年 12 月确定了《2018 年前俄罗斯联邦档案署实施和运行开放机制计划》。[①] 为了保证俄罗斯联邦档案署的职能活动、收支情况以及国家公务员收入的公开和透明，确保联邦档案事业领域的反腐和高效治理，加大公众参与国家档案治理的力度，俄罗斯联邦档案署专门设立了公共委员会，并且组织召集了顾问组，引入和实施社会监督机制，这在俄罗斯档案事业发展史上是首次。

8.3.1 俄罗斯联邦档案署开放机制建设的组织保障

公共委员会和顾问组的成立，为俄罗斯联邦档案署推行开放政府建设及开放数据方案的实施提供了必不可少的组织保障和第三方顾问机制保障。

公共委员会成立于 2014 年，是俄罗斯联邦档案署的一个常设性的社会咨询机构，由信息保障和信息服务两个工作组构成。公共委员会采取平等和多方参与原则，确保对俄罗斯联邦档案署的重要事务进行自由、公平、透明的讨论并集体决策，其功能是加强联邦档案署与社会公众的沟通，提高公众参与度，使俄罗斯联邦档案署的职能活动及重要决策置于社会监督之下，尽可能了解和满足社会公众的档案需求，维护公民个人、企业和社会组织的合法权利。公共委员会的第一任主席由俄罗斯科学院通讯院士、知名历史学家、俄罗斯国立人文大学校长 Ефим Иосифович Пивовар 教授担任，副主席则由俄罗斯国立人文大学副校长、历史档案学院知名教授 Безбородов Александр Борисович 担任，Е. И. Пивовар 和 Б. А. Борисович 在历史档案学领域的声望有助于公共委员会开展

---

① План мероприятий («дорожную карту») по реализации и внедрению основных механизмов открытости в деятельность Росархива на период до 2018 года［EB/OL］.［2017-02-05］. http：//archives. ru/reporting/plans/ roadmap-otkrytost_2018. shtml.

工作。公共委员会的其他 12 名成员主要由俄罗斯国立人文大学历史档案学院和国立莫斯科大学的教授、俄罗斯科学院档案馆馆长、俄罗斯历史档案工作者协会的成员、重要档案期刊《国家档案》的总编辑、俄罗斯联邦知识产权局局长、俄罗斯联邦档案署中央鉴定检查委员会的成员及俄罗斯首个非国有的档案门户网站的主创者等来自教学、科研、政府机关和社会组织的多方代表组成。公共委员会的成员没有任何特权或额外的个人权利，他们出于对公益的关心和热情而开展社会咨询工作。公共委员会定期收集和梳理公众反馈意见，召开会议讨论联邦档案署的年度工作计划、年度工作总结、经费使用计划及报告、政策法规草案等，并给出结论性的意见或建议。俄罗斯联邦档案署网站上单独设置了公共委员会网页，设置了"提交公共讨论的决策"专栏，便于公众知晓并发表意见或建议。①

公共委员会作为俄罗斯联邦档案署下设的一个咨询机构，具有如下 9 项重要的权利：第一，提出、支持和审议俄罗斯公民、社会团体、组织和俄罗斯联邦国家权力机关关于档案事业管理领域的倡议。第二，就有关俄罗斯联邦档案署的档案决策举办听证会。第三，对俄罗斯联邦档案署的年度计划、中长期发展规划、政策法规性草案和财政预算决算等进行审议并提出修改意见。第四，根据俄罗斯联邦政府和联邦总统的指令，对十分重要的档案事务进行讨论。第五，讨论俄罗斯联邦档案署的反腐措施及其进展和结果报告。第六，监督俄罗斯联邦档案署的各种计划的实施。第七，对俄罗斯联邦档案署的各项业务进行评估，包括：经费使用报告、年度工作总结报告、提供国家服务的效果以及反腐进展和结果报告。第八，参加俄罗斯联邦档案署组织的职称评定和专业竞赛活动。第九，与大众媒体保持交流沟通，及时报道公共委员会的活动情况。

俄罗斯联邦档案署还成立了顾问组，顾问组成员来自社会不同阶层，具有不同的社会背景，主要包括如下 7 类公民：参加过1941—1945 年伟大卫国战争的退伍军人、武装人员、游击队员及

---

① Об Общественном совете при Федеральном архивном агентстве[ЕВ/OL]. [2017-02-10]. http://archives.ru/public-council/about.shtml.

后方的工人；德国法西斯占领区的居民；政治大清洗中的受害者及其家属；档案信息的主要利用者(历史学家、政治家、地理学家、方志学家、高校师生等)；大众媒体工作人员及电影制片人；各种所有制组织机构的文件管理人员和档案管理人员；提供档案服务和IT技术的商业协会代表。顾问组主要对俄罗斯联邦档案署的决策活动提供参考和建议，每年2月1日前，俄罗斯联邦档案署制定与公民代表和顾问组之间的活动计划并在网上公布。

8.3.2 《2018年前俄罗斯联邦档案署实施和运行开放机制计划》的主要内容

《2018年前俄罗斯联邦档案署实施和运行开放机制计划》的核心是推行开放数据，建设开放政府，标志着俄罗斯联邦档案署的工作方式和决策方式向自由、公平和透明迈向了重要一步。该计划共有10项基本措施，每项都有指定责任人以及时间期限，包括：①制定俄罗斯联邦档案署年度工作计划，撰写年度工作总结报告，按照规定的时间期限在其官网上公布。②俄罗斯联邦档案署每年在规定的时间期限内公开发布"年度工作目标和任务声明"，并听取公众反馈意见。③确保俄罗斯联邦档案署与公共委员会的密切沟通，对俄罗斯联邦档案署与公共委员会之间的工作效果进行独立的专家评估。④推行开放数据。根据俄罗斯联邦档案署官网上的定义，开放数据是俄罗斯联邦政府及地方政府在互联网上发布的、能够继续对其进行自动化加工的数据。[①] 开放数据是建设开放政府、促进数据再利用和增值的重要举措，对于推动政府大数据战略具有十分重要的意义。俄罗斯在开放政府建设和开放数据领域起步较晚，落后于美英法德等欧美发达国家，但俄罗斯在档案领域的开放数据工作较为积极主动，2014年以来，联邦档案署与政府开放数据委员会和开放政府项目办公室保持密切联系，积极执行档案领域的开放政府建设与开放数据战略，有计划地推进档案开放数据方案。⑤保障

---

① Открытые данные Федерального архивного агентства [EB/OL]. [2017-02-17]. http: //archives. ru/opendata.

俄罗斯联邦档案署反腐活动及社会执法监督的独立性。⑥确保俄罗斯联邦档案署制定的法规文件的可理解性，要求给出文字说明和图表说明。⑦实行信息公开原则，提高俄罗斯联邦档案署的信息公开性和透明性。⑧组织开展俄罗斯联邦档案署的新闻服务工作。该项工作由新闻秘书负责，主要任务是保持俄罗斯联邦档案署与大众媒体包括电子媒体和社交媒体的交流沟通，准确及时报道其活动信息。⑨组织开展俄罗斯联邦档案署与顾问组之间的沟通，确保顾问组的工作与联邦档案署领导的个人工作计划在内容和时间上相互协调。如上所述，顾问组代表主要由 7 类具有不同社会背景、职业和不同利用需求的公民组成，便于俄罗斯联邦档案署倾听来自社会不同层面的意见和声音，满足社会公众的档案需求。⑩组织开展与公民和社会组织的工作。在联邦档案署的官网上发布常见问题解答，提供在线利用申请或在线查档服务，监督俄罗斯联邦国家档案馆信息检索中心的工作，研制完成自动化信息检索系统"提问"（Запросы）等。每项措施的时间期限及责任人等见表 8-3。

表 8-3　　　**2018 年前俄罗斯联邦档案署实施和运行开放机制的主要措施**

序号	主要措施	时间期限	责任人
第一部分：国务秘书、俄罗斯联邦档案署副署长 О.В. Наумов 负责开放数据工作，对如下 1~6 项措施进行协调和监督
1	制定下一年度工作计划，并做好本年度工作总结报告	2016—2018	А.В. Грошев
1.1	制定下一年度工作计划		
1.1.1	拟制下一年度工作计划的基本框架	每年 12 月 1 日前	各部门负责人
1.1.2	起草下一年度工作计划草案	每年 12 月 10 日前	А.В. Грошев А.В. Одинецкий
1.1.3	俄罗斯联邦档案署委员会审议通过年度工作计划草案	12 月底	А.В. Грошев

续表

序号	主要措施	时间期限	责任人
1.1.4	俄罗斯联邦档案署网站公布年度工作计划	审议通过后的 3 个工作日之内	А. В. Одинецкий Н. В. Глищинская
1.2	做好本年度工作总结报告		
1.2.1	俄罗斯联邦档案署各部门提交本年度工作总结报告	每年的 2 月 10 日之前	各部门负责人
1.2.2	汇总并拟写本年度工作总结报告草案	每年的 2 月 20 之前	А. В. Грошев А. В. Одинецкий Б. А. Анашкин
1.2.3	提交俄罗斯联邦档案署下设的公共事务委员会审查	每年的 2 月 25 日之前	А. В. Одинецкий
1.2.4	提交俄罗斯政府公共事务局、统计局、联邦议会专门委员会、俄罗斯科学院、俄罗斯政府专家委员会审查	每年的 3 月 1 日之前	А. В. Одинецкий
1.2.5	提交俄罗斯联邦档案署委员会讨论	根据上述时间点确定	А. В. Грошев
1.2.6	在俄罗斯联邦档案署公共事务委员会的网页上发布	讨论通过后的 3 个工作日之内	А. В. Одинецкий
2	制定俄罗斯联邦档案署年度工作目的和任务公开声明，便于征求社会公众和专家意见	2016—2018	А. В. Грошев
2.1	起草俄罗斯联邦档案署年度工作目的和任务声明及相关说明	每年的 2 月 1 日之前	А. В. Одинецкий
2.2	提交公众事务委员会审查	每年的 2 月 25 日之前	А. В. Одинецкий
2.3	提交俄罗斯联邦档案署委员会审查	根据上述时间点确定	А. В. Грошев А. В. Одинецкий
2.4	在俄罗斯联邦档案署网站上公布年度工作目的和任务的公开声明	在审查通过后的 3 个工作日内	А. В. Одинецкий Н. В. Глищинская

序号	主要措施	时间期限	责任人
2.5	准备年度工作目的和任务公开声明的年中进展报告	每年 8 月 1 日前	А. В. Грошев А. В. Одинецкий
2.5.1	俄罗斯联邦档案署各部门撰写年中进展报告	每年 7 月 20 日前	各部门负责人
2.6	在俄罗斯联邦档案署的网站上公布年中进展报告	每年 8 月 5 日前	А. В. Одинецкий Н. В. Глищинская
3	俄罗斯联邦档案署与公共事务委员会保持密切沟通	2016—2018	А. В. Грошев
3.1	保障公共事务委员会的活动	长期	А. В. Одинецкий Н. В. Глищинская
3.2	在俄罗斯联邦档案署的网站上及时发布公共事务委员会的活动信息	长期	Н. В. Глищинская
3.3	在公共事务委员会的网页上设置"提交公共讨论的决策"专栏	2016 年 12 月	Н. В. Глищинская
3.4	对俄罗斯联邦档案署与公共事务委员会的交流沟通工作进行独立的专家评估	2017 年第 3 季度	А. В. Грошев
4	推行开放数据	2016—1018	А. В. Грошев А. Р. Ефименко
4.1	确保联邦档案署与俄罗斯政府开放数据委员会和开放政府项目办公室的密切联系	长期	А. В. Грошев
4.2	对俄罗斯联邦档案署网站上的开放数据集归档保存	长期	Н. В. Глищинская
4.3	在俄罗斯联邦档案署网页和俄罗斯政府开放数据门户上发布和更新如下开放数据集:	长期	И. Ю. Молодова Н. В. Глищинская 部门负责人

续表

序号	主要措施	时间期限	责任人
4.3.1	俄罗斯联邦档案署发布的规范性文件	2016年12月(每月更新)	И. Ю. Молодова Н. Н. Кривцова А. Б. Зулькарнаев Н. В. Глищинская
4.3.2	有关国家信息系统建设的法规性文件	签发后的10日内	Б. А. Анашкин Н. В. Глищинская
4.3.3	俄罗斯联邦档案署在文件管理和档案管理领域的协调和咨询机构	2016年12月	部分负责人 Н. В. Глищинская
4.3.4	俄罗斯联邦档案署下属的国家机构名目	变更后10个工作日内	А. В. Одинецкий Н. В. Глищинская
4.3.5	俄罗斯联邦档案署提供的国家服务类型	2016年	А. Р. Ефименко Н. В. Глищинская
4.3.6	国家馆和市政档案馆提供的国家(市政)服务类型	2016年12月	А. Р. Ефименко Н. В. Глищинская
4.3.7	俄罗斯联邦档案机构完成的职能活动及成果指标汇总	每年5月1日前	А. В. Одинецкий Н. В. Глищинская
4.3.7.1	俄罗斯联邦署	每年5月1日前	А. В. Одинецкий Н. В. Глищинская
4.3.7.2	俄罗斯联邦主体的国家档案机关	每年5月1日前	А. В. Одинецкий Н. В. Глищинская
4.3.7.3	俄罗斯联邦市政档案机关	每年5月1日前	А. В. Одинецкий Н. В. Глищинская
4.3.8	关于俄罗斯联邦档案行政管理机关和档案机构的构成信息	每年2月1日前	А. В. Одинецкий Н. В. Глищинская
4.3.9	关于俄罗斯联邦档案机构登记注册的综合信息,包括:	注册后的1个月之内(每3年1次)	Г. А. Хабибулина Т. А. Мещерина Н. В. Глищинская
4.3.9.1	俄罗斯联邦国家档案馆	注册后的1个月之内	Г. А. Хабибулина Н. В. Глищинская

续表

序号	主要措施	时间期限	责任人
4.3.9.2	俄罗斯联邦主体的国家档案馆	注册后的 1 个月之内	Г. А. Хабибулина Н. В. Глищинская
4.3.9.3	市政档案机构	注册后的 1 个月之内	Г. А. Хабибулина Н. В. Глищинская
4.3.10	俄罗斯联邦国家档案馆、联邦主体的国家档案馆及市政档案馆来源组织机关的基本信息	注册后的 1 个月之内（每 3 年 1 次）	Т. А. Мещерина Н. В. Глищинская
4.3.11	寄存保管俄罗斯联邦档案全宗文件的国家权力机关的基本信息	注册后的 1 个月之内（每 3 年 1 次）	Т. А. Мещерина Н. В. Глищинская
4.3.12	联邦署下属的预算机关的国家任务	每年 2 月 1 日前	А. В. Грошев Н. В. Глищинская
4.3.13	联邦档案署实施"俄罗斯文化（2012—2018）"相关任务的总结材料	准备好后的 1 个月之内	А. В. Грошев Н. В. Глищинская
4.3.14	联邦档案署的展览计划	确定之后的 1 个月之内	А. Р. Ефименко Н. В. Глищинская
4.3.15	联邦档案署下属的联邦档案馆综合检查总结信息	视检查的情况而定	А. В. Грошев Н. В. Глищинская
4.3.16	联邦档案署的国家公务员及其家庭成员收支情况和财产状况说明	每年 5 月 15 日前	Е. В. Бочарова Н. В. Глищинская
4.3.17	联邦档案署下属档案机构的责任人及其家庭的收支情况和财产状况说明	每年 5 月 15 日前	Е. В. Бочарова Н. В. Глищинская
4.3.18	联邦档案署对公民和组织信息请求的反馈情况说明	每季度	Н. Н. Кривцова Т. Г. Занина Н. В. Глищинская
4.3.19	联邦档案署执行年度预算的信息	每年 4 月 1 日前	О. Р. Отводная Н. В. Глищинская

续表

序号	主要措施	时间期限	责任人
4.3.20	联邦档案署对档案领域国家财富的管理情况	2016 年 12 月	А. Б. Зулькарнаев Н. В. Глищинская
4.3.21	联邦档案署政府采购计划	每个季度	О. Р. Отводная Н. В. Глищинская
4.3.22	联邦档案署的招标信息	每个季度	О. Р. Отводная Н. В. Глищинская
4.3.23	联邦档案署政府采购进展	每年 2 月 1 日前	О. Р. Отводная Н. В. Глищинская
4.3.24	联邦档案署国家公务员岗位聘任信息	2017 年 1 季度	Е. В. Бочарова Н. В. Глищинская
4.3.25	联邦档案署下属的公共事务委员会及其活动信息	更新之后的 10 个工作日内	А. В. Одинецкий Н. В. Глищинская
4.3.26	联邦档案馆举办展览、竞赛及其他活动信息	10 个工作日内	Т. Г. Занина Н. В. Глищинская
4.3.27	档案全宗电子目录	2018 年 4 季度	Б. А. Анашкин Н. В. Глищинская
4.4	俄罗斯联邦档案署信息资源监测(建议哪些档案资源以开放数据的形式公开,提供公共获取)	视情况而定	各部门负责人 Н. В. Глищинская
4.5	分析俄罗斯联邦档案署网站上的开放数据集	长期	Н. В. Глищинская
5	确保反腐和社会法律监督的独立性	2016—2018	А. В. Грошев А. Р. Ефименко
5.1	在俄罗斯联邦档案署和政府网站上发布档案法规草案	根据其制定情况	А. Б. Зулькарнаев
5.2	将法规草案提交公共事务委员会讨论	根据制定情况	А. Б. Зулькарнаев А. В. Одинецкий

续表

序号	主要措施	时间期限	责任人
5.3	俄罗斯联邦档案署制定并确认有关司法及行政诉讼程序的法规性文件及其生效(或失效)	2017 年 3 月 1 日前	А. Б. Зулькарнаев
5.4	俄罗斯联邦档案署拟定法规草案的审议程序并提交公共讨论	2016 年 4 季度	А. Б. Зулькарнаев
6	确保俄罗斯联邦档案署法规草案的可理解性	根据制定情况	А. Р. Ефименко
6.1	俄罗斯联邦档案署法规草案文字说明和图表说明	根据制定情况	А. Б. Зулькарнаев 各部门负责人

第二部分：俄罗斯联邦档案署副署长 А. В. Юрасов 负责协调和监督如下 7~10 项措施的实施

序号	主要措施	时间期限	责任人
7	实行信息公开原则	2016—2018	А. Р. Ефименко
7.1	确保俄罗斯联邦档案署活动信息的公开和公共获取	2017 年 1 季度	А. Р. Ефименко Т. Г. Занина А. Б. Зулькарнаев
7.2	保持对俄罗斯联邦档案署活动信息的同步，包括：		
7.2.1	制定俄罗斯联邦档案署的经费开支计划	每年的 11 月 5 日前	А. Р. Ефименко А. В. Грошев О. Р. Отводная
7.2.2	提交公共事务委员会会议讨论并在网站上公开，征求公众意见	每年的 11 月 5 日前	А. Р. Ефименко А. В. Грошев Н. В. Глищинская
7.2.3	提交俄罗斯联邦公共事务局、开放政府委员会、联邦政府专家组讨论	每年的 11 月 25 日前	А. Р. Ефименко
7.2.4	最终确定的经费开支计划在联邦档案署网站上公布	每年 12 月 25 日前	Т. Г. Занина Н. В. Глищинская

续表

序号	主要措施	时间期限	责任人
7.2.5	在网上公布联邦档案署经费使用进度报告	每年 2 月 5 日前	А. Р. Ефименко А. В. Грошев О. Р. Отводная Н. В. Глищинская
7.2.6	经由公共事务委员会会议讨论经费使用进展报告	每年 2 月 28 日前	А. Р. Ефименко
7.2.7	提交俄罗斯联邦公共事务局、开放政府委员会、联邦政府专家组审议经费使用进展报告	每年 3 月 1 日前	А. Р. Ефименко
7.2.8	将多方认可的经费使用进度报告和讨论结果在网上公布	每年 3 月 30 日前	Т. Г. Занина Н. В. Глищинская
7.3	确定负责国家服务公共投诉的责任人	2016 年 4 季度	А. Р. Ефименко Т. Г. Занина А. Б. Зулькарнаев
7.4	制定联邦档案署领导与公民代表和顾问组之间的活动计划，并在网上公布	每年 2 月 1 日前	И. Ю. Молодова Н. В. Глищинская
7.5	组织联邦档案署署长与企业、专家协会、社会组织、科研教育机构、出版社及电子媒体等各界代表的见面会	长期	И. Ю. Молодова С. Э. Калинчев
7.6	在俄罗斯政府的开放数据门户网站上发布联邦档案署的相关信息	长期	Н. В. Глищинская
8	新闻服务工作	2016—2018	А. Р. Ефименко
8.1	确保联邦档案署与大众媒体包括电子媒体和社交媒体的交流沟通	长期	А. Р. Ефименко
8.2	在联邦档案署官网上公开其上述活动信息	长期	А. Р. Ефименко

续表

序号	主要措施	时间期限	责任人
9	与顾问组之间的工作	2016—2018	А. Р. Ефименко
9.1	联邦档案署的基本顾问组构成		
9.1.1	参加过 1941—1945 年伟大的卫国战争的退伍军人、武装人员、游击队员及后方的工人	长期	Т. Г. Занина 联邦档案馆
9.1.2	德国法西斯占领区的居民	长期	Т. Г. Занина 联邦档案馆
9.1.3	政治大清洗中的受害者及其家属	长期	Т. Г. Занина 联邦档案馆
9.1.4	档案信息的主要利用者(历史学家、政治家、地理学家、方志学家、高校师生等)	长期	Т. Г. Занина 联邦档案馆
9.1.5	大众媒体工作人员及电影制片人	长期	А. Р. Ефименко Т. Г. Занина 联邦档案馆
9.1.6	各种所有制组织机构的文件管理人员和档案管理人员	长期	Т. А. Мещерина 联邦档案馆
9.1.7	提供档案服务和 IT 技术的商业协会代表	长期	А. Р. Ефименко Т. Г. Занина Т. А. Мещерина Г. А. Хабибулина
9.2	确保顾问组的工作与联邦档案署领导的个人工作计划相互协调	长期	А. Р. Ефименко И. Ю. Молодова
9.3	组织安排莫斯科市联邦档案馆相互之间的交流	2018 年 4 季度	А. Р. Ефименко ГАРФ РГАНТД
10	组织与公民和组织的互动交流	2016—2018	
10.1	在联邦档案署的网站上发布常见问题解答	2016 年 4 季度	Н. Н. Кривцова Н. В. Глищинская

序号	主要措施	时间期限	责任人
10.2	提供在线利用申请或在线提问服务，并显示解答问题的进展，由申请者对结果进行评价	2018 年 4 季度	Н. В. Глищинская
10.3	监督俄罗斯联邦国家档案馆信息检索中心的工作	长期	А. Р. Ефименко
10.4	研制完成自动化信息检索系统"提问"（Запросы）	2017 年 4 季度	Б. А. Анашкин Н. В. Глищинская А. Р. Ефименко

8.3.3　俄罗斯联邦档案署推行开放数据的主要措施

推行开放数据是俄罗斯联邦档案署开放机制建设的核心内容，该项工作由国务秘书、俄罗斯联邦档案署副署长 О. В. Наумов 全权负责。根据《2018 年前俄罗斯联邦档案署实施和运行开放机制计划》，俄罗斯联邦档案署的开放数据集共计 27 类，推行开放数据主要采取如下 5 个方面的措施：第一，确保联邦档案署与俄罗斯政府开放数据委员会和开放政府项目办公室的密切联系。第二，对俄罗斯联邦档案署网站上的开放数据集归档保存。第三，在俄罗斯联邦档案署网页和俄罗斯政府开放数据门户上以 RDF 格式发布和更新如下 27 类开放数据集：①俄罗斯联邦档案署发布的规范性文件；②有关国家信息系统建设的法规性文件；③俄罗斯联邦档案署在文件管理和档案管理领域的协调和咨询机构；④俄罗斯联邦档案署下属的联邦国家机构名单；⑤俄罗斯联邦档案署提供的国家服务类型；⑥国家馆和市政档案馆提供的国家（市政）服务类型；⑦俄罗斯联邦档案机构包括俄罗斯联邦档案署、联邦主体的国家档案机关及市政档案机构完成的各项职能活动及成果指标汇总；⑧关于俄罗斯联邦档案行政管理机关和档案机构的构成信息；⑨俄罗斯联邦档案机构包括联邦国家档案馆、联邦主体的国家档案馆和市政档案馆的登记注册综合信息；⑩俄罗斯联邦国家档案馆、联邦主体的国家档案馆及市政档案馆的馆藏补充来源组织机关的基本信息；⑪寄存保管俄罗斯联邦档案全宗文件的国家权力机关的基本信息；⑫联邦档案署下属的预算机关的国家任务；⑬联邦档案署实施"俄罗斯文化（2012—2018）"相关任务的总结材料；⑭联邦档案署的展览计划；⑮联邦档案署下属的联邦档案馆综合检查总结信息；⑯联邦档案署的国家公务员及其家庭成员收支情况和财产状况说明；⑰联邦档案署下属档案机构的责任人及其家庭的收支情况和财产状况说明；⑱联邦档案署对公民和组织信息请求的反馈情况说明；⑲联邦档案署执行年度预算的信息；⑳联邦档案署对档案领域国家财富的管理情况；㉑联邦档案署的政府采购计划；㉒联邦档案署的招标信息；㉓联邦档案署的政府采购进展；㉔联邦档案署国家公务员岗位聘任信息；㉕联邦档案署下属的公共委员会及其活动信息；㉖联邦档案馆举办展览、竞赛及其他活动信息；㉗档案全宗电子目录。第四，俄罗斯联邦档案署负责实施信息资源监测，建议哪些档案资源以开放数据的形式公开，提供公共获取。第五，分析俄罗斯联邦档案署网站上的开放数据集。

8.3.4 俄罗斯联邦档案署实施和运行开放机制的各项指标

《2018 年前俄罗斯联邦档案署实施和运行开放机制计划》明确规定了 2016 年、2017 年和 2018 年应该达到的各项指标任务，其中：2016—2018 年，联邦档案署提交公共委员会会议讨论，并邀请大众媒体、顾问组和专家组代表共同参与研究的问题所占比例三年均为100%；受俄罗斯联邦总统和联邦政府委托，由专家组参与审议通过的法规性文件所占比例三年均为 100%；以 RDF 格式公开的开放数据集的比例三年均为 100%；拥有自己的档案网站并与政府网站链接提供公共服务的档案馆所占比例三年分别为 77%、80% 和 85%；每万人中的档案信息利用者人数三年分别为 470 人、475 人和 480 人（即分别为 4.7%、4.75% 和 4.8%）。① 具体见表 8-4。

---

① 肖秋会.俄罗斯联邦档案署的开放机制建设与开放数据方案[J].档案与建设，2017(4)：21-23，35.

表 8-4 **2018 年前俄罗斯联邦档案署实施和运行开放机制的各项指标**

指标内容	计量单位	2016 年	2017 年	2018 年
提交公共委员会会议讨论，并邀请大众媒体、顾问组和专家组代表共同参与研究的问题	百分比	100	100	100
每年与顾问组交流沟通之后而采取的项目措施	项目数	18	18	24
受俄罗斯联邦总统和联邦政府委托，由专家组参与审议通过的法规性文件	百分比	100	100	100
联邦档案署年度工作计划、联邦档案署委员会会议、联邦档案署政府专项纲要、档案科研工作、档案展览等职能业务活动在确定之后的 10 个工作日内发布在联邦档案署的官网上	百分比	100	100	100
以 RDF 格式公开的开放数据集	百分比	100	100	100
提高联邦档案署活动信息的公开性	百分比	65.5	68.5	72
受俄罗斯联邦总统和联邦政府委托而制定的配有文字和图表说明的法规性文件草案	百分比	70	85	100
受俄罗斯联邦总统和联邦政府委托并通过公共讨论而制定的法规性文件草案	百分比	100	100	100
通过公共讨论而制定的具有重要社会意义的发展战略或规划	百分比	75	85	100
拥有自己的档案网站并与政府网站链接提供公共服务的档案馆所占比例	百分比	77	80	85
可在线获取的联邦档案全宗目录	百分比	85	90	95
可在线获取的联邦档案案卷目录和其他的信息检索工具	百分比	71.9	79.4	87.5
每万人中的档案信息利用者	人数	470	475	480
利用者对联邦档案署网站的满意度	百分比	100	100	100

指标内容	计量单位	2016 年	2017 年	2018 年
联邦档案署与企业、专家协会、社会团体、科学教育机构、出版社及电子媒体的代表见面的次数（含在线会议），不少于	次数	40	48	48
联邦档案署对大众媒体的及时回应(7 天内）	百分比	100	100	100

8.4 俄罗斯档案事业发展的趋势分析

如前所述，苏联解体至今，俄罗斯档案事业虽然面临社会转型所带来的机遇，但同时也存在重重危机和严峻的挑战，积累了难以在短时期内消除的顽疾和硬伤：首先，国家档案馆保管条件陈旧、库房不足、超负荷现象严重，即使到 2020 年，按照规划，国家档案馆系统中处于规范保管条件下的档案文件数量仅占总量的 25%，意味着还有 75% 的档案文件仍将处于不规范的保管条件下，这对于俄罗斯联邦档案全宗文件的安全保管和永久保存是一个极大的安全隐患。其次，联邦档案馆工作人员的年龄结构不合理，老龄化趋势明显，优秀的档案人才流失严重，尤其是莫斯科市和圣彼得堡市的联邦档案馆，工作人员平均工资仅为当地人均工资水平的 75% 左右，对拥有高学历的年轻人吸引力小。再次，文件和档案管理体制不健全，档案管理和文件管理领域的立法缺乏协调性，导致档案管理与文件管理脱节、电子文件和纸质文件平行管理的情况。造成上述消极现象的最重要原因是受制于俄罗斯的经济下行压力，俄罗斯政府对国家档案馆的财政拨款不足，国家档案馆缺乏建设新馆和改善库房保管条件的必要经费；另一个重要原因是 2004—2016 年，俄罗斯联邦档案署在政府行政改革之后成为俄罗斯文化部的一个下属机构，丧失了独立地位和对国家档案事业及机关文件管理的行政管理权限，致使文件管理与档案管理缺乏必要的国家控制而相互脱节。

值得庆幸的是，2016 年 6 月 22 日俄罗斯总统普京签发的第 293 号总统令恢复并加强了俄罗斯联邦档案署的独立地位，使其成为直接隶属于联邦总统的最高档案事业行政管理机关，同时，也对政府机关的文件管理负有管辖权和监督权。联邦档案署在地位提升之后，立即发布了两个重要的工作规划：《2018 年前俄罗斯联邦档案署实施和运行开放机制计划》和《2017—2022 年俄罗斯联邦档案署工作规划》，颇有大刀阔斧清除旧疾的改革气势。令人印象最深的是《2017—2022 年俄罗斯联邦档案署工作规划》，将在未来 5 年里从立法上解决长期困扰俄罗斯档案界的两个突出问题：第一个问题涉及俄罗斯联邦中央和联邦主体之间档案管理权限的划分，即设置在俄罗斯联邦主体的联邦机关对于档案文件补充、保管、统计、利用的权利分配问题；第二个问题涉及俄罗斯联邦档案全宗文件的收集问题，即如何处置拒不向国家档案馆和市政档案馆移交撤销机关档案文件的行为都做出了明确的立法规划。另外，还将在未来 5 年全面修订或制定 20 个档案法规草案，这些法规几乎覆盖了档案工作的各个环节、档案事业发展的各个领域。综上所述，《至 2020 年俄罗斯档案事业发展纲要》较为全面地部署了俄罗斯档案事业的基本任务及发展方向，相对而言，《2017—2022 年俄罗斯联邦档案署工作规划》和《2018 年前俄罗斯联邦档案署实施和运行开放机制计划》的改革力度更大，旨在推进俄罗斯联邦档案事业向数字转型，建立开放机制，实施开放数据战略，具有除旧革新的性质。未来 5 年，俄罗斯档案事业具有如下几个方面的发展趋势：

第一，档案工作和档案事业向数字时代加速转型，俄罗斯联邦档案署将陆续出台激励政策和措施，促进数字转型，实现系统集成和资源集成：完善现有的档案信息系统"档案全宗""全宗目录""中央全宗目录"，在此基础上建立全俄统一的档案信息系统，集成管理各级各类档案信息资源；积极推进馆藏数字化工作，提供对数字化副本和归档电子文件的在线获取和利用；加强俄罗斯档案信息门户"俄罗斯档案"建设；加强对电子文件的国家控制，将电子文件的收集、归档及永久保存纳入俄罗斯联邦档案全宗文件管理的重要内容，制定国家档案馆和地方自治机关档案馆的电子文件管理规范以及电子文件向国家档案馆和市政档案馆的移交规范，对永久保存的电子文件提供安全的保管条件。另外，建立联邦级别的电子文件集中保管中心（其功能类似于一个国家级的电子文件档案馆），集中保管各个联邦部门和机关形成的具有重要价值的电子文件。值得注意的是，俄罗斯各级档案馆进行馆藏数字化的主要目的是为了方便提供档案信息的在线利用和在线服务，而从长期保存角度，还是采用传统的方法对俄罗斯联邦档案全宗文件建立保险全宗（或称安全全宗），据考察，法国等不少欧洲国家进行馆藏数字化的目的都是如此。

第二，在俄罗斯联邦档案署的领导组织下，全面清理现有的文件与档案管理领域的法律法规，对其修改和补充，弥补档案立法上的漏洞；制定一系列新的文件与档案管理领域的行政法规，并积极参与相关国家法律的修订和制定工作，解决历史遗留问题，包括理顺联邦中央与联邦主体和自治地方在档案管理领域的权限问题；完善文件管理政策，加强文件管理与档案管理工作之间的协调；对拒不向国家档案馆移交撤销机关档案文件的行为加大处罚力度。

第三，俄罗斯联邦档案署的工作方式和决策方式由封闭走向开放和透明，实施开放机制，推行开放数据。从 2014 年开始，基于开放政府和开放数据战略，俄罗斯联邦档案署改革决策机制，建立公共委员会并召集顾问组，引入社会监督和第三方评价机制，采取平等和多方参与原则，对重要问题进行自由、公平、透明的讨论并实现集体决策。以多方参与、集体决策及开放数据为核心的开放机制建设对于提高公众参与国家档案治理、确保政府信息公开具有重要意义。

第四，加强俄罗斯联邦档案全宗资源建设，提高俄罗斯联邦档案全宗的质量，将电子文件纳入俄罗斯联邦档案全宗的重要组成部分。根据 2004 年《俄罗斯联邦档案事业档案法》的规定，俄罗斯联邦档案全宗是反映社会物质和精神生活的，具有历史、科学、社会、经济、政治和文化意义，通过历史积累并不断补充的档案文件总和，是俄罗斯联邦人民历史文化遗产不可分割的组成部分，属于信息资源并必须永久保存。俄罗斯联邦档案全宗是俄罗斯档案事业发展的基石，因此，加强对俄罗斯联邦档案全宗文件（含电子文件）的补充、统计、保管和利用工作，根据属地原则加强地方国家档案馆对俄罗斯联邦档案全宗文件的补充收集，优化进馆永久保存的档案文件的成分，是一项重要任务。

第五，加强对俄罗斯联邦档案全宗文件的安全保管。俄罗斯各级政府财政需要加大对各级国家档案馆和市政地方馆的支持力度，提供专项经费改善档案保管条件。如修葺或扩建馆舍、新建馆舍和库房、普遍安装现代化的火警系统，购置新的档案装具和设备，淘汰过时落后的设备等，使尽可能多的联邦档案全宗文件的保管条件达到规定的标准。

第六，全面提高俄罗斯联邦档案机构的信息化水平。苏联解体之后，俄罗斯继承了前苏联的15个中央国家档案馆和3个共产党（共青团）中央档案馆，这些档案馆在经历了改组、合并和更名之后成为当前的15个俄罗斯联邦档案馆，它们是集中保管俄罗斯珍贵档案遗产的宝库，也是俄罗斯联邦档案全宗文件的重要保管基地。但是，俄罗斯联邦档案馆的信息化基础设施陈旧落后，无法满足不断增长的档案利用需求，有待在追加联邦财政拨款的条件下对联邦档案馆的基础设施进行全面更新换代。2011年俄罗斯联邦档案署制定了档案信息化中长期发展规划——《2011—2020年联邦档案署及下属机构信息化纲要》，该纲要的实施将促进联邦档案机构普遍提供电子形式的国家服务，建设和应用电子文件管理系统（СЭД）、跨部门的电子文件管理系统（МЭДО）和跨部门的电子信息交互系统（СМЭВ），促进电子文件管理系统在联邦政府机关的应用，接收和永久保存电子文件，实现档案馆业务工作的自动化和信息化，确保社会公众能够通过互联网在线获取档案服务和档案文件。该纲要的实施将显著改善联邦档案馆的信息化水平和服务质量，实现俄罗斯联邦档案全宗文件的数字化和在线利用，为联邦档案署的开放机制建设和开放数据方案提供保障，从而满足社会信息化发展对档案信息资源及档案信息服务的需求。

第七，提高国家档案馆的服务质量以及服务的普遍性，尤其是不断扩大在线档案信息查询和服务的规模，提高其效率和水平。根据《2018 年前俄罗斯联邦档案署实施和运行开放机制计划》，到 2018 年，拥有自己的档案网站并与政府网站集成提供公共服务的国家档案馆所占比例将达到 85%，每万人中的档案信息利用者人数将达到 480 人（即 4.8%），可在线获取的联邦档案全宗目录将达到 95%，可在线获取的联邦档案全宗案卷目录和其他的信息检索工具将达到 87.5%。

8.5 俄罗斯档案事业发展思路和改革措施对我国的参考价值

我们通过解读和研究《2020 前俄罗斯档案事业发展纲要》《2017—2022 年俄罗斯联邦档案署工作规划》《2018 年前俄罗斯联邦档案署实施和运行开放机制计划》，发现俄罗斯档案局对其面临的困境具有全面的认识，在文件管理制度改革、档案信息化建设、非国有档案馆的鼓励和扶持、档案信息服务、档案馆创新发展、开放机制及开放数据等领域的发展思路和改革措施值得我国参考：

第一，国家层面的文件管理体制改革。俄罗斯将文件管理体制改革、电子文件全程管理机制建设列为档案事业发展的首要任务。不仅是中俄两国，世界上大多数国家的档案事业都面临着数字转型，强化对电子文件的全程管理和控制，而中俄两国都面临着文件和档案多头、分阶段管理的体制障碍，其弊端是标准不统一，共享和交流困难。因此，文件管理体制改革成为两国迫在眉睫的任务。需要国家通过调控，赋予国家档案局对文件产生及全程流转的管理权限，保证文件与档案管理在业务流程、标准和方法等方面的协调，降低成本，提高文件管理效率和质量。

第二，档案馆应制定电子文件进馆及长期保存的长远规划。档案馆应未雨绸缪，从长计议，制定迎接大量电子文件持续进馆的长远规划。在进馆档案中，纸质档案和电子档案的规模及比例会发生持续而长期的变化，这种变化何时发生、是否有时间拐点、会以什么样的速度加剧，都是档案馆需要考虑的。因为这将对库房建设和布局、馆藏资源的体系构成、档案人员知识结构以及档案馆的各项基础业务工作和利用服务工作都提出新的要求。

第三，非国有档案馆（私人档案馆）在多元所有制经济结构中的地位及发展。我国经历了 40 多年的市场改革，已经形成了以公有制为主体，其他多种所有制共同发展的经济格局，大量非国有企业、非政府组织，以及个人和家族所产生的档案文件在国家档案机构的接收范围之外，而非国有档案馆或私人档案机构在该领域有很大的发展空间。可以借鉴俄罗斯的做法，通过立法确认非国有档案馆的地位，在国家档案行政管理部门的指导之下开展经营活动。而且，可以进一步发展非国有档案馆的认证机制和非政府的档案自律组织。

第四，提高档案信息服务的普遍性，切实保障公民权利。与我国类似，俄罗斯十分重视档案信息服务在保障个人权利和健全社会保障制度中所发挥的作用，因此，加强了与个人生活和工作密切相关的人事档案管理制度改革，这对我国不断深化开展的民生档案工作具有启示意义。此外，根据《2017—2022 年俄罗斯联邦档案署工作规划》，俄罗斯将积极推进档案利用服务工作：对公众感兴趣、利用率较高的传统馆藏进行数字化，在线提供其数字化副本；应用云技术对归档电子文件进行存储和提供在线利用；加快档案解密工作进程，优先对没有法定继承人的撤销机关形成的档案文件进行解密等，上述举措对于我国"十三五"期间的档案利用服务工作具有一定的参考价值。

第五，创新档案馆活动。俄罗斯档案馆的创新发展思路源于《2020 年前俄罗斯创新发展战略》，其重点是通过应用创新性技术产品，不断完善档案馆职能活动，提高档案馆应对问题和挑战的速度和灵活性，提高工作效率和服务质量。创新发展思路对于我国档案馆及档案事业发展具有积极的参考作用，对于我国而言，应包括档案管理观念创新、档案科技创新和档案服务方式创新等内容。①

---

① 肖秋会. 俄罗斯档案事业中长期发展规划研究［J］. 档案学研究，2014（5）：85-90.

　　第六，建立和实施开放机制，推行开放数据。开放政府及开放数据是互联网时代社会经济及文化发展对政府治理的必然要求，是大数据战略的重要保障。世界许多国家都在不同程度地建设开放政府和开放数据，俄罗斯与欧美发达国家如英国、法国、德国、美国等相比政府开放程度较低，这促使俄罗斯政府加大了开放的力度，联邦档案署作为政府机构，从 2014 年开始启动开放数据方案，每年都以 RDF 格式在其官网上定期发布开放数据集。俄罗斯联邦主体的档案行政管理机关及地方市政档案管理机关也专门开辟了开放数据专栏，以规范格式公布开放数据。随着我国政府开放数据标准及立法的完善，档案部门也将实施开放数据方案。

结论与展望

苏联解体以后，俄罗斯的档案事业在社会转型过程中几经沉浮，既经历了转型之初的举步维艰，又服务于俄罗斯政治、经济及行政体制改革的需要，在艰难中改革前行。近20多年来，俄罗斯在苏共中央档案馆的重组及国家档案全宗的"改良"和推陈出新、档案立法、档案事业管理体制、档案学高等教育等领域进行了一系列重要的改革，使俄罗斯的档案立法、档案解密与开放、档案所有权的划分和认定等重要档案制度和档案管理原则与国际接轨。鉴于中俄两国的历史渊源以及相似的社会转型背景，俄罗斯档案事业的改革发展之路可为我国档案事业的发展提供有力的参考和借鉴。

纵观近20年来俄罗斯档案事业改革与发展的过程和举措，我们发现，俄罗斯为了顺应并服务于社会转型及社会信息化发展的需要，对原苏联时期形成的高度集中的国家档案资源体系和档案制度进行了大幅改革，在档案解密与开放、档案资源和服务的公共获取等领域逐渐与国际接轨；致力于全面提高档案机构的信息化水平，大幅提高在线服务能力，促进档案工作和档案事业的数字化转型；建立档案决策的开放机制，推动政府开放数据建设，以适应社会信息化发展对档案工作的需求。具体有以下几点值得我们借鉴和思考：

第一，在国家档案资源体系上，俄罗斯改革了苏联时期的国家档案全宗体系，根据市场经济改革以及国家行政体系改革的需要，提出了"俄罗斯联邦档案全宗"这一新的概念，将其界定为"反映社会物质和精神生活的，具有历史、科学、社会、经济、政治和文化意义，通过历史积累并不断补充的档案文件的总和，是俄罗斯联邦人民历史文化遗产不可分割的组成部分，属于信息资源并必须永久保存"，包括"存在于俄罗斯联邦版图上的所有档案文件，不论其来源、产生时间和方式、载体形态、所有权形式和保管地点如何"，并将其划分为国家所有、市政所有和私人所有这三种所有权归属，这其实是对苏联国家档案全宗的推陈出新，最大的变化是承认了档案文件的私人所有权，而且将联邦和地方的所有权归属也分化为国家所有和市政所有两个层次，迎合了俄罗斯市场经济与私有化改革、行政体制改革和财政体制改革的需要，反映了联邦和地方二级分权而治的现实。

第二，在国家档案事业管理体制上，苏联解体之后俄罗斯经历了集中、相对分散和相对集中的改革发展历程。事实证明，相对分散的档案管理体制不利于俄罗斯档案事业的全面发展。2004—2016年，俄罗斯联邦档案署作为文化部的一个下属机构，丧失了原有的独立地位和对全俄档案事业的行政管理权限，导致地方档案机构和人员编制相对萎缩，联邦档案工作也无法胜任国家权力机关、政府机关以及社会公众对档案的利用需求。为此，俄罗斯总统普京于2016年6月签发了第293号总统令，规定俄罗斯联邦档案署直接归总统领导，恢复了联邦档案署作为国家最高档案行政管理机关的法律地位，档案事业管理体制由此走向相对集中。俄罗斯档案事业在集中式和分散式之间的变化并最终向集中式的回归，实质上是联邦中央与地方之间的集权与分权之争，同时，也为我们提供了一个实证，即集中式比分散式更适合档案事业的全面发展和统筹规划，能够为档案事业发展提供更稳定、更充分的组织制度保障，不同政体的国家会选择不同的档案管理体制，但是，一定程度和层次的集中是必需的。

第三，俄罗斯通过档案立法禁止国企在私有化过程中对其形成的档案文件进行私有化，规定了私有化企业档案文件的归属和流向，保护了国有档案资产。即国家所有或者自治城市所有的档案文件，禁止私有化，不能成为出卖、交换、赠送的对象。实施私有化的国有企业或者自治城市企业，在其活动中形成的档案文件包括人事文件，仍然归俄罗斯联邦、联邦主体和自治城市所有。

第四，俄罗斯建立了联邦档案全宗文件的分等级管理制度及档案文件的解密与开放制度。俄罗斯专门针对特别贵重的文件和孤本文件建立了鉴定、登记、保管和利用制度，尤其是对安全副本和安全全宗(保险全宗)的制作、鉴定和保管建立了严格的管理制度，并在联邦国家档案馆建立了保险全宗集中保管中心，有利于其安全保管。同时，对于档案文件的解密与公开制定了一套严格的程序和规则。20世纪90年代，俄罗斯采取了较为激进的档案开放措施，尤其是对苏共和斯大林档案文件的披露引起了世界轰动，在国际和国内产生了不利于俄罗斯国家利益的负面影响，此后，在档案立法中严格规定了档案解密与开放的程序和标准。

第五，档案学教育改革中对传统的继承和发展。俄罗斯的档案学专业教育深受法国档案学院的影响，即专门设立独立的档案学院，专注于培养历史档案学专业人才，从19世纪的莫斯科档案学院、彼得堡档案学院到20世纪的莫斯科历史档案学院都是如此，这是欧洲档案学教育的传统，但是，苏联解体之后，莫斯科历史档案学院结束了独立档案学院的地位，并入了俄罗斯国立人文大学，成为其下属的一个学院。20世纪90年代中期开始至今，历史档案学院经过持续的改革发展，实现了从传统到现代的转型。在传统的历史档案学专业领域，学科发生了分化，文件学与文件管理专业迅速崛起，几乎与历史档案学专业拥有平等的地位，适应了现代人文学科的发展需要和文件与档案管理的社会需求。

第六，俄罗斯的档案学思想经历了经验阶段、传统阶段和经典阶段，其中，Н. В. Калачов等提倡和坚持的"档案本质二元论"思想、档案集中管理原则，以及 А. С. Лаппо-Данилевский 从人文角度对档案学研究内容和研究方法的深入探讨在当代仍然具有重要的学术价值，是俄罗斯档案学发展的重要源泉。一方面，俄罗斯对档案学的学科定位延续了欧洲的学术传统，将档案学定位于人文学科群中的一员，密切维系与历史等人文学科之间的渊源；另一方面，我们也发现，俄罗斯档案学在现代人文社会科学交叉融合的发展过程中出现了学科的分化，文件学和现代文件管理成为其一个新的分支学科。

综上，俄罗斯对国家档案全宗的扬弃和推陈出新、在集中式和分散式档案管理体制之间的摇摆及对集中式的最终选择、对私有化过程中国家档案资源所有权的维护、档案立法对档案所有权的认定及维护、联邦档案全宗文件的分等级管理及档案解密与开放制度、档案学高等教育对人文传统的继承与发展、对十月革命前俄罗斯档案学思想成就的全面梳理和重新认识等诸多改革措施或尝试对我国具有重要的参考价值和借鉴意义。

第一，完善国家档案资源体系建设。我国改革开放近 40 年来以公有制为主体、多元所有制并存的经济格局早已形成，我国也早已不再使用国家档案全宗这个概念及相应的档案管理制度。但是，我们需要对国家档案资源体系的构成进一步分析，正视不同类型的档案所有权尤其是非国有的、私人档案所有权问题，实施对其的有效管控和监督。

第二，坚持集中式的档案事业管理体制。苏联解体至今，俄罗斯在档案事业管理体制上的摇摆和变化为我国提供了一个生动的"实证"，即集中式相对于分散式有其明显的优势。而如何在集中式的框架下发挥地方的积极主动性是我们需要认真对待的问题。

第三，建立档案分等级管理制度，完善档案解密和公开制度，服务于国家大数据规划和开放数据建设。对于国家档案资源体系中需要永久保存的重要档案文件，制定科学合理的鉴定标准，及时划定其保管的等级，并为其建立专门的登记系统和保管利用机制，便于对珍贵、稀有和高龄档案文件的安全保管和长期保存，保护中华民族的文化遗产和精神遗产。另外，完善档案解密和公开的标准和程序，尝试建立档案管理决策的开放机制。

第四，根据社会需求和学科发展规律，调整档案学专业的人才培养目标定位和人才培养方式，优化课程体系。我国的档案学专业人才培养大致具有如下几个大的学科背景：历史学、图书馆学、公共管理与工商行政管理等。在不同的学科背景下档案学人才培养方案的定位具有差异性，不可能一刀切。但是，在档案学课程体系设置中，必须坚持开设档案学专业的核心课程，建立独立而开放的课程体系，既要切合学科融合发展的趋势，又要面向档案职业，满足业界的需求。

第五，档案法的修订。在我国档案法修订案中需要针对档案所有权、档案保密与公开、电子文件管理等做出新的规定，满足社会经济文化发展和社会主义民主法制建设的需要，保障公众合法利用档案和公平获取档案服务的权利。

第六，梳理我国古代和近代档案学思想的历史发展脉络，完善档案学科建设。档案学思想史的研究是档案学基础理论研究得以夯实和进一步开拓的基础。

此外，本项目组在俄罗斯国家档案馆的调研过程中发现了很多与中国近代历史相关的档案文件，这些档案文件对于研究中俄经济文化交流、中俄边界问题等具有重要的研究价值，但由于时间和精力有限，无暇深入了解，留有遗憾。

参 考 文 献

一、中文文献

1. 李凤楼，张恩庆，韩玉梅，黄坤坊．世界档案史简编[M]．北京：档案出版社，1983.

2. 韩玉梅．外国现代档案管理教程[M]．北京：中国人民大学出版社，1995.

3. 肖秋惠．俄罗斯信息政策和信息法律研究[M]．武汉：武汉大学出版社，2008.

4. 王英佳．俄罗斯社会与文化[M]．武汉：武汉大学出版社，2012.

5. 黄道秀．俄罗斯法研究[M]．北京：中国政法大学出版社，2013.

6. 黄霄羽．外国档案事业史(第三版)[M]．北京：中国人民大学出版社，2015.

7. [俄]亚·尼·雅科夫列夫．一杯苦酒：俄罗斯的布尔什维主义和改革运动：Большевизм и Реформация России(修订版)[M]．徐葵，张达楠，王器，徐志文，译．北京：社会科学文献出版社，2016.

8. 杨昌宇．俄罗斯法治进程中的文化影响力研究[M]．北京：法律出版社，2016.

9. 傅华．苏联解体前后的档案开放工作[J]．档案，1993(1).

10. 韩玉梅．档案依在，归属和体制已变[J]．档案学通讯，1993

（2）．

11. 韩玉梅．俄罗斯档案首脑机关易名扩权[J]．档案学通讯，
    1993（4）．

12. 韩玉梅．俄罗斯联邦的档案利用与开放[J]．档案学通讯，
    1993（6）．

13. 赵丛．俄罗斯联邦档案工作概况[J]．中国档案，1994（2）．

14. 刘国能．"8·19"事件后的俄罗斯——访俄档案工作辑要[J]．
    中国档案，1994（4）．

15. 傅华．苏联解体前后档案界的大变动[J]．档案学通讯，1995
    （1）．

16. 朱江．俄罗斯档案大开放评析[J]．上海档案，1995（5）．

17. 黄贵苏．俄罗斯人文大学历史档案学院的新举措[J]．档案学
    通讯，1996（1）．

18. 沈志华．俄国档案文献：保管、解密和利用[J]．历史研究，
    1998（5）．

19. 冯桂珍．俄罗斯联邦与前苏联档案立法之比较[J]．档案与建
    设，2003（5）．

20. 李萍．基于中法档案教育比较视野下我国档案教育现状反
    思[J]．档案学研究，2008（1）．

21. 肖秋会．当前俄罗斯档案事业述评．档案学研究[J]，2008
    （1）．

22. 朱月白．纪念列宁档案法令颁布90周年[J]．档案学通讯，
    2008（4）．

23. 韩玉梅（译）．俄罗斯联邦档案全宗和档案馆法——俄罗斯联邦
    总统叶利钦1993年7月7日签署发布[J]．档案学通讯，1994
    （3）．

24. 肖秋会．俄罗斯国立人文大学的历史与现状[J]．档案学通讯，
    2012（3）．

25. 王玉珏．法国档案学院的现状、历史与发展[J]．中国档案，
    2013（10）．

26. 肖秋会．俄罗斯档案立法：档案解密、开放和利用进展[J]．

中国档案, 2016(3).

27. 肖秋会. 俄罗斯联邦档案署的开放机制建设与开放数据方案[J]. 档案与建设, 2017(4).

二、俄文文献

（一）著作

1. Самоквасов Д. Я. Проект архивной реформы и современное состояние окончательных архивов в России. М., 1902.

2. Колесников И. Ф. Усройство и ведение архивов: Пособие к лекциям по архивоведению. М., 1910.

3. Зубарев И. И. Прошлое и настаящее русских архивов: Краткий исторический очерк. СПБ., 1911.

4. Маяковский И. Л. Исторический очерк архивного дела в России: Лекции, чит. слушателям Архив. курсов при Петрогр. археол. ин-те в 1918 г. Пг.: 2-я Гос. тип., 1920.

5. Маяковский И. Л., Калачов Н. В. Как историк-архивист. Труды МГИАИ. М., 1948. Т. 4.

6. Маяковский И. Л. Очерки по истории архивного дела в СССР. 2-е изд., испр. и доп.Ч. 1. М.: МГИАИ, 1960.

7. Максаков В. В. История и организация архивного дела в СССР: 1917-1945 гг. М.: Наука, 1969.

8. Самошенко В. Н. История архивного дела в дореволюционной России. М.: Высшая школа, 1989.

9. Хорхордина Т. И. История Отечества и архивы: 1917-1980 гг. М.: РГГУ, 1994.

10. Шмидт С. О. Археология. Архивоведение. Памятниковедение. М.: РГГУ, 1997.

11. Старостин Е. В. Зарубежное архивоведение: проблемы истории, теории и методологии. М.: Информ.-изд. агентство "Рус. мир", 1997.

12. Козлов В. П. Российское архивное дало. Архивно-источнико-

ведческие исследования. М.: « Российская политическая энциклопедия» (РОССПЭН), 1999.

13. Старостин Е. В. Архивы России. Методологические аспекты архивоведческого знания. М.: РГГУ, 2001.

14. Автократов В.Н. Теоретические проблемы отечественного архивоведения. М.: РГГУ, 2001.

15. Действующее законодательство об архивном деле. под ред. Б. П. Пустынцева и Г. Г. Лисицыной. СПб.: Крита, 2002.

16. Хорхордина Т. И. Российская наука об архивах. История. Теория. Люди. М.: РГГУ, 2003.

17. Альбрехт Б. В. Архивы коммерческих организаций. М.: МЦФЭР, 2005.

18. Шмидт С. О. Памятники письменности в культуре познания истории России. М.: Языки славянских культур, 2007.

19. Волкова Т.С., Старостин Е.В., Хорхордина Т.И. Российские архивы: история и современность. Электронный учебно-методический комплекс. М.: РГГУ, 2007.

20. Алексеева Е.В., Афанасьева Л.П., Бурова Е.М.; Под ред. В.П. Козлова. Архивоведение. (Теория и методика). Учебник для вузов.М.: Издательский центр «Академия», 2007.

21. Гагиева А.К. Становление и формирование архивного дела в России (IX в.—начало XX в.): учеб. пособие: в 2 ч. Сыктывкар: КРАГСиУ, 2007.

22. Росархив,ВНИИДАД. Летопись архивного дела в Российской Федерации.1990-2004 гг.М., 2007.

23. Голиков А. Г. Архивоведение отечественной истории. М.: Издательский центр «Академия», 2008.

24. Савин В. А. Архивное наследие России: Государственный архивный фонд РСФСР: управление и коммуникации: 1918-1941. М.: РГГУ, 2009.

25. Истомина Э. Г. Православные монастыри россии и их роль в

развитии культуры (XI—начало XX в.). М.: 2009.

26. Волкова Т.С., Старостин Е.В., Хорхордина Т.И. Российские архивы: история и современность. Электронный учебно-методический комплекс. Версия 2.0. М.: РГГУ, 2010.

27. Старостин Е.В. Архивы Русской Православной Церкви (X-XX вв.): Учеб. Пособие. М., 2011.

28. Безбородов. А.Б. Труды Историко-архивного института. Т. 38. М.: РГГУ, 2011.

29. Безбородов. А.Б., ХорхординаТ.И., Санин О.Г., Волкова Т.С. Труды Историко-архивного института. Т. 39. М.: РГГУ, 2012.

30. Архивы и история Российской государственности. Вып. 1 / авт. кол.: Л. М. Артамонова [и др.]; редкол.: А. Ю. Дворниченко (отв. ред.) [и др.]; С.-Петерб. гос. ун-т, Ист. фак.; Рос. гос. ист. архив.-СПб., 2011.

31. Архивы и история Российской государственности. Вып. 3 / авт. кол.: М. Б. Бессуднова [и др.]; редкол.: А. Ю. Дворниченко [и др.]; С.-Петерб. гос. ун-т, Ист. фак.; Рос. гос. ист. архив.-СПб., 2012.

32. Хорхордина Т.И., Волкова Т.С. Российские архивы: история и современность: Учебник / Отв. ред. В.В. Минаев. М.: РГГУ, 2012.

33. Хорхордина Т.И. История архивоведческой мысли: Учебник / Отв. ред. Е.И. Пивовар. М.: РГГУ, 2012 г.

34. Шмидт С.О. История Москвы и проблемы москвоведения: в 2 кн. М.: Книжница Русский путь, 2013.

35. Безбородов А.Б., Хорхордина Т.И., Санин О.Г., Волкова Т.С. Труды Историко-архивного института. Т.39. М.: РГГУ, 2013.

36. Козлов В. П. Археографическое обозрение России: 1991-2012 годы.М.: Древлехранилище, 2013.

37. Вилков А. И. Правовые основы сохранения и защиты культурных ценностей: Учеб. Пособие., пер., 2013.

38. Архипова Т.Г., Малышева Е.П. Организация государственных учреждений в России: 1917-2013 гг.: Учеб. Под ред. Т. Г. Архиповой.2014.

39. Беликова Е. О. Электронные документы и архивы. учебное пособие. Волгоград: Изд-во Волгоградского государственного университета. 2014.

40. Хорхордина Т.И., Попов А. В. Архивная эвристика: учебник. под ред. чл.-кор. РАН, д-ра ист. наук, проф. Е. И. Пивовара. 2-е изд. М: РГГУ, 2015.

41. Козлов В. П. Второе археографическое обозрение истории России XX века.М.: Древлехранилище, 2016.

42. Бурова Е. М., Хорхордина Т. И. Организация архивной и справочно-информационной работы по документам организации. учебник.под ред Е.М. Буровой. М.: Академия, 2016.

(二) 研究报告、会议论文

1. Росархив, ВНИИДАД. Исследование международных стандартов и проектов международных стандартов ИСО по управлению документами за 2013 г, определение целесообразности разработки на их основе соответствующих национальных стандартов Российской Федерации. Аналитический отчет. М., 2014.

2. Росархив, ВНИИДАД.Анализ нормативных правовых документов, принятых в Российской Федерации в 2007—2012 гг. по вопросам создания, состава, оформления и обращения научно-технической документации. Аналитический отчет. М., 2014.

3. Росархив, ВНИИДАД. Анализ нормативного и методического обеспечения электронного документооборота и управления электронными документами в органах государственной власти. Аналитический обзор, М., 2015.

4. Росархив, ВНИИДАД. Мониторинг документооборота в федеральных органах исполнительной власти и перехода федеральных органов исполнительной власти на безбумажный

документооборот за 2014 год. Аналитический обзор，М.，2015.

5.Росархив，ВНИИДАД. Составление архивных описей в электронной форме и их интеграция в информационную инфраструктуру государственных и муниципальных архивов：метод.рекомендации.М.，2015.

6. ВНИИДАД. Сравнительный анализ программных продуктов，предназначенных для информатизации внутриархивной деятельности государственных и муниципальных архивов. Аналитический отчет. М.，2015.

7. Росархив，ВНИИДАД. Основне направления，результаты и преспективы научных исследований по проблемам документоведения и архивоведения в Российской Федерации（1991-2015 гг.）：аналитический обзор.М.，2016.

8. Козлов В. П. Архивы России как показатель политических，социально-экономических и общественных перемен на рубеже тысячелетий. Изменяющаяся Россия и российские архивы на рубеже веков：Материалы конференции 1-2 марта 2011 г. М.，2002.

（三）期刊论文

1.Автократов В.Н. Из истории централизации архивного дела в России（1917-1918 гг.）.Отечественные архивы. 1993（3）：9-34.

2.Артизов А.Н. Основы законодательства Российской Федерации об Архивном фонде и архивах：идеи，принципы，реализация. Отечественные архивы，1993（6）：3-9.

3.Гримстед，П. К. Российские архивы в переходный период.Новая и новейшая история，1994（1）：63-83.

4.Козлов В. П. Архивная реформа：вопросы научного и методического обеспечения.Отечественные архивы，1994（1）：7-14.

5. Артизов А. Н. Архивное законодательство России：система，проблемы и перспективы：к постановке вопроса.Отечественные

архивы,1996(4): 3-9.

6. Елпатьевский, А. В. Из истории формирования основных нормативно-методических документов отечественного архивного дела (1918-1990).Отечественные архивы,1998(4):1-18.

7. Химина Н. И. Отечественное архивное строительство: идея централизации на рубеже XIX-XX вв. Отечественные архивы, 1998(4): 9-16.

8.Ларин М.В. Государственное регулирование делопроизводства в России: история и современность. Делопроизводство, 2002(1): 3-8.

9.Емышева Е.М. Генеральный регламент—начало законодательного регулирования системы организации управления и делопроизводства. Делопроизводство, 2003(1): 103-110.

10.Козлов В.П. Историко-Архивный институт: хроника развала и точка бифуркации. Вестник архивиста, 2003, 1 (73): 59-95.

11. Семилетов С. И. Электронный документ как продукт технологического процесса документирования информации и как объект правового регулирования. Гос. и право. 2003(1): 92-102.

12.Козлов В.П. Российские архивы в условиях административной реформы.Отечественные архивы, 2005(1): 22-28.

13.Артизов А. Н. О реализации Федерального закона « Об архивном деле в Российской Федерации ». Отечественные архивы, 2005(1): 28-33.

14.Кобелькова Л. А. От дипломированного специалиста-к бакалавру и магистру. Отечественные архивы, 2007(5): 88-90.

15. Елпатьевский А. В. Еще раз о декрете от 1 июня 1918 г. Отечественные архивы,2008(2): 26-27.

16.Бурова Е. М. Новое образовательное направление по документоведению и архивоведению: как оно создавалось. Отечественные архивы, 2009(6): 55-61.

17. Храмченков А. М. Документы Съездов народных депутатов СССР и Верховного совета СССР (1989—1991 гг.) в Государственном архиве Российской Федерации. Отечественные архивы, 2010(6): 48-52.

18. Плешкевич Е. А. Документоведение в контексте развития современной науки. Отечественные архивы, 2011(5): 23-28.

19. Ермолаева А.В. Систематизация и регистрация законодательных актов в Российской Федерации: проблемы и решения. Отечественные архивы, 2011(5): 29-35.

20. Павлова Т. Ф. Доступ к архивным документам в период хрущевской « оттепели » (вторая половина 1950-х гг.). Отечественные архивы, 2012(5): 13-24.

21. Чирков. С. В., Валк С. Н. об истории отечественной археографии.Отечественные архивы, 2012(6): 30-36.

22. Наземцева Е. Н. Документальные источники отечественных архивов о российском военно-политическом присутствии в Синьцзяне в первой половине XX в. 2012(6): 59-66.

23. Муниципальные архивы России: современное состояние, проблемы, перспективы развития.Отечественные архивы. 2013 (3): 60-79.

24. Андреев М.А. Электронное обращение граждан ворганы власти: поэтапный механи-зм документирования. Делопроизводство, 2014(3): 25-33.

25. Плешкевич Е.А. Становление отечественного делопроизводства и роль в нем Н.В. Варадинова. Делопроизводство, 2015(1): 26-32.

26. Варламова.Л.Н.Подготовка кадров для сферы документацио-нного обеспечения управления: проблемы и перспективы. Делопроизводство, 2015(1): 73-77.

27. Козлов В. П. Документ в системе архивоведческого знания. Делопроизводство, 2015(2): 7-15.

28. Ланской.. Г. Н. Архивный документ в современном обществе: концептуальные и мето-дические аспекты изучения. Делопроизводство, 2015(2): 16-19.

29. Романова Е. А. Справочно-поисковые средства российских архивов в Интернете: необходим новый уровень их организации. Отечественные архивы, 2015(2): 24-30.

30. Ермолаева А. В. Подготовка кадров в сфере документацио-нного обеспечения управле ния в рамках направления «Документоведение и архивоведение». Делопроизводство, 2015 (3): 98-102.

31. Быкова Т. А. Роль государственных органов российской федерации в решении вопросов сферы документационного обеспечения управления. Делопроизводство, 2015(4): 3-6.

32. Топчиева И. В., Нефедова И. Г. Особенности составления и оформления документов, об-разующихся в деятельности русской православной церкви, на примере благочиния Делопроизводство, 2015(4): 39-45.

33. Ларин М. В., Наумов О. В. О Правилах работы с архивными документами в органах государственной власти, местного самоуправления и организациях. Отечественные архивы, 2015 (5): 3-8.

34. Суровцева Н. Г. Объект и предмет документоведения: историография определения (1960—2000-е гг.). Отечественные архивы, 2015(5): 9-16.

35. Жукова М.П. Некоторые сложные аспекты отбора документов для архивного хранения. Отечественные архивы, 2015(6): 23-27.

36. Хотягов О. А. Организация архивного дела в красной армии в предвоенные и военные го-ды. По документам ГАРФ, РГВА, ЦАМО РФ. Вестник архивиста, 2016(1): 71-89.

37. Борисов А.А.   Стратегия   развития   Государственного

архиваПермского края. Вестник архивиста, 2016(1):122-136.

38. Веретехина С. В. Технология аутсорсинга в архивном деле. Проблемы и решения. Делопроизводство, 2016(1): 19-28.

39. Н.И. Химина. Документальные публикации архивных учреждений России в 1992—2013 гг. Отечественные архивы, 2016(1): 14-21.

40. С. С. Илизаров, И. Р. Гринина. «Научное наследство» — старейшее серийное издание по истории науки. Отечественные архивы, 2016(1): 31-39.

41. Е.Г. Муратова. История балкарии XVII—XIX ВВ. В документах архивного фонда РФ. Вестник архивиста, 2016(2):8-21.

42. Ларин М. В. Вниидад — 50 лет. Основные итоги научно-исследовательской деятельности на современном этапе. Делопроизводство, 2016(2): 3-12.

43. Кукарина Ю.М.Особенности документирования управленческой деятельности в органах местного самоуправления российской федерации. Делопроизводство, 2016(2): 31-37.

44. Топчиева И. В., Нефедова И. Г. Особенности организации работы с документами в Русской Православной Церкви (на примере Иверского благочиния Московской городской епархии). Делопроизводство, 2016(2): 63-69.

45. Ермолаева А. В. Профессиональный и образовательный стандарты в сфере документационного обеспечения управления: точки соприкосновения, Делопроизводство, 2016(2): 94-102.

46. Кобелькова Л.А. Итоги 2015 года:по материалам расширенного заседания коллегии росархива. Отечественные архивы, 2016 (2): 27-31.

47. Савченко А. В. Порядок проведения и результаты проверки исполнения законодательства об архивном деле на территории Ленинградской области. Отечественные архивы, 2016(2): 27-31.

48. Волкова И.В., Дегтярева И. А. Архивные документы с конфиденциальной информацией и ее использование согласно российскому законодательству. Отечественные архивы, 2016 (2): 40-50.

49. Ларин. М.В. Научная деятельность ВНИИДАД на современном этапе: к 50-летию Создания. Отечественные архивы, 2016(2): 51-57.

50. Научные достижения-в практику архивного дела. Всероссийскому научно-исследова-тельскому институту документоведения и архивного дела -50 лет. Вестник архивиста, 2016(3):8-23.

51. Плешкевич Е. А. Кризис документоведения и пути его преодоления. Отечественные архивы, 2016(3): 5-9.

52. Суровцева Н. Г. «Общая теория документа» и ее влияние на развитие документоведения. Отечественные архивы, 2016(3): 10-16.

53. Чичуга М. А. Первый промышленный архив в Европе: история, функции, состав фондов. Отечественные архивы, 2016(3): 22-31.

54. Акишин М.О. Традиции историко-архивной школы и научное наследие Н. Ф. Демидовой. Отечественные архивы, 2016 (3): 32-41.

55. Варламова Л. Н. Специфика подготовки документоведов в России и за рубежом. Отечественные архивы, 2016(4): 27-32.

56. Смирнова И. Ю. Документы российских архивов по истории Русской духовной миссии в Пекине (1860—1864 гг.). Отечественные архивы, 2016(4): 48-56.

57. Кузнецова Т.В., Конькова А.Ю., Париева Л.Р. Опыт работы кафедры документоведения РГГУ. Делопроизводство, 2016 (4): 4-16.

58. Нуйкина Е. Ю. Архивно-следственные дела по обвинению духовенства-информативный источник по истории русской

православной церкви. Вестник архивиста, 2016(4):58-73.

59. Юрасов А. В. Совет по архивному делу при Федеральном архивном агентстве. Отечественные архивы, 2016(5): 3-13.

60. Тараторкин Ф.Г. История, теория и практика архивного дела в научном наследии профессора В. А. Савина. Отечественные архивы, 2016(5): 14-18.

61. Сабенникова И. В. Архивы российской эмиграции в научной периодике последнего десятилетия. Отечественные архивы, 2016(5): 19-31.

62. Косырева Е.В., Литвина Н.В. Научный проект Архива РАН по комплексному исследованию стенограмм заседаний президиума Академии наук на этапе ее реформирования в 1980—1990-е гг. Отечественные архивы, 2016(6): 14-19.

63. Петрова И. С. Коллекция документов архивистов как информационный ресурс по истории регионального архивоведени. Вестник архивиста, 2017(1):54-65.

64. Двоеносова Г. А., Орлова М. М. Документирование как инструмент управления жизненным циклом ит-услуги. Вестник архивиста, 2017(1):66-75.

65. Ларин М. В., Романова Е. А. О подготовке новых правил работы государственных и муниципальных архивов, музеев, библиотек и научных организаций. Отечественные архивы, 2017(1): 3-7.

66. Хорхордина Т.И. Революция 1917 г. и российские архивы: как это было. Вестник архивиста, 2017(2):38-56.

67. Кобелькова Л. А. Об итогах работы Федерального архивного агентства в 2016 г., задачах на 2017 г. и среднесрочную перспективу.Отечественные архивы, 2017(2): 3-15.

68. Янковая В. Ф. Понятие и признаки документа. Отечественные архивы, 2017(2): 16-23.

69. Тихонов В. В. Идеологические кампании 1948—1949 гг. в

Московском государственном историко-архивном институте. Отечественные архивы, 2017(3): 3-13.

70. Черкасова М. В. Нотариальные архивы Самары в прошлом и настоящем (1870—2016 гг.). Отечественные архивы, 2017 (3): 23-32.

(四) 法律法规、标准及网络文献

1. Указ Президента РФ от 22 июня 2016 г. № 293 "Вопросы Федерального архивного агентства" [EB/OL]. [2017-05-05]. http://archives.ru/documents/decree/ukaz293_2016.shtml.

2. Федеральный закон от 22.10.2004 № 125-ФЗ «Об архивном деле в Российской Федерации» [EB/OL]. [2017-06-03].http://www.rusarchives.ru/lows/list.shtml.

3. Постановление Правительства РФ от 15.04. 2014 № 317 «Об утверждении государственной программы Российской Федерации "Развитие культуры и туризма" на 2013-2020 годы» [EB/OL]. [2017-06-03]. http://archives.ru/documents/order_gov317_2014.shtml.

4. Постановление Правительства РФ от 03.03. 2012 № 186 «О федеральной целевой программе "Культура России (2012-2018годы)"» [EB/OL]. [2017-06-04]. http://archives.ru/documents/order_gov186_2012.shtml.

5. постановление Правительства Российской Федерации от 25 декабря 2014 г. № 1494 «Об утверждении Правил обмена документами в электронном виде при организации информационного взаимодействия» [EB/OL]. [2017-06-04].http://government.ru/media/files/nMmMtsiIcAE.pdf.

6. Распоряжение Правительства РФ от 02.04. 2015 № 583-р «Об утверждении Перечня видов документов, предусмотренного Правилами обмена документами в электронном виде при организации информационного взаимодействия, утв. постановлением Правительства РФ от 25.12.2014 № 1494» [EB/

OL]. [2017-06-04]. http://archives.ru/documents/order_gov583-r_2015.shtml.

7. Распоряжение Правительства РФ от 23. 12. 2016 № 2800-р «Перечень научных организаций, осуществляющих постоянное хранение документов Архивного фонда Российской Федерации, находящихся в государственной собственности» [EB/OL]. [2017-06-10].http://archives.ru/documents/order_gov2800-r_2016. shtml.

8. Положение о Федеральном архивном агентстве[EB/OL]. [2017-05-15]. http://archives. ru/documents/position/pologenie-rosar-chive.shtml.

9. Правила организации хранения, комплектования, учёта и использования документов Архивного фонда Российской Федерации и других архивных документов в органах государственной власти, органах местного самоуправления и организациях[EB/OL]. [2017-05-11]. http://archives. ru/docu-ments/ministry-orders/prik_526_2015.shtml.

10. Правила организации хранения, комплектования, учета и использования документов Архивного фонда Российской Федерации и других архивных документов в государственных и муниципальных архивах, музеях и библиотеках, организациях Российской академиинаук[EB/OL]. [2016-08-11]. http://por-tal.rusarchives.ru/lows/pohkuidaf.shtml.

11. Правила делопроизводства в федеральных органах исполнит-ельной власти[EB/OL]. [2016-08-13]. http://archives.ru/docu-ments/order_gov477_2009.shtml.

12. Регламент государственного учета документов Архивного фонда Российской Федерации[EB/OL]. [2016-08-13].http://archives.ru/documents/regulations/reglam.shtml.

13. Регламент государственного реестра уникальных документов Архивного Фонда Российской Федерации[EB/OL]. [2015-09-

15]. http：//archives. ru/documents/regulations/rgryd.shtml.

14. Росархив， ВНИИДАД. Перечень типовых управленческих архивных документов， образующихся в процессе деятельности государственных органов， органов местного самоуправления и организаций， с указанием сроков хранения. М.， 2010. Росархив， ВНИИДАД. Методические рекомендации по исполнению запросов социально-правового характера. 2011 г.

15. Словарь видов и разновидностей современной управленческой документации. М.， 2014. Национальный стандарт по управлению документами на базе международногостандарта ISO 30300：2011 «Информация и документация-Система управления документами-Основные положения и словарь»， 1-я редакция.

16. ГОСТ Р 7. 0. 8-2013. Система стандартов по информации， библиотечному и издательскому делу. Делопроизводство и Архивное дело. пиинины и определения. （Дата введения 2014-03-01） [EB/OL]. [2016-05-11]. http：//docs.cntd.ru/document/1200108447.

17. Обеспечение долговременной сохранности электронных документов. Москва： Стандартинформ， 2013.-IV， 18 с.-Библиогр.： с. 15-16（17 назв.）.

18. Доклад Руководителя Федерального архивного агентства， доктора исторических наук А. Н. Артизова на расширенном заседании коллегии Росархива（Москва， 14 марта 2012 г.）. Об итогах работы Федерального архивного агентства и подведомственных ему учреждений за 2011 г. и задачах на 2012 г[EB/OL]. [2016-08-12]. http：//archives. ru/reporting/report-artizov-2012-kollegia.shtml.

19. Доклад Руководителя Федерального архивного агентства， доктора исторических наук А. Н. Артизова на расширенном заседании коллегии Росархива 28 февраля 2013 г. «Об итогах

работы Федерального архивного агентства и подведомстве-нных ему учреждений за 2012 г. и задачах на 2013 г.» [ЕВ/ OL]. [2016-08-20]. http：//archives. ru/reporting/report-artizov-2013-kollegia.shtml.

20. Доклад Руководителя Федерального архивного агентства, доктора исторических наук А. Н. Артизова на расширенном заседании коллегии Росархива 5 марта 2014 г. Об итогах работы Федерального архивного агентства в 2013 году и задачах на 2014 год[ЕВ/OL]. [2016-08-20].http：//archives. ru/ reporting/report-artizov-2014-kollegia.shtml.

21. Доклад Руководителя Федерального архивного агентства А. Н. Артизова на расширенном заседании коллегии Росархива 4 марта 2015 г. Об итогах работы Федерального архивного агентства в 2014 году и задачах на 2015 год[ЕВ/OL]. [2016-09-10]. http：//archives. ru/reporting/report-artizov-2015-kollegia. shtml.

22. Доклад Руководителя Федерального архивного агентства А. Н. Артизова на расширенном заседании коллегии Росархива 3 марта 2016 г. Об итогах работы Федерального архивного агентства в 2015году и задачах на 2016 год[ЕВ/OL]. [2016-09-10]. http：//archives. ru/reporting/report-artizov-2016-kollegia. sht-ml.

23. Отчет о выполнении федеральной целевой программы «Культура России» в части мероприятий Росархива за период 2006—2011 гг [ЕВ/OL]. [2016-10-01]. http：//archives. ru/pro-grams/fcp/report_fcp2011.shtml.

24. ВНИИДАД. Аналитический обзор. «Состояние и развитие архивного дела в Российской Федерации в 2003-2013 годах» [ЕВ/OL]. [2016-10-01]. http：//archives.ru/sites/default/ files/2014-obzor-archiv-delo-2003-2013.pdf.

25. План мероприятий («дорожную карту») по реализации и

внедрению основных механизмов открытости в деятельность Росархива на период до 2018 года[EB/OL]. [2017-02-05]. http: //archives.ru/reporting/plans/ roadmap-otkrytost_2018. shtml.

26. Об Общественном совете при Федеральном архивном агентстве [EB/OL]. [2017-02-10]. http: //archives. ru/public-council/about.shtml.

27. Открытые данные Федерального архивного агентства [EB/ OL]. [2017-02-17]. http: //archives.ru/opendata.

(五) 相关网站

1. Федеральное архивное агентство (Росархив) [EB/OL]. [2019-06-13]. http: //archives.ru/.

2. База данных рассекреченных дел и документов федеральных государственных архивов[EB/OL]. [2019-06-13]. http: //unse-cret.rusarchives.ru/.

3. Государственный реестр уникальных документов Архивного фонда Российской Федерации[EB/OL]. [2019-06-15]. http: // unikdoc.rusarchives.ru/GRSea.

4. Центральный фондовый каталог на портале « Архивы России» [EB/OL]. [2019-06-17]. http: //cfc. rusarchives. ru/CFC-search/.

附录　俄罗斯联邦档案事业法

2004 年 10 月 27 日公布并自公布之日起生效
2004 年 10 月 1 日国家杜马通过
2004 年 10 月 13 日联邦委员会通过

（历次修订：根据 2006 年 12 月 4 日第 202 号联邦法，2007 年 12 月 1 日第 318 号联邦法，2008 年 5 月 13 日第 68 号联邦法，2010 年 5 月 8 日第 83 号联邦法，2010 年 7 月 27 日第 227 号联邦法，2013 年 2 月 11 日第 10 号联邦法，2014 年 10 月 4 日第 289 号联邦法，2015 年 11 月 28 日第 357 号联邦法修订，2016 年 3 月 2 日第 43 号联邦法修订。）

第一章　基本概念

第一条　本法调整的对象

为了俄罗斯联邦公民、社会和国家的利益，本法调整在组织对俄罗斯联邦档案全宗文件和其他档案文件（不论其所有制形式如何）的保管、补充、统计、利用中所产生的关系，以及在档案事业管理中所产生的关系。

第二条　俄罗斯联邦档案事业立法

1. 俄罗斯联邦档案事业立法由本法、其他联邦法和相配套的其他联邦法令，以及各联邦主体的法律和其他法规组成。

2. 俄罗斯联邦、联邦主体以及自治市、区关于档案事业的法律法规文件不得与本法相抵触。上述法律法规文件与本法相抵触时，要以本法为准。

第三条 本法所使用的基本概念

本法使用以下基本概念：

1) 俄罗斯联邦档案事业（简称档案事业）——国家机关、地方自治机关、组织和公民在组织对联邦档案全宗和其他档案文件的保管、补充、统计和利用范围内的活动。

2) 档案文件——具有原始证明要素，对于公民、社会和国家具有重要意义而必须保存的固化有可识别信息的物理实体。

3) 人事文件——反映雇佣双方之间劳动关系的档案文件。

4) 俄罗斯联邦档案全宗文件——通过文件价值鉴定，纳入国家统计必须永久保存的档案文件。

5) 特别贵重的文件——具有永久的文化历史价值和科学价值，对社会和国家特别重要，并对其统计、保管和利用建立了特殊制度的俄罗斯联邦档案全宗文件。

6) 孤本文件——在内容和外在特征方面独一无二，从其意义和(或)真迹来看，一旦丧失则无可弥补的特别贵重的文件。

7) 档案全宗——相互之间具有历史联系或逻辑联系的档案文件的总和。

8) 俄罗斯联邦档案全宗——反映社会物质和精神生活的，具有历史、科学、社会、经济、政治和文化意义，通过历史积累并不断补充的档案文件的总和，是俄罗斯联邦人民历史文化遗产不可分割的组成部分，属于信息资源并必须永久保存。

9) 档案馆——负责保管、补充、统计和利用档案文件的机关或者组织机构。

10) 国家档案馆——由俄罗斯联邦政府建立的联邦国家机关(简称联邦国家档案馆)，或者是由俄罗斯联邦主体建立的联邦主体国家机关(简称俄罗斯联邦主体国家档案馆)，负责补充、统计、保管和利用俄罗斯联邦档案全宗文件以及其他档案文件。(根据2010年5月8日第83号联邦法修订)

11）市政档案馆——由市政区和城市区建立的地方自治市政组织的下属机构或市政机关，负责保管、补充、统计和利用俄罗斯联邦档案全宗文件及其他档案文件。（根据 2010 年 5 月 8 日第 83 号联邦法和 2015 年 11 月 28 日第 357 号联邦法修订）

12）永久保管的俄罗斯联邦档案全宗文件——无限期保管的俄罗斯联邦档案全宗文件。

13）临时保管的档案文件——销毁之前在依法确认的保管期限内保管的档案文件。

14）临时保管的俄罗斯联邦档案全宗文件——依本法第 21 条规定，在转入永久保管之前而保管的俄罗斯联邦档案全宗文件。

15）寄存保管的俄罗斯联邦档案全宗文件——由联邦执行权力机关和组织根据协议所确立的期限和条件，以及根据俄罗斯联邦政府授权的执行权力机关所确立的期限和条件而保管的俄罗斯联邦档案全宗文件。（根据 2006 年 12 月 4 日第 202 号联邦法和 2016 年 5 月 23 日第 149 号联邦法修订）

16）文件价值鉴定——为了确定文件的保管期限和挑选有价值文件列入联邦档案全宗，依据鉴定标准研究文件的价值。

17）档案文件的整理——根据联邦执行权力机关所确立的规则将档案文件组织成保管单位(案卷)，并对其进行著录和装订。

18）档案文件的占有者——依法占有和利用档案文件，并在法律和协议规定的范围内全权处置档案文件的国家机关、地方自治机关，法人或者自然人。

19）档案文件的利用者——为了获取和利用必要的信息，依法提出档案利用请求的国家机关、地方自治机关，法人或者自然人。

第四条 俄罗斯联邦、俄罗斯联邦主体、市政组织在档案事业领域的权利

1. 俄罗斯联邦在档案事业领域的权利：

1）制定和实施档案事业领域统一的国家政策；

2）制定俄罗斯联邦档案全宗文件和其他档案文件的保管、补充、统计和利用规则，并监督对这些规则的遵守；

3）保管、补充、统计和利用以下机关的档案文件和档案全宗：

a)联邦国家档案馆、联邦博物馆和图书馆;

6)联邦国家权力机关,以及其他联邦国家机关,包括:联邦检察机关、联邦中央选举委员会、联邦计量局、俄罗斯联邦中央银行(俄罗斯银行)。(根据 2007 年 12 月 1 日第 318 号联邦法增加,根据 2013 年 2 月 11 日第 10 号联邦法修订)

в)国家预算外基金;

г)国家科学院及其组织机构(根据 2016 年 5 月 23 日第 149 号联邦法的规定,该法条取消);

д)联邦企业联合体包括国有企业,联邦国家机关(简称联邦组织)和俄罗斯境外的国家机关。

e)国家社团,国有公司。(根据 2013 年 2 月 11 日第 10 号联邦法增加)

4)解决将联邦所有的档案文件向联邦主体和(或)市政组织的移交问题;

5)解决俄罗斯联邦档案全宗文件的临时出境问题。

2. 俄罗斯联邦主体在档案事业领域的权利:

1)在联邦主体范围内执行国家档案事业政策;

2)保管、补充、统计和利用以下机关的档案文件和档案全宗;

a)俄罗斯联邦主体的国家档案馆、联邦博物馆和图书馆;

6)俄罗斯联邦主体的权力机关和联邦主体的其他国家机关;

в)俄罗斯联邦主体的企业联合体包括联邦主体的国有企业和国家机关(简称俄罗斯联邦主体组织)。

3)解决将联邦主体所有的档案文件向联邦、其他联邦主体和(或)市政组织的移交问题。

3. 市政组织在档案事业领域的权利:

1)保管、补充(组建)、统计和利用以下机关的档案文件和档案全宗:

a)地方自治机关,市政档案馆、博物馆和图书馆;

6)市政的企业联合体包括国有企业和机关(简称市政组织);

2)解决将市政所有的档案文件向俄罗斯联邦、联邦主体和其他市政组织的移交问题。

4. 农村自治地方机关、县、市镇和城际区根据 2003 年 10 月 6 日颁布的联邦法"俄罗斯联邦地方自治组织基本原则(№ 131-ФЗ)"关于地方问题的授权开展档案活动。(根据 2015 年 11 月 28 日第 357 号联邦法修订)

5. 自治区和城市区的地方自治机关,对属于国家所有并位于市政组织区域内的档案文件具有保管、补充、统计和利用的专门权力,以及为了实现上述权力所必需的物质技术和经费保障。

第二章　俄罗斯联邦档案全宗

第五条　俄罗斯联邦档案全宗的组成

俄罗斯联邦档案全宗包括存在于俄罗斯联邦版图上的所有档案文件,不论其来源、产生时间和方式、载体形态、所有权形式和保管地点如何。包括法律文件,机关文件,含有科学研究成果的文件,工程设计和技术成果文件,电影、照片、录像、录音文件,电子和遥测文件,手稿、图画、图纸、日记、书信、回忆录、档案文件原件的复制件,以及位于国外的国家组织的档案文件。

第六条　档案文件列入俄罗斯联邦档案全宗

1. 在对文件价值鉴定的基础上将档案文件列入俄罗斯联邦档案全宗。

2. 由联邦政府专门授权的中央鉴定检查委员会负责解决文件价值鉴定和将其列入俄罗斯联邦档案全宗有关的科学方法问题,确认其中特别贵重的文件,包括孤本文件。

3. 由联邦政府专门授权的执行权力机关确定合乎鉴定标准的档案文件清单以及使用指南,并指明文件的保管期限。(根据 2014 年 10 月 4 日第 289 号联邦法修订)

4. 俄罗斯联邦国家档案馆的鉴定委员会和被授权的联邦主体的执行权力机关在其主管范围内负责将具体的文件列入联邦档案全宗。

4-1. 国家博物馆的专家鉴定委员会、国家或市政图书馆的专家委员会、科研机构包括国家科学院的专家鉴定委员会决定将所保管的档案文件列入联邦档案全宗。(根据 2016 年 5 月 23 日第 149

号联邦法增补)

5. 文件价值鉴定由联邦主体授权的档案事业执行权力机关，国家及市政档案馆和档案文件的所有者及占有者共同实施。

6. 联邦所有的、联邦主体所有的、市政所有的任何载体形式的档案文件必须进行价值鉴定，未经过文件价值鉴定程序的文件禁止销毁。

7. 在文件价值鉴定的基础上，由国家档案馆和市政档案馆、博物馆、图书馆和俄罗斯政府认可的科研机构与档案文件所有者和占有者签订协议，将私人档案列入俄罗斯联邦档案全宗。协议中应明确档案文件所有者和占有者在保管、统计和利用俄罗斯联邦档案全宗文件方面的义务。(根据 2015 年 11 月 28 日第 357 号联邦法和 2016 年 5 月 23 日第 149 号联邦法修订)

第七条　属于国家所有的档案文件

1. 属于联邦所有的档案文件：

1) 保存在联邦国家档案馆、联邦博物馆、图书馆的档案文件(根据协议移交到上述机关，但所有权未发生转移的档案文件除外)；(根据 2016 年 5 月 23 日第 149 号联邦法修订)

2) 本法第四条第一部分第三点的"б"，"в"，"д"和"е"所指的国家机关和组织的档案文件；(根据 2013 年 2 月 11 日第 10 号联邦法和 2016 年 5 月 23 日第 149 号联邦法修订)

3) 由于第二次世界大战而迁移至苏联，并处于俄罗斯联邦版图上的历史上的敌对国家的档案文件，如果俄罗斯联邦没有其他关于文化遗产迁移立法的。

4) 根据联邦法律归联邦所有的档案文件。

2. 属于俄罗斯联邦主体所有的档案文件：

1) 保存在俄罗斯联邦主体的国家档案馆、博物馆和图书馆的档案文件(根据协议移交到上述机关，但所有权未发生转移的档案文件除外)；

2) 俄罗斯联邦主体国家机关和组织的档案文件。

第八条　属于自治城市所有的档案文件

1. 以下档案文件归自治城市所有：

1）地方自治机关和市政组织的档案文件；

2）保存在市政档案馆、博物馆和图书馆的档案文件（根据协议移交到上述机关，但所有权未发生转移的档案文件除外）；

3）自治组织之间，自治组织与联邦主体之间，关于自治组织在形成、联合、分解和地位变化之前所形成的，并保存在市政档案馆的档案文件的所有权划分问题，根据俄罗斯联邦主体的有关立法解决。

第九条　属于私人所有的档案文件

1. 以下档案文件属于私人所有：

1）俄罗斯联邦境内的非国家和非自治地方的社会组织的档案文件，包括根据俄罗斯联邦关于社会团体和政教分离以后的宗教联合体的立法而登记成立的社会组织（简称非国家组织）的档案文件；

2）由公民产生或者依法获得的档案文件。

第十条　俄罗斯联邦、联邦主体或者自治城市的档案文件所有权法律状况

1. 由俄罗斯联邦政府根据联邦执行权力机关的专门授权，将俄罗斯联邦所有的档案文件的所有权转移给俄罗斯联邦主体和自治城市。

2. 根据俄罗斯联邦法律、联邦主体的法律和自治城市的法规规定，将俄罗斯联邦主体或者自治城市所有的档案文件的所有权转移给俄罗斯联邦、其他联邦主体和（或）自治城市。

3. 如果俄罗斯联邦加入的国际条约和联邦法律没有其他规定，国家所有或者自治城市所有的档案文件，禁止私有化，不能成为出卖、交换、赠送的对象。

4. 实施私有化的国有企业或者自治城市企业，在其活动中形成的档案文件包括人事文件，仍然归俄罗斯联邦、联邦主体和自治城市所有。

第十一条　俄罗斯联邦档案全宗文件中的私人所有文件的所有权转移

1. 私人所有的俄罗斯联邦档案全宗的文件可以收归国有，也可以通过合法继承等多种方式进行所有权的转移。继承者必须向与

原所有者签订协议的国家和市立档案馆、博物馆、图书馆以及俄罗斯政府认可的科研机构通报所有权的转移。（根据 2016 年 5 月 23 日第 149 号联邦法修订）

2. 私人所有的俄罗斯联邦档案全宗的档案文件的所有权转让时，应该依本法第六条第七部分的规定，在转让协议中指明义务的转让。

3. 如果特别贵重的档案文件的所有者和国家文件的保管者没有履行保管、统计和利用这些文件的义务，可能导致它们丧失重要意义的，根据俄罗斯联邦民法典第二百四十条的规定可由法院判决没收。

4. 私人所有的档案文件进行拍卖时，拍卖组织者必须在距拍卖当天 30 天以内以书面形式，向拍卖地由联邦政府专门授权的档案事业领域的执行权力机关、联邦主体专门授权的档案事业领域的执行权力机关通报，并注明出售的条件、时间和地点。对于违反上述程序进行档案文件出售的，联邦政府专门授权的档案事业领域的执行权力机关、联邦主体专门授权的档案事业领域的执行权力机关可依据民法相关规定，据此要求通过司法程序而获得作为购买者的权利和义务。

5. 对"俄罗斯联邦总统历史遗产中心"的俄罗斯联邦档案全宗私人档案文件的所有权管理问题，根据联邦法律《关于终止"俄罗斯联邦总统历史遗产中心"职能》的规定执行。（根据 2008 年 5 月 13 日第 68 号联邦法增加）

第十二条 保护档案的所有权

1. 档案文件的所有权不管其形式如何都受到法律保护，禁止在联邦法律没有规定的情况下没收档案文件。

2. 被非法占有的档案文件必须根据俄罗斯联邦加入的国际条约和俄罗斯联邦的法律规定转交给档案文件的所有者或者合法占有人。

第三章 俄罗斯联邦档案事业管理

第十三条 档案馆的建立

1. 国家机关、县、市镇和城区机关为了保管、补充、统计和利用在其活动过程中形成的档案文件必须建立档案馆。

2. 组织和公民为了保管在其活动过程中形成的档案文件，包括为了保管和利用非国有或者非市政所有的档案文件，有权建立档案馆。

第十四条　俄罗斯联邦档案事业的组织管理

1. 国家是本法所规定的权利的保证者，国家在实行相应的科学技术政策和财政政策包括税收政策和信贷政策的基础上，保障俄罗斯联邦档案事业的发展。

2. 俄罗斯联邦档案事业的管理由联邦国家权力机关和由联邦政府专门授权的联邦执行权力机关来实现。

3. 俄罗斯联邦主体的档案事业管理由联邦主体的国家权力机关和由联邦主体专门授权的档案事业领域的执行权力机关来实现。

4. 自治组织的档案事业管理由地方自治机关来实现。

5. 国家机关、地方自治机关、组织和公民为了在组织对档案文件的保管、补充、统计和利用活动中保证统一的原则，必须在工作中遵守俄罗斯联邦的档案法律(包括由联邦政府授权的联邦执行权力机关制定的规则)，以及俄罗斯联邦主体的法律和自治城市的法规文件。

第十五条　档案事业的财政和物质技术保障

1. 不具备法人资格的国家机关、地方自治机关、组织和公民从事企业活动的，必须为档案文件的组织、保管、统计和利用提供经济的、物质技术的和其他方面的必要条件，为了满足保管档案的正常需要以及为档案工作人员提供劳动条件而必须提供档案库房和(或)场所。

2. 国家机关、地方自治机关在决定对国有和市政所有的档案馆建筑进行改造、转让、拆除时，为了满足保管档案文件的正常需要必须为这些档案提供保管处所。

3. 国家和市政(地方自治机关的下属机构除外)档案馆有权以成立时的文件规定为限进行有限的营利性活动，应该服务于并符合其既定的目标，或者采用俄罗斯联邦法律所允许的其他方式抵偿自己的开支。

第十六条　俄罗斯联邦档案事业守法的监督

俄罗斯联邦档案事业的守法监督由俄罗斯联邦国家权力机关和俄罗斯联邦政府专门授权的联邦执行权力机关、俄罗斯联邦主体的权力机关和联邦主体授权的执行权力机关，在俄罗斯联邦法律和俄罗斯联邦主体的法律规定的职权范围内实现。

第四章　档案文件的保管和统计

第十七条　不具备法人资格的国家机关、地方自治机关、组织和公民从事企业活动的，有安全保管档案文件的义务。

1. 不具备法人资格的国家机关、地方自治机关、组织和公民从事企业活动的，在俄罗斯联邦法律和其他法规所确定的保管期限内，必须保证档案文件包括人事文件的安全保管以及本法第六条第三部分和第二十三条第一部分所列文件的安全保管。

2. 禁止销毁俄罗斯联邦档案全宗的档案文件。

3. 对于特别贵重的档案文件包括孤本文件制定特殊的统计、保管和利用制度，建立这些文件的安全副本。

4. 将俄罗斯联邦档案全宗文件列入特别贵重的档案文件和孤本文件的制度，对这些文件的统计制度，以及建立和保管安全副本制度，由联邦政府专门授权的执行权力机关制定。

第十八条　俄罗斯联邦档案全宗文件的保管

1. 国家所有的俄罗斯联邦档案全宗文件的保管：

1）永久保管——俄罗斯联邦国家档案馆、博物馆、图书馆和俄罗斯政府认可的科研机构负责永久保管；（根据 2016 年 5 月 23 日第 149 号联邦法修订）

2）临时保管——国家机关和组织设立的档案馆负责临时保管。此外，地方自治区、城市区和市政档案馆对自治区域内的国家所有的档案文件的保管、补充、统计和利用拥有独立的国家权力。

2. 属于俄罗斯联邦所有的联邦档案全宗文件的寄存保管，由联邦执行权力机关和俄罗斯政府认可的组织负责。联邦档案全宗文件寄存保管的期限、条件以及利用，由联邦执行权力机关和俄罗斯联邦政府认可的组织与联邦政府专门授权的联邦执行权力机关签订协议来确定。(根据 2006 年 12 月 4 日第 202 号联邦法和 2016 年 5 月 23 日第 149 号联邦法修订)

3. 自治城市所有的俄罗斯联邦档案全宗文件的保管:

1)永久保管——自治区的档案馆、博物馆和图书馆负责保管;

2)临时保管——自治机关、市政机关以及它们所建立的档案馆负责临时保管。

4. 私人所有的档案文件可由文件所有者或占有者自行保管,也可以通过协议方式由国家或市立档案馆、博物馆、图书馆以及俄罗斯政府认可的科研机构保管,在这种情况下,文件的保管条件由文件所有者或占有者遵照本法的规定来确定。(根据 2016 年 5 月 23 日第 149 号联邦法修订)

5. 对于终止行使职能的"俄罗斯联邦总统历史遗产中心"的俄罗斯联邦档案全宗文件永久保管。(根据 2008 年 5 月 13 日第 68 号联邦法增加)

第十九条 俄罗斯联邦档案全宗文件的国家统计

1. 无论俄罗斯联邦档案全宗文件保管在何处,必须进行国家统计。俄罗斯联邦档案全宗文件的国家统计制度由联邦政府专门授权的联邦执行机关制定。由联邦政府专门授权的联邦执行机关负责进行孤本文件的统计并制定联邦档案全宗孤本文件清册。

2. 俄罗斯联邦档案全宗文件不列入所保管机构的财产。(根据 2016 年 5 月 23 日第 149 号联邦法修订)

第五章　档案馆对档案文件的补充

第二十条 国家和市政档案馆补充档案文件的来源

1. 国家机关、地方自治机关、组织和公民在其活动中形成的属于俄罗斯联邦档案全宗的文件和其他档案文件,必须由国家和市政档案馆接收保管,它们是国家和市政档案馆补充档案文件的来源。

2. 国家和市政档案馆负责制定向其移交联邦档案全宗文件和其他档案文件的来源名单,可根据协议在名单上列入非国有组织和公民。

第二十一条　移交俄罗斯联邦档案全宗文件进行永久保管

1. 属于国有和市政所有的，临时保管在国家机关和地方自治机关或者国家和市政组织的俄罗斯联邦档案全宗文件，如果临时保管期限已满，移交至相应的国家和市立档案馆永久保管。

2. 位于俄罗斯联邦主体区域内的俄罗斯联邦国家权力机关和联邦组织以及其他联邦国家机关在其活动中产生的联邦档案全宗文件，可根据移交机关或组织与联邦主体授权的档案事业领域的执行权力机关之间签订的协议，移交至俄罗斯联邦主体的国家档案馆保管。

3. 私人所有的俄罗斯联邦档案全宗文件，可根据国家和市政档案馆、博物馆、图书馆以及与档案文件的占有者之间签订的协议，移交至国家和市立档案馆、博物馆、图书馆以及俄罗斯政府认可的科研机构保管。（根据 2016 年 5 月 23 日第 149 号联邦法修订）

4. 禁止国家机关、地方自治机关，国家和市政组织将其在活动中形成的俄罗斯联邦档案全宗的文件移交给博物馆、图书馆、俄罗斯政府认可的科研机构及其他非国家组织。（根据 2016 年 5 月 23 日第 149 号联邦法修订）

5. 根据俄罗斯联邦文件呈缴本法，将档案文件无偿移交国家和市立档案馆永久保管。

第二十二条　俄罗斯联邦档案全宗文件在永久保管之前的临时保管期限

俄罗斯联邦档案全宗文件在进入国家和市立档案馆之前应该确定下列临时保管期限：

1）列入俄罗斯联邦档案全宗的俄罗斯联邦国家权力机关的文件，其他联邦机关包括俄罗斯联邦检察机关、俄罗斯联邦中央选举委员会、俄罗斯联邦计量局、俄罗斯联邦中央银行（俄罗斯银行）的文件，以及构成俄罗斯联邦档案全宗的国有企业预算外基金和联邦组织的文件——15 年；（根据 2013 年 2 月 11 日第 10 号联邦法修订）

2）列入俄罗斯联邦档案全宗的俄罗斯联邦主体国家权力机关的文件，联邦主体其他国家机关和组织的文件——10 年；

3）列入俄罗斯联邦档案全宗的地方自治机关和市政组织的文件——5 年；

4）列入俄罗斯联邦档案全宗的专门档案文件：

a）关于公民(生、死、嫁、娶等)民事注册的记录——100 年；

6）公证活动记录，经济账簿以及涉及住宅基金私有化方面的文件——75 年；（根据 2016 年 3 月 2 日第 43 号联邦法修订）

в）基本建设的设计文件——20 年；

г）技术和设计文件——20 年；

д）发明专利、有益模型和工业样品专利——20 年；

е）科学研究文件——15 年；

ж）影片、照片文件——5 年；

з）录像、录音文件——3 年。

第二十二(1)条　人事文件的临时保管期限

1. 2003 年之前形成的人事文件(属于该条第 3 款的文件除外)

（1）国家机关、地方自治机关和组织形成的人事文件——75 年；

（2）撤销的国家机关、地方自治机关和组织形成的人事文件——75 年；

（3）其他组织形成的人事文件——不少于 75 年。

2. 2003 年之后形成的人事文件(属于该条第 3 款的文件除外)

（1）国家机关、地方自治机关和组织形成的人事文件——50 年；

（2）已撤销的国家机关、地方自治机关和组织形成的人事文件——50 年；

（3）其他组织形成的人事文件——不少于 50 年。

3. 在国家公务活动中形成的非国家公务员的人事文件

（1）国家机关中非国家公务员形成的人事文件——解除劳动关系之后的 75 年；

（2）已撤销的国家机关中非国家公务员形成的人事文件——从入职之日至解除劳动关系之后的 75 年。

（根据 2016 年 3 月 2 日第 43 号联邦法增补）

第二十三条　国家机关、地方自治机关和组织在补充国家和市政档案馆档案文件方面的义务

1. 俄罗斯联邦国家权力机关和其他联邦国家机关与联邦政府专门授权的执行权力机关联合制定和确认在其活动中形成的文件清单以及下属机构形成的文件清单，并指明保管期限。

俄罗斯联邦政府专门授权的执行权力机关与俄罗斯中央银行联合确认在其信贷组织活动中形成的文件清单，并指明保管期限，制定使用指南。(根据 2014 年 10 月 4 日第 289 号联邦法修订)

2. 国家机关、地方自治机关，国家和市政组织根据联邦政府专门授权的联邦执行权力机关制定的规则保证档案文件的挑选、准备，并将整理好的联邦档案全宗文件移交到国家和市政档案馆永久保管。与挑选、准备和移交有关的所有工作，包括整理和运输工作的经费都由移交机关支出。

3. 非国家组织对其所占有的属于联邦、联邦主体及市政所有的档案文件，应该保证挑选并将整理好的档案文件移交到国家和市立档案馆。用于此项工作的经费依法从联邦政府制定的预算计划、联邦主体执行权力机关制定的预算计划，以及地方自治机关制定的预算计划的资金中划拨。

4. 在国家档案馆改组情况下，将整理好的档案文件移交到改组后的国家档案馆。

5. 在地方自治机关机构变化情况下，将整理好的档案文件移交到重新成立的地方自治机关。

6. 在国家和市政组织改组情况下，将整理好的档案文件移交到改组后的组织。在国家和市政组织的所有权形式发生改变时，可在该组织与国家和市政档案馆协议的基础上将档案文件暂时移交到重新产生的组织保管。

7. 国家和市政组织在改组中分成一个或几个组织，档案文件继续保管的条件和地点由组织的创办人决定，或者由授权管理这些创办文件的机关协同联邦政府授权的档案事业执行权力机关或者联邦主体授权的档案事业执行权力机关共同确定。

8. 国家机关、地方自治机关、国家组织和市政组织撤销的，

构成联邦档案全宗的文件、人事文件以及未满临时保管期限的档案文件，应将其整理好并移交给相应的国家和市政档案馆保管。

9. 非国有组织改组时，档案文件继续保管的条件和地点由这些组织的创办人决定，或者由授权管理这些创办文件的机关决定。

10. 非国有组织撤销的(包括因破产而撤销的)，应由撤销委员会(撤销者)或者选拔的主管人员根据他们与国家和市政档案馆签订的协议，将该组织在活动过程中形成的构成联邦档案全宗的档案文件、人事文件以及未满临时保管期限的档案文件整理好并移交相应的国家和市政档案馆保管。在这种情况下，由撤销委员会(撤销者)或者选拔的主管人员负责整理撤销组织(包括因破产而撤销的组织)的档案文件。

第六章 档案文件的获取和利用

第二十四条 档案文件的获取

1. 为了研究档案文件，利用者有权自由地查找和获取档案文件。(根据 2010 年 7 月 27 日第 227 号联邦法修订)

1.1 确保对档案文件的获取

1)为利用者提供档案文件(包括电子文件)检索工具和相关信息。

2)为利用者提供必要的档案文件(包括电子文件)原件和(或)复制件。

3)通过信息通信网络(包括互联网)提供档案文件的普遍利用，可提供对其的复制。(1.1 根据 2010 年 7 月 27 日第 227 号联邦法修订)

2. 借阅私人所有的档案文件的条件由档案文件的所有者和占有者制定，联邦法律有其他规定的除外。

第二十五条 档案文件获取的限制

1. 档案文件的获取受到俄罗斯联邦参加的国际条约和联邦法律的限制，以及私人所有的档案文件所有者和占有者的决定的限制。

2. 含有国家秘密信息及其他受联邦法律保护的秘密信息的档

案文件限制获取，不管其所有权形式如何。特别贵重的档案文件原件和孤本文件限制获取。根据由联邦政府专门授权的执行权力机关的规定，对于物理状况不令人满意的俄罗斯联邦档案全宗文件限制获取。取消对含有国家秘密信息及其他受联邦法律保护的秘密信息的档案文件的获取限制，要根据相关的俄罗斯联邦法律来实行。

3. 含有公民个人秘密和家庭秘密信息、公民私生活信息，以及对其安全构成威胁的信息的档案文件，自上述文件产生之日起的75年内限制获取。获得公民本人的书面允许，或者在公民死亡以后获得其继承人的书面允许，对含有公民个人秘密和家庭秘密信息、公民私生活信息，以及对其安全构成威胁的信息的档案文件的获取限制可取消，可早于这个期限而提前利用。

第二十六条 档案文件的利用

1. 档案文件利用者有权为了任何合法目的和采取任何合法方式，利用、传递、传播提供给他的档案文件和档案文件复制件中所含有的信息。

2. 国家和市立档案馆、博物馆、图书馆以及俄罗斯政府认可的科研机构要为档案文件利用者提供必要的查找和研究档案文件的条件。（根据 2016 年 5 月 23 日第 149 号联邦法修订）

3. 不具有法人资格的国家机关、地方自治机关、组织和公民从事企业活动的，必须按照有关规定，以其拥有的相关档案文件为档案文件利用者无偿提供与公民的社会保障有关的，包含有养老保障以及依法获得其他优惠待遇和补偿的档案证明或者档案文件副本。利用者可以电子文件方式通过公共信息网络（包括互联网）提交申请和请求。（根据 2010 年 7 月 27 日第 227 号联邦法修订）

4. 地方和市政（地方自治机关的下属机构除外）档案馆、博物馆、图书馆、俄罗斯政府认可的科研机构，以及国家和市政组织，可依法在其拥有的档案文件和档案检索工具的基础上，为档案文件利用者提供有偿信息服务，可与他们签订利用档案文件和检索工具的协议。（根据 2016 年 5 月 23 日第 149 号联邦法修订）

5. 国家和市政档案馆的档案利用制度由联邦政府专门授权的联邦执行权力机关制定，国家机关、地方自治机关、国家和市政组织、国家和市立的博物馆、图书馆、俄罗斯政府认可的科研机构的档案利用制度，由它们根据联邦法律以及联邦政府专门授权的联邦执行权力机关制定的规则来确定。（根据 2016 年 5 月 23 日第 149 号联邦法修订）

6. 对受到俄罗斯联邦知识产权法调整的档案文件的利用要考虑到该法的要求。

7. 国家和市政档案馆、博物馆、图书馆和俄罗斯政府认可的科研机构，国家机关档案馆、地方自治机关档案馆、国家和市政组织档案馆，要为国家机关和地方自治机关实现其权力提供必要的档案信息和档案文件副本(可以电子文件方式)，公布和展览档案文件，编制能揭示馆藏文件内容成分的信息检索出版物。（根据 2010 年 7 月 27 日第 227 号联邦法增补以及 2016 年 5 月 23 日第 149 号联邦法修订）

8. 根据俄罗斯联邦法律作为物证没收的档案文件必须归还给档案文件的所有者或占有者。

第七章 违反俄罗斯联邦档案事业法的法律责任

第二十七条 违反俄罗斯联邦档案事业法的法律责任

法人、责任人和公民，违反俄罗斯联邦档案事业法的，根据联邦法律规定应承担民事、行政和刑事责任。

第八章 国际合作

第二十八条 俄罗斯联邦档案事业的国际合作

国家机关、地方自治机关，国家和市立档案馆、博物馆、图书馆及其他法人在自己的职权范围内，以及档案所有者和占有者为公民的，都可以参加档案事业国际合作，参加有关档案问题的国际组织、国际会议和大会工作，参加国际信息交流。

第二十九条 档案文件的出境和入境

1. 国家所有或者市政所有的俄罗斯联邦档案文件以及私人所有的俄罗斯联邦档案全宗文件，禁止出境。

2. 私人所有的档案文件可以出境，申请出境的档案文件必须根据联邦政府的规定进行文件价值鉴定。

3. 国家所有或者市政所有的俄罗斯联邦档案文件以及私人所有的俄罗斯联邦档案全宗文件暂时出境，根据俄罗斯联邦法律的有关规定实施。

4. 由于第二次世界大战迁入苏联并位于俄罗斯联邦版图上的，不归俄罗斯联邦所有的档案文件出境，要根据俄罗斯联邦法律的有关规定实施。

5. 通过合法途径购买和(或)得到的档案文件允许进入俄罗斯联邦境内。

第三十条 档案文件副本的出境和入境

通过合法途径购买和(或)得到的任何载体形式的档案文件副本可以出境和入境，但俄罗斯联邦法律规定的限制获取的档案文件副本不能出境。

第九章 附 则

第三十一条 本法的生效

1. 本法自官方公布之日起开始生效。本法例外规定的其他的生效期限和程序除外。

2. 本法第三条第十一点，第四条第五部分自 2006 年 1 月 1 日起生效，在此日期之前，上述条款仅适用于调整在自治(市、区)组织的边界发生变化或者自治(市、区)组织改组时产生的法律关系。

3. 本法第四条第四部分自 2006 年 1 月 1 日起生效。

4. 本法第六条第七部分，第十三条第一部分，第十八条第一部分第二点，关于自治区地方自治机关和市立档案馆的内容自 2006 年 1 月 1 日起生效。在此日期之前，上述条款仅适用于调整在自治(市、区)组织的边界发生变化或者自治(市、区)组织改组时产生的法律关系。

第三十二条 由于本法的通过而废止相关法律

自本法生效之日起废止以下法律：

1)1993 年 7 月 7 日生效的"俄罗斯联邦档案全宗和档案馆法"

（№ 5341-I）（俄罗斯联邦人民代表大会和俄罗斯联邦最高苏维埃
1993 年第 33 号公报，第 1311 页）。

2）1993 年 7 月 7 日俄罗斯联邦最高苏维埃发布的“关于实施俄
罗斯联邦档案全宗和档案馆法的命令”（№ 5342-I）（俄罗斯联邦人
民代表大会和俄罗斯联邦最高苏维埃 1993 年第 33 号公报，第 1312
页）。

俄罗斯联邦总统
普京

莫斯科，克里姆林宫
2004 年 10 月 22 日
第 125 号联邦法

（原文来自：http：//www. rusarchives. ru/lows/list. shtml）